협동조합은 어떻게 세상을 바꾸는가

Humanizing the Economy: Co-operatives in the Age of Capital
by John Restakis

Korean translation Copyright © Bona Liber Publishing Co-operative Ltd. 2017
Arranged through Icarias Agency, Seoul

사람을 위한 경제, 그 이상과 실천을 만나다

협동조합은
어떻게 세상을
바꾸는가

존 레스타키스 지음 | 번역협동조합 옮김

COOPERATIVE
착한책가게

세계 협동조합 운동은 약탈적 금융자본주의의 진정한 대안
이 될 수 있다. 정말로 운동다운 모습을 보여준다면 말이다. 바로 이
것이 각지에 흩어져 있는 협동과 저항의 공간을 연결하고 지금과 같
은 끔찍한 체제의 인간적 대안을 그려내면서 이 책이 제시하는 주장
이다.

－ 에비 루이스
다큐멘터리 〈더 테이크*The Take*〉(2004) 감독

이 책은 경제민주주의를 향한 과거와 현재의 열망과 투쟁
을 이론적, 실천적으로 명쾌하게 풀어냈다. 저자는 전 세계의 구체적
경험을 바탕으로 독자에게 다가간다. 독자는 이 책을 통해 협동조합
이 얼마나 많은 경제적 어려움을 극복했는지에 대해 충분한 정보와
영감을 얻게 될 것이다. 다양한 분야, 특히 경제학과 경영학 관련 연
구자, 운동가, 정책전문가, 학생은 이 책에 담겨 있는 분석과 응원의
메시지를 접해야 한다. 민주주의는 흥미로운 방향으로 발전하고 있으

며, 우리는 생활공간과 일터에서 민주주의의 역할을 확대하는 일에
나서야 한다.

— 마이클 루이스

캐나다 지역재생센터 사무총장, 브리티시컬럼비아 앨버타 사회적경제연구연대 수석연구원

이 책은 15년간 이루어진 이론적, 실증적 연구를 바탕으로
오늘날 크게 주목받지 못하는 경제주체인 협동조합의 가치를 훌륭히
설명한다. 저자는 시장이 인격에 긍정적, 부정적 영향을 모두 준다는
전제에서 출발해, 다양한 경제체제가 인간에게 어떤 영향을 주는지
성찰할 의무를 우리 사회가 더 이상 방기해서는 안 된다고 주장한다.
이 책의 원제목은 바로 여기에서 나왔다. 이 책은 경제민주주의 운동
이 세계화와 제3차 산업혁명 시대에 보여주는 가능성과 과제를 비판
적으로 논의한다. 어려운 용어를 사용하지 않고도 잘 쓰인 책으로, 시
장체제의 미래에 진지한 관심을 가진 이라면 반드시 읽어야 한다.

— 스테파노 자마니

볼로냐대학교, 존스홉킨스대학교 볼로냐시민경제센터 경제학 교수

세계 경제와 세계 정의가 격렬하게 충돌하는 시대, 저자는
평범한 사람들도 자신의 필요를 충족하기 위해 직접적인 경제 행동을
할 수 있다고 주장한다. 역사와 사상, 오늘날의 과제를 엮어 정보를
담고 있으면서도 저자의 진솔함과 열정이 느껴지는 책이다.

— 브렛 페어베언

캐나다 서스캐처원대학교 부총장, 역사학 교수

"경제를 인간화하다"라는 매력적인 원제가 붙은 이 책을 알게 된 것은 2013년 무렵이다. 당시 아이쿱협동조합연구소 이경수 협동연구원이 번역되면 좋겠다고 추천했지만 실현하지 못했다. 그런데 번역협동조합에서 이 책을 번역했다는 소식을 듣고 얼마나 반가웠는지!

저자 존 레스타키스는 캐나다의 협동조합 운동가이자 연구자로서 2008년 금융위기를 목격하면서 이 책을 집필할 결심을 했다고 한다. 미래 세대가 규정하겠지만 2008년 리먼 쇼크 이후 우리가 살아가는 현재 이 시기는 18세기 이후 가장 큰 정치·경제·사회 시스템의 전환이 진행되는 과도기일 것이다. 그는 정치적 민주주의를 향한 민중의 운동이 경제민주주의 운동으로 확대되는 혁명이 세계 곳곳에서 사실상 일어나고 있다고 생각한다. 협동조합 운동이 주목받기 쉬운 유럽뿐만 아니라 아시아, 남미대륙을 돌아다니면서 절박한 현실 속에서 협동조합을 통해 경제를 자신들의 것으로 만들고 있는 실천을 증언하고 있다. 협동조합이 뜨뜻미지근한 약자들의 자조수단 정도라고 생각하는 이들도 있지만 인도 성매매 여성노동자들의 우샤다목적협동조합(7장), 2000년대 초반 경제위기 시 아르헨티나의 노동자 기업회복운동(9장)을 보라. 협동조합은 "가장 내구력 있는 경제민주주의의 표현"(저자) 수단이며 역동적인 대중운동이다.

이 책의 강점 중 하나는 저자의 힘 있는 내러티브 방식의 서술이다. 협동조합 운동의 전 지구적인 양상, 대중운동으로서의 생생한 사례와 그 의의를 알고자 하는 이들에게 훌륭한 교재가 될 것이다.

– 김형미
아이쿱협동조합연구소 소장, 경제학 박사

차 례

감 · 사 · 의 · 말

이런 책이 출판되기까지는 저자 외에도 수많은 사람들의 기여가 있게 마련이다. 이 책은 10년 이상 진행된 작업의 산물이다. 그 시간 동안 너무나 많은 이들이 평생에 걸친 전문적 사회운동 경험을 바탕으로 이 책에 여러 흔적을 남겼다. 모두를 소개할 수는 없겠지만 이 책이 나올 수 있도록 애써준 분들을 일부나마 언급하고자 한다.

오랫동안 연구를 함께한 동료 밥 윌리엄스는 볼로냐의 특별한 아름다움과 수많은 교훈을 열정적으로 탐구했다. 우리는 평소 브리티시컬럼비아에서 각자의 방식으로 경제개혁을 위해 노력해왔고, 그 과정에서 볼로냐의 교훈을 최우선으로 삼고자 했다. 또한 우리는 볼로냐대학교의 하계 협동조합연구과정을 함께 개설했고, 여기에서 이 책에 필요한 자료를 상당 부분 검토했다. 캐나다 최고의 신용협동조합 밴시티Vancity가 이를 위해 공간과 재정을 지원해주었다.

처음 협동조합 운동에 발을 들였을 때에는 로빈 머레이에게서 결정적 영향을 받았다. 그는 경제학자로서는 드물게 평범한 사람들의 투쟁과 열망에 온몸으로 함께해왔고, 본인은 모르겠지만 내가 에밀리 아로마냐의 협동경제를 이해하는 과정에서 길잡이 역할을 해주었다. 이 책의 초고를 가장 먼저 읽고 의견을 제시해준 것도 그다. 서스캐처원대학교 브렛 페어베언 교수의 조언과 통찰에도 감사드린다. 그는 캐나다 최고의 협동조합 역사가로, 영국의 초기 협동조합 운동에 관해 귀중한 자문을 해주었다. 친구인 릭 윌크스와 카렌 쿠즈모츠카는 초고를 읽고 '설득력 있지만 빡빡하다'고 평가하고는 책을 한 권 더 쓰라고 주문했다.

여러 단체의 재정지원이 없었다면 이 책은 완성되지 못했을 것이다. 브리티시컬럼비아 앨버타 사회적경제연구연대British Columbia-Alberta Social Economy Research Alliance, BALTA가 마련해준 연구지원금, 이 기획에 대한 마이클 루이스의 신뢰, 그리고 BALTA의 수많은 연구 작업을 성실하게 뒷받침해준 스튜어트 울프의 무한한 인내심에 감사를 표한다. 또한 아나 마리아 페레도 소장이 이끄는 빅토리아대학교 협동조합·지역기반경제센터Center for Cooperative and Community-Based Economy와 그 전신인 브리티시컬럼비아 협동조합연구소British Columbia Institute of Cooperative Studies의 이안 맥퍼슨 박사도 지속적인 지원을 해주었다.

가장 큰 빚을 진 것은 볼로냐대학교의 스테파노 자마니 교수와 그의 아내이자 동료 학자인 베라 네그리 자마니 교수다. 이들 덕분에 협동조합 경제의 이론과 실천을 제대로 이해하고 현실 속의 사례와 연결할 수 있었다. 특히 스테파노 자마니 교수는 나를 포함해 사회변화를 꿈꾸는 이들이 무엇을, 왜 실천하고 있는지 스스로 설명할 언어를 제공해주었다. 그의 풍부한 지성과 도움을 주고자 하는 순수한 열정에 말로는 감사한 마음을 다 표현할 길이 없다. 아마 본인은 모르고 있겠지만 그는 나의 멘토다.

또한 브리티시컬럼비아 협동조합연합회British Columbia Cooperative Association 이사회에도 감사의 말을 전하고 싶다. 오랜 세월 동안 이사회는 내가 협동조합 운동의 발전을 위해 세운 수많은 계획을 조금도 의심하거나 망설이지 않고 지원해주었다. 연합회의 모든 일은 이사회 덕분에 가능했고, 이 책의 집필과 연구를 위해 일 년간 안식년을 가질 수 있었던 것도 이사회의 지지가 있었기 때문이다.

마지막으로 귀중한 시간을 내어 자신의 이야기를 들려주고, 이 책에서 전달하고자 한 생각의 속을 단단히 채워준 모든 분들에게 경의를 표한다. 그분들 없이는 책을 완성할 수 없었을 것이다. 겉으로 잘 드러나지 않는 수고와 이겨낼 수 없을 것 같은 어려움 속에서 그분들이 보여준 용기와 끈기 앞에 나는 언제나 겸손해진다. 협동의 불빛이 계속 밝게 빛날 수 있도록 해주는 그분들에게, 특히 처음 보는 사람을 믿어준 소나가치Sonagachi 홍등가의 불굴의 영혼들에게 이 책을 바친다.

머·리·말

1999년 11월 30일 아침, 동이 트자 시애틀컨벤션센터 근처 한적한 거리에 수백 명이 나타나 주요 길목을 장악하기 시작했다. 얼마 안 가 시애틀 곳곳에서 시위대가 모여들어 이들과 합류했다. 길목을 차단하고 컨벤션센터로 접근하지 못하게 막는 시위대의 수가 불어나면서 시애틀 도심은 구호를 외치는 인파로 뒤덮였다. 경찰은 금세 머릿수에서 밀렸고, 시위대 수는 계속 늘어났다. 정오가 되자 시위대의 규모는 5만 명을 넘어섰고, 소식은 전 세계로 퍼져나갔다.

이 일이 있기 며칠 전, 각국 대표단이 세계무역기구WTO 장관회의에 참석하기 위해 시애틀에 도착할 무렵에는 개발도상국과 미국 및 유럽의 부유한 국가들 사이에 긴장감이 고조되어 폭발 직전이었다. 1997년 멜버른에서 열린 수차례의 회의, 그리고 세계무역기구의 전신인 관세 및 무역에 관한 일반협정GATT 회의에서는 여러 쟁점에 대한 논의가 거의 진전되지 않았다. 빈국은 막대한 외채 부담, 보호주의

무역장벽, 국가경제를 좌지우지하는 자본의 이동에 신음하고 있었다. 미국이 대기업의 이익을 위해 일자리와 문화적, 사회적 쟁점에 대한 기존의 국제적 합의를 파기하려 한다는 우려로 분위기는 더욱 악화되었다. 불만과 팽팽한 긴장감이 가득했다. 구름 낀 겨울날 아침에 시작된 거리시위는 도화선에 불을 붙였다.

시위대는 이후 3일 동안 경찰과 격렬하게 싸웠고, 회의를 주최한 세계무역기구 관계자와 각국 대표단은 건물 밖에서 들려오는 유리창 깨지는 소리와 사이렌 소리 속에서 협상을 재개하기 위해 안간힘을 썼다. 결국 6백 명 이상이 체포되었다. 세계무역기구는 처음으로 목적을 달성하지 못한 채 국제회의를 마무리했고, 고통받는 세계 빈곤층의 현실과 괴리된 엘리트주의적, 비민주적 기구라는 이미지로 각인되었다. 언론 보도가 24시간 계속되었고, 결국 미국 주류 사회에 '반세계화anti-globalization'라는 단어가 깊숙이 파고들게 되었다.

시애틀 투쟁, 그리고 세계은행과 국제통화기금IMF 등의 국제기구 회의에서 일어난 항의시위의 중심 주제는 경제영역에서 민주주의가 어떤 위치를 차지해야 하는가였다. 퀘벡 시와 제노바를 비롯한 전 세계의 도시에서는 새로운 세계 경제 질서의 확산에 수반되는 불평등과 불의에 대한 오랜 분노와 좌절감이 세계 정의라는 기치로 표출되었다. 2010년 6월 토론토와 헌츠빌에서 열린 G20 및 G8 회의에서는 치안유지에만 10억 달러 이상이 사용되었고, 토론토 도심은 군사시설로 둔갑했다. 시위의 주제는 국제통화기금 등의 국제기구뿐만 아니라 선진국 정부의 정당성에 대한 문제제기로 확대되었고, 이때도 1천 명 이상이 체포되었다. 세계무역기구 시애틀 회의가 개최된 것은 세계 경제발전의 기본 틀과 속도를 결정한 새롭고 극단적인 자유시장[1] 경제학이 정점에 이른 때였다. 사실 시애틀을 시작으로 점차 강력해진 일련의 시위가 비판한 경제 및 사회 모델은 이미 지난 200년간 강력한 반대와 저항을 불러온 바 있다.

이러한 세계 경제 질서의 실질적 영향, 다시 말해 전 세계 수십억 인구의 삶과 생계에 미치는 효과는 이념, 무역정책, 정치의 영역이 아니라 일자리라는 행운을 얻은 사람들의 임금, 커피 원두에 매겨지는 가격, 식수의 위생 상태, 주거의 질, 아이들이 학교에 갈 수 있는지의 여부에서 나타난다. 전 세계 수십억 인구는 존엄한 삶과 생존을 위해 매일 이런 영역에서 전투를 벌인다. 세계 경제위기가 사람들의 생계를 무너뜨리고 선진국 빈국 할 것 없이 수많은 이들의 삶의 근간을 뒤흔드는 지금, 이러한 경제 질서의 함정은 누구나 알기 쉽게 드러난다.

이 책은 대안을 이야기한다. 또한 정치적 민주주의의 성장으로 시작된 인류의 혁명이 경제영역에서 민주주의의 자리를 찾기 위한 투쟁으로 이어지는 과정을 다룬다. 이처럼 계속되는 혁명의 숨은 얼굴이 경제민주주의라면 협동조합 운동의 역사는 경제민주주의의 가장 오래 지속되는 형태를 보여준다고 할 수 있다.

오늘날 세계 협동조합 운동은 갈림길에 선 것으로 보인다. 공산주의는 붕괴하고 자본주의는 위기를 겪으며 끝없이 개혁을 요구받는 상황에서 자본주의 체제를 볼 때 경제의 민주화는 어느 때보다 중요하고 시급한 과제다. 더욱 중요한 것은 시장에 대한 완전한 거부와(마르크스주의 등) 자본의 무제한적 힘을 인정하는 신자유주의라는 양 극단 사이에서 새로운 길을 찾아야 한다는 사실이다.

어떤 대안이 얼마만큼의 가능성을 보여줄지는 여러 변수에 따라 달라지겠지만, 그중에서도 협동조합 운동에 참여하는 리더, 사상가를 비롯한 모든 이들이 지역적, 세계적으로 전례 없는 수준의 행동을 펼침으로써 이러한 과제에 도전하겠다는 의지를 갖는 것이 중요하다. 이 책의 주요 목표는 경제민주화를 위한 대중운동이 오늘날 세계 모든 나라의 경제를 변혁하고자 하는 운동과 다름없다는 사실을 밝히는 것이다. 지금보다 인간적인 경제 및 사회질서가 가능하다는 증거는 누구나 의지만 있다면 쉽게 찾아낼 수 있다.

85개국에 걸쳐 조합원 8억 명 이상이 몸담고 있는 협동조합 운동(2017년 5월 현재 국제협동조합연맹ICA은 세계 조합원 수가 10억 명이 넘는 것으로 추산하고 있다. 이 책의 초판은 2010년 9월에 출간되었다.−옮긴이)은 현재 세계에서 가장 지속성 있고 강력한 풀뿌리 운동이다. 협동조합이 민주적으로 경영되는 사업체를 통해 고용하는 인원은 세계의 다국적기업 고용 인원을 모두 합한 것보다 많다. 협동조합의 형태와 운영방식은 굉장히 다양한데, 근본적으로는 협동조합이 처음 탄생한 1800년대 중반과 같은 구조를 띠고 있다. 협동조합은 조합원의 집단 소유와 민주적 통제를 바탕으로 조합원 공동의 이익을 추구하는 사업체다. 세계 경제위기의 피해 속에서 다국적기업이 노동자를 해고하고 공장을 폐쇄하는 반면, 협동조합은 생계수단과 필수 서비스를 지속적으로 제공하고 있다. 협동조합이라는 이상은 조용하게 확산되고 있으며, 오늘날 자본주의 체제를 재구성하고 인간적으로 변화시킬 경제 모델의 열쇠를 쥐고 있다.

현대 자본주의에 민주적 경제와 진정으로 개방적인 시장의 영역이 마련될 수 있는가는 우리 시대의 결정적 문제가 될 것이다. 온갖 형태의 잔인한 테러와 불관용의 폭력이 신문 머리기사를 장식하며 우리의 이목을 끌고 있지만, 이는 전 세계 인류 대다수의 실제 삶에서는 부차적인 문제다. 인류의 삶과 사회의 미래는 우리가 자신의 삶에 대해 어느 정도 통제력을 행사할 수 있느냐에 따라 결정된다. 그 중심에 바로 경제가 있다. 세계화 전반, 특히 기업 중심의 자유시장 자본주의 모델에 대한 저항과 분노, 불만의 바탕에는 바로 삶에 대한 통제력이라는 문제가 있다. 이는 부국이든 빈국이든 마찬가지이며, 최근의 세계 경제위기는 이러한 진실을 고통스럽지만 생생하게 보여준다.

한편, 변화를 추구하는 이들이 항의시위를 넘어 다른 가능성과 대안을 구축하는 방법을 제시하고 삶에 대한 통제력 확보라는 과제에 건설적, 구체적으로 대응할 수 있을 것인지는 분명치 않다. 지금까지 이와 관련해 설득력 있는 해답은 많지 않았다. 확실한 대안을 찾으려는 노력은 많은 이들에게 무기력과 실망감을 안겨주었다. 자본주의에 대한 현실적 도전이었던 사회주의가 붕괴하면서, 한때나마 좀 더 인간적 대안에 대한 희망이 있던 자리는 텅 비게 되었다. 시애틀 투쟁에 참여한 시위대 대부분은 자신이 반대하는 체제를 진정으로 대체할 수 있는 것이 무언인지 제시하기 힘들 것이다. 하지만 변화의 필요성을 인정하는 정책당국이나 정치인 역시 난처하기는 마찬가지다. 기존 질서의 복원을 넘어 현재 위기에 처한 자본주의 체제의 철학적, 사회적, 조직적 기반에 대한 근본적 성찰은 거의 이루어지지 않고 있기 때문이다.

이 책에서는 경제민주주의를 실현하기 위한 운동이 현재 안고 있는 가능성과 문제점 둘 다를 조명하고자 한다. 잘 알려지지 않았지만 이 운동은 풍부하고 오랜 역사를 이어왔으며, 전 세계 수억 명에게 영향을 미치고 있다. 자본주의 산업화의 태동기에 심한 저항이 일어나면서 그 역사의 씨앗이 뿌려졌고, 산업화를 겪은 민주국가든 이제 막 자본주의가 자리 잡고 있는 국가든 본질적 역학관계는 지금까지 유지되고 있다. 협동조합 운동이 계속될 것이라는 점은 분명하다. 하지만 부자와 빈자, 강자와 약자 사이의 간극이 계속 커지는 가운데 하루가 다르게 지구촌으로 변해가는 세계의 요구에 국제적 협동조합 운동이 부응할 수 있을지는 확실치 않다.

이 책에는 세 가지 목표가 있다. 첫째는 경제민주주의라는 주제에 관한 역사적, 이론적 쟁점을 제시하는 것이다. 첫 두 장이 여기에 해당한다. 역사와 이론에 대한 이해는 대안을 모색하는 기반이 되므로 이 책이 도움이 되기를 바란다. 협동조합 운동의 성장을 뒷받침한 사상의 흐름에 대해서는 유럽 중심으로 논의가 이루어진다는 사실을 알 수 있을 것이다. 근대적 협동조합이 형성된 곳이 영국인 만큼 영국의 산업화와 밀접한 관계가 있는 여러 사상 간의 교류 중 일부를 대표하는 인물들을 다루는 것임을 강조하고 싶다. 다른 나라에서 탄생한 협동조합이 이러한 사상 또는 사상가의 지식에 의존했다는 이야기는 아니다. 인류는 모든 나라에서 협동조합을 만들어왔고, 서로 상당한 독립성을 유지하면서 경제민주주의를 추구해왔다. 협동조합 모델은 놀랍도록 다양한 형태를 띠며 거의 모든 나라 및 문화권에서 깊은 뿌리를 내려왔다. 나는 우선 유럽 사회주의의 발흥에 집중해왔지만 그 외에 결정적 역할을 한 다른 흐름, 특히 종교개혁 운동이 처음으로 노동계급 사이에서 민주적 사상과 실천을 대중적으로 확산시켰다는 사실도 알고 있다.[2] 이러한 사상은 영국에서 국교반대 운동과 가장 긴밀한 관계가 있었다. 국교반대 운동은 유니테리언교, 침례교, 퀘이커교, 기타 수많은 소수 교파의 참여로 이루어졌고, 기성 교회의 권위주의, 기성 교회와 동맹 관계에 있는 계급적 특권에 도전했다. 독일에서는 프로테스탄티즘 초창기의 급진적 뿌리가 모라비아교의 반권위주의적 가르침으로 나타났고, 모라비아교는 영국에서도 세력을 얻었다. 이와 같은 운동 속에서 양심의 자유에 대한 갈망은 정치적 자유에 대한 열망과 하나가 되었다. 이는 민주주의 원칙이 신앙생활과 속세에서 똑같이 구현되기를 바라는 뿌리 깊은 대중적 정서에서 큰 영향을 받았다. 가난한 기독교인이 자신도 귀족이나 부르주아만큼 선한 영혼을 가지고 있다고 믿게 된 이상 토머스 페인의 《인간의 권리*Rights of Men*》에 나타난 혁명적 정서를 받아들이는 것은 그리 어렵지 않았다. 이러한 사상은 개인의 가치, 평등주의, 노동계급 정체성, 공동체의 구원적 힘과 같은 관념을 발전시키면서 정치적 의식을 형성하는 사회적 변화요인이 되었다. 협동조합 운동은 이러한 전통에 많은 빚을 지고 있다.[3]

둘째 목표는 첫 두 장에서 소개한 사상과 열망이 다양한 사람들과 공동체에 의해 어떻게 실현되었는지, 시대와 공간의 필요를 충족하는 좀 더 인간적인 경제를 만들기 위해 이들이 어떤 노력을 했는지 상세히 서술하는 것이다. 이들의 이야기에서는 경제체제의 구성, 타인과의 관계, 사회적 가치와 관련된 근본 문제가 매우 생생하고 극적으로 드러나며, 이는 우리 시대 협동조합 운동의 의미와 메시지를 잘 보여준다. 여러분 모두가 이를 통해 우리가 원하는 세계는 물론 지금 이대로의 세계에서도 협동의 원칙과 약속이 실현될 때 어떤 가능성이 열리는지 실마리를 얻기 바란다.

앞으로 펼쳐질 미래는 아무도 알 수 없다. 지금처럼 불안정하고 예측이 힘든 시대에는 더욱 그렇다. 그럼에도 마무리에 해당하는 장에서는 이미 우리 주위에서 전개되고 있는 경제적, 사회적 문제와 협동조합 운동의 관계를 다룬다.

전체적으로 보자면, 이 책이 활동가든 일반인이든 협동조합과 지역공동체 개발 분야에서 일하는 이든, 모든 이들에게 쓸모 있기를 바란다. 내가 볼 때 적어도 북미에서는 경제와 사회를 개혁하려는 대중운동이 경제학과의 접점 부족으로 크게 약화되었다. 물론 경제학에 결함이 있긴 하지만 경제학 자체에 등을 돌리고 가치에만 호소하는 논리로 회귀해서는 얻을 것이 없는데 말이다. 또한 그런 가치가 실현될 현실적 기초에 대한 진지한 고민도 거의 없어 보인다. 더 큰 문제는 이론적, 사상적 경쟁을 포기한 채 자신과 관점이 다른 이들에 대해 자족적으로 도덕적 우위를 내세우는 태도다. 이는 심각한 오류이자 우리가 반드시 해결해야 할 문제로, 현재 경제학의 교육과 실천을 지배하는 기득권 계급에게 경제학 자체를 넘겨주려는 태도로 인해 나타나는 현상이다. 이 책은 경제학이 오히려 우리 모두의 문제라는 것을 전제로 한다.

마지막으로 이 책에서 다루는 내용에 대해 그럴듯한 중립성을 내세우지 않음을 일러둔다. 제기되는 문제에 대한 나의 입장과 느낌은 주저하지 않고 분명히 밝힐 것이다. 하지만 사실에 대해서는 공정하게 다룰 것이며, 나의 주장이 유효한지는 내가 제시하는 근거에 달려 있을 것이다. 판단은 독자의 몫이다.

이 책은 광범위한 주제를 다룬다. 에밀리아로마냐의 노동자협동조합, 부에노스아이레스의 회복기업, 생계를 위해 고군분투하는 스리랑카 찻잎 재배 농민들, 일본의 소비생활협동조합, 브리티시컬럼비아 소도시의 외딴 양로원과 캘커타^{Calcutta}의 홍등가에 이르기까지 협동조합 운동은 전 세계의 다종다양한 사람들에 의해 날마다 수많은 방식으로 새롭게 발견, 발명되고 있는 지속성 있는 이상이다. 이러한 이야기는 희망의 이유가 사라져가는 것 같은 시대에 한 줄기 희망의 빛을 비춰주고, 우리가 추구할 만한 가치가 있는 미래의 실마리를 보여준다는 점에서 독자에게 전할 가치가 있다.

01

거대한 망상

나의 이념에 결함이 있음을 인정한다. 은행의 자기이익 추구가
주주에 대한 보호 강화로 이어지지 않을 것이라고는 생각지 못했다.
- 앨런 그린스펀 -

2008년 10월 3일, 미국 연방의회는 미국의 금융체계와 세계 금융
시장의 붕괴를 막기 위해 8천억 달러 규모의 구제금융 법안을 통과시
켰다. 조지 W. 부시 행정부는 마지막까지 망설인 끝에 미국 9대 은행
의 지분 매입에 2,500억 달러 이상을 투입해야 한다는 사실을 받아들
였다. 이는 영국과 유럽연합이 금융기관의 유동성 보호를 위해 앞서
선택한 전략과 비슷했다.

당시 구제금융은 미국 역사상 최대의 시장개입이었고, 단지 시작
에 지나지 않았다. 또한 구제금융은 미국을 지배해온 자유시장 이념
의 불명예스러운 퇴장으로 보였다.

전형적인 자유시장 정책을 추진한 부시 행정부가 자유시장의 극적

인 실패와 함께 막을 내렸다는 사실은 참으로 쓰디쓴 아이러니다. 위기를 불러온 규제완화와 자유방임주의의 어리석음은 물론 한 세대 동안 서구를 지배한 정치, 경제 정책이 본모습을 드러낸 것이다. 부시와 그의 추종자들이 꿈꾼 자유시장은 현실과 너무나 달랐다.

그런데 사람들 대부분은 금융위기에 대한 미국 및 해외 언론의 천편일률적 보도를 접하면서 금융체계의 붕괴, 임박한 세계적 경기침체, 각국 정부가 내놓는 구제책에 주목했다. 자유시장체제의 근본 전제에 문제를 제기하는 이는 거의 없었다. 사람들은 정치적 입장과 무관하게 모두 자유시장에 대한 지지를 너무나 당연한 듯이 재확인했다.[1] 세계에서 가장 주목받지 못한 채 총선이 실시된 캐나다에서도 마찬가지였다. 미국 국민들이 자유시장 정책의 어리석음을 깨달은 바로 그때, 캐나다 국민들은 미국과 같은 정책을 가장 적극적으로 추진하는 정당에게 연달아 정권을 맡겼다.[2]

미국 의회에서 마침내 통과된 구제금융 계획에 가장 강하게 저항한 것은 한결같이 정부의 시장개입이 '사회주의로 가는 돌아올 수 없는 길'이라고 보는 공화당이었다. 공화당, 그리고 구제금융을 지지할 수밖에 없다고 본 사람들 중 상당수는 미국이 혼란스러운 자유시장과 '사회주의' 둘 중 하나를 선택해야 한다고 생각했다. 그래서 부시 대통령은 미국 최대 은행을 부분적으로 국유화하면서도 한시적 조치일 뿐이라는 언급이 꼭 필요하다고 보았다. 그는 정부가 자유시장을 완전히 통제할 의도는 없다고 밝혔다. "이러한 조치들은 자유시장을 완전히 통제하려는 것이 아니라 보호하기 위한 것"이라며 국민들을 안심시킨 것이다. 다시 말해 납세자들은 은행권 구제금융의 비용을 부담하지만 그로 인해 발생하는 이익을 누려서는 안 된다는 이야기였다.

은행들이 다시 수익을 내기 시작할 때 통제권은 반환되어야 했다. 또한 납세자들은 세계 최대의 보험사 아메리칸인터내셔널그룹AIG의 손실도 보전해야 하는 상황이 되었다.[3] 그 이유에 대해 헨리 폴슨 재무장관은 후속 발표에서 다음과 같이 말했다. "어떠한 민간기업에 대해서든 정부의 지분 보유는 저를 포함해 국민 대다수가 받아들이지 않을 것입니다."[4] 발표 중 폴슨 장관의 얼굴에 드리운 근심은 그가 구제금융 결정을 내리기가 얼마나 힘들었는지 보여줬다. 골드만삭스 CEO 출신이자 자유시장의 열렬한 옹호자인 헨리 폴슨 장관은 깊은 절망에 빠져 자신이 사랑하는 자유시장이 붕괴 직전이라는 결론을 내린 것이다.

그로부터 3주 후, 전 세계 주식시장이 폭락하며 대격변의 규모가 분명해진 시점에 앨런 그린스펀은 하원 금융위원회에서 자신의 이념에 결함이 있음을 인정했다. 미국 은행들의 자기이익 추구가 주주에 대한 보호 강화로 이어지지 않을 것이라고는 생각지 못했다는 이야기였다. 이처럼 보기 드물게 그린스펀이 오류를 인정하는 상황이 되자, 그가 미국 경제를 자유시장 이념의 실험 대상으로 삼은 것은 아닌지 의문이 제기되기도 했다.

당시 '상상 속의 자유시장과 악마 같은 사회주의' 중 하나를 선택해야 한다는 논리가 잘못된 것임을 지적한 사람은 없었다. 애초에 정부가 시장에서 일정한 역할을 하는 것과 자유시장이 양립 가능하다는 사실을 이해하지 못한 것이 금융위기의 원인이라고 지적한 사람도 없었다. 미국 금융체계를 무너뜨린 무담보 고위험 대출에 대한 무절제한 투기를 부른 것은 바로 금융시장 규제완화, 그리고 1929년 주식시장 붕괴[5]의 재발을 막기 위한 안전장치를 없애라는 끊임없는 압력이었다. 자유시장 모델이 위기에 빠지고 각국 정부가 대공황 이후 볼 수 없었던 방식의 개입을 요구받는 상황에서도 정책당국과 정치권의 최우선 관심사는 자유시장체제의 개혁이 아니라 구제였다. 물론 정치권과 언론이 완전히 다른 경제 모델에 따라 운영되는 협동조합과 신용협동조합이 위기를 헤쳐 나갈 유일한 조직이라는 사실을 깨달을 리는 없을 것이다. 전 세계 협동조합과 신용협동조합 중 정부의 구제를 요청한 곳은 거의 없었는데도 말이다.[6]

사실 가상의 자유시장이 잘 작동하는지는 문제가 아니었다. 시장은 일반적인 의미에서 '자유' 상태가 아니었고, 앞으로도 그럴 일은 없을 것이다. 시장은 언제나 법률, 정치, 문화, 종교 등 외부의 제약을 받아왔으며 앞으로도 그러할 것이다. 문제는 이러한 제약이 어느 정도, 어떤 목적으로 작동하느냐다. 순수한 자유시장이란 자유방임주의 경제이론의 상상 속에만 존재할 뿐이다. 이와 함께 애용되는 개념으로는 완전경쟁, 선택의 자유, 그리고 시장이 제한 없는 자기이익 추구를 통해 모두에게 최적의 결과를 산출하도록 만드는 '보이지 않는 손' 등이 있다.

분명히 해둘 것은 저명한 경제학자 대부분이 자유방임주의를 폐기했다는 사실이다. 물론 너무 늦게, 수십 년에 걸쳐 눈에 띄는 증거와 지속적인 비판이 쌓여온 뒤에야 이루어진 일이다. 이를 정치권과 정책당국에 알려준 사람도 없는 것 같다. 금융위기 내내 이른바 전문가와 정치 지도자들은 지금이 정부의 과감한 개입이 필요한 특별한 시기라고 주장했다. 정상적인 상황에서는 자유시장을 내버려둘 때 가장 잘 작동한다는 것이다. 하지만 이는 결코 사실이 아니다. 지금의 자유시장체제는 국가의 뒷받침과 구제 덕분에 생존할 수 있었다. 1873~1886년의 공황과 1930년대의 대공황이 대표적인 사례로, 위기 때마다 정부가 구제에 나서는 패턴은 지금까지 똑같이 반복되고 있다. 정부는 언제 어디서나 자유시장을 지탱하는 역할을 해왔고, 이는 한 세기가 훨씬 넘게 계속되어왔다.[7]

금융시장 규제, 은행권 규제, 예금보험과 상거래 및 기업 관련법의 도입과 실행, 통화정책의 유지, 노동정책의 관리, 무역협상과 규제, 조세정책의 수립과 실행 등은 모두 '정상적인' 상황에서 시장체제가 작동할 수 있도록 뒷받침하는 필수 제도다. 이러한 제도 중 하나가 무너지면 체제의 위기가 찾아온다. 은행권 감독의 약화로 현재의 위기가 촉발된 것처럼 말이다. 아주 이해하기 쉬운 이야기다. 그렇다면 이런 질문을 제기할 수 있다. 자유시장체제를 신성하게 여기는 끝없는 고집 뒤에는 대체 무엇이 있을까? 머릿속에 각인된 이념의 흔적 때문일까, 단순히 무지 때문일까? 아니면 권력과 기득권 세력의 특권을 보호하기 위한 교묘한 술수일까? 아마도 세 가지 모두 해당될 것이다. 부시는 임기를 마칠 무렵에도 자신이 펼친 정책 때문에 맞이하게 된 엄청난 실패를 만회하기 위해 열린 국제 정상회의에 참석해 뻔뻔하고 대담하게 자유시장 이론을 설파했으니 말이다.[8]

이처럼 경제적 망상이 극에 달한 시기의 마지막 수십 년간 '자기조정 시장'이라는 심각한 기만은 역사상 가장 과감하게 적용되었다. 고전경제학의 초석이라 할 수 있는 이 개념은 경제가 완전히 별개의 영역이고, 경제법칙은 그 자체로 완벽하고 충분하며, 우리의 일상을 구성하는 폭넓은 사회적, 인간적 관계는 경제와 별개일 뿐만 아니라 경제의 지배를 받아야 한다는 믿음에 뿌리를 두고 있다. 미국 금융시장의 붕괴와 그에 따른 세계 경제 질서의 파탄은 본질적으로 이러한 비이성적 망상이 현실을 지배하도록 부추긴 대가였다.

그런데 거대한 망상은 여기서 끝나지 않는다. 자유시장이 스스로 완벽한 질서 속에서 작동한다는 것을 넘어 시장 자체가 자유롭고 민주적인 사회의 원천이라는 주장으로 나아간다. 인간 성취의 총체인 시장은 아무런 개입이 없을 때 자유로운 선택을 통해 완벽한 민주주의로 작동한다고 본 것이다.9 20세기 말, 이러한 발상이 다른 모든 세계관과의 경쟁에서 승리했다고 인식되면서 어떤 이는 인류의 역사가 종착점에 다다랐다는 주장을 진지하게 제기했다.10 '자유를 향한 끝없는 노력'이라 할 수 있는 인류의 역사가 미국, 서유럽, 자유시장 국가 간의 연대를 강화하는 신자유주의 질서 속에서 완성되었다는 것이다. 그는 인류에게 미국에서 실현된 완벽한 자유시장 자본주의만이 남았고, 이것이 세계화의 거침없는 전진을 통해 세계의 낙후지역으로 확산되어야 한다고 보았다.

세계적 경기침체가 바이러스처럼 각국 경제로 퍼져나가는 지금, 위와 같은 주장이 한때나마 진지하게 받아들여졌다는 사실은 참으로 믿기 어렵다. 이러한 주장의 유혹에 넘어간 것은 사실 이미 자유시장 신화의 주문에 걸린 이들 뿐이었다. 이처럼 '멋진 신세계'의 예언자, 전문가들은 자신이 믿는 자유시장과 마찬가지로 자신들이 만들어낸, 현실과 동떨어진 세계에 있었다.

이들의 믿음은 어떤 증거에도 흔들리지 않았다. 국내외에서 부의 불균형이 심화되고, 신자유주의 처방을 따른 국가에서 노동, 보건, 교육, 사회복지 여건은 악화되었으며, 가난한 나라에서 이루어진 공공 자산 사유화는 예상대로 권력과 돈이 소수에게 극단적으로 집중되는 결과를 낳았다. 하지만 그들은 전혀 아랑곳하지 않았다. 오히려 이러한 현상을 자유시장의 틀에 맞게 경제를 개조하기 위한 '극약처방'이라며 정당화했다. 다른 이념에서와 마찬가지로 현실 속의 사람에게 어떤 영향이 있는지는 부차적인 문제일 뿐, 중요한 것은 자유시장 모델의 확산이었다. 그 과정에서 누군가는 엄청난 부자가 되고, 누군가는 쓰레기 더미를 뒤지며 음식을 찾게 되더라도 모든 것은 앞으로 커다란 이익이 발생할 것이라는 증거일 뿐이었다.

자유시장을 신봉하는 이들의 확고한 신앙은 맹목적 믿음, 절대적 확신, 증거를 무시하는 태도, 다른 시각에 대한 호전성 등 종교적 광신의 특성을 모두 지니고 있다. 경제학은 21세기 들어 물질의 시대에 완벽히 어울리는 세속적 종교가 되었다.

물론 이렇게 된 데에는 오랜 역사적 배경이 있다. 자유시장 신화가 서구 민주주의 국가에서 정치권, 정책당국, 학자, 많은 대중을 사로잡은 것은 18세기 초반과 산업혁명 초기로 거슬러 올라간다. 당시에 뉴턴역학과 공리주의가 제시한 기계적 우주론에 깊이 영향을 받은 경제학파가 나타났다. 기계적 우주론이란 개인을 사회 전체의 필수불가결한 부분이 아니라 홀로 고립되어 인간과 무관한 시장의 힘과 씨름하는 사회적 원자로 보는 철학이다.[11] 공리주의, 그리고 순종과 노동에 대한 감리교의 억압적 교리는 산업혁명의 지배적 이념이 되었다.

경제적 인간

이러한 철학의 창시자인 제러미 벤담은 인간 개인을 쾌락의 극대화와 고통의 회피만을 기준으로 행동하는 자기중심적, 이기적, 경쟁적 존재라고 보았다. 인간의 모든 동기는 결국 이러한 충동에서 비롯되며, 이것이 시장에서 표현되면 '합리적 선택'이 된다는 것이다. 경제학자가 사용하는 '효용의 극대화'라는 표현은 이런 의미다. 공리주의에서 진정한 사회적 상호작용은 모두 시장에서만 일어난다. 지역공동체나 사회적 계급, 공제조합, 노동조합, 기타 수많은 형태의 사회 결사체에서 '집단적인 것'으로 구현되는 사회적 삶은 중요하지 않다. 마치 벤담은 '산업자본주의의 심리적, 물질적 필요에 가장 도움이 되는 인간의 특성과 인간 사회의 유형은 무엇인가?'라는 질문을 먼저 던진 다음, 그러한 특성을 고전경제학의 '경제적 인간homo economicus'이라는 개념에 부여한 것이 아닌가 싶을 정도다.

영국 철학자 토머스 홉스의 극도로 회의적인 인간관도 당시 새롭게 등장하는 경제학에 철학적 영향을 끼쳤다. 홉스는 인간의 본성이 본질적으로 야만적, 공격적, 자기 확대적 충동으로 이루어져 있으며, 인류 공동체는 '만인에 대한 만인의 투쟁'에 불과하다고 보았다.[12]

벤담의 선한 의도는 인정할 수 있다. 자신의 철학이 '최대 다수의 최대 행복'이라는 결과를 낳을 것이라고 보았기 때문이다. 아주 그럴듯한 표현이지만 결국 어떤 행동에 대한 판단 기준은 오직 그 결과라는 의미다. 문제는 행동의 결과를 미리 알 수 없다는 점이다. 당장엔 바람직해 보이는 일이 장기적으로는 재앙을 불러올 수도 있다. 또한 공리주의를 실제로 적용할 경우 목적이 수단을 정당화하며 인간은 도구화된다. 자유시장 이념은 현재의 고통을 '미래의 발전'을 위해서라고 말하는데(발전을 어떻게 정의하는지는 모르겠지만), 산업혁명 시기 많은 이들이 겪은 고통은 그런 식의 정당화를 통해 묻혀버렸다. 사실 좌파의 공산주의든 우파의 파시즘이든 모든 이념이 마찬가지였다. '사회주의 혁명'의 이름으로 얼마나 많은 비인간적 희생을 치렀는지 떠올려보자.

벤담은 생전에 정치개혁, 사회개혁, 보편적 교육, 여권 신장을 위해 부단히 노력했고, 사형제를 반대했으며, 로버트 오언의 협동조합 공동체를 비롯해 초기 사회주의 실험을 지지했다. 또한 후대에 엄청난 영향력을 끼친 도덕철학을 물려주었다. 그의 시신은 자신이 직접 설계한 케이스에 보존되어 지금도 유니버시티 칼리지 런던에 전시되어 있다.[13]

이처럼 인간 본성에 대한 빈곤하고 한 쪽으로 치우친 사고가 경제학계에서 적극 받아들여졌다는 사실은 그 자체로 성찰해야 마땅한 일이다. 그러나 공리주의는 결국 고전경제학의 초석이 되며 승리를 거두었고, 사회를 혁명적으로 재조직하는 지적 틀의 역할을 했다. 그러면서 인간이라는 존재의 의미와 인간이 살아가는 방식에 대한 관념을 근본적으로 변화시켰다.

하지만 이러한 시각이 강단과 이사회 회의실 바깥에서 수용되는 과정은 순탄치 않았다. 사회, 개인, 공동체의 안전과 유지에 재앙과 같은 막심한 피해가 생기자 처음부터 반발이 강하게 일었다.[14] 19세기에는 사회적 가치와 경제적 가치를 혼합한 협동조합 경제이론에 많은 이들이 관심을 가졌다.[15] 초기 사회주의에서 가장 눈에 띄는 사상가라 할 수 있는 윌리엄 톰슨은 협동조합 사회주의의 정치경제학을 수립하고 당대 자본주의를 신랄하게 비판하면서 벤담과는 매우 다른 관점으로 공리주의를 바라봤다. 톰슨의 지대한 영향력에 대해서는 다음 장에서 자세히 살펴볼 것이다. 벤담과 홉스가 제시한 '경제적 인간'이라는 발상이 승리를 거두기 위해서는 그와 대립하는 상대적으로 인간적인 사상과 대중의 사고방식을 끊임없이 공격하고 잔인한 폭력을 행사해야만 했다. 18세기 후반과 19세기 초에 걸쳐 정부는 유산계급을 위한 자유방임주의를 밀어붙이기 위해 정치적, 경제적 자유를 숨 막힐 정도로 탄압했다. 1799~1800년 제정된 단결금지법Combinations Act은 노동자의 단체 결성을 사형에 처할 수 있는 범죄로 규정했다. 노동조합 운동과 정치개혁 운동은 지하로 내몰렸고, 1800년대 초 영국에서 집행된 사형의 절대 다수는 재산권 침해사범에 대한 것이었다. 이러한 시각을 최선을 다해 설파한 것은 당연히 가장 큰 이익을 볼 사람들이었다. 톰슨 역시 생전에 이를 지적한 바 있다.

지금은 자유시장 이념의 본거지가 된 미국에서는 당시 프로테스탄티즘의 보수적이고 검소한 농경문화를 토대로 공동체 생활, 절약, 상호부조의 가치가 깊이 뿌리내리고 있었고, 무절제한 개인주의적 소비문화로의 전환은 한 세기가 넘는 시간에 걸쳐 천천히 이루어졌다.[16]

정부 등 공공기관의 역할을 비롯해 경제의 사회적 측면을 이른바 '순수한' 상업과 분리한다는 발상은 14세기에 생겨난 시장경제의 전통적 작동방식과 상식에 모두 어긋나는 것이었다. 영국 산업혁명 이전까지는 집단의 이익, 즉 공공선에 따라 시장의 작동을 규제한다는 것이 의문을 품을 일이 아니었다. 산업화에 따라 사회가 변화하고 자본의 영향력이 커지면서 경제의 자율성이라는 개념이 처음 정립된 것은 바로 영국이었다. 사회의 주요 경제구조와 시장 사이에 맺고 있던 전통적 관계가 완전히 뒤바뀐 것도 영국이었다.

과거 시장은 공공의 이익으로 간주되는 것을 시장의 부정적 영향으로부터 보호하는 사회적, 정치적 힘에 의해 긴밀히 감시, 통제되었다.[17] 따라서 중세의 도시생활에서 시장에 대한 신중한 관리는 자연스러운 요소였다. 국가의 규제와 지역의 관습으로 공공의 이익을 보호했다. 지역 내 교역에서는 거래의 투명성을 유지해 식료품 공급량이 신중히 조절되었다. 주민을 가격 폭등으로부터 보호하기 위해 중개업은 엄격히 금지되었다. 시간이 흘러 국가가 여러 도시를 아우르는 국내시장의 발달을 주도할 때도 독점 방지를 위한 경쟁 규제의 최우선 고려사항은 사회적 이익이었다. 사람들은 무제한 경쟁이 독점을 낳는다는 사실을 잘 알고 있었다(고전경제학은 이를 잊은 듯하다). 시장의 힘이 사회적, 도덕적으로 인정되는 한계 내에서 작동해야 한다는 생각은 18세기 들어서도 여전했다. 1700년대 영국에서는 식료품 가격이 이러한 한계를 넘을 때마다 소요사태가 일어났다. 에드워드 파머 톰슨이 말한 바와 같이 대중의 머릿속에서는 '도덕경제moral economy'가 여전히 시장 규칙보다 우위에 있었던 것이다. 사람들은 식료품을 열린 시장에서 구매하는 것으로 보았고, 공급량이 부족할 때도 가격은 관습에 따라 규제되어야 한다고 생각했다. 존 웨슬리는 아일랜드 제임스타운에서 이러한 관습이 위반되면서 벌어졌던 사건을 다음과 같이 서술한다.

군중은 하루 종일 움직였다. 그들의 목표는 옥수수를 매점매석한 상인들이었다. 상인들은 가난한 사람들이 굶어 죽든 말든 신경 쓰지 않고 주변의 옥수수를 사들여 부두에 정박한 네덜란드 배에 실었다. 하지만 군중은 그 옥수수를 전부 시장에 가져와 옥수수의 원래 주인을 대신해 통상적인 가격으로 팔았다. 그들은 믿을 수 없을 정도로 차분하고 침착하게, 아무도 때리거나 해치지 않고 이런 행동을 계속했다.[18]

이와 비슷한 경우로, 1766년 호니턴에서는 레이스 직공들이 직접 농장에서 옥수수를 가져다 시장에 내다 판 다음 농민들에게 판매대금과 옥수수 포대까지 그대로 돌려준 일이 있었다.[19]

산업혁명 이전의 경제체제는 경제를 자신의 일부로 포함하는 더 큰 범주인 사회적 관계와 분리될 수 없었다. 시장에 대한 규제는 상업과 이를 둘러싼 사회체계의 적절한 균형을 위해 반드시 필요했다. 원시시대 경제에도 이러한 원리가 있었다. 사회적 관계 우선의 원칙, 개인은 사회적 존재라는 정체성은 인간 사회와 그것을 지탱하는 경제체제의 기초였다. 경제행위를 사회적 가치의 구현으로 보는 것은 르네상스 태동기에 이탈리아 중부의 위대한 도시문화에서 나타난 시민 인문주의의 핵심요소이기도 했다. 당시 도시문명은 크게 세 가지 원칙을 가지고 있었다. 첫째, 시민권 개념에서 알 수 있듯 개인은 사회 정체성을 가진다. 둘째, 자유로운 사회에서 주권은 시민에게 있다. 셋째, 경제활동의 지향점은 공공선이며, 이는 경제활동을 정당화하기에 충분하다. 이처럼 경제를 사회를 위한 것으로 보는 인문주의의 관점은 산업혁명과 그 지적 표현이었던 벤담의 공리주의에 자리를 빼앗겼다.

근대 시장사회가 물건을 교환하고 이윤을 추구하는 상거래에 참여하려는 인간 본성에서 탄생했다는 통념과 달리, 산업혁명 직전까지 경제체제를 조직한 원리는 호혜성, 재분배, 가족단위 농업, 혹은 이 셋의 다양한 조합이었다.[20] 이러한 원리하에서 재화의 질서 있는 생산과 분배를 보장한 것은 잘 수립된 사회적 행위규범에 따른 다양한 개인적 동기였다. 이때 이윤추구라는 동기는 두드러지지 않았다. 오늘날의 기업가처럼 치열하게 이익을 추구하는 사람이 없었다는 이야기가 아니다. 14세기 이탈리아 상인의 생활에 대한 이리스 오리고의 연구는 이를 잘 보여준다.[21] 그가 연구한 대상은 프라토의 상인 프란체스코 디 마르코 다티니로, 오늘날의 월스트리트에 잘 어울릴 만큼 열정적으로 이윤을 추구한 인물이다. 거래장부 첫 장에 적힌 '신과 이윤의 이름으로'라는 좌우명은 신앙과 세속적 가치의 중세적 결합을 전형적으로 보여준다. 하지만 이처럼 이윤만을 추구하는 태도는 소수의 전문 상인 집단에서만 나타났다. 다시 말해 이윤추구가 경제 전체의 기본원리는 아니었다는 것이다. 앞으로 설명하겠지만 경제생활의 큰 틀을 형성해온 호혜와 재분배의 원리는 현대 경제에서도 여전히 결정적 역할을 한다. 잘 드러나지는 않아도 이러한 원리는 사회적 가치를 구현하면서 최근 다시 주목받는 다양한 경제활동의 중심을 이룬다.

어떤 독자는 경제가 사회의 일부로 속해 있었다는 말에 대해 산업혁명 이전의 삶을 너무 이상적으로 그리는 것 아니냐는 의문을 제기할 수도 있다. 하지만 나의 의도는 그게 아니다. 어떤 기준으로 봐도 평균 생활여건이 지금보다 훨씬 불안하고 가혹하며 수명도 짧았던 시대로 돌아가자고 주장할 사람이 과연 있을까? 나는 경제의 역사와 본질과 관련해 현재 당연하게 여겨지는 전제들이 사실 특정한 사상과 실천이 쌓인 결과임을 밝히려는 것이다. 또한 경제를 사회적 가치와 분리하고 경제에 우월한 지위를 부여한 것은 불가피한 과정이 아니었음과, 산업혁명 이전과 같이 사회적, 정신적 가치와 상업적 가치가 균형을 이루는 것이 우리에게 가장 중요한 문제임을 강조하고자 하는 것이다. 정신적 삶의 풍요는 상업적 가치보다 중요한 사회적, 개인적 가치의 향상과 따로 생각할 수 없다. 이러한 균형이 깨지게 되면서 인류가 어마어마한 대가를 치르고 있다고 본다.

위대한 경제사학자 칼 폴라니에 따르면, 오늘날과 같은 시장체제가 등장하기 위해서는 개인의 이익 이외의 동기에 따라 재화의 생산 및 교환이 이루어지도록 사회를 구성하는 방식의 가치가 평가절하될 필요가 있었다. 모든 거래가 화폐의 거래로 바뀌면 소득은 언제나 무언가의 판매에서 발생해야 한다. 이처럼 사회의 모든 거래가 순전히 상업적 목적에 따라 이루어지게 되자 과거와 급격한 단절이 일어났다. 이러한 현상은 인간 행동의 동기가 자급, 상호이익, 사회 전체의 복리가 아니라 오직 개인의 이익으로 변화하면서 가능했다.

폴라니는 하나의 작은 영역에 불과한 시장이 경제나 사회생활 전체와 동일시되는 현상은 사회를 기계제 생산공정처럼 바라보는 새로운 관점으로 인해 나타났다고 보았다. 이처럼 비인간화의 역학이라고 표현할 수밖에 없는 현상 속에서 토지의 공동이용, 의미 있는 노동, 사회에 귀속된 개인의 정체성 등 인간의 유기적 삶을 지속하기 위해 반드시 필요한 요소들은 사회적 의미를 빼앗기고 자율적 시장체제의 필요를 충족하기 위한 상품이 되었다.

시장체제의 성격이 변화하면서 이러한 요소들이 이용되는 방식도 함께 변화했다. 굶주림의 위협은 불안정과 무질서로 인해 언제나 존재했고, 기업가, 그리고 의회에서 기업가의 이익을 대변하는 이들은 그러한 위협을 무기 삼아 대중이 노동력을 가장 낮은 가격으로 판매하도록 유도했다. 이는 시장체제로의 전환이 보여준 가장 저열한 모습이었다. 또한 토머스 맬서스의 냉혹한 정치경제학은 이후 고전경제학의 기본 전제가 되었다.[22]

이 시기에는 장인의 전통적 독립성과 유사한 모든 것을 제거하려는 의식적이고 지속적인 노력이 이루어졌다. 장인을 노동자로 만들기 위해서는 두 가지가 필요했다. 숙련기술의 점진적 제거, 그리고 인간을 기계의 규율에 맞추는 순응적 태도의 내면화였다. 인간의 본성을 근본적으로 변화시켜야 한다는 공장의 요구는 스코틀랜드의 화학자이자 발명가로서 뛰어난 산업화 이론가가 된 앤드류 유어에 의해 공공연하게 드러났다. 유어는 '사악한' 저작이라 할 수 있는 《제조업자의 철학The Philosophy of Manufacturers》에서 공장체계의 핵심문제는 기술이 아니라 "인간이 산만한 작업 습관을 버리고 복잡한 자동장치(공장)의 오차 없는 규칙성과 자신의 정체성을 일치시키도록 만드는 훈련"이라고 직설적으로 주장한다. "기계의 향상은 언제나 남성의 일을 여성과 아동의 일로, 혹은 숙련된 장인의 일을 평범한 노동자의 일로 대체함으로써 인간의 노동을 불필요하게 만들거나 노동비용을 낮추는 것을 목적으로 한다."[23]는 것이다.

이렇게 볼 때 숙련기술은 단순노동의 효율성에 대한 위협이었다. 따라서 제조업자들은 "숙련된 노동자의 (중략) 특별하고 꼼꼼한 솜씨"

가 필요한 공정을 모두 없애고 "아동도 충분히 다룰 수 있을 만큼 자동적인 메커니즘"[24]을 도입하려고 했다. 공장체계에 복무하는 태도를 내면화시켜 인간의 성격을 바꾸기 위해 유어는 종교의 힘을 빌렸다. "도덕적 장치를 기계장치와 마찬가지로 견고한 원리에 따라 조직하는 것은 모든 공장주의 이익에 매우 부합한다. 그렇게 하지 않으면 성실한 인력과 엄격한 감독자를 통솔하거나 좋은 제품 생산에 반드시 필요한 협업을 촉진할 수 없기 때문이다. (중략) 사실 대공장을 경영하는 것만큼 '큰 이익은 신성하다'는 복음의 진리가 잘 어울리는 일은 없다."[25] 인간 본성이 이기적 목적에 굴복하기 쉽다는 것은 불쾌하고도 오래된 진실이다. 유어는 공공연한 착취의 과학을 선도적으로 제시했지만, 그 최종 결실이라 할 수 있는 20세기 후반의 어둠의 기술 '광고' 앞에서는 할 말을 잃었을 것이다. 앤드류 유어는 부정적 영향력을 발휘한 비범한 인물로, 마르크스와 엥겔스, 그리고 영국의 산업가 계급 전체에 영향을 주었다. 한 가지 흥미로운 점은 메리 셸리가 빅터 프랑켄슈타인 박사의 모델로 삼은 인물이 바로 유어였다는 사실이다.[26]

산업혁명 이전 시대 경제의 3대 요소 중 토지와 노동은 산업의 요구에 가장 먼저 종속되었다. 세 번째 요소인 개인의 정체성은 우선 이론적으로 공리주의적 경제학에 의해, 그리고 임금노동, 결핍, 사회적 소외, 자신의 토지가 없다는 비인간적 현실에 의해 파괴되었다. 하지만 이때 정체성의 개인화는 노동시장 창출의 전제조건이자 결과일 뿐이었다. 개인의 정체성이 소비의 원동력으로 이용될 여건이 무르익은 것은 두 세기가 지난 뒤였다.

시장과 사회의 관계, 그리고 시장에 대한 폴라니의 명제는 주로 비주류 경제학에 큰 영향을 끼치면서 경제적 자유주의에 도전했지만 비판도 없지 않았다. 또한 시장사회와 자본주의에 대한 폴라니의 비판은 시장 자체가 민주적 이상을 실현할 수단이 될 수 없다는 인식을 낳기도 했다. 내 생각에는 이 지점에서 폴라니가 "경제체제는 본질적으로 사회의 여러 기능 중 하나일 뿐"[27]이라는 자신의 핵심명제가 담고 있는 가능성을 충분히 인식하지 못했다고 본다. 이를 경제체제가 오직 국가에서 파생된다는 의미로 볼 필요는 없다. 폴라니는 시민사회의 생성적 힘을 과소평가하는데, 협동조합 운동 자체가 바로 그러한 힘의 증거다. 또한 협동조합 모델은 자본주의와 다른 결을 가지면서도, 폴라니의 생각처럼 사회주의 계획경제를 구축하지 않아도[28] 시장이 인간의 필요를 충족하도록 만들 수 있다는 확고한 관점을 바탕으로 한다. 민주주의와 시장은 대립하지 않는다. 물론 민주주의와 시장사회의 관계, 즉 민주주의와, 신자유주의적 자유시장 교리에 따라 사회원리가 경제원리에 종속되는 체제 사이의 관계는 전혀 다른 문제다.

시장사회로 전환하는 과정에서 일어난 끔찍한 일들은 이제 역사가 되어 우리의 기억에서 사라진 지 오래다. 하지만 현재 중국을 비롯한 아시아, 중남미, 그리고 산업혁명 이전의 상태에 있는 지역에서는 시장체제로의 전환이 과거와 같은 상처를 남기면서 수많은 이들에게 생생한 고통을 주고 있다.

자유시장 모델이 사회에 끼치는 영향을 둘러싼 투쟁은 오랫동안 치열하게 전개되었고, 그 과정에서 목숨을 잃은 이들도 있다. 지난 두 세기에 걸친 사회적, 경제적 투쟁이 제기하는 근본적인 물음은 바로 '자유시장 모델이 사회에 끼치는 재앙과 같은 막대한 피해를 어떻게 제한할 것인가'이다.[29] 이는 결국 '자본의 힘을 얼마나, 어떻게 억제할 것인가'라고 할 수 있다. 자유시장 세계관은 통치권이 자본에 있으며, 정치영역에서 설 자리를 잃은 지 얼마 되지도 않은 전제권력을 자본이 경제영역에서 행사해야 한다는 것으로 요약된다. 이에 따르면 현재 자유방임주의를 옹호하는 자본가들이 신성하고 바람직한 정치체제로 추앙하는 민주주의는 경제에서 금지되어야 한다. 여기에는 큰 모순이 있다. 자유시장 신화는 경제영역에서 자본이 시장과 기업을 권위주의적으로 통제한다는 원리를 고수하는 한편, 자유시장과 그 연장인 자본주의가 민주주의의 기초라고 주장하기 때문이다.

이는 앞뒤가 맞지 않는 어리석은 주장이지만 거의 보편적으로 받아들여지고 있다. 형평성과 존엄성 등의 민주적 가치와 시장에 대한 특정한 관점 사이에 어느 정도 유사성이 있기 때문이다. 태어나는 순간 사람의 지위가 결정되는 폐쇄적 계급체제와 달리 시장은 개방성, 기회, 행위의 자유 등 민주적 체제와 같은 특성을 지닐 수 있다. 하지만 시장이 낳는 결과는 형평성이나 존엄성을 보장하지 않으며, 보장할 수도 없다.[30] 시장과 민주주의를 하나로 묶어 생각하는 것은 너무나 기본적인 혼동이다. 너그럽게 표현할 때 이는 일부러 진실을 외면하는 사람만이 할 수 있는 실수다.[31] 자본주의는 시장의 동의어가 아니며, 자유롭고 민주적인 사회의 원천도 아니다. 정치사에 대해 조금의 지식만 있다면 자본주의나 시장사회가 나타나기 수백 년 전, 기원전 4세기 그리스의 도시국가에서부터 14세기 이탈리아의 시민 인문주의와 민주공화국까지 다양한 민주적 사회가 존재했다는 사실을 알 수 있을 것이다. 자유시장과 민주주의를 동일시하는 것은 미국을 민주주의의 발원지라고 믿는 미국인들의 오랜 자기기만이다. 이는 단지 입만 열면 무조건 자유시장을 외치는 사람들이나 공화당 특정 인사들만의 문제가 아니라 널리 퍼져 있는 착각이다. 그 누구도 교육수준이나 지적 능력에 의문을 제기할 수 없는 힐러리 클린턴 국무장관은 유럽을 처음 국빈방문한 자리에서 너무도 당당히 미국의 민주주의는 "유럽의 민주주의보다 훨씬 긴 역사를 가지고 있다"고 말해 유럽의회 의원들을 경악하게 했다.

자유시장과 민주주의의 동일시는 사실 자유시장 옹호자들이 자본주의 경제의 비민주적 현실을 덮기 위해 민주주의를 오용하고 왜곡한 결과다. 행정 관료주의의 성장과 지배는 자유시장체제를 바탕으로 한 사회에서 처음부터 나타난 특징이었다.[32] 공리주의는 한편으로 자유방임주의를 내세우면서 다른 한편으로는 재산권 보호를 위한 국가의 통제를 옹호했다. 귀족계급은 언제나 정부의 권력을 이용해 자신들의 이익을 추구했고, 민주주의를 위한 투쟁은 언제나 이러한 결탁을 끊어내기 위한 싸움이었다. 자유시장이 내세우는 그럴듯한 수사와 달리 국가 통제와 시장체제의 상호의존성은 민주주의와 자본주의 사이의 긴장을 낳는 원인이다. 마르크스주의적 사회주의와 같이 국가가 중앙집중적으로 시장을 통제하려고 할 때 이런 긴장은 더욱 두드러진다.

경제적 자유주의가 민주주의와 친화성이 있다는 주장은 경제적 자유주의를 대변하는 제도가 어떻게 작동하는가에 대한 역사 기록과 일상적으로 나타나는 증거를 보면 거짓임을 알 수 있다. 대표적인 예가 민주주의에 대한 시장의 탄압이다. 민주주의 혁명을 통해 값비싼 대가를 치르고 얻은 정치적 자유와 평등은 기업의 경제 권력이 사회 전반에 확산되고 강화되면서 지속적으로 침해되었다. 어떤 사회에서든 경제영역의 권위주의적 권력은 결국 정치영역의 민주적 권력을 압도한다. 따라서 경제민주주의의 부재는 정치적 민주주의의 수호에 끝없는 위협이 된다.

민주주의에 대한 열망의 밑바탕에는 평등과 존엄성에 대한 인간적 갈망이 있다. 그런데 이 갈망이 경제로 확장되는 과정에서 가장 필요한 시기, 즉 자본과 유산계급의 권력이 공고해진 산업혁명기에 방향을 잃고 말았다. 하지만 아직 다음 질문에 대해 설득력 있는 답은 나오지 않았다. '민주주의가 정치에 바람직하다면, 경제에도 똑같이 좋은 것 아닐까?' 생각해보면 경제의 작동, 그리고 사람들이 날마다 경제제도와 맺는 관계는 일상에서의 행동과 삶의 질에 훨씬 더 중대한 영향을 미친다. 우리는 3~4년에 한 번씩 공직자를 선출하기 위해 민주적 권리를 행사한다. 반면 깨어 있는 시간의 대부분은 날마다 여전히 독재상태나 다름없는 일터에서 보낸다. 그렇다면 이런 질문을 할 수 있다. '자유시장은 왜 권위주의적 지휘통제 모델에 의해 운영되고, 개별 기업에서는 독재권력 모델로 구현되는가?' 이는 어린아이도 알 수 있는 근본적 모순이며, 자유시장 신화가 해결할 수 없는 문제다. 시장이 자유로워야 한다면 시장을 구성하는 제도 역시 자유로워야 한다.

물론 경제영역에서 민주주의의 원리는 대부분 노동조합을 통해, 그리고 민주적으로 운영되는 협동조합 형태의 사업체를 통해 미약하나마 어느 정도의 자리는 차지하고 있다. 하지만 이조차도 수십 년간 산업계의 대표들과 그들을 적극 지원하는 정부에 맞서 치열한 싸움을 벌인 결과다. 자유시장체제의 수립과 산업사회로의 전환은 처음부터 정치·경제적 차원에서 민주적 권리에 대한 잔인한 탄압을 수반했다. 자유시장이 민주사회의 원천이자 수호자라는 오늘날의 주장은 이를 반증하는 역사 앞에서 웃음거리일 뿐이다. 자본주의적 자유시장은 민주주의의 동반자가 아니며, 한 번도 그랬던 적이 없다.[33] 오히려 그 반대는 분명한 사실이다. 우리가 자유시장이라고 부르게 된 체제의 조건을 마련한 것은 자유롭고 민주적인 사회, 특히 자유로운 도시였다.

엄밀히 말해 자유시장은 본질적으로 세 가지를 의미한다. 노동의 분업, 경제발전을 통한 부의 축적, 사업체의 자유다. 스테파노 자마니가 훌륭하게 짚어낸 바와 같이 노동 분업은 모든 사람, 특히 상대적으로 재능이 부족한 이들이 일자리를 가질 가능성을 높여주며, 전문화를 이뤄 생산성 향상을 뒷받침한다. 현실에서 노동 분업은 서로 호혜관계에 있음을 인식할 수밖에 없도록 한다. 노동 분업은 경제적 가치로서의 호혜를 강조하며, 상호의존성이 생산과정의 구성요소임을 분명히 드러낸다. 재능이 부족한 사람도 사회의 작동에 기여할 수 있게 함으로써 자존감 형성에 근본적으로 도움을 주기도 한다. 둘째로 발전이란 부를 사회적 재화로 축적한다는 뜻이다. 사적인 목적을 위해서가 아니라 만일의 사태를 대비하고 궁극적으로는 미래세대에 대한 책임으로서 부를 축적한다는 것이다. 셋째로 사업체의 자유에 대한 자마니의 설명은 다음과 같다.

창의성, 적절한 위험을 감수하려는 성향, 여러 사람의 업무를 조율하는 능력 등 사업가의 필수 자질 세 가지를 갖춘 이는 통치자나 그가 임명한 관료에게 사전 승인을 받을 필요 없이 자유롭게 사업을 시작할 수 있어야 한다. 적극적이고 성실한 삶$^{vita activa et negociosa}$은 단지 어떤 목적을 위한 수단이 아니라 그 자체로 가치 있기 때문이다.[34]

여기서 사업체의 자유는 통치권력(혹은 오늘날의 독점권력)에 의해 통제되지 않는 개방적 경제에서 생산적이고 쓸모 있는 삶을 살아갈 자유로 풀이된다. 사업가나 사업체가 다른 사람에게 어떤 영향을 미치든 원하는 것은 무엇이든 할 수 있다는 생각은 해당되지 않는다.

프란체스코회가 정확히 이러한 의미에서 자유시장이라는 발상을 제시한 것은 무려 15세기 초였다.[35] 그 여건은 자본주의 이전의 시장경제에 이미 모두 존재했다. 사기업, 주식회사, 민주적으로 운영되는 협동조합 등 개별 사업체가 취할 수 있는 형태에 제한은 없었다.

유럽에서 처음으로 시장경제가 번성한 것은 14~16세기 투스카니, 움브리아 등의 도시공화국이었다. 은행업, 신용증서, 주식회사 등이 나타났고, 특히 상인계급은 처음으로 진정한 세계무역체제를 구축했다. 이는 나중에 르네상스를 위한 재원 조달 통로가 되었다. 시장경제의 조건으로 이윤 극대화라는 개념이 덧붙여진 것은 산업혁명 시기에 들어서서다. 이윤이 최우선이라는 관념은 전통적 시장경제와 자본주의를 구별하는 결정적인 특징이다.

이렇게 경제사를 길게 이야기하는 것은 자본주의가 자유롭고 민주적인 사회의 전제조건이라는 관념이 자유시장 교리에서는 일종의 신앙이지만 실제로는 거짓임을 알리기 위해서다. 이를 뒷받침할 현대의 증거를 원한다면 중국과 러시아의 자본주의를 살펴보는 것으로 충분하다. 중국에서는 무절제한 시장 발전과 전체주의적 권력이 결합된 국가자본주의가, 러시아에서는 부패한 약탈적 관료정권이 공고해지는 참으로 실망스러운 모습이 나타났다.

이처럼 경제적 이념과 가치를 둘러싼 끝없는 논쟁에서 알 수 있는 것은 경제 전반, 특히 시장의 본질은 지금도 여러 주장이 끊임없이 논쟁하는 열린 문제라는 사실이다. 시장과 시장을 포함하는 경제라는 영역은 본질적으로 사회적, 공적 개념이다. 특정 계급이 시장을 소유할 수 있다거나 시장은 주식회사와 같은 형태의 사업체로 구성되는 것이 당연하다는 생각은 옳지 않다. 자유시장을 신봉하는 이들의 전제와 달리 시장은 자본의 것이 아니고, 시장을 구성하고 시장에 생명력을 불어넣는 사업체의 형태는 구현하고자 하는 목적과 가치만큼이나 다양하다. 사업체가 추구하는 가치는 상업적 목적과 더불어 사회적 선, 사회적 목적을 지향하는 것일 수도 있다. 또한 자본주의 자체가 취할 수 있는 형태도 놀라울 정도로 다양하다. 자유시장 교리는 진정한 자본주의가 '순수한' 하나의 형태뿐이라고 주장한다. 이 역시 거짓이며, 자본주의의 독특한 장점인 카멜레온 같은 적응력과 모순된다. 자본주의는 단수가 아니라 복수로 존재한다. 자본이 경제적 생산과정을 조직하고 조율하는 방법은 여러 가지가 있다는 의미다.

산업화와 사회의 자기방어

시장을 사회적 목적을 위해 활용할 수 있다는 사실은 지난 2세기가 넘는 세월 동안 우리의 시야에서 감쪽같이 사라져버렸다. 하지만 경제에 사회적 차원이 존재한다는 것은 경제학이 학문으로 정립되기 시작한 순간부터 인정된 사실이다. 유럽 최초의 경제학 교수직은 1776년 나폴리대학교에서 시민경제학Civil Economy 교수라는 이름으로 시작되었다. 처음 이 자리를 맡은 안토니오 제노베스는 사회적경제 연구의 선구자로, 동시대를 살았던 애덤 스미스에게 직접적 영향을 주었다. 오랫동안 주목받지 못한 사회적경제의 역사는 이제야 조명을 받고 있다. 지금까지 경제의 발전에서 사회가 배제되어온 현상은 지속적으로 막대한 피해를 낳았다.

사회는 인간 체제에 시장논리를 강제하려는 시도가 처음 이루어진 순간부터 자기조정 시장이라는 어리석은 발상에 맞선 생존반응을 시작했다. 그러한 투쟁은 지금까지 계속되고 있다. 사회주의와 협동조합 운동이라는 거대한 실험, 노동조합의 성장, 정치뿐만 아니라 경제에서도 민주적 권리를 쟁취하기 위한 싸움은 모두 비인간적 체제에 대한 인간적 반응이었다. 이러한 반응은 기계시대의 폐해가 처음 나타난 순간부터 시작됐다. 이러한 투쟁은 산업화가 진행된 사회에서 먼저 발전했지만, 현재 개발도상국에서 나타나는 저항과 개혁 모델 역시 산업혁명 초기의 사회적, 집산주의적 모델을 닮았다. 폴라니가 말했듯 기계시대로 접어든 이후 서구의 역사 전반은 시장체제의 메커니즘에 사회를 종속시키려는 시도, 그리고 이러한 체제가 낳는 피해에 맞서 자신을 방어하려는 사회의 반응이라는 이중 운동으로 설명할 수 있다. 이러한 현상은 이제 전 세계에서 나타나고 있다.

지금도 여러 사회는 경제활동을 사회적 가치라는 큰 틀에 통합해 자본주의의 파괴적 영향으로부터 사회적 가치를 보호하기 위해 노력하고 있다. 서구인들의 시야가 지금처럼 좁지 않다면 지난 200년간 서구문화가 잃어버린 것을 지켜온 다른 사회에서 빨리 교훈을 얻어야 한다는 인식이 폭넓게 자리 잡고 있을 것이다. 그런데 여기에 비극이 있다. 서구문화가 자신이 잃어버린 것의 가치를 모르는 까닭은 애초에 무엇을 잃어버렸는지 알지 못해서다. 이와 같은 '문화적 기억상실증'은 오늘날 우리 삶에 심대한 영향을 미치고 있다.

서구사회에서 시장논리의 오랜 지배와 관련된 문제들은 이전보다 복잡하고 인식하기 어려워졌다. 이제는 단순히 물질적 복리가 아니라 대중의 사고방식, 이념과 관련된 문제이기 때문이다. 자유시장 자본주의의 지배 형태에 대한 해법이나 대안을 제시하려면 이와 같은 비물질적 현실에도 도전해야 한다.

'경제적 인간'의 발명과 함께 개인의 사회 정체성이 상실되면서 두 가지 모순된 현실이 나타났다. 첫째, 과거 어느 시대에도 상상할 수 없던 규모로 물질적 부가 증가했다. 이는 모든 형태의 자본주의가 이루어낸 눈부신 성과로, 부정하기 어렵다. 둘째, 현대 산업문명의 핵심 특징이 된 깊은 불행과 갈망의 밑바탕에 정신적, 사회적 빈곤이 들어섰다. 우리 시대의 거대한 역설, 다시 말해 '행복의 역설'이다. 물질적 만족이라는 착각과 이로 인한 불행은 우리가 만들어낸 특정한 형태의 부에 수반되는 정신적 대가일 것이다.[36]

자유시장의 심리적 기초는 개인을 사회에서 분리하고 개인주의를 병적으로 부풀리는 것이다. 이는 물질적 부의 필수조건이며, 동시에 우리가 부를 누리면서도 행복을 느끼지 못하는 뿌리 깊은 정신적 질병의 원천이다. 탄탈루스(지옥 물에 몸이 턱까지 잠겨 있지만 물을 마실 수 없고, 머리 위에 과일이 주렁주렁 열려 있지만 따 먹을 수 없는 형벌을 받은 신화 속 인물-옮긴이) 신화가 우리 문화의 정신적 조건으로 실현되었다고 말할 수도 있다. 행복은 우리가 욕망하는 물질적 부에 손을 내미는 순간 멀어진다. 물론 어쩔 수 없는 일인지도 모른다. 무제한으로 물질을 추구하는 탐욕과 개인의 행복은 같이 갈 수 없다는 것이 고대부터 내려온 도덕철학과 종교적 가르침의 근본 진리이기 때문이다.

하지만 물질적인 것을 우선하고 사회적인 것과 정신적인 것의 가치를 너무나 낮게 평가하는 경제체제에서 물질과 정신의 긴장관계가 이처럼 제도화된 적은 없었다. 여기서 '정신적인 것'이란 물질의 추구를 초월하는 가치나 의미에 대한 의식이라는 뜻이다. 거의 병적 수준에 다다른 물질주의 세계관의 폐해, 그에 따른 사회적, 정신적 병폐는 어디서나 목격된다. 우울을 달래기 위해 물질적 욕망을 충동적으로 해소하게 만드는 끝없는 소비욕구, '사회주의'의 악마화, 집단행동과 공동의 이익 추구에 대한 불신, 정부와 공적 영역에 대한 냉소, 위기의 순간 마지막으로 의지할 수 있는 사회적 유대와 연대의식의 해체, 우리가 구매하는 것이 자존감을 결정한다는 도착적 사고, 마거릿 대처처럼 사회는 실재하지 않으며 개인의 집합에 불과하다고 진심으로 믿는 이들의 몰이해, 사람들이 현재의 체제에 대한 대안을 상상하기 어려워한다는 안타까운 사실이 바로 그 예다.

대안을 상상할 수 없다는 것은 어떤 이념이 거둘 수 있는 최종의 승리다. 윌리엄 리치는 소비주의가 절대 지위를 차지하고 기업 중심의 자본주의가 그 사회적 메커니즘으로 수용되면서 공적 생활이 축소되어왔으며, 사람들은 "삶을 조직하고 이해하는 다른 방법에 대한 통찰력, 진정한 민주주의를 통해 지배문화에 대한 자신의 견해를 되돌아볼 수 있는 통찰력"[37]을 갖지 못하게 되었다고 이야기한다. 지금보다 인간적인 경제라는 이상과 그 이상을 실현할 방법을 찾기 위해 어렵지만 많은 노력이 반드시 이루어져야 하는 이유가 여기에 있다.

분명 대안은 있다. 인간의 얼굴을 한 경제체제를 이룩하려는 노력은 산업시대의 태동기부터 계속되어왔다. 이러한 노력은 자본주의에 영향을 미쳐 시장체제를 조금 더 인간적으로 변화시키는 데 결정적 역할을 했다. 우리는 자유시장 모델보다 인간적인 대안을 만들기 위해 노력하는 동시에 지금 우리에게 주어진 모델을 인간적인 방향으로 변화시키기 위해서도 노력해야 한다.

집단적 생산과 교환을 바탕으로 한 경제의 사회화는 약 250년 전에 시작된 개혁운동의 핵심이었다. 이는 때에 따라 사회주의라는 발상으로, 혹은 민주적 수단으로 시장을 사회의 필요에 의식적으로 종속시킴으로써 '자기조정 시장'을 극복하려는 움직임으로 나타났다.[38]

그중에서 가장 오래 지속될 수 있는 것은 협동을 경제적, 사회적 교환의 기초로, 호혜를 경제적, 사회적 개혁의 기초로 삼는 모델이라고 생각한다. 지금부터는 이러한 주장의 근거를 제시하는 한편, 협동조합 운동이 선진 산업사회와 개발도상국에서 어떻게 펼쳐지고 있는지, 세계의 협동조합 운동이 자유시장 자본주의의 인간적 대안을 마련한다는 임무를 이루어내는 과정에서 어떤 성공과 실패를 겪고 있는지 소개하고자 한다.

02

꿈, 현실이 되다

영국은 음식을 써는 기계다.
그 칼날 아래에는 언제나 가난한 사람들이 있다.

– 조지 제이콥 홀리요크 –

로버트 오언이 영국 하원의 빈민법 실행에 관한 조사위원회를 맡은 1817년, 영국은 발전이라는 이름하에 한 계급 전체가 사회에서 의지할 곳을 잃어버리는 전환기의 한복판을 지나고 있었다. 농촌에서 조금의 땅을 가진 이들은 인클로저 운동 때문에 수백 년간 공유지로 사용되던 땅에서 쫓겨나 공장 일자리를 찾기 위해 수만 명씩 도시로 몰려들었다. 공유지는 대지주의 이윤을 위해 양을 치는 목장이나 대규모 농장이 되었고, 이 과정에서 마을이 아예 사라지기도 했다. 한편 기계제 생산으로 전통적 수공업 경제의 기초였던 사람의 기술은 비숙련 노동력으로 대체되었고, 여러 소도시의 장인과 수공업자는 자신의 생계수단이 사라지는 모습을 지켜봐야 했다. 이 과정에서 전례 없는 규모의 빈곤과 결핍이 생겨났다.[1] 찰스 디킨스의 시대, 구빈원과 아동 노동, 끝없는 배고픔, 빼앗기고 쫓겨난 이들로 점점 커져만 가는 빈민가의 시대였다.

반란의 시대

근대적 노동자 운동이 탄생한 것도 바로 이 시기였다. 혁명의 물결은 나폴레옹 전쟁이 끝난 뒤 유럽을 휩쓸며 1848년 정점에 이르렀다. 특히 영국에서는 1808년부터 1830년대까지 러다이트 운동이라는 거대한 사회적 반란이 간헐적으로 분출되었고, 섬유산업의 생산 자동화로 발생한 사회적 피해를 회복하기 위해 수백만 명이 나섰다. 운동이 최고조에 이르렀을 때는 격렬한 충돌에 무장병력 12,000명이 투입될 정도로 강력하고 잘 조직되어 있었다. 당시 사회개혁을 이루려는 대중의 열망은 다양한 형태로 나타났다. 차티스트 운동은 보통선거권을 요구했고, 여성인권 운동도 싹을 틔웠다. 노동자 교육 및 학습을 위한 모임도 여럿 생겨나 노동자가 자신의 미래를 스스로 구상하고 조직적 노동운동의 기반을 다질 수 있는 아이디어와 조직 수단을 제공했다. 이러한 모임은 협동조합 운동과 결합하기도 했는데, 이때 협동조합 운동의 형태와 방향을 제시한 것은 로버트 오언, 윌리엄 톰슨, 윌리엄 킹 등이었다.

로버트 오언은 이미 성공한 제조업자이자 영국 최대의 부호로 널리 알려져 있었는데, 빈곤층의 열악한 현실을 개선하기 위해 노력하는 인사로 더욱 명성이 높았다. 하원은 그에게 영국 인구의 다수를 비참하게 만드는 여러 문제의 해결방안과 빈곤층의 현실에 대해 보고하는 임무를 맡겼다. 오랫동안 치열하게 전개된 사회·경제적 투쟁이 전환점을 맞이할 수 있는 기회였다.

오언은 혁명가가 될 가능성이 높은 사람은 아니었다. 그는 웨일스 뉴턴의 마구와 철물을 만드는 집안에서 태어나 열 살이 되었을 때 링컨셔 포목상의 견습생으로 들어갔다. 열여섯 살에는 맨체스터의 대규모 포목회사에서 일을 시작했고, 스물한 살에는 맨체스터 최대의 방적공장 관리자가 되었다. 이렇게 자수성가한 오언이 산업혁명의 거대한 물결 속에서 야심차고 재능 있는 전형적 사업가의 길을 걸으리라는 예상은 당연했다.

당시 오언은 이미 영국의 하층민을 위해 상당한 재산을 쏟아 부었을 뿐만 아니라 영국 최초의 노동자 조직 창설, 아동노동법 개정, 보통선거권 도입, 영국 최초의 보육제도 도입 등에 적극 나서면서 개혁가로서 명성을 쌓았다. 하지만 그가 당대 자본주의에 전염병처럼 퍼진 사회적 병폐를 해결할 유일한 수단으로서 영국 경제와 사회 질서의 혁명적 변화에 대한 포괄적 제안을 처음 내놓은 것은 《빈곤층에 관한 보고서Report on the Poor》를 통해서였다.

보고서의 중심내용은 빈곤을 뿌리 뽑을 수단으로 '협동마을Villages of Cooperation'을 건설하자는 것이었다. 하원은 보고서 채택을 거부했지만[2] 그가 제시한 협동의 이상은 이후 영국 전역으로 퍼져나간 거대한 운동의 싹을 틔웠다.

오언이 꿈꾼 이상적 사회주의 사회는 협동공동체의 건설, 그리고 인격은 주변 환경의 산물이라는 확신에 바탕을 두고 있었다. 이러한 공동체주의적 구상은 40년 전 미국에서 뿌리내린 셰이커 공동체의 성공에서 영향을 받았다. 셰이커란 퀘이커 공동체와 길을 달리한 이들의 작은 집단으로, 당시 맨체스터에서 자신들의 평등주의적 교리를 전파하고 있었다. 오언은 인간을 다루는 가혹한 방식과 비인간적 환경의 영향으로 인해 인간의 선한 본성이 오염되었다고 생각했다. 이는 프랑스의 계몽주의 철학자 루소의 견해와 비슷하다. 하지만 오언은 인간의 본성을 오염시킨다며 문명 자체를 거부하는 대신 인격을 선하고 합리적이며 인간적인 방향으로 변화시킬 외부 여건을 만든다는 해법을 제시했다. 더욱 중요한 것은 인격의 사회적 형성이라는 발상을 사회적 요소가 우위를 차지하는 경제 모델과 연결했다는 점이다. 오언은 사회가 경제영역과 정치영역으로 나뉜다는 관념을 받아들이지 않았다. 사회적 성격을 띠는 해법을 제시했다는 점이 그와 당대 다른 이들의 가장 큰 차이였다.

오언은 부의 창출과 정의로운 사회를 이루는 관건은 협동이라고 보았다. 나중에 등장한 마르크스주의와 달리, 협동조합주의는 시장을 사회적 악의 근원이라고 보지 않았다. 대신 오언은 시장이 소수의 특권층이 아니라 사회 구성원 모두의 필요를 충족시키도록 할 수 있는 수단이 협동이라고 생각했다. 스코틀랜드 뉴래너크에 있는 영국 최대의 방적회사 코튼트위스트컴퍼니를 소유하고 있던 오언은 자신의 사상을 실행에 옮길 조건을 완벽히 갖추고 있었다. 그는 기업의 성공을 넘어서 새로운 공동체를 건설하고자 했다. 가장 먼저 관심을 기울인 것은 사람을 변화시키는 인본주의 교육의 힘으로 좋은 인격을 형성하는 일이었다. 협동공동체와 인간적 일터를 만드는 것은 이러한 핵심 원리의 연장이었다. 이는 사회의 변화를 촉진하는 교육, 특히 성인을 대상으로 하는 교육의 시초로, 오언이 영국 사회와 문화의 발전에 가장 크게 기여한 부분이기도 하다.

오언이 1810년 1월 뉴래너크에 도착할 당시 마을 주민은 2천 명이 조금 넘었다. 그는 맨 먼저 학교를 세우고 아동의 일일 노동시간을 제한했으며, 열 살 미만의 아동은 고용하지 않았다. 다섯 살밖에 안 된 아동도 섬유공장에서 일을 하던 시대였다. 이런 아동 5백 명이 주로 에든버러와 글래스고의 구빈원에서 뉴래너크의 공장으로 끌려와 일을 했다. 이처럼 구빈원이 값싼 노동력을 공장주에게 정기적으로 공급하는 것은 흔한 관행이었다. 아동을 포함한 수용자 모두가 일자리를 찾아야 게으름과 나쁜 습관에 빠지는 것을 막을 수 있다고 보았기 때문이다. 이와 같은 혐오의 철학은 당시 감리교가 전파한 것으로, 사회의 오랜 적폐 중 하나였다.[3] 발육부진에 팔다리가 상하기도 한 아동들은 하루 13시간을 서서 일했고, 자신이 맡은 기계 옆에서 잠을 자는 경우가 많았다. 다섯 살 이하 유아사망률은 50퍼센트 이상이라는 충격적인 수준이었는데, 이는 어릴 때부터 공장에서 일한 여아의 골반 뼈가 좁아지고 기형이 되는 끔찍한 현실 때문이었다.[4] 아이들은 6~8년간 '견습생' 생활을 한 다음 교육이나 훈련을 전혀 받지 못한 채 버려졌고, 영국 하층민의 삶을 영원히 벗어나지 못했다.

오언은 아동에 대한 처우개선과 노동자 연금제도 도입 등 뉴래너크의 개혁조치를 다른 제조업자들도 모방하기를 바라면서 자신의 사상을 열정적으로 알렸다. 그는 쉬지 않고 캠페인을 벌였지만 성공하지는 못했다. 유럽 각국의 영향력 있는 독지가와 정부를 설득하려는 노력은 수포로 돌아갔고, 결국엔 부자들이 협동공동체를 통해 빈곤을 줄이는 계획을 지지할 것이라는 믿음도 실현되지 못했다. 이성에 호소하면 될 것이라는 순진한 믿음, 정치적 통찰의 부재라는 문제가 드러나는 지점이다. 오언은 정치현실에 대한 감각이 전혀 없었다. E. P. 톰슨이 당시 오언의 역할에 대해 말한 바와 같이, 대부분이 정치적 반응을 보이는 문제에 대해 오언은 아무런 생각이 없었다.[5] 게다가 선량한 가부장의 입장에서 협동공동체 모델을 만들겠다는 시도는 많은 이들의 의심과 조롱을 받았다. 일부는 그가 위험한 급진주의자이자 골칫거리라고 공격했고, 반대로 충분히 급진적이지 못하다는 비판도 있었다. 여기서 기억해야 할 것은 당시 대중은 부자들에 대한 기대를 완전히 접은 지 오래였다는 사실이다. 후자의 관점으로 오언을 비판한 인물 중에는 오언과 같은 개혁가이자 정치철학자인 윌리엄 톰슨이 있었다. 톰슨은 협동조합 운동과 초기 사회주의의 지적 기반을 다지는 데 오언보다 큰 공헌을 했다.

톰슨의 업적은 세월에 묻혀 오늘날 거의 알려져 있지 않다. 하지만 생전에 그의 영향력은 대단했다. 톰슨의 저작, 특히 그가 이미 50세가 된 1824년에 쓴 《인간의 행복에 가장 도움이 되는 부의 분배원리에 관한 연구An Enquiry into the Principles of Distribution of Wealth Most Conducive to Human Happiness》는 사회주의의 기초로 손꼽힌다.[6] 톰슨은 1775년 아일랜드 코크에서 영국과 아일랜드의 상류층 중에서도 가장 부유한 상인의 아들이자 후계자로 태어났다. 1814년 아버지가 사망한 이후에는 무역 선단과 웨스트 코크, 글랜도어의 토지를 물려받았다. 그는 즉시 부재지주 역할을 그만두고 자신의 토지로 집을 옮겨 아이들을 교육하고 혁신적 농법을 도입하는 등 소작농 가족의 생활여건을 개선하기 위해 노력했다. 이와 멀지 않은 시기에 자신의 토지에서 같은 시도를 한 러시아의 레오 톨스토이가 떠오르는 대목이다. 톰슨이 사후에 협동조합 운동에 토지를 기부하기로 하자 친척들이 유언을 무효화하기 위해 소송을 제기해 아일랜드 역사상 가장 긴 법정공방이 있었다는 사실 역시 두 사람의 공통점이다.

톰슨도 오언과 마찬가지로 제러미 벤담의 사상을 따르는 동료였다. 하지만 인간의 행복과 공리주의에 대한 접근은 전혀 달랐다. 벤담과 달리 톰슨은 행복을 개인이 추구하는 목표가 아니라 사회적 현상으로 보았다. 행복은 특정한 사회적 조건의 결과이자 다른 사람과 맺는 관계의 성격에서 비롯된다는 이야기다. 또한 벤담이 사유재산과 사회적 위계를 자유와 안전의 전제조건으로 옹호한 반면, 톰슨은 자본주의와 모든 형태의 종속을 신랄하게 비판했다. 톰슨은 사유재산이 경쟁의 근원이며 사람과 사람을 대결하게 만드는 메커니즘이라고 주장하면서 공유재산의 원리를 옹호했다. 또한 정의로운 사회와 개인적 행복의 관건은 자신의 이익과 사회의 이익을 일치시키는 것이지 어느 한쪽이 종속되는 것이 아니라고 보았다. 그리고 벤담, 오언과 달리 톰슨은 사회에 참여민주주의적 관행을 도입하기 위해 싸웠다. 이런 의미에서 톰슨은 사회적 자본에 관한 현대 이론을 미리 내다본 선구자다. 그는 행복을 사회적 관계, 협동, 민주적 관행의 확대와 명확히 연결지음으로써 협동을 자본주의적 폐해의 치유책으로 이해할 수 있는 도덕적, 방법론적 기초를 놓았다. 이는 이 책의 마지막 부분에서 살펴볼 핵심주제다.

58세에 가슴 통증으로 사망할 때까지, 협동조합 운동 내에서 톰슨의 영향력은 꾸준히 커져 오언을 능가할 정도였다. 톰슨은 특히 민주적 관행에 대해 오언과 입장 차이가 있었고, 노동자들이 협동공동체의 토지와 자본에 대해 소유권과 통제권을 가져야 한다고 보았다. 이에 그는 상대적으로 급진적인 자신의 관점과 오언주의자들의 관점을 구별하기 위해 '사회주의자socialist'라는 표현을 썼다. 톰슨이 1827년 〈협동조합 매거진The Cooperative Magazine〉에 보낸 편지에는 '사회주의자'라는 표현이 문서상 처음으로 등장한다.[7]

협동공동체는 오언의 뉴래너크 실험 외에도 다양한 형태로 발전했다. 영국을 비롯한 여러 나라에서 수십 개의 공동체가 생겨났는데, 그 원동력은 대안을 세우려는 공통의 욕구, 그리고 노동자들 사이에서 성장한 계급의식과 자신감이었다. 이러한 공동체들은 사회화된 형태의 이상적 공동체를 실현하려고 했으나 결국 모두 실패로 돌아갔다. 뉴래너크 모델을 미국 인디애나의 새로운 협동공동체 뉴하모니New Harmony로 확장하기 위한 오언의 시도 역시 마찬가지였다. 실패의 원인은 무엇이었을까?

오언의 경우 공동체 모델의 가부장적, 권위주의적 성격과 인간 본성에 대한 철학 모두가 실패의 원인이었다. 오언의 사고는 글의 어조에서 드러난다. 그는 "하층계급Lower Orders을 교화"하고 싶어 했고 (1817년 발언), 초기 저작에서 가장 많이 발견되는 표현은 "자비로운benevolent"과 "그들을 위해 제공되는provided for them"이다. 급진주의자나 노동조합 운동 지도자의 분노를 사기에 딱 좋은 표현이다. 노동계급이 자신의 노력으로 자신의 목적을 향해 나아간다는 생각은 오언에게 낯설었다. 나중에는 오언 자신이 결국 그런 운동을 이끌고 있다는 사실을 깨닫게 되지만 말이다.[8] 오언의 협동공동체는 오언 한 사람의 명성, 영향력, 자선에 의존했다. 오언이 뉴하모니 공동체의 지도자 자리를 아들 로버트 데일 오언에게 넘겨주자 공동체는 분열했다. 오언의 성공이 그의 뛰어난 리더십과 카리스마에 얼마나 많이 의존했는지 잘 보여주는 예다.

실패의 둘째 원인은 오언의 철학에서 나타나는 근본적 결함이다. 인간은 단순히 주변 환경에 의해 수동적으로 만들어지는 존재가 아니다. 백지상태로 태어나지는 않는다는 것이다. 인간은 각자 자기 자신만의 무언가를 가지고 태어나며, 인간의 개성은 궁극적으로 사회적, 환경적인 것과 태생적인 것 사이의 상호작용으로 형성된다. 오언은 인격 형성에 환경, 교육, 인간적 대우가 중요하다는 점을 이해했기에 높이 평가받아야 한다. 그러나 환경이 인간에게 미치는 영향에 대한 낙관주의로는 서로 함께할 수 없는 개인들의 차이와 반목을 극복할 수 없었고, 이로 인해 결국 뉴하모니는 실패했다. 그럼에도 오언의 협동조합 실험은 새로운 운동의 출발점이자 근간이라는 의미가 있었다.

실패의 셋째 원인은 다소 평범한 것으로, 협동조합이라는 사업체를 경영, 관리해본 실제 경험이 부족했다는 점이다. 로치데일에서 처음으로 성공한 협동조합이 나오기 전에 존재했던 협동조합(1830년 기준 약 250개) 상당수는 신용대출 관리의 실패로 무너졌다. 돈이 전혀 없거나 대출을 상환할 동기가 거의 없는 구성원에게도 신용대출을 해주었기 때문이다. 또 다른 문제는 협동조합을 법률적 주체로 인정하거나 보호하는 법이 전혀 없었다는 점이다. 협동조합의 자금을 횡령하더라도 처벌할 방법이 없었다. 성공을 가로막는 법적 걸림돌만도 엄청났다.[9]

이처럼 약점과 좌절도 있었지만 오언의 사상은 조직화된 개혁적 노동자계급 운동의 성장에 반드시 필요한 요소를 제공했다. 바로 당대 자본주의에 맞서는 구상을 가진 조직화된 사상체계, 사회이론의 형성이다. 오언주의는 산업혁명을 받아들이면서도 그 개혁을 추구함으로써 처음으로 대중의 마음을 사로잡은 거대한 사회이념이었다. 문제는 "기계 자체가 아니라 이윤 동기이며, 공장의 규모 자체가 아니라 그 뒤에 있는 사회 자본에 대한 통제"였다.[10] 오언의 사상은 엄밀하지 않은 총론에 가까웠지만 변형과 혁신이 가능했다. 노동자계급의 수많은 운동들은 협동과 자조self-help라는 핵심개념을 자신의 목적에 맞게 활용했다. 영국 전역을 휩쓴 경제개혁과 사회개혁의 거대한 물결, 오언주의는 결국 오언이라는 한 사람보다 훨씬 큰 의미를 지니게 되었다. 많은 노동자들은 무엇이 필요한지에 대한 구상을 가지고 있었고 스스로 실행해나갔다. 오언은 이러한 움직임을 받아들이고 상류층에서 개혁을 주창했다. 하지만 노동자들이 현장에서 직접 만든 조직 중에서 가장 오래 지속된 것은 협동조합이었다.

로치데일

언제나 그렇듯 오언의 구상은 자신이 예상하지 못한 방식으로 실현되었다. 처음으로 성공을 거둔 시장 기반 협동조합은 오언의 지지를 받지도 못했다. 그는 시장 기반 협동조합이 "우리가 그리는 사회체계가 아니다"라며 협동조합의 상업적 성격을 받아들이지 않았다. 오언은 사적 소유에 이념적으로 반대하면서 오직 공동체주의적 원칙을 바탕으로 한 '순수' 협동조합 모델을 주장했는데, 이 때문에 그는 협동이 다른 형태로 어떻게 성공할 수 있는지 깨닫지 못했다.

협동조합 모델의 획기적 성공은 협동공동체가 아니라 협동조합 사업체라는 형태로 찾아왔다. 여기에는 윌리엄 킹의 기여가 컸다. 그는 오언과 톰슨의 협동조합 사상을 연결하고 이를 현실의 시장에서 실현할 실용적 방법을 고안하는 결정적 역할을 했다. 킹은 협동공동체 운영에 대해 자신만의 생각을 가지고 있었고, 당면 문제를 해결하는 데 매우 실천적이고 현실적인 재능을 발휘해 큰 공헌을 했다.

윌리엄 킹은 1786년 요크셔에서 성공회 성직자의 아들로 태어났다. 거의 독학을 한 오언과 달리 그는 케임브리지 대학교에서 정치경제학, 도덕철학, 근대사를 공부한 뒤 왕립의과대학 의학박사 및 전임의가 된 뛰어난 학자였다. 킹은 브라이턴에 자리를 잡고 빈민들을 진료하는 소중한 경험을 하며 자선활동에 참여했다. 나중에는 빈민들이 자선에 의지하지 않고 상호보험을 통해 자신의 필요를 스스로 해결하기 위한 우애조합friendly society을 조직했다. 당시 우애조합은 노동자계급 공동체가 만든 가장 중요한 조직으로, 조합원이 아프거나 어려움에 처했을 때 상호부조를 통해 서로 돕는 것이 목적이었다. 장례비용 충당도 주요 기능 중 하나였다.

킹은 협동공동체의 궁극 목표가 공동체의 토지에 집을 짓고 구성원을 직접 생산적인 일에 고용하는 것이라고 생각했다. 그런데 공동체가 가게를 만들 수는 있어도 가게가 공동체를 만들 수는 없다고 말한 오언과 달리 킹은 점진주의자였다. 킹은 작게 시작해서 작은 성과를 쌓아나가는 것이 아무것도 시작하지 않는 것보다 낫다고 보았다. 또한 그는 노동자계급 스스로 이를 해나가야 한다고 보고 교육사업에 나섰다. 킹은 〈협동인 The Cooperator〉이라는 월간지를 창간했는데, 가격은 1페니였고 발행부수는 12,000부에 달했다. 그는 이 잡지를 통해 협동조합의 철학을 체계적으로 제시하면서 협동조합 가게를 만들고 운영하는 방법에 대한 현실적 조언도 제공했다. 〈협동인〉은 새로운 운동의 교과서가 되었다.

킹은 협동조합의 철학을 제시하면서 당대의 지배적 사상에 직접 반론을 펼쳤다. 그는 애덤 스미스와 마찬가지로 "최초의 질서에서 노동의 생산물 전체는 노동자에게 돌아간다."는 명제를 받아들였다. 하지만 그는 스미스와 달리, 지주와 대자본의 성장이 불가피하다거나 시장사회에서 노동자는 자기 노동의 가치 중 일부만을 임금의 형태로 받아야 한다는 주장에는 반대했다. 킹은 임금이 생산물의 가치가 아니라 자본가 사이의 무자비한 경쟁에 의해 결정된다는 사실을 분명히 파악했다. 또한 노동자들은 스스로가 기계의 부속품 역할만 할 뿐이라는 시장논리의 함정에 빠져 있고, 결국 과잉생산 때문에 기계에 의해 전부 일자리를 잃게 될 것이라고 보았다.

그렇다면 노동자들은 이런 함정에서 어떻게 빠져나올 수 있을까? 첫째, 킹은 노동 없는 자본은 아무것도 아니라고 주장했다. 자본이란 '저장된 노동'에 지나지 않고, 노동자가 활용하기 전까지는 아무 효용이 없다는 것이다. 하지만 노동자는 의존적 상태에 있기에 생산물의 가치 전부를 가져가지 못하게 된다. 노동자는 재화를 생산하기 위해 일을 하는 동시에 생존해야 한다. 자본가는 노동자의 생존을 보장하는 선에서 자본을 지출할 뿐이다. 하지만 노동자가 생존을 위해 충분한 자본을 소유할 경우 생산물의 가치는 전부 노동자에게 돌아간다. 킹은 노동자들이 충분한 자본을 모아 자신의 노동에 대한 통제력을 얻는 것이 관건이라고 보았다. 또한 충분한 잉여를 창출해 자신의 사업체에 투자할 수도 있어야 한다. 노동자들이 노동력과 자본 모두를 소유하게 되면 자본가와 관계를 맺지 않아도 된다. 하지만 이를 위해서는 협동이 필수다. 노동자 개인이 혼자 해낼 수는 없다. 위험부담이 너무 크고, 개인의 조건은 너무 취약하며, 충분한 자본을 모으기까지 시간도 너무 오래 걸린다. 따라서 협동을 통해 함께 자본을 모아 위험부담을 공유하는 방법을 배우는 것이 매우 중요하다.

무엇부터 시작해야 할까? 킹은 가게를 여는 것이 좋다고 보았다. 어차피 날마다 식품과 생필품을 사러 가게에 가야 하는데, 자신이 소유한 가게에 가면 좋지 않겠느냐는 것이다. 협동조합 가게에서 생겨나는 잉여는 궁극의 목표인 협동공동체를 건설하는 데 사용하면 된다.

철저한 실용주의자였던 킹은 자본을 모으기 위해 매주 조합비를 걷고(우애조합과 마찬가지), 일부는 가게를 운영하면서 발생하는 잉여를 활용하자고 제안했다. 일자리는 조합원 모두가 고용될 때까지 계속해서 만들어나가며, 시간이 지남에 따라 유급 병가, 연금, 자녀 학자금을 제공하고, 마침내는 토지를 구입해 집을 짓고 실업자는 농사를 짓도록 하자는 것이다. 이렇게 하면 자본가와 복지제도 모두로부터 자유로운, 전혀 새로운 '사회 속의 사회'가 생겨난다. 노동자의 이익을 위해 시장을 활용하여 자본을 만들고 끈기 있게 축적해 오언이 꿈꾼 협동공동체를 실현하는 것이다.

킹의 업적은 단순히 미래를 구상만 한 것이 아니라(당시에는 유토피아적 구상이 차고 넘쳤다) 자신의 구상을 현실로 만들 방법을 제시했다는 점이다. 그 방법이 성공하려면 무엇이 필요할까? 지루한 이야기일 수도 있겠지만 기본적으로 협동조합 가게의 운영방식에 대한 규칙이 필요하다. 예를 들면 신용대출 금지, 이사 3인 선출, 매주 사업회계 실시, 신뢰할 수 있는 사람에게만 조합원 자격 부여, 회의는 술집이 아니라 회의실에서 개최(잉여가 발생하기도 전에 술로 사라지지 않도록) 등이다. 이러한 규칙을 바탕으로(이사회는 참으로 대단한 절제력을 발휘해 위버스 암스라는 술집의 회의실에서 열렸으니 위의 마지막 규칙은 제외) 오래된 산업도시 로치데일의 직공과 구두 수선공들은 근대 협동조합 운동의 씨앗을 뿌렸다. 많은 협동조합들이 실패하는 가운데 로치데일의 가게가 성공할 수 있었던 데는 협동조합 사업체의 적절한 운영방식에 대한 킹의 실용적이고 현명한 조언이 큰 역할을 했다. 특히 신용대출을 신중히 제한하고 조합원이 협동조합을 이용한 양에 따라 배당하는 제도가 매우 중요했다.

로치데일에 대해서는 많은 책이 나왔고, 이제 협동조합 운동에서 로치데일이라는 이름은 거의 신화적인 지위를 누리게 되었다. 모든 운동에는 상징이 필요한데, 로치데일이 바로 그에 해당한다. 하지만 로치데일이 경제민주주의를 위한 운동에 이정표가 되는 것은 사회개혁 방법론의 초점을 사회화된 공동체 건설에서 시장에 존재하는 관계를 사회적 목적을 위해 변화시키는 것으로 전환했기 때문이다.

로치데일은 협동에 관한 킹의 규칙을 따르고 호혜를 경제원리로 공식화함으로써 경제를 변화시키는 데 기여했다. 성공을 거둔 이후 로치데일 모델은 경제개혁을 위한 대중운동 역사상 가장 큰 규모로 지속된 성공적 운동의 청사진이 되었다. 협동조합이 민주적으로 통제되는 사업체라는 근대적 개념은 이렇게 탄생했다.

조지 제이콥 홀리요크는 근대적 협동조합의 시작을 다음과 같이 인상 깊고 유머러스하게 기록했다.

1843년이 저물어가는 축축하고, 어둡고, 음침하고, 기분 나쁜 날. 11월이 다가오는, 어떤 프랑스인도 좋아할 수 없는 그런 날. 햇빛은 소진되고 태양은 절망 때문인지 역겨움 때문인지 빛나기를 포기한 시간, 일자리도 먹을 것도 거의 없는, 그리고 사회 현실에 불만이 많은 가난한 직공 몇몇이 모여 시장에서 자신들의 처지를 개선하기 위해 무엇을 해야 할지 고민했다. 제조업자에게는 자본이, 상인에게는 충분한 재고라는 이점이 있었다. 둘 중 아무것도 없는 직공들은 어떻게 성공을 거둘 수 있을까? 빈민법을 이용해야 할까? 그건 의존일 뿐이었다. 이민을 가야 할까? 그건 가난하게 태어난 죄로 유배를 당하는 것과 다름없었다. 무엇을 해야 할까? 직공들은 스스로의 힘으로 인생을 건 싸움을 시작했다. 그들은 상인, 공장주, 자본가를 대체하겠다고 나

섰다. 경험, 지식, 자금도 없이 상인, 제조업자로 변신하게 되었다.[11]

실제로 일은 그렇게 진행되었다. 크리스마스를 앞둔 1844년 12월 21일부터 약간의 버터, 밀가루, 오트밀, 설탕, 양초만 갖춘 작은 가게는 일주일에 이틀간 문을 열었다. 초기자본은 조합원들이 일주일에 2펜스씩 조합비를 걷어 마련한 28파운드였다. 창립 조합원 28명이 그만큼을 모으는 데 넉 달이 걸렸다. 이처럼 시작은 미약했지만 변화를 위한 창립 조합원들의 열정은 전혀 사그라들지 않았다. 헌장에는 가게를 열고 집을 짓는다는 미션과 함께 다음과 같은 소박한 목표가 들어 있었다. "본 조합은 가능한 한 신속하게 생산, 분배, 교육, 통치의 역량을 마련한다. 다시 말해 이해관계가 통합된 자족적 정착촌을 건설하거나 그러한 정착촌의 건설을 위해 다른 조합을 지원한다." 도덕적 측면도 빠지지 않았다. "절주를 위해 여건이 허락하는 대로 본 조합의 건물 중 하나를 주류를 제공하지 않는 여관으로 만든다." 조합비 2펜스로 만든 거대한 구상이었다. 생산, 분배, 통치의 수단을 전국적으로 변화시키기까지는 더 많은 시간이 필요했지만, 이로부터 10년 뒤 영국의 협동조합 운동은 협동조합 수가 1천 개에 이를 정도로 성장했다. 처음 문을 연 가게는 토드레인 31번지에 박물관으로 보존되어 있다.

랭커셔와 요크셔의 경계에 있는 로치데일은 오래 전부터 다양한 사회운동과 노동자 소요가 일어났던 곳이다. 정치적으로 고분고분하지 않은 도시였던 셈이다. 1808년에는 강도 높은 파업으로 인해 정규군이 배치되어 1846년까지 주둔하기도 했다. 로치데일의 직공들은 정치의식이 높고 문제를 보면 참지 못하는 성격의 사람들로, 파업을 이끌고 지역의 주요 활동가가 되기도 했다. 개혁을 외치는 집회에는 1만 명 넘게 모이는 일이 흔했다.

로치데일의 모직·면직 산업은 섬유산업이 발달한 요크셔의 웨스트라이딩과 사우스이스트랭커셔의 영향을 받았는데, 이곳은 모두 사회적 소요와 다양한 개혁운동의 근거지였다. 로치데일이 전략상 얼마나 중요했는지는 전국노동조합연합National Trade Union 조직을 결성하기 위한 대대적인 움직임이 이루어졌다는 점, 그리고 차티스트 운동과 10시간 노동제 운동의 핵심역할을 했다는 점에서 알 수 있다.[12] 로치데일은 오언주의 운동의 중심지이기도 했다. 이처럼 변화에 대한 열망이 분출되는 격동기에 협동을 목표로 하는 조직적 노력이 이루어진 것이다.

1840년대는 로치데일에게 어두운 시기였다. 경제공황은 도시의 근간인 직조산업에 특히 큰 타격을 주었다. 노동자 가족들은 배고픔과 빈곤으로 질병에 취약해졌고, 그중 가장 큰 타격을 입은 6분의 5는 체온을 유지할 침구조차 얻기 힘들었으며, 이불 한 장 없는 이들도 100가구에 달했다. 누구나 굶어 죽을 수 있는 상황이었다. 단적인 예로, 1837년에는 로치데일의 식료품 수요를 감당하기 위해 매주 동물 180마리가량이 도축되었는데 1841년에는 그 수가 65마리로 줄었다. 칼로리 섭취량이 거의 60퍼센트 감소했다는 의미다.

1820년대에서 1840년대, 그 이후까지 직공 대부분의 상황은 흔히 "차마 말로 설명할 수 없는" 지경이라고 표현되어 있다. 물론 설명된 경우도 있었다. 직공들이 상대적으로 여유 있는 생활을 누리다가

20년에 걸친 산업화로 굶어 죽기 직전까지 내몰린 랭커셔의 상황에 대해 이민위원회가 증거로 수집한 내용(1827년)은 다음과 같다.

굶어 죽기 직전으로 보이는 사람 하나가 빈민가 방문에 나선 나와 휴튼에게 집으로 들어오라고 권했다. 들어가 보니 벽난로 한쪽에는 나이가 아주 많은 노인 한 명이 죽어가고 있었고, 다른 쪽에는 어린아이를 무릎에 뉜 열여덟 살 정도의 젊은 남성이 있었다. 아이의 어머니는 얼마 전 세상을 떠나 땅에 묻었다고 했다. 집을 나서려 하자 한 여성이 "아직 보실 게 남았습니다."라고 했다. 위층으로 올라가니 누더기 몇 장 아래 또 다른 젊은 남성이 있었는데, 얼마 전 사망한 여성의 남편이었다. 움직일 힘도 없이 누워 있는 그를 대신해 누더기를 더 들추니 죽어가는 남성이 또 보였는데, 이 남성은 실제로 그날 사망했다. 당시 가족 전체가 실제로 굶어 죽고 있었다는 사실은 의심의 여지가 없다.

로치데일에서 기아사태가 일어난 경제적 배경은 핵심산업의 붕괴였다. 독립적이고 자부심이 높던 장인들은 새로운 공장체제로 인해 대규모 제조업자에게 의존하는 하청업자가 되었다. 사용자들은 임금을 깎는 한편 최저임금 도입을 좌절시켰다. 1840년대 들어 수직기 직공들은 자동화로 인해 파산했다. 면직산업과 장비제조업은 대부분 대기근을 피해 건너온 아일랜드 노동자들로 구성된 값싼 수입 노동력을 대거 받아들였는데, 로치데일 주민들은 이들을 아주 싫어했다. 로치데일에서 생산되는 펠트를 사용하던 모자산업은 쇠퇴하고 있었다. 엎친 데 덮친 격으로 면직산업은 노예노동으로 아주 값싸게 생산되는 미국산 제품과의 경쟁에 내몰렸다. 세계화는 당시에도 지금처럼 서로 지구 반대편에 있는 노동자들의 운명을 서로 엮어놓은 것이다. 이것이 1844년 로치데일공정선구자조합Rochdale Society of Equitable Pioneers 창립 직전의 물질적 조건이었다.[13]

하지만 당시 로치데일에서 협동조합 운동이 성장한 것은 단지 경제적 어려움 때문만은 아니다. 그보다 깊은 뿌리는 직공 공동체의 독특한 특징을 결정지은 인간적 특성에 있었다. 이를 이해하는 것은 단순히 역사적 조건을 파악하는 일 이상의 의미를 지닌다. 이는 협동조합 운동이 19세기 후반 강력한 힘을 발휘할 수 있었던 이유, 그리고 오늘날 자본의 세계화 속에서도 여전히 중요한 의미를 지니는 핵심적 이유이기도 하다.

1816~1820년 랭커셔의 급진주의를 이끈 직공들은 이념과 생활방식의 충돌 속에서 등장했다. 이념적으로는 앞서 설명한 자유방임주의적 산업자본주의의 물결이 밀려왔다. 동시에 직공 공동체와 그 바탕이 되는 장인 전통을 가장 큰 특징으로 하는 유서 깊은 생활방식은 사라져갔다.[14] 장인 전통의 바탕에는 뿌리 깊은 사회적 평등주의, 독립적 사고방식, 개인의 기술에 대한 강한 자부심, 좋을 때나 힘들 때나 모두가 운명을 함께하는 상호의존적 공동체 생활이 있었다. 산업적 착취가 심해지면서 직공들이 겪는 고통은 공동체 전체의 고통이 되었다. 국가가 노동조합의 보호기능을 의도적으로 파괴하고, 숙련기술의 중요성 하락과 공장제 생산으로 사회적 지위와 자존감이 낮아지고, 사용자들이 비숙련 노동력의 대량공급을 이용해 임금을 낮추는 상황에서 공동체의 저항은 특별한 도덕적 힘을 얻었다. 공동체의 저항에

밑받침이 된 오언주의는 단순한 경제적 이익이나 특정 집단의 이해관계가 아니라 본질적 권리와 인간적 우애라는 알기 쉬운 개념에 호소했다.[15] 사람들은 공동체 전체의 개선을 요구했고, 오언의 사상은 이들이 이미 알고 있는 방향으로 사회구조를 단번에 개혁할 수 있는 틀을 제공했다. 차티스트 운동의 정치적 요구, 토지개혁, 자유로운 노동조합 등의 꿈은 인간의 존엄성을 중심에 두었다. 사람들은 소규모 독립 생산자들이 중개업자의 농간과 대자본의 통제 없이 자신의 생산물을 교환하고 서로 돕는 공동체를 건설하고자 했다. 그 핵심은 오늘날 자본주의 착취의 거미줄에 걸려 있는 수많은 이들의 바람과도 통한다. 간단히 말하자면 상업적 가치보다 인간적, 사회적 가치가 우선하는 사회를 만들자는 것이었다. 19세기 중반 산업자본이 수십 년간 통제력을 확고히 하면서 파괴한 것이 바로 이러한 가치였다.

유토피아의 역사

오언주의는 19세기의 정치, 사회적 격동기에 형성된 수많은 유토피아 구상 중 하나에 지나지 않았다. 하지만 이 시기가 이전과 구별되는 것은 산업혁명이라는 시련 속에서 과거에는 그저 꿈이었던 것을 실현할 수 있는 사회·경제적 조건이 마련되었기 때문이다. 거슬러 올라가면 중세 말 토머스 모어의 《유토피아Utopia》(그리스어로 '아무 곳도 아닌', '어디에도 없는 곳'이라는 뜻), 16세기의 가톨릭 철학자 캄파넬라 아고스티니와 루도비코 아고스티니 등의 저작에서 이러한 꿈을 발견할 수 있다. 그보다 훨씬 전인 기원전 4세기에는 플라톤이 《국가The Republic》에서 개인이 사회의 필요에 완전히 종속되는 유토피아 사회를 그렸다. 플라톤이 꿈꾼 국가에서 개인은 평생 엄격한 계급체제에서 살아야 하며, 맨 꼭대기에는 귀족 겸 전사 계급이 있고, 사회 전체는 철학자인 왕에 의해 통치된다.[16] 이상사회에 대한 중세 후기의 구상은 사회를 개인과 신이 하나가 되는 영적 단위로 보는 기독교 관념을 바탕으로 했다. 아우구스티누스는 이를 《신의 도성City of God》에서 체계화하면서, 성령으로 역사하는 신의 사랑이 모든 사회적 관계의 원천이라고 설명했다. 따라서 공동체는 신의 은총으로 완성된다고 인식되었다. 이 공동체는 교회의 사명과 개인의 구원에서 중심이 되며, 나중에는 사회정의를 위해 싸워야 한다는 기독교적 명령으로 발전하는 해방신학에서도 중심이 된다.

실제로 이러한 기독교 유토피아 공동체가 수도원이라는 울타리를 넘어 처음 성공적으로 실현된 것은 1986년에 나온 영화 〈미션The Mission〉[17]에 그려진 것과 같은 선교 공동체였다. 1600년대 초반 예수회는 지금의 파라과이 땅에 과라니족 원주민을 대상으로 선교 공동체를 세웠다. 레둑시온Reductions이라고 불린 이러한 공동체의 목적은 영혼의 구원이었지만 당시 원주민을 노예화하고 학대하는 스페인과 포르투갈 식민주의자들을 피할 수 있는 공간이기도 했다. 1609~1780년 사이 과라니족 선교 공동체 32개는 한때 10만 명 이상이 거주하는 '기독교 원주민 국가'가 되었다. 이러한 공동체의 경제적, 사회적 기초는 건물과 가축 등 모든 재산을 공동 소유하는 신정질서였다. 노동에 필요한 도구는 공유 재산에서 빌려주었다. 원주민들에게는 각기 농사를 지을 토지를 분배했고, 별도로 공유지를 만들어 함께 경작하면서 아프고 궁핍한 사람을 돕고, 다음 해 농사를 위한 종자를 모으고, 공동 창고를 만들어 식량을 비축하며, 유럽에서 온 물건과 교환할 생산물을 모아두었다. 예수회 선교사들의 세심한 감독하에 고도의 수공업체제를 갖춘 사회주의 경제가 건설된 것이다. 이는 공동체 전체가 기독교적 가르침의 구현으로 인식되고 모두가 매일 미사와 저녁예배에 참석하는 종교적 사회주의였다. 기독교 선교 역사에서 매우 특별한 의미가 있는 이러한 공동체는 1767년 4월 2일 스페인의 카를로스 3세가 아메리카 대륙의 스페인 영토에서 예수회를 추방하고 레둑시온의 통제권을 포르투갈에 넘긴다는 칙령에 서명하면서 슬프고 참혹한 종말을 맞이했다.[18]

사회주의는 다양한 형태로 나타났지만 궁극적으로 개인과 사회의 관계와 관련해 권위주의와 자유지상주의라는, 서로 대립하는 두 경향을 띠었다. 전자는 질서로서의 유토피아를 강조했고, 플라톤과 모어, 나중에는 생시몽의 이론에서 구현되었다. 후자는 자유의 궁극적 가치를 강조했고, 라블레, 프루동, 푸리에 등의 사상가가 주창했다. 초기 자본주의에 대한 대응으로 1800년대 초중반에 나타난 사회주의 이론 대부분은 이러한 양 극단 사이를 오갔다.

권위주의적 사회질서와 개인적 자유 사이의 긴장관계는 시장 자본주의에 맞선 집산주의적 대안의 발전 과정에서 오늘날까지 계속해서 영향을 미쳤다. 20세기에는 소비에트 러시아와 동유럽에서 수립된 국가사회주의가 대표적인 예였다. 상대적으로 자유를 강조한 구상은 스페인 제2공화국에서 프랑코의 파시즘에 의해 쇠퇴하기 전까지 잠시 꽃을 피웠다. 이러한 구상은 지금도 성장하고 있는 스페인 바스크의 협동경제에서도 발견할 수 있다. 스페인 최대의 사업체 몬드라곤협동 조합그룹에는 노동자협동조합 2백여 개가 속해 있다. 사회주의의 양 극단 사이에서는 사회민주주의 운동이 일어나 근대 유럽의 발전에 지속적으로 영향을 미쳤고, 협동조합 운동도 공식 국가기구 대신 시민 사회 기구와 단체에 자리를 잡았다.

에르네스토 스크레판티와 스테파노 자마니는 경제사상사를 다룬 저작에서 사회주의 사상 내의 양 극단이 어디서 유래했는지 설명한다.[19] 이들은 노동과 자본의 사회적 관계 속에 존재하는 경제원리에 양면성이 있다는 점에 주목한다. 전통적 사회주의 관점에서 노동해방은 이러한 사회적 관계의 폐지를 수반한다. 하지만 여기에는 두 가지 측면이 있다. 이윤과 자본의 폐지를 위한 기획이라고 볼 수도 있지만 임금과 노동의 해방을 위한 기획이라고 볼 수도 있다. 전자는 자본주의적 착취를, 후자는 노동의 소외를 강조한다.

자본의 노동 착취에 주목하는 이론은 분배정의(경제적 평등)를 이룰 수 있는 이상사회를 추구한다. 반면 노동 소외에 주목하는 모델에서 이상사회는 개인의 자유를 최대화한다. 전자는 자유를 가치로 보지 않는다. 자본가라는 형태로 나타나는 자의적 권력으로부터 해방된 권위는 바람직하고 순수한 것이 되며, 중앙집중적 조직체계를 통해 평등의 최대화라는 목표를 추구하게 된다. 반면 자유를 강조하는 사회주의에서 경제적 평등은 부정적 가치다. 인간의 태생적 차이와 개성이라는 자유사회의 기반에 대한 억압으로 연결되기 때문이다.

오늘날 사회주의라는 단어에서 연상되는 것은 역시 개인과 경제생활을 국가가 지배하는 체제다. 이러한 체제는 20세기 사회주의의 사상과 실천을 지배했지만 이것이 유일한 모델은 아니다. 자유와 공동체를 강조하는 대안 역시 자유시장 자본주의에 맞서 발전해왔다. 장기적으로 시장 자본주의의 진정한 대안을 어느 쪽에서 찾을 수 있을지 알아보려면 협동조합 모델이 자본과 노동의 전통적 긴장을 어떻게 다뤄왔는지 살펴보는 것이 가장 좋은 방법이다.

협동조합주의와 사회주의

로버트 오언과 윌리엄 톰슨 등의 협동조합 사상은 부의 창출과 분배 문제에 대한 집단적 해법을 옹호한 체계로, 마르크스주의보다 먼저 등장했다. 또한 협동조합 운동은 산업혁명이 낳은 불의를 바로잡기 위한 노력에서 비롯되었지만, 사회의 모든 계급을 포용하면서 무절제한 자본주의가 불러온 불평등을 제거한 이상사회를 만들고자 했다. 이러한 이유에서 마르크스와 엥겔스는 마르크스주의가 표방하는 '과학적 사회주의'보다 앞서 등장한 오언주의 등의 사상을 '유토피아 사회주의'라고 지칭한 것이다.

마르크스와 엥겔스는 오언을 비판하면서도 존중했다. 엥겔스는 맨체스터에 방적공장을 가지고 있는 사업가 집안 출신이라는 점에서 오언과 공통점이 있었다. 1842년 아버지가 운영하는 공장에서 견습생생활을 하기 위해 맨체스터에 간 엥겔스는 빅토리아 시대 영국 노동 계급의 비참하고 서러운 생활상을 직접 목격했다. 그는 자신의 경험을 《1844년 영국 노동계급의 상태*The Conditions of the Working Class in England in 1844*》에 기록했는데, 이 책은 사회인류학의 고전이자 나중에 그가 마르크스와 오랫동안 협업하는 기반이 되었다. 엥겔스가 오언의 협동조합 운동을 접한 곳도 맨체스터였다. 당시 맨체스터는 영국 산업의 중심지였고, 맨체스터의 공장은 산업혁명을 발명한 실험실이라 할 수 있었다. 마르크스가 윌리엄 톰슨의 사상을 접하고 영향을 받은 것도 맨체스터를 방문했을 때였다.

당시 30년 정도 지속된 뉴래너크 공동체는 영국은 물론 유럽 각국과 미국의 개혁가, 교육자, 정치가, 철학자들이 반드시 찾는 곳이었다. 상류층 중에도 사회문제에 대한 관심과 호기심이 있는 이들은 뉴래너크를 여정에 포함시켰다. 오언을 따르는 이들은 거의 종교적인 열정으로 협동조합의 메시지를 전파하고 있었다. '과학의 전당'을 세워 오언의 사상을 알리는 강연을 열고 사회주의와 관련된 노래를 부르기도 했다. 엥겔스는 이러한 행사에 참석하고 나서 협동조합주의 사상과 실천에 큰 영향을 받았다. 마르크스에게 협동조합 운동을 소개한 것도 엥겔스였다.

원래 마르크스와 엥겔스는 오언의 협동조합 실험을 사회주의 사회를 실현하기 위한 실용적, 현실적 과정이라고 생각했다. 협동조합주의에 계급 개념이 없다는 점에 대해서는 비판적이었지만, 계급 기반의 혁명 전략을 세울 여건이 충분히 무르익지 않은 당시 상황에서는 협동조합 운동이 적절한 방향이라고 본 것이다. 그러한 여건이 무르익어 《공산당 선언》을 발표할 무렵, 마르크스와 엥겔스는 이제 오언의 협동조합 운동이 낡은 것이 되었다고 생각했다. 이들은 결국 방법론에서 오언과 차이를 보였다고 할 수 있다. 하지만 사실 그 차이는 인간에 대한 관념, 사회적 관계가 경제에서 차지하는 위치 등 훨씬 깊은 차원의 문제였다.

마르크스는 고전적 정치경제학의 작업가설을 대부분 수용했다. 여기에는 데이비드 리카도 등이 보인 바와 같이 고전적 이론체계가 계급과 계급갈등에 대한 분석을 바탕으로 한다는 점이 포함된다.[20] 마르크스는 인간과 계급을 엄격히 경제적으로 정의했다는 점에서 고전경제학을 따랐다. 하지만 마르크스는 자본가 계급이 정치권력을 차지하고 혁명운동을 탄압한 이후 상황이 달라졌다고 주장했다. 이제 자본가 계급에게는 자신들이 맞서 싸운 지주계급이 아니라 노동계급이 위협이었기 때문이다. 이와 같이 변화하는 정치적 역학관계는 이후 고전경제학의 이론적 전제에 반영되었다.

마르크스는 "착취가 종식되었으므로 자유사회 건설이라는 계몽주의의 목표가 달성되었다"는 주장과 함께 1830년 이후 경제사상의 전환이 일어났음을 감지했다.[21] 이는 결국 더 이상 계급갈등이 존재할 이유가 없다는 뜻이었다. 마르크스는 부르주아 계급이 사회 전체의 이익을 대변한다는 역사적 역할을 저버렸고, 이제 사회를 이끌 책임은 노동계급, 그리고 노동계급을 대변하는 사회주의 경제학자들에게 넘어왔다고 보았다. 하지만 이는 의문스러운 주장이었다. 인간 해방을 이끌 책임이 한 계급에서 다른 계급으로 넘어간다는 명제는 논외로 하더라도 인간 해방의 조건을 결정하는 본질적 원리, 즉 불변의 경제법칙에 대한 사회적, 개인적 현실의 종속에는 거의 변함이 없기 때문이다. 프롤레타리아트 독재라는 무시무시한 표현은 자본주의 사회의 왜곡된 거울상에 불과했다. 또한 인간이 통제할 수 없는 법칙에 인간을 종속시키는 해방이란 대체 무엇인지 의문을 제기할 수도 있을 것이다. 이와 같은 운명론적 사고는 지금까지도 경제학에서 사라지지 않는 요소다.

마르크스가 제시한 인간과 사회에 대한 변혁적 사고는 인간적인 경제를 만들고자 했다는 점에서 앞 세대 경제학자들과 매우 비슷한 면이 있다. 하지만 결국 자유주의와 마르크스주의는 서로 대립하는 계급의 관점을 채택하면서도 동일한 명제를 주장했다.[22] 마르크스의 혁명적 선언은 계급의 논리를 사용했지만, 결국 인간적, 사회적 삶의 모든 측면을 경제에 종속시키는 힘에 영구불변의 지위를 부여하는 메커니즘이었다.

마르크스주의와 협동조합주의는 진정한 사회적경제로 나아가는 긴 여정에서 매우 다른 길을 걸었다. 역사적 유물론과 혁명적 계급투쟁을 바탕으로 하는 마르크스주의는 시장을 자본주의적 착취의 수단으로 보고 거부했다. 마르크스주의가 자유주의 전통과 급진적으로 단절하는 지점이다. 하지만 이는 마르크스주의가 권위주의로 나아가고 결국 국가의 중앙집중적 시장 통제, 그리고 국가 주도의 쓸모없는, 어쩌면 허구적인 계급전쟁을 낳는 출발점이었다. 사회가 영원히 대립하고 서로를 배제하는 계급 간의 전쟁터라고 보는 마르크스주의의 관점은 모든 반대세력의 절멸을 요구하는 종말론적 구상이었다. 권위주의와 계급 간 폭력은 마르크스주의가 현실로 구현되면서 나타난 한 쌍의 치명적 병폐였고, 지금도 그렇다. 사실 마르크스주의가 스스로 "과학적"이라고 주장한 것은 처음부터 사회주의를 독점하기 위해서였다. 자신이 절대적 진리라는 주장은 이념에 사로잡힌 수많은 이들의 생각을 한쪽으로 치우치게 했고, 레닌, 스탈린, 마오쩌둥을 비롯한 무수히 많은 압제자들이 잔혹 행위를 저지르는 근거가 되었다. 입에 담기 어려운 끔찍한 폭력의 이념적 씨앗이 처음부터 존재했던 것이다. 마르크스주의, 그리고 시장 자체를 거부하는 다양한 마르크스주의 조류들은 애초에 경제민주화에 관심이 없었다. 마치 노동자가 착취당했다는 사실이 모든 것을 정당화한다는 듯 자본의 독재를 노동의 독재로 대체하고자 했을 뿐이다. 마르크스주의 역시 경제를 개방적, 민주적, 윤리적 영역으로 만들고자 하는 지난한 노력을 지연시키는 수많은 포퓰리즘 중 하나였다.

협동조합주의보다 널리 확산된 여러 사회주의 기획은 사회의 본질적 가치를 이해하지 못했고, 이것이 국가의 강압적 권력과 합쳐진 결과는 재앙과 같았다. 사회주의는 계급만을 중시하고 사회 전체의 가치를 평가절하함으로써 자신이 대항한 자본주의보다 인간을 더욱 고통스럽게 만들고 말았다. 계급에 기반을 둔 이념은 민주주의 원칙과 개인의 가치에 대한 무시를 불러왔고, 이는 다시 사회주의적 전체주의의 폐해를 정당화했다.

협동조합 운동이 걸은 길은 전혀 달랐다. 협동조합 운동의 주요 특징은 지역 차원의 작은 기획을 통해 시장의 힘을 이해하고 통제함으로써 사회적 목적을 달성하고자 했다는 점이다. 협동조합주의는 시장이 자본에 의해 통제되는 것처럼 사회와 공동체의 통제도 받을 수 있는 도구라고 보았다. 협동조합주의는 일반적으로 정치권력 획득이라는 방향과는 거리를 유지했고, 국가권력에는 거의 관심을 두지 않은 채 사회와 실천의 차원에 집중했다. 하지만 기성 권력과의 대결을 회피한 것, 사회변화를 위한 투쟁에서 힘을 사용할 수밖에 없다는 사실을 인정하지 않은 것, 오언부터도 정치권력의 현실에 정면으로 대응하지 않는 치명적 실수를 범했다는 사실은 운동의 대표적 약점이었다. 이러한 약점은 지금도 존재한다. 그러나 협동조합 운동이 전투적 전략을 택한 마르크스주의보다 더 오래 지속되고 진전될 수 있었던 것은 이처럼 상대적으로 온건하고 다원주의적이며 비정치적인 성격을 띠고 있었기 때문이다. 물론 당시에는 이러한 결과를 예상하기 어려웠을 것이다. 마르크스주의가 정치적 격동기에 우위를 점할 만큼 힘과 매력이 있었다는 사실은 부인하기 어렵다.

마르크스주의의 호소력은 궁극적으로 서사의 설득력과 단순성에서 찾을 수 있다. 마르크스주의는 역사의 도도한 흐름에 함께하는 이론임을 내세웠다. 역사적 유물론은 노동계급의 해방이 역사적으로 반드시 일어날 사건이라는 이야기였다. 이에 따르면 자본주의는 붕괴할 수밖에 없으며, 그 씨앗은 체제 자체의 본질에 질병처럼 자리 잡고 있다. 역사는 억압받는 이들의 편이며, 억압받는 이들의 승리는 단지 시간문제일 뿐이다. 말하자면 이는 천년왕국론이 경제적 법칙을 바탕으로 세속화된 형태라 할 수 있다. 이처럼 모든 것을 하나로 통합하는 거대서사는 전면적인 해방을 이야기하지 않는 협동조합주의에 비해 상당한 강점을 가지고 있었다. 협동조합주의의 점진적, 평화주의적 성격 또한 복수라는 원초적 충동을 채워주지 않았다. 구원의 서사, 전 세계를 무대로 하는 행동의 근거를 원하는 이들에게 마르크스주의는 혁명의 불길을 당길 수 있는 강력한 연료였다.

마르크스주의의 두 번째 장점은 대중운동에 잘 어울렸다는 사실이다. 마르크스주의는 사회변혁을 개인 간의 관계를 넘어 계급 간에 이루어지는 거대한 역사적 투쟁의 결과라고 보았다. 반면 협동조합주의는 한 사람, 한 사람의 관계를 변화시키는 것에서 출발하는 개혁운동이었다. 자연히 그 규모는 지역과 공동체 수준이었고, 얼굴을 맞대는 관계에서 소통을 해야 하는 일이었다. 지금도 이는 협동조합 운동의 최대 강점이자 세계화 시대 최대 과제이기도 하다.

마르크스주의 기획은 수십억이 살아가는 여러 지역에 걸쳐 정치권력을 손에 쥐었지만 결국 실패로 돌아갔다. 오늘날 이 실패는 자본주의의 정당성을 상징하기도 하고, 한편으로는 대안에 대한 희망이 사라진 것으로 이해되기도 한다. 하지만 두 관점 모두 옳지 않다. 자본주의는 산업화를 경험한 서구 선진국에서 깊은 불신을 받는 시대에 들어섰다. 자본주의가 어떤 결과를 불러오는지 모두 겪은 이들이 자본주의를 가장 날카롭게 비판하고 있는 것이다. 또한 개발도상국에서는 자본주의가 성장한 영국 산업혁명 초기와 똑같은 형태로 대안을 위한 투쟁이 이루어지고 있다.

사회주의 붕괴의 원인에 대해서는 베를린 장벽이 무너진 이후 끝없는 성찰이 이루어졌다. 인간적이고 지속될 수 있는 개혁의 길이 가능한지 고민하려면 적어도 그중 한 가지는 여기서 언급할 필요가 있다. 대안이 발견되지 않는다면 사회주의의 붕괴 상태도 그리 오래 가지 않을 것이라는 점도 짚고 넘어가야겠다. 베네수엘라의 우고 차베스 정권 등 중남미 '신사회주의'의 성장은 계급투쟁이라는 수사, 군사적 성격, 냉전적 적개심의 활용 등 과거 사회주의에서 익히 보았던 권위주의적 함정을 모두 보여준다. 역사를 통해 깨달은 점이 있다면 과거의 고통이 아무리 끔찍해도 언제나 현재의 고통보다는 낮게 여겨진다는 사실일 것이다.

사회주의 몰락의 첫째 이유는 노동계급 자체의 몰락이었다. 마르크스의 예측과는 달리 산업화된 사회에서 노동계급은 성장하지 않았다. 노동계급은 자본주의에서 이익을 누리는 중산층으로 변형되었고, 전통적 계급 구분은 흐려졌다. 부유층과 나머지 사람들의 격차는 천문학적 비율로 벌어졌지만 빅토리아 시대에는 상상할 수 없었던 사회적 이동이 일어났다. 물론 중산층은 여전히 임금노동 계급이자 영원한 하층계급이다. 하지만 오늘날 임금노동자의 여건은 1800년대와 1900년대 초반 혁명적 저항을 촉발한 여건과는 다르다.

둘째, 사회의 변화와 함께 생활방식도 달라졌다. 20세기의 가장 혁명적 변화는 사회의 개인화였다. 사람들이 자신을 계급의 구성원이라고 생각하지 않게 된 것이다. 삶은 개인이 결과를 통제하면서 개인의 목표를 추구하는 과정이 되었다. 계급의 언어는 의미를 상실했다고 인식되었다. 나아가 개인화는 순응주의에 대한 거부로 이어졌다. 이와 같은 결정적 태도 변화로 대중심리에 대한 엉성한 인식에 기반을 둔 체제는 파멸에 이르게 되었다.

셋째, 반권위주의는 산업화를 겪은 사회뿐만 아니라 사회주의 국가에서도 꾸준히 성장했다. 국가의 숨 막히는 통제는 더 이상 견딜 수도, 받아들일 수도 없는 심리적 부담이 되었다. 결정적으로 사회주의 국가의 국민들이 서구의 문화상품에 점점 노출되면서 국가의 통제는 제 힘을 발휘하지 못하게 되었다. 서구의 문화상품은 금지되었지만 사람들의 눈과 귀로 아슬아슬하게 퍼져나갔다(비틀즈의 '화이트앨범 White Album'은 공산권에 밀반입되어 비밀스럽게 유통되었고, 가치관의 변화에 결정적 영향을 주면서 소련의 붕괴에 기여했다).

가장 치명적인 마지막 원인은 사회주의 경제가 재화를 생산하지 못했다는 사실이다. 소련, 동구권, 중국 경제는 전통적 사회주의 패러다임 속에서 모두 1차 기계시대를 넘지 못했다. 거대한 중공업 단지는 트랙터, 불량 자동차, 폭발하는 텔레비전[23], 군수물자를 쏟아냈고, 디지털 시대로의 전환과 그에 수반한다고 여겨진 부의 창출은 이뤄내지 못했다. 사람들은 서구와 같은 것을 소유하고 싶어 했다.

간단히 말해 마르크스주의적 사회주의는 화석화되었다. 마르크스주의 이념은 예측하지 못한 방향으로 변화하는 세계에 적응할 수 없었다. 반면 자본주의는 변화하는 시대에 맞춰 유연성, 창조성, 적응력을 보여주었다. 사실 놀라운 일은 아니다. 그러한 변화 대부분이 자본주의 자체의 팽창과 공고화에 의해 촉발되었기 때문이다. 스스로 혁신하고 재생하는 능력은 여전히 자본주의의 최대 강점이다.

반면 사회민주주의 운동은 훨씬 좋은 성과를 거뒀다. 마르크스주의와 달리 시장이 경제적, 사회적 진보에 기여할 수 있음을 인정했고, 자유주의 세력과 공통의 목표를 추구할 수 있다는 점과 민주적 절차를 거쳐 좀 더 인간적인 경제 질서를 만들 수 있다는 점을 받아들였기 때문이다. 사회민주주의는 유럽을 좀 더 인간적인 사회로 변화시킨 전략이었다.

자본의 사회화

평화적이고 점진적인 경로로 사회민주주의를 달성하고자 한 운동의 지적 아버지는 에두아르트 베른슈타인이다. 베른슈타인은 1850년 베를린의 유태인 가정에서 철도 기술자의 아들로 태어났다. 그는 19세기 말의 경제, 사회적 조건에 대한 면밀한 관찰과 분석을 바탕으로 주요 사회주의자 중 최초로 마르크스주의 이론을 비판하고 문제를 제기했다. 베른슈타인 역시 독일에서 스위스로, 다시 런던으로 정치적 망명생활을 했다. 그는 런던에서 엥겔스와 페이비언 사회주의자들과 가까이 지내며 협력했다. 마르크스와 엥겔스는 베른슈타인을 신뢰했고, 엥겔스는 마르크스가 사망한 뒤《자본》제4권의 편집을 그에게 맡겼다.

이들은 서로 대조되는 면이 많았다. 마르크스는 비타협적이고 화를 잘 내는 성격에 지적으로는 단호하고 당파성이 강했으며, 타고난 리더이자 독재자 스타일에 가까웠다. 마르크스는 자신의 노선을 따르지 않는 이를 거리낌 없이 파문했다. 엥겔스는 훨씬 부드러운 편이었다. 부르주아 생활의 안락함과 즐거움에 상대적으로 익숙하기도 했다. 좋은 와인, 여자, 술집, 승마, 사격을 좋아했고, 수준급의 펜싱 실력도 갖춘 스포츠 애호가이자 미식가였다. 엥겔스는 노동계급 여성과 연애를 하고 나중에는 결혼을 할 정도로 자유분방한 사람이기도 했다. 마르크스보다는 덜 교조적이었고, 로버트 오언의 협동공동체를 비롯해 다양한 방식으로 사회주의가 실현될 수 있다는 개방된 태도를 지녔다. 베른슈타인은 활달하고 솔직하며 온화한 성격으로, 국가나 계급 간의 폭력을 싫어했고 반대편과 공통의 목표를 찾기 위해 노력했다. 사진에서는 호리호리하고 안경을 쓴 학구적 인상이다.

베른슈타인은 영국과 유럽대륙에서 성장하는 협동조합 운동을 신중히 관찰하고 운동의 역학과 전망에 대한 분석을 제시했다. 마르크스주의 문헌은 보통 협동조합 운동을 조롱하듯 비판하지만 베른슈타인의 분석은 훨씬 객관적이었다. 그가 볼 때 협동조합 운동은 협동조합 가게를 통해 재화를 적정 가격에 판매함으로써 노동자들에게 실질적 이익을 제공할 뿐만 아니라, 노동자들이 기존의 가치와 사상에 친화적인 형태의 사회주의에 참여할 수 있는 수단이라는 점에서 더욱 중요한 의미가 있었다. 이는 다른 사회주의자들이 협동조합 운동의 '부르주아적 성격'이라고 비판한 부분이다. 협동조합은 임금을 받는 임원과 직원을 두고 이윤을 창출하며 배당을 한다는 점에서 부르주아 사업체와 같은 함정을 가지고 있다는 것이다. 하지만 협동조합은 바로 이러한 성격 때문에 접근하기 쉬운 곳이었다. 베른슈타인은 평범한 노동자가 자신에게 익숙한 결사체가 아니라 근본적으로 규범과 운영방식이 다른 결사체에 갑자기 참여할 수 있으리라는 기대 자체가 오히려 유토피아적이라는 점을 깨달은 것이다.

베른슈타인은 협동조합이 자신의 영역을 경제 전체로 확장하기 위한 새로운 생산시설에 투자하지 못했다는 사실도 파악하고 있었다. 다른 분석과 달리 그는 자본의 부족이 문제가 아니라고 보았다. 영국의 협동조합 운동은 로치데일에서 자본금 28파운드로 시작한 지 겨우 50년이 조금 넘는 기간에 총 2,400만 파운드 규모로 눈부시게 성장했다. 이는 여러 우애조합, 공제조합, 건축조합, 노동조합 등이 보유한 상당한 자산을 제외한 수치였다. 문제는 다른 곳에 있었다.

재정적 수단만으로 협동조합 운동의 문제를 해결할 수는 없다. 필요한 것은 스스로의 조직과 리더다. 이는 하루아침에 만들어지는 게 아니라 목적의식과 노력이 필요한 일이다. 따라서 평상시에도 해결하기 매우 어려운 이 문제가 혁명기와 같이 모두의 열정과 의지가 고조되는 시기에 해결될 수 있을지는 매우 의문이다. 합리적으로 판단하자면 오히려 그 반대일 것이다.[24]

협동조합 운동이 지역, 부문에서의 영향력을 넘어 폭넓은 경제 변혁의 추진력을 확보하기 위해서는 역량 있는 지도부, 잘 훈련된 경영자, 뛰어난 조직 역량, 무엇보다도 영감을 주는 리더가 이끌고 다른 이들은 따르는 자율적 협동문화가 필요했다. 평화로운 시기에도 어려운 이와 같은 과제를 혁명적 격동기에 이루기는 어렵다. 지난한 노력과 시간이 필요한 일이다. 베른슈타인의 말처럼 "생존 가능한 협동 결사체는 갑자기 생겨나지도, 지시에 따라 만들어지지도 않는다. 스스로 성장해야 한다. 하지만 그러기 위해서는 성장의 토양이 마련되어 있어야 한다."[25]

베른슈타인은 사회주의 국가들의 강제적 협동조합 건설에 대해 미리 경고하려 했는지도 모른다. 그 결과는 참혹했다. 협동조합의 생존은 조합원들이 상호이익이라는 목적을 위해 충분한 정보를 가지고 자발적으로 협력하느냐의 여부에 달려 있다. '강제적 협동'은 이미 말 자체가 모순일 뿐만 아니라 자유와 호혜가 민주적 결사체에서 어떤 의미를 갖는지에 대한 무시 또는 몰이해를 드러낸다. 어떤 경우든 협동조합이라는 형태는 파괴되며, 국가의 지원이 중단되는 순간 사업체는 무너진다.

베른슈타인은 협동조합 운동이 새로운 단계로 전환되는 시점에 서 있었다. 협동조합의 이상이 실천적 가능성으로 처음 꽃피우는 과정을 목격한 것이다.

협동조합 운동의 단계

협동조합 모델, 나아가 협동조합 운동은 언제나 상황과 맥락에 따라 적응하고 변화하면서 진화해왔다. 운동의 1단계는 1817~1840년으로, 미래사회 구상의 중심에 협동이 있었던 시기다.[26] 사상가와 운동가들은 선한 사회라는 협동조합의 이상을 고안하고 이를 실천에 옮기기 위해 노력했다. 많은 이들은 협동이 새로운 천년왕국, 일종의 지상낙원을 이루는 관문이라고 생각하게 되었다. 세계 각지에서는 정의롭고 인간적인 사회의 모델을 발굴하기 위한 거대한 사회적 실험으로서 협동공동체 수백 개가 건설되었다. 로버트 오언은 이 시기의 선구자였고, 잘 운영되는 협동공동체를 만들기 위한 그의 노력은 하나의 모델이 되어 영국과 프랑스를 비롯한 유럽 각국과 미국으로 확산되었다. 하지만 이러한 시도 대부분은 실패로 돌아갔다.

운동의 2단계는 이상에서 실용으로 초점이 전환되고 로치데일협동조합 등이 협동조합이라는 구상을 시장에 직접 적용하여 성공을 거두면서 시작되었다. 시기상으로는 1844년부터 20세기 초입까지로 볼수 있다. 이 시기 영국 노동계급과 장인계급 대다수는 새로운 국제교역체제, 즉 오늘날 세계 시장을 지배하는 현실이 된 세계화의 첫 번째 물결의 영향을 피부로 느꼈다. 당시 자본은 지금과 마찬가지로 자동화를 추진하고, 값싼 노동력과 자원이 있는 저비용 지역으로 생산기지를 이전하여 최저비용으로 재화를 생산하고자 했다. 이는 영국 섬유산업에 막대한 영향을 끼쳤다. 숙련된 직공들이 기계제 생산으로 일자리를 잃게 되었고 이러한 현상은 로치데일 소비자협동조합 운동의 기폭제가 되었다. 1차 세계대전이 일어나기 전 독일에서는 라이파이젠Reiffeissen 운동(독일 농민의 고리대금 문제를 해결하기 위해 농민들이 연대책임을 지고 돈을 빌려 분할 상환하도록 하는 새로운 형태의 협동조합을 만든 라이파이젠이 펼친 운동—옮긴이)이 뿌리를 내리면서 신용협동조합이 출현했고, 이 모델은 전 세계로 퍼져나갔다.

운동의 3단계는 1차 세계대전부터 1960년대까지로, 협동조합 모델이 세계 각국으로 확산되어 뿌리를 내리면서 국민경제의 모든 부문에서 수많은 협동조합이 설립된 시기다. 네덜란드와 북유럽에서는 농업부문이 협동조합 중심으로 재편되었고, 지금까지도 농업 생산에서 협동조합이 큰 몫을 차지하고 있다. 프랑스에서는 노동자협동조합이 마침내 제조업에 교두보를 마련했고, 상당한 규모의 소비자협동조합 운동도 나타났다. 이탈리아의 협동조합 운동은 전국 모든 지역에 걸쳐 여러 산업부문을 연결하고 주류 자본주의 경제의 작동방식을 변화시키는 특별한 역량을 키웠다. 캐나다의 영어권 지역과 퀘벡, 미국에서 신용협동조합, 소비자협동조합, 농업마케팅협동조합이 뿌리를 내린 것도 이 시기였다.

대부분의 국가에서 가장 큰 영향력을 지닌 것은 소비자협동조합이었고, 농업협동조합, 신용협동조합, 노동자협동조합 등이 뒤를 이었다. 하지만 협동조합 운동이 성장하고 협동조합이라는 형태가 각 산업의 구체적 시장 현실에 점점 적응해가면서, 협동공동체와 협동조합 공화국을 건설한다는 초기의 구상은 협동조합 운동의 주류에서 주변부로 밀려났다. 협동조합이 현실적으로 성공하기 위해서는 협동을 통해 전 사회적으로 정의로운 경제를 구현한다는 통합적이고 포괄적 구상을 희생해야 하는 것으로 인식되었다. 많은 곳에서 협동조합의 문화와 관행은 점차 각 산업의 전통적 기업 관행과 태도를 닮아갔다. 주류의 관행에 도전하고 변화를 추구하기보다 기존의 관행을 빌려오는데 그친 협동조합도 많았다. 협동조합 내부에서 협동의 문화를 되살리려는 노력은 협동조합의 핵심원칙인 협동조합 교육의 중단으로 좌절되었다. 여러 선진국에서 협동조합 운동은 보수성을 띠는 단계에 들어섰다.

우크라이나, 폴란드, 헝가리 등의 나라에서도 수많은 협동조합이 생겨났다. 결국 국가사회주의가 협동조합의 자율성을 말살하고 국가의 목적을 위해 협동조합 모델을 도용했지만 말이다. 소련, 동유럽, 아시아, 아프리카 일부 지역에서 중앙집중적 사회주의가 힘을 얻으면서 협동조합은 국가가 생산 및 경제개발 정책 추진을 위해 선택하는 수단이 되었다. 자발적 협동은 의무적 협동으로 대체되었고, 결국 중앙집중적 사회주의는 협동조합이라는 발상의 순수성과 잠재력의 실현에 자본주의보다도 훨씬 큰 피해를 입혔다. 이러한 경험이 있는 나라에서 협동조합은 지금까지도 국가의 강압적 수단으로 인식될 뿐이다. 협동조합이 경제적, 인간적으로 오용된 비극이 지금까지도 부정적 영향을 미치고 있는 것이다.

1960년대 이후 소비자협동조합의 주도적 위치는 생산자협동조합과 같은 새로운 형태의 협동조합이 등장하면서 도전을 받았고, 협동조합 공화국이라는 새로운 세계질서 구상은 조금씩 후퇴했다. 캐나다에서는 국가가 사회적 개입에 대해 개방된 태도를 취하고, 협동조합과 노동운동, 사회운동이 연대해 정부에 끈질기고 효과적인 압력을 가하면서 협동조합주택 운동이 시작되었다. 서구의 대중이 대안적 세계관과 삶의 방식에 대해 이전보다 개방된 태도를 가지게 되면서 협동조합 운동은 새로운 성장기를 맞이했다. 신좌파 운동은 정통 사회주의 사상을 거부하고 정치, 경제, 문화, 사회에서 좀 더 민주적이고 포용적인 대안을 추구했다. 전국 차원의 협동조합 운동은 더욱 다양해졌다. 캐나다와 미국에서는 협동조합들이 우후죽순으로 생겨나 건강식품, 유기농, 주택 등 완전히 새로운 산업을 개척했고, 협동공동체라는 원래의 이상은 코뮌commune, 협동농장, 환경운동의 성장 등으로 새롭게 나타났다. 새로운 실험의 시대였고, 전통적 협동조합 운동에서는 세대와 태도 면에서 차이가 드러났다. 제도 차원에서는 새로운 협동조합 모델에 충분히 주목하지 않은 결과 협동조합 이론의 발전이 더뎌지고 시대의 변화 속에서 그 의미가 퇴색했다.

1980년대에는 협동조합 운동의 새로운 단계가 시작되었다. 선구자들의 구상을 바탕으로 하면서도 협동조합이 대안 형태의 사업체로 성장하는 여건을 마련했던 공장 모델과 소매업 모델을 넘어서는 움직임이 나타났다. 서구에서 각국 정부가 1980~90년대의 재정긴축과 민영화 바람 속에서 공공서비스 지원을 축소하자 협동조합들이 나서서 인적서비스, 사회서비스의 공백을 메웠다. 사회적 돌봄서비스는 모든 선진국에서 가장 빠르게 성장하는 새로운 협동조합 분야다.

하지만 협동조합 운동 진화의 현 단계에서 가장 중요한 점은, 개발도상국에서 세계화의 불안정성 증가에 대한 직접 대응으로 협동조합이 새롭게 발견, 발명되고 있다는 것이다. 오늘날 협동조합들은 과거 영국의 산업화 초기 협동조합들과 여러 면에서 비슷한 세계적 상황에 직면해 있다. 그때와 마찬가지로 자유시장 교리라는 단일한 세계관이 경제와 공공정책의 이론과 실천을 모두 지배하게 되었다. 개인, 공동체, 모든 국가는 극소수 엘리트의 편협한 이익에 종속되었고, 이는 개인의 삶과 환경, 사회의 안녕에 재앙을 낳고 있다. 또한 그때와 마찬가지로 세계화의 영향으로 인해 여러 공동체와 국가는 소수가 아니라 다수를 위한 시장을 만들 대안을 찾을 수밖에 없게 되었다. 세계 경제가 위기에 빠지고 낡은 금융질서가 혼란을 겪는 시대, 자유시장이라는 구상이 인기를 잃고 민주적 제도의 부재가 정치와 경제의 부패를 낳은 지금, 우리에게는 자유시장 신화에 맞설 유효한 대안이 어느 때보다도 절실히 필요하다.

03

이탈리아의 협동경제

볼로냐는 붉은 도시다. 도시 중앙에서 바깥쪽으로 거미줄처럼 퍼져 나가는 돌바닥 거리는 오래된 아케이드와 연결되고, 계속 걸어가면 길고 아름다운 아치와 중세에 세워진 사라고사 문 입구를 지나 도시가 내려다보이는 언덕의 산 루카 성당에 닿는다. 해질 무렵 성당에서는 볼로냐만의 붉은 빛이 감도는 벽과 거리, 테라코타 타일이 노을을 받아 은근한 열기를 머금은 장작처럼 빛나는 모습을 볼 수 있다.

붉은 벽은 볼로냐가 붉은 도시라는 별명을 얻은 두 가지 이유 중 하나다. 다른 하나는 볼로냐의 정치다. 볼로냐는 동쪽의 라벤나부터 서쪽의 제노바까지 이어지는 이탈리아 중부 '레드벨트'의 중심이다. 볼로냐를 주도로 하는 에밀리아로마냐 주는 남쪽의 투스카니, 움브리아, 마르케와 함께 이탈리아 사회주의의 특별한 역사, 정치사상, 문화를 간직한 지역이다.

해마다 이 지역을 찾는 수백만 관광객은 에밀리아로마냐의 뛰어난 경관과 음식, 패션, 예술을 보며 전 세계가 부러워하는 삶의 질과 아름다움을 떠올린다. 당연한 일이다. 경제적 번영, 아름다운 자연과 건축물, 풍부한 문화 모두를 이토록 매력적으로 간직한 지역은 찾기 힘들다. 하지만 이러한 축복은 60년 전 정치권력을 둘러싼 길고 힘겨운 투쟁으로 말미암아 이 지역과 이탈리아 전체가 둘로 갈라지는 아픔 속에서 힘겹게 얻어낸 것이다. 이탈리아는 좌파와 우파, 사회주의와 파시즘의 정치적 대립으로 큰 분열을 겪었고, 그 영향은 지금도 나타난다. 이러한 투쟁이 낳은 가장 지속적이고 놀라운 결과물이 바로 볼로냐와 에밀리아로마냐다.

인구 4백만의 에밀리아로마냐는 이탈리아의 광역행정구역 20개 가운데 하나다. 에밀리아로마냐의 생명줄인 포 강은 이탈리아의 척추 아펜니노 산맥에서 발원해 동쪽으로 흘러 비옥한 모래를 퇴적하는데, 덕분에 에밀리아로마냐는 이탈리아의 곡창지대가 되었다. 포 강 남쪽에서 동서를 가로지르는 에밀리아 대로는 고대 로마시대에 만들어진 길로, 오늘날 30킬로미터 간격으로 나란히 자리한 주요 도시와 마을을 잇는다.[1] 볼로냐는 그 한가운데에 자리 잡은 상업과 교통의 중심지로, 볼로냐 기차역은 이탈리아 전국의 노선들이 교차하는 곳이다.

에밀리아로마냐는 이탈리아에서 가장 번영한 지방이며, 볼로냐는 가장 부유하고 좋은 정치가 이루어지는 도시다. 에밀리아로마냐는 1인당 소득이 전국에서 가장 높고, 실업률은 가장 낮으며, 부의 재분배는 가장 평등하다. 세계가 부러워하는 제품들은 이탈리아 전체 수출에서 두 번째로 큰 비중을 차지한다. 페라리 자동차, 두카티 모터사이클, 파마산 치즈, 파르마 햄의 고향이며, 소기업 약 40만 개가 활기차게 움직이며 성장하는 곳이기도 하다. 에밀리아로마냐는 주민 열 명당 한 개꼴로 사업체가 있을 정도로 창업이 매우 활발하다. 이러한 사업체들이 계속 번창하면서 에밀리아로마냐는 성공적인 소기업 경제가 어떻게 작동하는지 이해할 수 있는 대표적 사례가 되었다. 탄탄한 지역경제의 바탕에는 세계에서 가장 성공적이고 수준 높은 협동경제가 있다. 에밀리아로마냐는 협동조합 모델이 협동조합 운동을 넘어 자본주의 경제의 전반적 틀과 작동방식을 변화시켰다는 점에서 세계적으로 매우 드문, 어쩌면 유일한 사례라 할 수 있다. 에밀리아로마냐는 협동조합과 자본주의 기업이 공존하면서 협동을 산업전략으로 활용해 중소기업이 세계 시장에서 경쟁력을 가질 수 있도록 하는 경제 모델을 구현하고 있다. '에밀리아 모델'이라는 이름이 붙은 이러한 모델은 대기업 중심 자본주의의 대항마이자, 소기업 중심의 가장 설득력 있는 대안이다.

에밀리아로마냐의 공식 협동경제는 매우 다양하고 광범위하다. 여기서 '협동경제'란 협동조합 사업체들과 이들을 경제 전체에서 하나의 부문으로 묶어주는 관계 및 제도를 통칭한다.[2] 협동조합 약 8천 개가 에밀리아로마냐 GDP의 40퍼센트를 차지한다. 대부분은 지역 내의 자본주의 기업들과 마찬가지로 중소사업체이지만, 일부는 규모가 지역 최대 수준이다. 이들은 대부분 전국협동조합·공제조합연합Lega di Cooperative e Mutue, 흔히 레가Lega라고 불리는 조직의 회원이다. 레가는 이탈리아 3대 협동조합연맹 가운데 하나이며, 각 연맹은 이탈리아에서 대부분 그렇듯 특정 정당과 역사적으로 연결되어 있다.

레가는 최초로 창설된 최대의 협동조합연맹으로, 사회주의 운동, 특히 구 이탈리아공산당Communist Party of Italy, PCI에 깊이 뿌리내리고 있었다. 2위 규모의 협동조합연합ConfCooperative은 기독교민주당 및 가톨릭 교회와 연계되어 있다. 협동조합총연합Associazione Gruppe di Cooperative Imprese, AGCI은 자유주의, 공화주의 정치 전통과 가까운 관계다. 노동조합 역시 이탈리아의 여러 정치세력을 지지해온 역사가 있고, 노동조합 연맹들도 역사적으로 각각 정치운동과 연계를 유지해왔다. 1990년대 중반 오래된 정당들이 해체되고 새로운 조직체들이 나타나는 등 장기적 정치변동이 일어난 후에도 최근 이탈리아의 협동조합들은 공식적으로 각자 연계된 정당을 지원했다. 하지만 좌파와 우파, 사회주의, 가톨릭, 공화주의 등의 역사적 선례가 각 협동조합연맹과 그 회원조직들에 미치는 영향력은 점차 쇠퇴했다.

협동조합은 주요 산업부문 대부분에 진출해 있는데, 특히 건설, 농업, 식품가공, 와인제조, 운송, 소매유통, 장비생산, 주택, 사회서비스 등에서는 주도적인 위치에 있다. 에밀리아로마냐 인구의 60퍼센트는 협동조합 하나 이상에 조합원으로 가입해 있으며 볼로냐 주민의 10퍼센트는 협동조합에서 일한다. 협동조합 종사자 비율이 더 높은 도시도 있다. 볼로냐에서 남동쪽으로 30분 거리에 있는 이몰라의 경우 이윤과 사회적 가치 중 어느 쪽을 추구하든 간에 주요 사업체 대부분이 협동조합이다. 전체 인구 10만 명 중에서 약 50퍼센트에 해당하는 54,988명이 이몰라에 있는 협동조합 115개에 출자하고 있다.[3] 이몰라

GDP의 60퍼센트 이상은 협동조합에서 발생한다.[4]

에밀리아로마냐의 협동조합은 단지 상업경제에 대한 기여 이상의 역할을 한다. 이탈리아 협동조합들은 사회적 돌봄의 생산과 전달 체계에 있어 패러다임의 전환을 이끌어냈다. 이러한 운동이 공공서비스, 국가, 사회적경제의 미래에 어떤 의의가 있는지에 대해서는 5장에서 더욱 상세히 살펴볼 것이다. 에밀리아로마냐, 특히 볼로냐에서 사회적 돌봄 협동조합의 성장은 협동조합 사업체의 이론과 실천에 있어 중대한 진전이다. 사회적협동조합은 공공서비스에 대한 근본적 재고, 시민사회에 대한 국가 후견주의의 개혁, 사회적경제의 획기적 역할 모색 등의 열쇠다.

다른 여러 나라와 마찬가지로 이탈리아 최초의 협동조합은 1854년 토리노에서 만들어진 소비자협동조합이었다. 로치데일에서 협동조합 가게가 문을 연 지 겨우 10년 만의 일이었다. 1856년에는 알티레에서 유리제조협동조합이, 1861년에는 로디에서 최초의 신용협동조합이 설립되었다. 이후 협동조합 모델은 크게 활성화되어 1886년에는 이탈리아 최초의 협동조합 연합체인 전국연맹Lega Nazionale을 결성할 수 있을 만큼 수가 불어났다.

이탈리아의 협동조합들은 영국과 마찬가지로 먼저 우애조합을 결성한 뒤 공식적인 협동조합 사업체를 만드는 순서로 세워졌다. 우애조합은 이미 피에몬테에 뿌리를 내리고 있었다. 피에몬테는 에밀리아로마냐 바로 위에 있는 주로, 선도적인 민주적 정치문화와 지역헌법 아래에서 공제조합이 창립될 수 있었다. 1800년대 초반 이탈리아의 다른 지역에서는 절대군주제가 유지되면서 결사의 자유가 인정되지 않았다. 예를 들어 남부는 1800년대 후반까지 부르봉 왕가의 지배를 받았다. 이탈리아는 이러한 정치문화의 다양성이라는 특징을 띠고 있었고, 1861년에야 통합이 이루어졌다. 정치적 다양성은 협동조합 운동의 발전방향은 물론 지역별로 서로 다른 사회적 여건이 산업과 경제의 발전 양상에 영향을 미치는 과정에서 결정적 역할을 했다. 이러한 차이는 북부와 남부 사이에서 가장 크게 나타나며, 오늘날 이탈리아를 여행하는 사람은 누구나 이를 쉽게 알 수 있다.[5]

에밀리아로마냐의 협동조합 발전에 가장 주요한 영향을 준 것은 포 강 계곡을 따라 형성된 농업지대, 그리고 토지 통제권을 둘러싼 투쟁이었다. 협동의 문화가 확산된 요인 중 하나는 포 강 계곡을 따라 농업용수를 관리해야 한다는 점이었다. 운하와 제방 건설, 습지 건조화, 간척사업 등을 하려면 계급과 지역을 불문하고 서로 돕고 집단적으로 일하는 관계가 형성되어야 했다. 에밀리아로마냐의 농업경제와 토지 공동사용 및 관리체계는 나중에 경공업이 성장하는 물질적 기반이 되었다. 그리고 이러한 사회적 관계와 생산관계는 협동을 기반으로 하는 산업조직으로 발전했다.[6]

이탈리아 중부의 농업은 대부분 해마다 갱신되는 계약에 따라 지주가 토지를, 소작농이 노동력을 제공하는 분익소작제sharecropping로 행해졌다. 분익소작제는 농촌에서 협동의 전통이 생겨난 원천 중 하나로, 경제 전체에 협동의 경제관행이 확산되고 발전하는 기반이 되었다.

에밀리아로마냐에서는 분익소작제와 계약직, 일용직 노동이 함께 이용되었다. 분익소작제하에서 지주는 부재지주와 달리 농장 관리에 적극적으로 관여하고 비용을 소작농과 공동 부담했다. 소작농은 수확량의 50퍼센트를 지대로 납부할 의무가 있었고, 지주의 지시에 따르면서 여러 서비스와 편의를 제공했다. 지주는 그 대가로 소작농에 대한 보호와 돌봄의 의무를 졌다. 지주와 소작농의 관계는 직접적, 상호의존적, 가부장적이었다. 지주계급 상당수는 농민들에 대해 너그러운 독재자 같은 태도를 보였다. 지주는 결혼, 농장 외 지역에서의 노동 등 소작농의 생활에 상당한 권력을 행사했다. 또한 소작농은 토지에 대한 안정성이 없는 다른 농민, 계약직, 일용직 노동자와 달리 안정적인 계약 덕분에 일종의 특권적 지위를 누렸다.[7]

지주와 소작농 간의 상호의존적 관계와 별개로 소작농 가구들은 광범위한 협동 및 상호부조 관계망을 가지고 있었다. 예를 들어 농번기에 서로 노동력을 주고받는 전통인 아우이타렐라[auitarella]가 있었다. 토지 중심부에서 생산기지 역할을 하는 파토리아[fattoria]라는 건물도 있었다. 여러 소작농 가구들은 토지를 나누어 경작했고, 파토리아에 대형 농기계, 올리브 압착기, 와인 보관통 등을 두고 공동으로 사용했다. 토지 전반에 대한 계획도 이곳에서 이루어졌다.

에밀리아로마냐의 전통적 분익소작제에는 가부장적, 착취적 요소가 있었지만, 상호적인 노동 및 사회적 관계의 틀을 형성하고 여러 계급 사이의 사회적 조화를 유지하는 역할을 했다는 점에서 많은 이들에게서 좋은 평가를 받았다. 분익소작제는 특히 노동계급 안에서 협동의 모형을 마련하는 기반이었고, 이는 사라지지 않고 나중에 꽃을 피웠다. 하지만 농촌의 계급 간 조화는 유지되지 않았다. 1900년대 들어 산업형 농업이 발달하고 그에 따라 전통적인 사회·경제적 관계가 파괴되면서 잔인하고 쓰라린 종말을 맞이한 것이다.[8] 가장 눈에 띄는 변화는 분익소작제가 점차 단순 임금노동으로 대체되고, 권력이 토지를 가진 귀족에서 임대업자로 이동하는 현상이었다. 토지 임대업자는 가부장적 협동방식을 유지하고 농민들의 입장을 반영하는 데 관심이 없었다. 이로 인해 농민들은 빈곤해졌고, 새롭게 등장한 산업농과 갈등을 겪었다. 지주계급 사이에서도 새로운 상업 윤리가 토지를 문화, 사회적 재산으로 보는 귀족적 가치를 대체하면서 심각한 분열이 일어났다. 이미 1881년에 농업경제학자 마르케세 루이지 타나리는 새로운 농장주들이 자신과 같이 "전통적 가부장 정신"을 지닌 지주들을 상대로 "탐욕스러운 산업적 사고를 농장관리에 주입"하고 있으며 "실험적 모험, 지대추구, 이윤추구에 심취해 있다"고 개탄했다.[9] 토지에 깊이 자리 잡은 사회·문화적 가치를 버리고, 토지를 문화적 가치의 저장소이자 전통적 사회생활의 기반이 아니라 상품으로 바꾸는 시대적 전환이 일어나고 있었던 것이다.[10]

1910년대 들어 실업문제와 토지 없는 노동자, 상업농의 비타협적 전투성과 호전성이 합쳐지면서 에밀리아로마냐와 투스카니는 농촌 계급전쟁의 전장이 되었다. 사회주의 운동가들은 불안정한 상황을 활용해 농촌 노동자들을 조직했고, 그 결과 1919년 가을 무렵 농촌사회주의연맹Provincial Socialist Federation은 농업노동자 4만 명, 소작농 9천 명을 포함해 볼로냐에서만 1만6천 명, 농촌지역에서는 7만 명이 조직되었다고 밝혔다.[11] 지주들은 점차 폭력과 물리적 위협을 가하며 반격에 나섰고, 결국 무솔리니의 파시스트 세력에 합류했다. 이때 만들어진 협동조합들은 사회·정치적 혁명의 수단이자 토지를 소유하지 않은 노동자들이 일자리를 확보하고 노동력을 공유하는 방법이었다.

에밀리아로마냐의 협동조합과 정치는 매우 긴밀한 관계에 있다. 이탈리아 북부에서 협동조합은 단순한 상업적 사업체 이상의 의미를 지닌다. 혁명의 격동기에 성장한 사회·문화적 조직이기 때문이다. 이러한 협동조합의 상당수는 자본주의 기업과는 다른 방식으로 경제적 어려움에 대처하기 위해 생겨났다. 현재 규모와 영향력이 가장 큰 협동조합들의 기원은 에밀리아로마냐가 여전히 가난했던 1900년대 초반, 그리고 1950~1960년대 산업화에 의한 '경제기적'이 일어나기 전으로 거슬러 올라간다. 2차 세계대전 이후 협동조합들은 이탈리아를 사회주의적으로 재건하려는 폭넓은 정치투쟁에서 중요한 역할을 했다. 공산당과 사회민주당은 이탈리아 전역에서 이러한 노력에 앞장섰고, 그 핵심 중 하나는 토지개혁이었다.

전쟁 기간에 정부는 농민들에게 토지를 약속했다. 하지만 전쟁이 끝나고 약속된 개혁이 실패로 돌아가자 토지를 소유하지 못한 농민들은 전국적으로 싸움에 나섰다. 1944~1949년 남부의 농민운동으로 협동조합 1,187개가 세워졌고, 조합원은 모두 25만 명에 이르렀다. 이 협동조합들은 시칠리아, 칼라브리아, 라치오에서 16억5천만 제곱미터가 넘는 토지를 접수했다.[12] 에밀리아로마냐를 포함한 레드벨트 전역에서 소작농들은 드디어 지주계급에 대한 전통적 종속관계를 끊고 급진적 변화를 요구했다. 여기에 농업노동자의 대부분을 차지하게 된 토지 없는 빈민들이 가세해 갈수록 수가 늘어났다. 이 투쟁에서 이탈리아공산당은 지역 최대의 통합노조 이탈리아노동조합총연맹CGIL과 함께 농민 조직화에 앞장섰다. 운동가들은 저녁이면 회합을 열고, 농가를 집집마다 방문하고, 농민단체와 협동조합을 조직하는 등 열정적으로 움직였다. 협동조합과 공산당의 오래된 관계는 바로 이때 형성되었다.

이처럼 에밀리아로마냐 협동조합의 의의는 정치·사회적 맥락과 관계가 깊다. 2차 세계대전 기간에 협동조합 조합원의 상당수는 레지스탕스 운동의 최전선에 있었다. 볼로냐는 반파시즘 투쟁의 중심지였다. 지금도 볼로냐 중심의 마지오레 광장을 바라보는 시청사 벽면은 당시 스러져간 파르티잔들의 얼굴이 새겨져 있다. 전투 중에 사망한 이도 있었지만 대부분은 처형당했다. 하지만 파르티잔들이 1943년 4월 27일 처음으로 큰 승리를 거두고 나치 병력을 몰아낸 곳도 바로 볼로냐였다. 시청사 벽면에는 볼로냐가 파시즘의 지배에서 해방된 것을 표현한 그림도 있다.

하지만 에밀리아로마냐는 이탈리아와 마찬가지로 분열되어 있었다. 볼로냐 남동쪽으로 멀지 않은 곳에 있는 포를리는 무솔리니의 고향이자 이탈리아 파시즘의 발상지다. 지금도 여기서는 기계적이고 모더니즘적인 선을 자랑하는 파시즘 시대 조형물들이 그리 오래되지 않은 과거의 목소리를 전하고 있다. 또한 독일이라면 상상할 수 없겠지만 이탈리아 곳곳의 벼룩시장과 골동품 전시회에서는 파시즘 기념물이 셀 수 없이 많이 판매된다. 파시즘 역사에 대한 이탈리아의 양면성을 보여주는 사례다. 무솔리니가 아직도 일부의 존경을 받고 있으며 히틀러만큼 사악한 인물로 기억되지 않는다는 점[13]도 이에 해당한다 (한 가지 특이한, 혹은 기이한 사실은 이탈리아의 와인 라벨에 독재자의 얼굴이 들어가는 경우가 많다는 것이다. 오래 간직되는 특별한 블렌딩 와인 라벨에서 무솔리니, 히틀러, 스탈린의 얼굴을 찾기는 어렵지 않다. 고급스러운 와인 취향을 뽐내는 가운데 좌파의 스탈린이든 우파의 나치든 권위주의를 좋아하는 성향까지 함께 내보이는 셈이다). 본론으로 돌아오자면, 에밀리아로마냐는 파시즘 운동의 발상지이자 가장 강력한 반파시즘 운동의 중심지였다. 협동조합들은 전체주의가 힘을 얻어갈수록 자리를 굳게 지키며 파시즘 권력에 저항하는 가시 같은 존재였다.

파시즘의 탄압

무솔리니의 파시스트 집단은 처음부터 협동조합과 노동조합을 박해하고 나섰다. 에밀리아로마냐의 협동조합들은 검은셔츠단의 공격을 받았다. 협동조합과 노동조합 지도자들은 투옥, 집단폭행, 암살 대상이 되었고, 관련 조직들은 파시즘이 지배하는 기나긴 암흑기에 와해되었다. 다음은 볼로냐의 한 국회의원이 총리에게 보낸 전보의 일부로, 당시의 노골적인 폭력을 생생히 보여준다.

총리님께 부드리오 지역의 매우 심각한 상황에 대해 보고함. 몽둥이, 권총 등을 사용하는 파시스트 부대가 활개를 치며 테러 행위 자행. 노동조합 운동가와 시청 관계자는 살해가 두려워 떠날 수밖에 없음. 노동자들은 집단폭행과 폭행 위협으로 집을 나설 수 없는 상태. 노동조합과 사회주의 단체들은 48시간 이내에 해산하지 않을 경우 물리적으로 파괴될 것이라는 경고. 도시생활은 마비되고 정부는 통제력을 잃

음. 많은 노동자들이 결사의 자유와 신변의 안전 보호를 위한 강력한 조치를 요청함.[14]

이 와중에도 협동조합들은 간신히 살아남았다. 무솔리니는 위협만 으로 협동조합들을 어찌할 수 없다는 것을 깨닫고 1926년 협동조합 통제위원회Cooperative Board of Control를 만들었다. 이어서 자치권을 빼앗으 면서 파시스트 감독관 수용과 관제 파시스트 협동조합 연합체인 엔 테ENTE 가입을 강요했다. 각 지역의 책임자들은 토지를 소유하지 못 한 노동자와 소작농에게 일자리나 약간의 토지를 주면서 그들을 파시 스트 노동조합에 가입시켰다. 파시스트 집단이 파시즘을 후원하는 각 지역의 지주들에게서 토지를 얻어내는 것은 전혀 어려운 일이 아니 었다.[15] 한편 파시즘이 무자비할 만큼 효율적으로 탄압을 자행한다는 악명을 떨치긴 했지만 무솔리니가 자신이 주도한 운동에 대한 지배력 을 공고히 하기까지는 권력을 장악한 이후로도 최소 7년이 걸리는 등 순탄치 않은 과정을 거쳐야 했다.[16] 이처럼 이탈리아인 특유의 반항 적 기질은 언제나 '최고지도자' 무솔리니를 괴롭혔고, 그는 유럽의 독 재자 가운데 사람들이 가장 따르지 않는 사람이 자신이라며 늘 불평 했다.[17]

수많은 협동조합들은 자유를 위한 싸움에서 훌륭한 지도자들을 잃 었다. 협동조합들은 단순히 경제적 성공 덕분에 지금까지 살아남은 것이 아니다. 에밀리아로마냐 주민들에게 커다란 정치·사회적 의의 가 있었기에 승리할 수 있었던 것이다. 마침내 전쟁이 끝나고 이탈리 아의 재건이 시작될 무렵 협동조합 운동이 민주주의에 얼마나 중요한

지는 새로운 공화국 헌법의 기본원리로 명문화되었다. 헌법의 내용은 상당히 급진적이었다. 제45조는 협동조합 결성의 자유, 민주적 조직으로서 자율성과 독립성을 유지할 권리, 국가의 인정과 지원을 받을 권리를 규정한다(제46조는 노동자가 직장의 운영에 협력할 권리를 인정하며, 제4조는 모든 국민에게 '일할 권리'가 있다고 규정한다).

이러한 성과에는 대단히 큰 의의가 있다. 무솔리니가 권력을 장악했을 때 협동조합 운동은 정치영역뿐만 아니라 경제에서도 저항의 근원지였다. 에밀리아로마냐의 수많은 도시와 마을에서 협동조합들이 활발히 활동하고 있었기 때문이다. 이들의 힘과 영향력은 단순히 이념의 문제가 아니었다. 협동조합들은 일자리와 자부심의 원천으로, 공동체에 반드시 필요한 재화와 서비스를 생산하고, 구성원 개개인의 일상과 실질적, 가시적으로 깊이 연결된 공통의 목적을 상기시키는 역할을 했다.

아드리아 해 연안의 라벤나에는 벽돌공과 건설노동자로 이루어진 건설노동자협동조합 CMC^{Cooperative Muratore e Cemintiste}가 있다. CMC는 건설 분야에서 수작업을 담당하는 노동자 35명이 1901년에 만든 작은 결사체였다. 오늘날 CMC는 전 세계 대규모 건설사업을 담당하는 주요 국제건설업체로 성장했다. 세계 최대의 토목사업인 중국 싼샤댐 공사에 사용되는 대형 터널링 드릴과 밀라노의 신규 지하철은 CMC가 설계한 것이다.

나는 CMC의 연차총회에 초청을 받은 적이 있다. 처음 세워진 석조건물은 여전히 CMC 단지의 중심에 있었고, 지붕이 원형으로 된 15~18미터 높이의 건물은 과거 공장으로 사용되었으나 지금은 성당처럼 개방된 갤러리가 되었다. 이 건물 벽면에는 CMC의 역사, 지도자와 조합원을 기념하는 사진 전시물이 줄지어 있었다. 폭이 약 60미터에 이르는 갤러리 중앙에는 탁자가 두 줄로 놓여 4~5백 명을 수용할 수 있었다. 실제 총회는 그 옆에 마련된 회의실에서 열렸다. 진지하고 의례적인 분위기에서 창립헌장 낭독과 함께 총회가 시작되었다. 이어 헌장의 조항에 대한 조합원의 공식 승인 및 동의를 확인하는 절차가 진행되었다. 이와 같이 CMC는 조합원들이 협동조합의 사명에 충실하게끔 하는 사회적 연대를 재확인하며, 지난 107년간 그랬듯 해마다 그러한 다짐을 이어나가고 있었다.

사업과 관련된 회의가 끝나자 참석자들은 이미 수십 명이 모여 기다리고 있는 홀로 이동했고, 그곳에서는 협동조합의 진정한 의미를 두 눈으로 확인할 수 있는 장면이 펼쳐졌다. 조합원들이 문을 열고 나와 친구와 동료들을 찾아 다가가는 모습은 그야말로 라벤나의 축소판이었다. 전문가와 노동자, 남녀노소 할 것 없이 모여든 다양한 이들은 함께 축하와 우애를 나눴다. 이는 협동조합이 단순한 사업체를 넘어 조합원들과 공동체 사이에 깊고도 넓은 연대를 구축하는 조직이라는 점을 분명히 보여줬다. 와인과 음식이 나오고 모두 함께하는 기쁨이 갤러리를 가득 채우면서 총회는 단순히 사람들이 모였다는 사실 이상의 커다란 무언가를 떠올리게 했다. 그것은 역사, 공동체, 그리고 여러 세대에 걸쳐 지속되어온 목적의식에서 우러나오는 자부심이었다. 협동조합은 조합원만의 것이 아니라 공동체 전체의 재산이었다. 총회에는 그러한 과정을 함께한 모든 세대가 한자리에 모였다. 현재의 조합원들, 앞으로 상당수가 CMC의 조합원이 될 자녀들, 그리고 여전히 의결권을 가진 80대, 90대 원로 조합원들의 모습은 특히 감동적이었다. 이들에게 협동조합은 교회나 가족만큼이나 깊고 중요한 정체성일 것이다. 이처럼 놀라운 광경은 이탈리아 전역의 크고 작은 협동조합에서 해마다 계속 벌어지고 있다.

에밀리아로마냐의 협동조합 운동은 지역의 경제와 문화에서 튼튼한 입지를 확보했다. 협동조합은 주류 경제에 대한 '작은 대안'이 아니라 주류 안에서의 결정적 세력이다. 모든 주요 산업에서 협동조합은 핵심역할을 수행한다. 지역에 머무르기로 결정한 협동조합들도 있지만 국제무대로 진출해 세계 각국에서 활동하는 협동조합들도 많다. 에밀리아로마냐는 세계에서 가장 성공적인 국제협동조합들이 탄생한 곳이다. 협동조합의 국제적 경영이라는 독특한 과제를 이해하기 위해서는 반드시 이들의 경험을 참고해야 한다.

사크미Societa Anonima Cooperativa Meccanici Imola, SACMI는 라벤나의 CMC와 마찬가지로 1차 세계대전 직후에 설립된 노동자협동조합이다. 사크미가 자리 잡고 있는 이몰라는 협동조합이 활성화된 주요 도시다. 중세에 건설된 이몰라의 깨끗하고 활기찬 거리를 걷다 보면 오래된 것과 새로운 것의 조화에 감탄하게 된다. 역사적 중심지의 광장 주변에서는 프로슈토 햄, 향신료가 첨가된 벌꿀, 파마산 치즈로 가득한 소규모 식료품점들이 성업 중이고, 멀지 않은 도시 주변부에 경공업 지구가 있다. 이몰라의 번영은 누구나 쉽게 알 수 있다. 주택, 도로, 공공 인프라, 금융, 사회서비스, 학교 등 이몰라의 주요 부문들은 모두 어떤 방식으로든 협동조합 덕분에 생겨났거나 지속되고 있다. 그중에서도 사크미는 이몰라에서 가장 평판이 좋은 협동조합이다.

사크미는 1919년 12월 실업 상태였던 젊은 기계공 아홉 명이 만들었다. 모두 참전 군인이었던 이들은 건설 관련 일과 기계 수리를 하는 점포를 열었다. 사크미의 초대 사무국장은 이몰라의 전 시장이었고, 본부는 시의회가 기증한 건물에 있었다. 1920년대 내내 검은셔츠단은 사크미를 "반파시스트들의 위험한 근거지"라고 정확히 판단하고 공격 대상으로 삼았다. 1943년 9월 8일 독일군이 이몰라를 점령하자 사크미는 모든 장비와 기계를 해체하고 주변 농촌 마을에 숨겨 독일군 손에 들어가지 못하도록 했다. 이는 점령지에서 흔한 일이었다. 점령지의 공장을 해체해 장비를 본국으로 보내는 것은 물론 농지의 표토를 전부 걷어내 가져가는 악질 행위도 있었기 때문이다.[18]

사크미는 1945년 이후 이웃 마을의 세라믹협동조합에서 의뢰를 받고 다시 운영을 시작했다. 공습으로 부서진 타일제조용 프레스 기계를 수리해달라는 것이었다. 사크미는 수리에 그치지 않고 세라믹협동조합이 독일에서 수입하던 프레스 기계를 직접 생산하기로 했다. 사크미의 전환점이었다. 사크미는 1950~60년대 이탈리아의 재건 과정에서 기계제 생산과 산업화 속도가 빨라지고 있다는 점을 활용했다. 얼마 안 가 사크미는 특수 세라믹 프레스 기계 및 가마의 설계와 수출 부문에서 이탈리아 최고가 되었고, 업계에서 손꼽히는 세라믹 신소재 연구소도 설립했다. 1980년대 사크미는 전 세계 고객의 요구에 맞춰 세라믹 공장 전체를 설계, 건설하는 업체로 성장했다. 오늘날 사크미는 이몰라의 조합원 390명이 소유하고 경영하는 한편 37개의 해외 사업체를 포함해 60개의 자본주의 기업을 관리하고 100여 개 국가에서 사업을 하는 새로운 형태의 국제협동조합이자 혼성조직이다.

세계화는 사크미와 이몰라에 긍정적인 영향을 주었다. 사크미는 지역 정체성을 유지하면서도 국제적으로 사업영역을 확장했다. 하지만 이는 협동조합에 대한 창립자들의 생각이 생존을 위해 변화했기에 가능했다. 또한 사업 확장의 필요성과 협동조합 내부 민주주의 사이의 조화도 필요했다. 비조합원 직원 3천 명을 고용한 기업 60개를 소유하는 것은 조합원 겸 소유자 390명 사이의 상호성과 연대라는 원리에 얼마나 부합할까? 호혜가 아니라 철저히 상업적 이윤을 바탕으로 기업들과 관계를 맺고 이들의 국제적 네트워크를 지배한다면 과연 협동조합이라 할 수 있을까? 협동조합이 협동조합으로 남기 위해 넘어서는 안 될 규모는 어느 정도일까? 사크미를 찾는 협동조합 관계자들은 항상 이런 질문을 한다. 그 답변은 질문하는 이들이 다소 불편하게 느낄 수 있다. 사크미의 규모, 그리고 사크미가 협동조합 사업체로서 국제적 성공을 거두었다는 사실을 고려하면 지역의 소규모 협동조합에게 당연한 이상이 사크미에 똑같이 적용될 수는 없다.

국제적 규모와 협동조합 정체성 사이의 긴장관계는 세계 시장의 시대에 협동조합 모델이 풀어야 할 가장 어려운 숙제다. 이 책에서는 이를 계속 다루게 될 것이다. 협동조합이 기업 중심 자본주의의 현실적 대안이 되려면 규모 확장과 지역적 호혜성 사이의 긴장을 해소할 방법을 제시해야 한다. 사크미의 경우 이몰라의 협동조합과 국제적 네트워크는 분명히 구별된다. 협동조합은 지역과 공동체가 설립 목적에서 중요한 의미를 차지하며, 사회적 성격이 강한 조직이다. 라벤나의 CMC와 마찬가지로 사크미는 역사가 독특하고 미래가 밝은 활기찬 공동체라는 이몰라의 정체성을 상당 부분 반영하고 있다. 사크미

조합원들은 세계 경제 속에서의 생존이라는 문제에 감상적으로 접근하지 않는다. 이들에게는 사크미가 협동조합으로서 생존하는 것이 가장 중요하다. 사크미가 소유한 기업의 직원 5천여 명에게 조합원 자격이 자동으로 부여되지 않는 것도 이 때문이다.[19] 사크미가 협동조합 사업체로서 성공한 것은 조합원들 사이의 사회적 관계와 연대의 수준이 높기 때문이다. 다른 협동조합과 마찬가지로 이는 다른 모든 일의 바탕이 된다.

사크미의 조합원 가입조건은 엄격하다. 직원은 5년 이상 일해야 조합원 신청 자격을 얻는다. 신청자는 업무윤리와 숙련도, 특히 동료와의 관계, 민주적 조직에서 성실하고 적극적으로 협동하는 역량을 평가받는다. 이러한 역량은 동료와의 일상적 관계 속에서 직접 관찰해야만 파악할 수 있다. 힘든 시기에도 협동조합을 지탱해주는 조합원 사이의 연대를 유지하는 데 매우 중요한 요소이기도 하다. 조합원 자격은 권리로 주어지는 것이 아니라 획득하는 것이다. 사크미 조합원들에게 개인적으로 모르는 사람을 조합원으로 받아들이는 것은 협동조합의 종말이자 협동조합을 협동조합답게 만드는 사회적 연대를 갉아먹는 일이다. 파르티잔 출신으로 과거 이사장을 역임한 이는 조직 내에서 대다수를 차지하는 비조합원 직원과 조합원의 구별에 대한 질문에 망설임 없이 이렇게 답한다. "조합원 자격을 느슨히 하고 협동조합이 망하는 것보다 조합원 자격을 엄격히 하고 협동조합을 살리는 것이 낫습니다." 반박하기 어려운 논리다. 여기서 협동조합이라는 모델이 도움이 될 수 있는 세계 곳곳의 직원들에게도 같은 논리를 적용할 것인가, 한다면 어떻게 할 것인가라는 의문을 제기할 수 있다. 일단 사크미는 현재 자신이 사업을 벌이는 지역공동체에서 어떤 사회·경제적 역할을 해야 하는지 매우 분명히 인식하고 있으며, 이몰라는 물론 해외에서도 공동체와 사회의 발전을 위해 상당한 비용을 지출하고 있다. 예를 들어 브라질 상파울루 근교의 상베르나르두두캄푸에 심각한 사회적 쇠퇴가 진행되고 있는 빈민가 길거리의 아이들을 위해 38만 달러를 들여 직업학교를 세웠다.

사크미에 조합원으로 가입하는 것은 자격뿐만 아니라 비용 면에서도 만만치 않다. 조합원이 되려면 30만 달러가 필요한데[20], 절반은 조합의 출자금으로 사용된다. 전액을 한 번에 납부하는 것은 아니고, 조합에서 대출을 받은 후 15년에 걸쳐 임금에서 자동 공제해 상환한다. 조합원이 15년을 채우기 전에 일을 그만둘 경우 상환액은 반환된다. 15년 이상 일할 경우 퇴직할 때 전액에 이자가 더해져 환급된다. 조합원으로서는 국가에서 받는 연금에 더해 출자금에서 상당한 액수의 퇴직금이 마련되는 셈이다. 조합에서 일하는 동안에는 임금에 더해 이익의 일부를 배당받는다. 사크미에는 노동조합이 있고 업계 최고의 임금수준과 복리후생을 자랑한다. 노동의 '유연성', 아웃소싱, 쉬운 해고의 시대에 사크미는 평생직장이 되는 경우가 많다. 조합원 신청서와 입사 지원서가 너무 많아 대기자가 넘쳐나는 것도 무리가 아니다.

한편 조합원 자격제도와 함께 조합의 연간 이익 대부분을 '비분할 적립금'으로 축적하는 제도는 사크미가 성장을 위한 자금을 자체 조달하는 데 중요한 역할을 했다. 이탈리아는 상업적 협동조합이 이익의 80퍼센트를 조합원에게 배당할 수 없는 적립금에 재투자하도록 법률로 의무화하고 있다. 적립금은 세대를 이어 전해지는 집단적 재산이다. 비분할 적립금에 대한 법인세 면제는 이와 같은 배당가능 비율 제한의 대가라고 할 수 있다. 이러한 적립금의 규모가 커지자 협동조합들은 인수합병에도 나설 수 있었다. 사크미는 대규모 비분할 적립금을 축적한 다른 산업협동조합과 마찬가지로 외부에서 자금을 거의 빌리지 않고도 성장할 수 있었다. 이와 같이 법률에 의해 강제되는 자본 축적은 협동조합 조합원들뿐만 아니라 공동체 전체에 어마어마한 이익을 가져다주었다. 비분할 적립금은 사업체를 안정시키고 사업에 지속적 투자를 할 수 있도록 해주며, 협동조합의 미래를 보장한다. 여러 세대의 조합원에 걸쳐 전해지는 집단 자산이기에 사회적 재산이기도 하다. 협동조합 부문 내에서 배분되지 않을 경우 국가에 귀속되기에 조합원들이 협동조합을 매각하고자 할 경우에도 협동조합이 아닌 기업에 적대적으로 인수되지 않도록 하는 중요한 기능도 있다. 또한 어려운 시기에 협동조합이 재무 자율성과 지불능력을 유지할 수 있는 것도 적립금 덕분이다. 기존의 자본주의 기업이 신용에 접근하기 어려워진 최근의 위기 속에서, 축적된 비분할 적립금은 구명보트와 같다.

협동조합의 규모와 정체성 문제는 성공을 거두는 협동조합 모두가 언젠가 겪게 되는데, 19세기 후반 베른슈타인은 이를 미리 내다본 바 있다. 특히 생산협동조합의 경우 성장에 대한 시장의 요구에 응할 것인지, 응한다면 어떻게 할 것인지를 결정하는 조직 내부의 민주적 의사결정 문화가 노동자들 사이의 사회적 관계에 의해 결정된다. 사크미는 해외업체의 인수로 생겨나는 사업 활동 및 관계를 이몰라의 조합원들과 신중히 구별함으로써 이 문제를 해결하고자 했다. 협동조합의 목적과 사회적 목적을 위해 자본을 활용한다는 것인데, 뒤에서 살펴볼 바와 같이 다른 대규모 협동조합들도 이러한 전략을 채택하고 있다.

이탈리아의 여러 협동조합 중 지역, 대륙, 국제적 차원을 포괄하는 새로운 경제 규모를 달성한 곳은 사크미 외에도 많다. 하지만 이탈리아의 협동조합 운동에서 가장 특별한 점은 지난 30년간 협동조합이 에밀리아로마냐, 투스카니, 트렌티노 등 협동조합 전통이 강한 지역뿐만 아니라 전국 차원에서 지배적 경제주체로 성장했다는 사실이다. 협동조합 부문은 고용, 영업규모, 주요 산업의 시장점유율 등에서 자본주의 기업을 넘어섰다.[21]

이탈리아 협동조합의 르네상스

1971년까지 이탈리아의 협동조합은 수는 무척 많았지만 규모가 제한적이었다. 하지만 1970년대 들어 운동의 전환점을 맞았다. 협동조합 모델이 본격적으로 활성화되기 시작했고, 1990년대에는 경험과 경영능력, 전략적 역량의 축적, 협동조합 네트워크의 형성, 협동조합 자본의 적절한 활용에 힘입어 발전에 가속도가 붙었다.[22] 1971년 기준으로 협동조합은 고용인원 5백 명 이상 사업체 중 2.3퍼센트를 차지했고, 2001년에는 8.1퍼센트로 비중이 높아졌다. 대규모 협동조합의 이와 같은 증가는 자본주의 기업의 규모 축소 추세와는 정반대였다.

1990년대 이탈리아 자본주의 기업의 고용인원 증가율은 평균 9퍼센트에 불과했지만, 협동조합의 경우 60퍼센트에 달했다. 1991~2001년 고용 증가의 4분의 1은 협동조합의 성과였다. 특히 1991년 인구조사에서 사회적 돌봄서비스를 제공하는 협동조합의 고용인원은 27,510명이었는데, 2001년 인구조사에서는 5배 이상 증가한 149,147명으로 집계되었다. 같은 기간 대규모 협동조합 위주로 협동조합들의 규모도 전반적으로 성장했다. 고용인원 50명에서 1천 명 사이의 협동조합에 고용된 인원이 경제활동인구에서 차지하는 비중은 9퍼센트를 넘었다. 이처럼 대규모 사업체 중심으로 눈부신 성장을 이루어내면서 협동조합은 이탈리아 경제의 주요 세력으로 자리 잡았다.[23]

특히 대규모 소매유통업은 협동조합이 시장을 이끄는 부문이다. 소매유통업 시장은 소비자협동조합이 19퍼센트를 차지하며, 소매유통협동조합도 비슷한 점유율을 보인다. 협동조합이 이탈리아 소매유통업의 38퍼센트를 차지하는 셈이다. 이들은 이탈리아 경제의 다른 부문이 잘게 쪼개지는 와중에도 부문통합을 강화하고 시장점유율을 높이고 있다.[24]

대규모 협동조합의 진화가 이탈리아 협동조합 운동 전체에 걸쳐 지니는 의의는 매우 크다. 규모 기준으로 1~105위에 해당하는 대규모 협동조합의 수는 전체 협동조합의 0.15퍼센트에 지나지 않지만, 전체 조합원의 57퍼센트, 매출의 34퍼센트, 고용인원의 22퍼센트를 차지한다. 이탈리아 협동조합 운동은 규모의 성장, 집중화, 복잡성의 증가, 그리고 국민경제 주요 부문에서의 영향력 급증이라는 특성을 보인다.

어떻게 이런 일이 일어났을까? 이탈리아의 사업체 다수가 작아지는 시기에 협동조합들은 어떻게 성장하고 주요 부문을 지배하게 되었을까? 이러한 현상은 협동조합이 작고 효과적이지 못한 비주류 경제 주체라는 기존의 관념에 무엇을 시사할까?

이러한 의문에 대한 답은 사업체의 규모가 임계점에 도달한 이후 협동조합 자체의 윤리와 사회적 자본의 관계에서 찾을 수 있을 것이다. 이탈리아의 협동조합들은 공통의 이해관계를 묶어내는 방법을 터득했다. 또한 새로운 협력관계를 형성하고 긴 안목으로 산업별로 전략적 기회를 파악하며 부문 전체에 걸친 자원 확보와 활용을 지원하는 연합체의 존재 역시 중요한 요소였다.

협동조합들은 늘 상호지원 네트워크 구축에 열려 있었고, 1970년대 말에서 1980년대에 걸쳐 이러한 전략을 새로운 수준으로 끌어올렸다. 사업을 통합하고, 소규모 협동조합을 대규모 조직과 합병하고, 협동조합과 협동조합이 아닌 사업체를 공통의 목표 아래 연계하는 복합 네트워크를 구축했다. 주요 부문에서는 소규모 사업체들이 협동 네트워크를 통해 컨소시엄을 결성했고, 이러한 컨소시엄은 결국 지역을 넘어 전국적, 국제적 차원으로 영역을 확장했다. 이와 같은 역량을 잘 보여주는 사례가 건설부문의 통합과 성장이다.

1900년대 초반 농업노동자들은 일자리를 찾고 실업자의 노동력을 한데 모으기 위해 협동조합을 만들었다. 이러한 움직임은 앞에서 살펴본 바와 같이 특히 농촌에서 활발했다. 이들은 당시부터 지역 차원에서 소규모 건설 및 노동자협동조합들의 컨소시엄을 만들기 시작했다. 1978년에는 볼로냐(1912년 창립), 모데나(1914년 창립), 페라라

(1945년 창립)의 협동조합들이 통합하여 건설협동조합컨소시엄Consorzio Cooperative Costruzione, CCC을 결성하면서 결정적 진전이 이루어졌다. 건설 협동조합컨소시엄은 소규모 회원조직 차원에서는 불가능했던 다양한 사업과 서비스를 제공했다. 노동력 확보는 물론 전문 서비스를 바탕으로 대규모 건설계약을 수주했고, 행정·재무·법률 문제를 처리했으며, 건설 관련 입법현황과 환경문제의 동향을 긴밀히 파악했다. 사업 영역을 창립 당시보다 넓히기도 했다.

이후 협동조합연맹 레가의 지원으로 이탈리아 전역의 건설 컨소시엄을 건설협동조합컨소시엄과 통합하는 건설부문 발전계획이 수립되었다. 이는 1990년 전국건축자재협동조합컨소시엄Consorzio Nazionale Cooperative Approvvigionamenti, ACAM이 창립되면서 현실이 되었다. 현재 건설협동조합컨소시엄은 회원협동조합 230개, 직원 2만 명, 매출 2억 3천만 유로를 자랑하는 이탈리아 최대의 건설사업체다.[25] 이러한 협동조합 네트워킹 전략은 소매유통, 서비스, 금융, 최근 성장하는 사회적 돌봄 부문을 비롯해 농업과 식품생산 협동조합에도 적용되었다.

협동조합 모델이 2차, 3차 네트워크와 컨소시엄을 통해 성장하기 위해서는 협동조합에 우호적인 법적 환경이 필수였다. 1900년대 초반 제정된 협동조합법에는 협동조합이 컨소시엄을 구성할 권리가 명시되어 있다. 많은 국가에서는 이러한 권리가 보장되지 않는다. 둘째, 사크미의 사례에서 이야기한 바와 같이 협동조합의 비분할 적립금으로 지정되는 이익에 대해서는 1977년에 제정된 법률에 따라 세금이 전액 면제되었다.[26] 이처럼 세금이 붙지 않는 자본을 축적할 수 있다는 이점은 협동조합의 자금조달과 성장에 큰 도움이 되었다. 셋째,

1983년 통과된 법률은 협동조합에 주식회사의 지분 보유는 물론 경영권 획득도 허용했다. 이 덕분에 협동조합이 지배하는 기업집단 형성이 가능해졌고, 시장에서의 자금조달력이 강화되었다.

이탈리아의 협동조합이 주도하고 효과를 거둔 부문별, 지역별 네트워킹 전략은 협동조합 부문에 국한되지 않았다. 에밀리아로마냐의 소규모 자본주의 기업들 역시 이러한 전략으로 눈부신 성공을 거뒀다.

이처럼 놀라운 사례를 보면 협동조합 모델의 과제가 비주류로서 안고 있는 소외나 힘의 부족 같은 흔한 문제가 아니라 오히려 그 반대 방향에서 등장했음을 알 수 있다. 이탈리아의 협동조합들은 자본주의 기업이 자랑하는 효율성을 따라갈 수 있을 뿐만 아니라 넘어설 수 있음을 결과를 통해 보여주었다. 협동조합의 본질적 강점을 활용할 수 있는 법적 수단과 시장 여건이 마련된다면 대규모 건설, 소매유통, 금융 등 자본주의 기업이 우세할 수밖에 없다고 간주되는 부문에서도 협동조합은 우월한 경쟁력을 가질 수 있다. 다음 장에서 살펴볼 바와 같이 이탈리아의 협동조합들은 협동조합 모델이 전국적, 나아가 국제적 차원에서 효과적일 뿐만 아니라 협동이야말로 자본주의 중소기업의 필수 생존전략이라는 점을 보여준다. 그렇다면 협동조합 모델은 규모의 문제, 경제력의 집중과 통합, 그리고 자본주의 규칙이 지배하는 시장에서 성공해야 한다는 특별한 요구에 어떻게 대처해야 할까? 이는 세계에서 가장 성공적인 협동조합 운동이 맞닥뜨린 전례 없는 딜레마로, 다음 장에서는 이 문제에 대한 해답을 모색하고자 한다.

04

에밀리아 모델과
자본의 사회화

에밀리아 모델이 성공한 이유는
회사들의 규모나 산업구조의 특성 때문이 아니다.
이것들은 하드웨어에 지나지 않는다. 이 시스템이 돌아가게 하는 원동력은 협동이다.

– 오스카 마르키시오 –

에밀리아로마냐의 협동조합 시스템은 다른 곳에서 찾아보기 힘든 수준의 내적 일관성과 통합을 이루었다. 그 원동력은 무엇일까? 사람들 사이의 관계나 역사를 공유하는 데에서 나오는 힘? 협동조합들이 서로 전략적 파트너십을 추구한 것? 아니면 협동조합 부문 전체가 어우러질 수 있는 시스템? 원동력이 무엇이든, 에밀리아로마냐의 협동조합들은 선진 자본주의 경제 속에서도 강력하고 자주적인 협동경제를 이루어낼 수 있었다. 에밀리아의 협동경제를 지탱하는 시스템과 생각들은 심사숙고하여 내린 헌법적, 법적, 정치적 선택의 결과로 말미암은 것이다. 이들은 한 세기에 걸친 투쟁의 역사가 반영된 것이다. 협동조합 기업들을 설립하고 유지해온 것이 이 투쟁의 중요한 한 축이었다면, 다른 한 축은 정치적 투쟁이라 할 수 있는데, 중앙정부의 권력을 지방정부에 이양하도록 한 1946년 이탈리아 헌법과 에밀리아 주 정부가 수행한 역할은 정치 투쟁에서 매우 중요한 자리를 차지하고 있다. 그러나 헌법상의 여건이 갖춰진 이후에도, 협동조합 시스템이 개별 협동조합을 넘어 경제 전체를 아우르는 협동경제 모델을 만들어가는 데 주 정부가 역할을 할 수 있도록 에밀리아로마냐 주 내부의 정치적 여건이 무르익기까지는 30년이 걸렸다.

여행자의 눈으로 보아도 에밀리아로마냐가 얼마나 집약적으로 발전했는지 금세 알 수 있다. 산업용 건물과 공장들 사이로 일렁이는 농경지가 어디든 펼쳐져 있으며, 과수원과 포도밭이 마을과 공장건물 사이에 조화롭게 섞여 있고 노는 땅 없이 빽빽한 풍경을 볼 수 있다. 한가롭고 낭만적인 투스카나나 움브리아의 풍경과 달리, 에밀리아로마냐는 실용적인 풍경의 전형을 보여준다.

에밀리아로마냐의 가장 눈에 띄는 산업 패러다임은 소기업들이 산업지구에서 클러스터를 형성할 수 있도록 한 것인데, 이는 소기업이 성공적으로 발전하는 데 핵심전략이 되었다. 산업 클러스터의 완성도는 점차 높아졌고, 에밀리아 모델을 주제로 광범위한 연구가 이루어졌다. 처음 만들어질 때인 1970년대와 많이 달라지기는 했지만,[1] 여전히 에밀리아 모델의 가장 중요한 특징은 자본주의 틀 안에서의 성공적인 협동 모델이라고 할 수 있다. 여기에서는 에밀리아 모델과 공식, 비공식적인 협동의 여러 유형들이 갖는 역할을 집중 조명해보고자 한다. 나는 이것이 에밀리아로마냐 주의 사회·정치적 역사의 핵심 요소라고 생각한다.

산업지구 안에서 소기업들 간의 협동은 많은 사람들의 우려와 세계 경제에서 산업 발전에 대한 지금까지의 이론과 반대로 이들이 번창하고 있는 이유이다. 에밀리아 모델은 기업들이 대형화되지 않고 소기업으로 남아 있으면서도 세계 시장에서 경쟁할 수 있다는 증거가 되고 있다. 소기업들의 클러스터링 현상은 독일의 라인, 프랑스의 루르 밸리, 미국의 실리콘밸리, 보스턴, 시애틀의 산업지구에서도 볼 수 있다. 그러나 에밀리아로마냐의 성공은 미국, 영국, 유럽 여러 나라의 전형적인 거대기업 중심 발전 모델에 대한 대안을 보여주는 것으로, 현대적이고 복합적이면서 세련된, 소기업 경제의 가장 모범이 되는 사례다. 막대한 자본투자와 대형 공장, 노동 통제에 기반을 둔 1900년대의 포드주의, 테일러주의 산업 모델은 이 지역에 발을 붙이지 못했다.[2] 영국이나 다른 나라에서 산업이 발전함에 따라 전통적인 장인 생산 모델이 사양길에 접어들었던 것과 달리, 에밀리아로마냐에서는 장인 생산 모델이 유지되었다. 이곳에서의 산업화는 다른 경로를 취했고, 소규모 생산의 기존 형태와 관계를 포용하고 변화시키는 식의 점진적인 접근을 선택했다.

처음에는 이 지역의 농업경제에 필요한 것들을 충족시키는 데 특화된 산업이 등장했다. 식료품 가공과 포장 산업이 이루어지면서 특화된 기계를 고안하기에 이르렀는데, 이 분야는 여전히 이 지역의 전문분야로 남아 있다. 1900년대에 에밀리아로마냐는 식료품 가공과 농업에 필요한 기계산업의 선두주자였다. 농업에 필요한 기계를 생산하는 것에서 시작된 기계공업은 이후 세라믹, 섬유, 수술장비와 고성능 자동차 같은 특정수요 산업들의 필요를 충족할 수 있는 수준까지 발전했다.

예를 들어, 볼로냐는 포장산업에서 세계적인 선두주자이며, 콘돔에서 담배에 이르기까지 모든 종류의 상품을 포장할 수 있는 설비를 갖추고 있다. 볼로냐가 포장산업의 중심지로 떠오르자, 다른 지역들도 각자 자기 지역의 역사적 배경이 반영된 특화 상품들을 디자인하고 만들어 발전시켰다. 사스월로 지역은 예부터 도기와 자기의 중심지였다. 20세기 초에는 농가 중심의 가내수공업 위주였으며, 이를 보여주는 사진도 있다. 전문화가 진행되면서 이 지역은 세라믹 공업의 중심지로 떠오르기 시작했고, 소규모 세라믹 업체들이 번성하면서 세계적인 품질의 타일을 생산하는 전문업체로 탈바꿈하였다. 카르피 마을은 양말과 니트웨어의 중심지가 되었다. 이는 이 지역 특산물인 직조 바구니에서 비롯된 것이다. 바구니 생산이 산업화됨에 따라 짚으로 바구니를 짜던 기계설비가 나중에는 의류를 직조하는 용도로 재설계되었다. 프라토의 소기업들은 원단을 디자인하고 제조하여 아르마니, 제냐, 프라다와 같은 고급 패션 브랜드에 납품한다. 아스콜리피체노를 둘러싼 지역에서는 이탈리아의 최고급 신발이 생산된다. 피아첸차는 단추로 유명해졌다. 파르마와 모데나는 이탈리아 특산식품 생산의 중심지로 널리 알려졌고 이곳에 식품 수출회사들도 자리를 잡았다.

이리하여 에밀리아로마냐 지역에 100개가 넘는 산업지구가 번성하게 되었다. 각 지구에서는 마을이나 지역을 중심으로 고도로 전문화된 기업들이 클러스터를 형성하여 개성 있는 제품을 생산해 이탈리아의 다른 주나 해외로 수출했다. 에밀리아로마냐는 이탈리아에서 수

출물량이 가장 많은 지역으로, 그 양이 이탈리아 전체 수출량의 13퍼센트에 이른다.[3] 산업지구 기업들의 규모는 직원 수가 5명에서 50명 사이로, 전통적으로 소규모였다. 생산하는 제품의 품질은 세계 최고였고, 전 세계 시장을 목표로 했다. 그렇다면 규모의 경제가 가져다주는 혜택도 없고, 세계에서의 치열한 경쟁, 시장 정보와 접근성, 자본, 조직화되지 못한 유통 등 여러 가지 면에서 한계가 있는데도 이와 같은 소기업들이 세계 시장에서 살아남을 뿐 아니라 번성할 수 있었던 이유는 무엇일까? 답은 협동이다.

산업지구에서의 생산 모델은, 경쟁관계를 유지하면서도 서로 협력하고자 하는 지역 기업가들의 의지가 그 밑바탕을 이루고 있다. 산업지구의 성패를 갈랐던 또 한 가지 요인은, 지방자치정부가 이 시스템의 강점과 약점을 잘 이해하여 주요 이해 당사자들과 긴밀한 협력관계를 이룸으로써 시스템이 내·외부의 위협에 적절히 대응하도록 하는 역할을 했던 것에 있다. 그리고 이런 전략의 핵심은 자치정부가 이 산업지구들이 자생적으로 발전한 경제 모델이라는 것을 이해했다는 데 있다. 에밀리아로마냐의 산업지구들은 정체되어 있지 않고 진화하며, 소속 기업들의 변화하는 욕구와 시장의 역동성, 통제할 수 없는 경제의 변화에 적응할 수 있는 능력을 갖추고 있다. 어떻게 이런 일이 가능했을까? 이 지역 고유의 사회 자본인, 협동의 문화 안에서도 생겨날 수 있는 이해관계의 충돌 또는 충돌을 유발할 수 있는 잠재요인을 기술적으로 잘 관리하는 능력과 정치적인 전망이 어우러진 결과라고 할 수 있다.

에밀리아로마냐의 경제가 발전하는 데에는 주 정부가 핵심적인 역할을 했다. 1975년 이탈리아가 도입한 주 정부 제도를 이야기하지 않고는 에밀리아로마냐의 독특한 경제형태를 이해할 수 없다고 할 수 있다. 주 정부 제도는 1946년의 공화국 헌법에도 이미 명시되어 있었다. 주 정부는 이탈리아어로 코무네Comune라고 하는 기초자치단체와 로마에 있는 연방정부의 중간 역할을 수행하도록 되어 있었다. 그러나 전쟁이 끝난 뒤 집권한 기독교민주당(이하 기민당) 정부는 주 정부 도입안에 반대했다. 주 정부 제도를 도입하면 좌파 정당에 주 정부 집권의 길을 터주게 되리라는 것이 이유였다. 이러한 우려는 합당한 것이라 할 수 있었다. 이른바 '레드벨트'라는 지역이 있는데, 이 지역에서는 기민당이 부패한 정치·경제 집단의 후견인으로 인식되었다. 기득권, 특히 기민당의 자금줄이던 대기업과 결탁했다는 것인데, 따라서 이 지역의 주 정부는 좌파가 집권할 가능성이 특히 컸다. 1976년 선거는 변화의 계기를 마련해주었다.

주 정부의 등장

1976년 선거 이전의 몇 년간은 종전 후 이탈리아 역사상 가장 격렬한 변화의 시기였다. 이탈리아 전역에서 노조의 지지를 받은 학생운동이 거리를 휩쓸었고, 일반 대중도 동조하는 분위기였다. 전례 없이 정치적 반대운동이 거세지고 지지율이 추락하는 상황에 맞닥뜨린 기민당은 1976년 연방선거 때 주 정부 체제를 도입하는 안에 동의했다. 이에 따라 이탈리아의 20개 주에서 연방정부 의원 선거와 동시에 주 정부 의원 선거를 실시하게 되었다. 역사적인 선거의 결과는 이탈리아의 권력 지형을 바꾸어놓았고, 에밀리아로마냐, 투스카니, 움브리아와 르 마르셰에서 좌파 정부가 들어섰다. 기초자치단체 선거에서는 이탈리아 주요 도시 전부에 좌파 정부가 들어섰는데, 이는 혁명적인 결과라는 이야기를 들었던 1919년의 선거 결과보다도 더 압도적인 승리였다. 에밀리아로마냐로서는 역사의 중대한 분기점이 된 선거였으며, 그 후로 공산당 또는 사민주의 계열 정당들의 연합정부가 계속 집권했다. 이탈리아 역사상 좌파 정당이 현실에서 경제, 사회 정책을 시행할 수 있는 권력을 손에 쥔 것은 처음이었다. 공산당이 주 정부의 정치 지형을 설계하고 조정자로서 역량을 발휘할 수 있게 된 에밀리아로마냐는 가장 두드러진 변화의 모습을 보여줄 수 있는 위치에 서게 되었다. 이후의 과정은 지역의 소기업 경제를 구축하는 데 있어 정부가 전략적 이해관계들을 분석, 활성화, 중재함으로써 촉매 역할을 하는 모범사례를 보여준다.

새로 집권한 주 정부의 첫 번째 과제는 주의 경제를 이해하는 것이었다. 강점과 약점을 분석하고 발전계획을 수립했는데, 그 일환으로 경제계획과 발전을 담당하는 전담기구인 에르벳Emilia Romagna valorizzazione economica territorio, ERVET(에밀리아로마냐 지역의 경제개발기구-옮긴이)을 설치했다. 에르벳은 이후에도 주 정부의 전략에 지속적으로 영향을 끼쳤다. 에르벳은 주 정부와 기업, 노동계, 학술기관 등 핵심 협력자들 간의 파트너십으로 자금조달과 의사결정이 이루어지는 민관협력 기관이었다. 에르벳은 주의 주요 경제부문을 세밀하게 파악하고, 해당 부문에 속한 기업들을 위해 각 기업 고유의 강점과 약점을 분석하는 서비스를 제공했다. 또 이와 별도로 지원센터를 설립하여 기업과 산업지구들을 위한 전략 자문을 하기도 했다. 각 지원센터가 제공한 지원은 세라믹, 농기계, 제화, 의류 등 각기 자신들이 담당한 분야의 필요에 바탕을 둔 것이었으나, 전반적인 공통점이 있었다. 개별 기업들의 생산력을 높이고 경쟁력을 확보하는 동시에 개별 기업과 산업지구의 연계가 강화되도록 함으로써 시스템 전체의 경쟁력을 높이는 것이었다. 이 지원센터들 중 일부(ASTER, Democentre)는 연구, 교육, 기술이전에만 집중하는 경우도 있었다. 여기서 중요한 것은, 이 지원센터들이 협동조합 모델로 설립되었다는 점이다. 지원센터의 재원은 에르벳의 기금과 회원사들의 회비로 이루어졌으며, 의사결정권은 지원을 받는 회원사들이 선출한 대표에게 있었다. 이렇게 해서 센터의 지원이 회원 기업들의 욕구에 실질적으로 부응할 수 있는 장치가 마련되었다.

에르벳의 프로그램과 지원, 그리고 각 지원센터들은 기업들 간, 그리고 산업지구 내의 협력관계를 강화시켜주었다. 상품개발이나 신기술개발을 위한 연구기금은 회원사 단독에게는 지원되지 않았고, 회원사들이 서로 협력하기로 하고 그룹 단위로 신청할 때만 사용할 수 있었다. 카르피 지역에 있는 지원센터인 CITER는 회원들을 위해 수천 개의 패션 디자인, 색 조합, 섬유 패턴들을 온라인 데이터베이스로 만들어 회원사들에게 제공했다. 덕분에 회원사들은 디자인 프로토타입을 개발하는 데 드는 시간을 획기적으로 줄일 수 있었다. 또한 세계 최고의 패션쇼에 에이전트들을 파견하여 일 년에 두 번 패션 트렌드

보고서를 만들어 카르피의 기업들이 유행 흐름에 맞는 신제품을 디자인하는 데 도움을 주었다. 이런 지원들은 해당 지역 단일 기업들의 역량을 훌쩍 뛰어넘는 것으로, 단독으로는 결코 할 수 없는 일들이었다. CITER의 도움에 힘입어 카르피 지역의 소기업들은 세계 시장에서 경쟁력을 갖출 수 있게 되었다. 에르벳과 지원센터들은 설립 후 20년간 이 지역에서 빠른 경제성장을 이끄는 제도적 뒷받침 역할을 했다.[4]

에르벳을 싱크탱크이자 진단과 처방을 제공하는 개발기구로서 활용한 것은 주 정부가 주 내의 다양한 이해관계를 아우르며 중재와 활성화 역할을 한 가장 좋은 사례라 할 수 있다. 협동조합 운동, 소공인 기업, 노조와 이탈리아공산당의 정치적 동맹이 이미 존재하고 있었던 점, 그리고 현장에서 광범위하게 협동경제가 돌아가고 있었다는 점 등은 완전히 새로운 형태의 협동경제를 키워낼 수 있는 좋은 환경이었다. 로마의 공산주의 지도자들과는 달리, (그리고 유럽 여타 지역과는 현격히 다르게) 에밀리아로마냐의 지도자들은 자본주의 기업이나 시장경제 체제를 에밀리아로마냐의 경제적 전망에 포함시킨다는 생각에 부정적이지 않았다. 협동조합 사례들은 에밀리아로마냐의 지도자들이 경제를 인간화하는 운동의 열쇠는 결국 시장의 힘을 활용하는 데 있다는 생각을 받아들이는 데 핵심역할을 했다. 게다가 이 지역의 공산당은, 마을 안팎에서 새로이 성장하고 있는 소기업들이 지역경제를 지탱했던 농업의 자리를 빠르게 대체하고 있다는 사실을 잘 이해하고 있었다. 그들은 지역의 계급구조 속에서, 공산당의 전통적인 지지 세력인 노동자계급보다 더 폭넓은 구성원들을 포용하는 전략을 취하고 있었다. 에밀리아로마냐의 협동조합 조합원들은 거의 공산당 당원이었다. 당원으로서 당 안에 들어와 있는 협동조합들의 영향을 받은 에밀리아로마냐의 공산당에 비해, 로마에 있는 이탈리아공산당 중앙당은 좀 더 국가주의적인 접근을 취했고 전통적인 의미의 공산주의에 더 가까웠다. 에밀리아로마냐 공산당원들의 정치적 그리고 개인적 경험은 협동조합 운동의 경험과 날실과 씨실처럼 얽혀 있었다. 로마의 중앙당이 협동조합을 소외시키는 좀 더 중앙집권적이고 국가주의적인 경제발전 전략을 받아들이도록 지역당에 압력을 넣자, 지역당은 반발했다. 만약 협동조합과 공산당 둘 중 하나를 포기하라고 한다면 당원증을 찢어버리겠다고[5] 할 정도로 국가 주도의 명령과 통제에 기댄 경제 모델은 외면당했다. 대신 협동조합이라는 구상과 체제를 소기업 자본주의와 혼합한 모델이 등장했다. 그 결과가 에밀리아 모델이다.

에밀리아 모델

에밀리아 모델을 한마디로 정의한다면, 최종 제품을 생산하는 데 수많은 소기업들의 협력이 필요한 협동 생산 시스템이다. 각각의 소기업들은 고도로 전문화되었으며, 수출 제품을 생산하는 네트워크, 대개 한 개가 아닌 여러 네트워크에 속해 있다. 개별 기업들이 상품가치사슬에서 서로 연결되는 현상을 필리에르filière라고 하는데, 이 용어는 기술적으로 연관성이 있는 활동들을 잇는 연결 필라멘트를 뜻한다.[6] 에밀리아 모델이 특유의 모습을 갖추기 전에도 이미 네트워크는 있었지만 그 형태는 조금 달랐다. 리더 기업이 중심에 있는 위성 시스템, 즉 리더 기업이 디자인과 특정 고객을 위한 생산공정을 조직하는 역할을 맡는 형태였다. 제품 생산을 위한 다양한 공정들은 생산공정 상의 특정 기능에 전문화된 위성 회사들에 외주 계약 형태로 분장되었다. 스웨터 생산 라인을 예로 들자면, 시장과 접점이 있는 회사, 즉 스웨터를 디자인하고 바이어와의 계약을 따낸 회사가 리더(중심) 회사가 된다. 실제 제품 생산공정의 구성요소들, 즉 방적용 실의 염색, 실 잣기, 천 짜기, 마감과 다림질, 품질관리, 포장 등의 일은 해당 네트워크에 참여하고 있는, 그 기능에 전문화된 기업들의 몫이 되는 것이다.

에밀리아 모델이 전개된 첫째 단계인 1970년대와 1980년대에는 어떤 제품을 생산하는 데 리더 역할을 했던 기업이 다른 제품 생산에서는 위성 역할을 할 수도 있었다. 개별 기업들이 각각 계약을 따내기 위해 노력했고 계약을 따면 다른 공급사들에게 생산공정을 외주했기 때문에 리더십은 늘 유동적이었다. 기업 하나가 있으면 보통 각기 다른 제품을 생산하는 여러 네트워크에서 동시에 활동하는 것이 일반적이었다. 협동의 문화가 고도로 발달해 있으면서도 경쟁 또한 대단히 치열했다. 같은 클러스터 안에 있는 기업 네트워크 간에도, 그리고 그 주에 있으면서 네트워크 소속이 아니지만 네트워크 가입을 원하는 기업들 간에도 경쟁이 치열했다.

협동과 경쟁

이는 협동과 경쟁의 가장 좋은 점들에 기반을 둔 시스템이었다. 소기업들은 협동을 한 덕분에 큰 계약을 따낼 수 있었고, 네트워크를 활용함으로써 대기업들에만 가능하다고 생각했던 규모의 경제를 이루어낼 수 있었다. 지리적으로 가까운 곳에 모여 있었기 때문에 기업들 간 비즈니스 관계와 인간관계는 서로 상승작용을 일으키며 강화되었다. 기업가들 중 상당수가 같이 자라서 같은 학교에 다닌 사이였다. 리더 기업의 임직원이 독립하여 위성기업을 차리는 경우도 많았다. 이런 일은 권장되는 분위기였다. 클러스터 모델에 체화된 협동적인 요소는 지역공동체 안에서 이미 맺고 있는 사회관계망의 연장선이었다. 기업들 간의 비즈니스 계약에 격식을 갖추지 않는 경우가 많았는데, 그럴 수 있었던 것은 계약에 앞서 이미 신뢰관계가 형성되어 있었기 때문이다. 복잡한 비즈니스 계약의 대부분이 악수 한 번으로 해결되었다. 기존에 협동과 신뢰의 틀이 매우 약한 환경에서는, 그 시스템이 어쨌든 돌아간다는 것을 전제로 할 때, 거래비용(거래가 이루어질 수 있게 하기 위한 환경을 조성하는 데 드는 비용-옮긴이)이 천문학적으로 증가한다. 하지만 에밀리아로마냐 시스템에서 거래비용은 아주 미미했다.

협동의 범위는 생산공정의 협동에만 그치는 것이 아니라 자본투자, 응용기술 연구, 상품개발, 시장정보의 취합, 수출지원 및 기술 이전 등 다양한 영역의 과제들을 해결하는 데까지 이르렀다. 자본투자의 경우, 기업들은 신용협동조합을 설립하여 필요를 해결했다. 이탈리어어로는 'consorzio'라고 하는 이 컨소시엄은 개별 조합원이 대출한 금액에 대해 공동으로 책임을 짐으로써 일종의 대출계와도 같은 역할을 했다. 이 흥미로운 모델의 원조는 중세 초기로까지 거슬러 올라간다. 외국에서 사업을 하는 상인은 동료 시민이 부도를 낼 처지가 되었을 때 공동 책임을 지는 전통이 있었다. 개별 회원들의 정직성이 그룹 전체에 영향을 미친다는 점을 잘 알고 있었기 때문에 상인 공동체 전체가 회원 개개인에 대한 연대 책임을 진 것이다.[7] 컨소시엄 형태의 대출은 이런 전통이 에밀리아로마냐 기업들의 신용 필요에 맞게 수정된 것으로, 대부분은 농민들에게 신용을 제공할 목적으로 설립된 협동조합 은행들에서 매우 낮은 금리로 제공되었다. 이런 대출 컨소시엄들은 큰 성공을 거두었고 부도 위험률도 매우 낮았다. 그래서 전국 단위 대형 은행들이 이 시장에 진출하기 위해 수년간 노력하였으나 결국 진입하지 못했다. 더 작은 지역은행들이 주의 자본 수요를 거의 모두 감당하고 있었다.

산업지구 내 경쟁은 시스템이 성공하는 데 협동과 거의 같은 정도로 기여했다. 경쟁자를 시장에서 몰아내는 것이 경쟁의 목표인 앵글로 아메리칸 자본주의 모델의 지위 경쟁과 달리, 에밀리아 산업지구 내 경쟁의 목표는 제품의 우수성과 기술적 성취였다. 이러한 경쟁 논리는 개별 기업 차원에서 재무성과를 향상시켰을 뿐 아니라, 생산 시스템으로서의 산업지구 단위, 그리고 주 전체의 경제성장에 동시에 기여했다. 이런 특유의 경쟁은 기업주가 생산공정에 직접 개입하는 소기업의 특성과 더불어 주의 장인문화에 깊이 뿌리내리고 있는 것이었다. 장인문화에 걸맞게, 제품의 품질과 기업의 기술이 성공의 기준일 뿐 아니라 생산 네트워크의 회원이 될 수 있는 자격이 주어지는 열쇠였다. 생산사슬에서 연결고리가 단 한 개만 끊어지더라도 시스템 전체가 영향을 받기 때문에 품질에 대한 명성, 신뢰성과 유연성은 클러스터 시스템에서 기업이 생존하려면 반드시 갖춰야 할 덕목이었다. 이 지역의 인건비가 세계 최고 수준인데도 최고의 브랜드들이 에밀리아로마냐의 기업들과 계속 거래하고 싶어 하는 이유는 이처럼 명성과 지속적인 혁신을 수행할 수 있는 역량이 보장되기 때문이다.

1970년대와 1980년대 처음 등장한 이래 이 시스템은 구조적으로 큰 변화를 겪었는데, 이는 정치 환경의 변화와 밀접한 연관이 있다. 이탈리아공산당이 예전과 달리 주도적 지위를 잃게 된 것이다. 따라서 좀 더 높은 차원의 발전을 이루기 위한 주 단위 발전계획에 대한 전망도 찾아보기 힘들게 되었고, 개별 기업들을 위한 경제적, 시스템적 지원과 사회적, 공동체적 결속 강화에도 별다른 역할을 하지 못했다. 그들을 대신해 기초자치단체들이 사회통합과 복지서비스 네트워크를 강화하여 대중교통, 체육관, 문화활동, 보건, 영유아 보육 및 저가주택 공급 등의 정책을 실행하며 그들의 계획을 뒷받침했다.

1980년대 후반과 1990년대 초, 이탈리아 정치체계가 대격변을 겪으면서 이탈리아공산당은 쇠락의 길로 접어들었고 에밀리아로마냐에서도 좌파는 사회주의적인 관점을 유지하지 못했다. 이탈리아공산당은 여러 개의 분파로 나뉘었으며 그중 가장 주요한 부분을 계승한 정당은 좌익민주당Democratic Party of the Left, PDS이었는데, 좌익민주당은 주의 큰 기업들의 이해에 부응하는 태도를 취했다. 좌익민주당의 성향은 좀 더 자유주의적으로, 그리고 사회민주주의의 흐름으로 바뀌었다.

정치적인 투쟁성도 많이 약해졌다. 에밀리아로마냐 주에서 당원 수는 반 토막 이하로 줄었으며(1989년 베를린 장벽 붕괴 전에는 373,437명이던 것이 2000년에는 162,861명으로), 지부의 수도 4분의 3이 줄었다.[8]

기업들은 이 기회를 재빨리 포착했다. 이탈리아의 보수적인 기업 이해관계자 조직인 콘핀두스트리아가 대기업을 대표하여 장기계획 및 주의 경제 시스템 발전에서의 정부 역할 축소를 중심으로 한 신자유주의 정책들을 밀어붙였다. 이때 가장 먼저 희생된 것이 에르벳과 지원센터들이었다. 그리고 이어서 특정 비즈니스 집단이나 개별 기업의 이익을 넘어 좀 더 광범위한 전략 목표를 추구했던 정부 주도 패션산업 정책도 폐기되었다. 에르벳은 종전의 부문별 그리고 지역별 전략 이슈들을 다루는 중간지원 조직과 협동의 촉매로서의 역할을 그만두고 대신 좀 더 상업적인 존재이유를 드러내기 위해 업무를 프로젝트 중심으로 개편했다. 또한 예산이 삭감되면서 예전과 같이 위험부담이 높은 새로운 영역에 도전하여 개척하는 일이 불가능해졌다. 과거에는 공공재로 여겨지던 정보공유와 시스템 구축 같은 일들은 새로운 신자유주의 세계관에 부응하는 소수 기업 이익의 볼모가 되었다. 이런 사태와 관련해 다음과 같은 논평도 있다.

생산과정에서 낭비를 최소화하는 린경영Lean Management을 추구하는 것이 전 세계적인 신자유주의 흐름이며, 이에 부응하여 고객이 원하는 프로젝트를 가장 적은 비용으로 수행한다는 가장 근시안적인 관점이 떠오르고 있었다. 이런 전문화 과정은 고객이 원하는 서비스를 제공하는 데 있어서의 효율 관점에서는 좀 더 효과적인 조직이 되고 있다는 착각을 줄 수 있다. 그러나 좀 더 넓은 시각에서 목표 지향적인 관점을 도입할 필요가 있다. '군살빼기' 방식의 사고방식은 전략 관련 역량, 새로운 길을 개척하고 목표를 설정하는 정책수립 능력을 퇴화시킬 우려가 있다.[9]

이처럼 주의 정치 성향이 바뀜에 따라 이해관계를 중재하는 시스템도 바뀌어야 했다. 새로 구성된 여당은 기업이 주도하는 북유럽식 거버넌스 시스템을 받아들였다. 기업들의 연합은 좀 더 노골적으로 정치 성향을 드러내는 데 그치지 않고, 점차 단순한 산업 대표체를 넘어 스스로 서비스 공급자가 됨으로써 에르벳과 지원센터들의 역할을 대신했다. 신제품이나 품질기준, 인증 프로세스 등의 정보들을 기업에 제공하거나 시장 변화에 따른 기업구조 개선, 유럽연합이나 이탈리아 정부가 운영하는 특수목적 연구기금에 유치를 돕는 등의 목적을 지닌 서비스가 그에 해당한다. 이런 변화의 결과로, 지방정부들은 점차 경제정책을 수립 및 실행하는 데 있어서 주도권을 잃었고 기업들의 연합이 경제정책을 좌지우지하게 되었다.

1998년에 연방법안이 통과됨에 따라, 1999년 에밀리아로마냐는 주 행정과 재정운영의 권한을 위임받은 첫 번째 주가 되었다.[10] 주 발전 3개년 계획[RTYP]이라고 하는 3년에 걸친 경제계획은 새로 부여받은 권한을 이용하여 새로운 신자유주의 체제에 걸맞는 경제발전의 새로운 방향을 수립했다. 결과는 예측 가능했다.

1993년 에르벳의 방향 전환과 함께 대부분의 지원센터들은 완전 폐쇄되거나 민영화되었다. 이것은 민간에서 시장 서비스를 제공하고 있거나 제공하고 싶어 한다면, 정부는 해당 서비스에 관여하지 말아야 한다는 신자유주의적인 관점에 따른 것이었다.[11] 3개년 계획 실행에 대한 1년차 보고서에 따르면, 주의 경제발전과 관련된 항목으로 분류된 공적자금 대부분이 다수의 기업이나 산업지구 전체에 혜택을 줄 수 있는 좀 더 광범위한 차원에서 운용되지 않고, 개별 기업들로 흘러들어갔다.[12] 이는 전체 예산의 80퍼센트에 이르는 막대한 금액이다.(92,800,000유로 중 73,840,000유로)

알베르토 리날디의 인지분석 연구에 따르면, 주 정부의 산업정책 변화는 매우 명확했다. 주 자원의 65퍼센트가 개별 기업에게로 갔으며, 지역 생산 시스템의 '통합자' 역할을 하는 주체들, 즉 컨소시엄, 기업 연합, 상공회의소, 지방정부와 연구소, 또는 지역 전반을 위한 프로그램들에는 소액의 예산만이 배정되었다. 에르벳의 진짜 지원센터들에는 거의 배정되지 않았다.

협동의 가치와 기민한 시장 중심 정책을 결합하는 역동적이고 혁신적인 접근방식을 취했던 에밀리아로마냐와 같은 주 정부조차도 1990년대 신자유주의 사상의 회오리에 말려들어간 것은 매우 참담한 일이다. 어떻게 이런 일들이 가능했는지에 대해 좀 더 상세한 연구가 이루어진다면, 정점에 오른 자유시장 시대에 정치 이데올로기가 사회, 경제, 정치 현실에 어떤 영향을 미치는지 많은 부분을 밝혀낼 수 있을 것이라 생각된다. 그럼에도 이런 변화가 에밀리아로마냐 정치와 경제의 미래에 어떤 의미를 지니는지에 대해서는 아직 두고 볼 여지가 있다. 신자유주의의 위세가 최고조에 이른 1990년대와는 다른 오늘날의 경제와 정치 환경에서, 정치 지도자들이 에밀리아로마냐의 팔목할 만한 과거의 성취를 기억하고 공동체 감수성을 회복할 수 있을 지는 두고 볼 일이다.

이런 변화들이 있었지만, 산업지구와 구성 기업들의 실제 활동에서는 협동이 이기는 전략이라는 생각이 여전히 살아 있고, 어떤 면에서는 더 강해진 것으로 보인다. 기업들의 클러스터가 생산 시스템을 공유한다는 근본 특성은 지속되고 있다. 다만 내부구조에는 변화가 있었는데, 이는 정부정책에 따른 것이라기보다는 경쟁 논리에 따른 것이었다. 다시 말해 변화하는 세계 시장과 진화하는 수요에 따른 것이라 할 수 있다.

이제 리더 기업은 많은 산업지구들에서 강한 지배력을 갖게 되었다. 대형화되고, 디자인과 물류 전문성도 강화되고, 생산공정에 직접 투자를 함으로써 굳건한 리더십의 지위를 확보하게 되었다. 또한 제품 연구와 개발에서 중심 역할을 하게 되었다. 전 세계에 걸쳐 거래처를 확보하고 변화하는 시장에서 일정한 지위를 유지하고 있기에, 지역의 네트워크에 필요한 지식을 전달하는 역할을 하고 있다. 소기업들의 네트워크로서 시장과 고객들의 변화하는 요구에 수동적으로 대응하던 과거와 달리, 리더 기업과 네트워크 안의 파트너들은 축적된 지식을 바탕으로 변화를 예견하고 경제 환경의 틀을 세워나갈 수 있는 역량을 확보했다. 이는 전문성과 역량 면에서 현대적 산업지구들이 이룬 괄목할 만한 진화라 할 수 있다.

네트워크 간의 상호교류 측면에서도 시스템의 진화가 일어났다. 생산요소들을 서로 결합하기 위해 주 내 서로 다른 산업지구들 간의 협업이 이루어지는 경우도 흔했다. 점점 심해져가는 세계화의 강력한 흐름에 산업 네트워크들이 적응하지 못하는 것은 아닐까 하는 불안은 아직까지는 현실화되지 않았다. 일부 산업지구들에서 많은 소기업들, 그중에서도 특히 저가의 경쟁제품들에 밀린 소기업들이 많이 사라지기는 했지만, 다시 새로운 소기업들이 빈자리를 채웠다. 그리고 구매자나 리더 기업들이 저임금 지역, 특히 동구권 같은 지역으로 외주를 옮긴 경우, 에밀리아로마냐 주로 일감이 다시 돌아오는 경우도 있었다. 숙련된 기술과 혁신, 기업들이 서로 협력할 수 있는 역량과 문제해결 능력, 그리고 무엇보다도 산업지구 시스템을 효과적으로 만드는데 결정적인 역할을 한 공동체적 그리고 전문적 연결망은 저임금이라는 조건으로 한순간에 대체할 수 있는 것이 아니었다. 그리고 무엇보다도 생산 네트워크에 속한 기업들이 지식을 공유하고 혁신하고 리더 기업과 함께 문제를 인식하고 해결하는 과정에 적극 참여해야 한다는 인식이 협동적인 관계에 대한 신뢰를 높이는 데 기여했다.

그러나 산업지구 소기업들의 협동경제 유지를 어렵게 하는 요소는 여전히 남아 있다. 기업의 승계는 고질적인 문제다. 많은 소기업들이 여전히 가족 소유 기업이며 자녀들이 자신들이 원하는 다른 인생 목표를 추구함에 따라 과거처럼 자연스럽게 가업이 승계되는 관습이 무너지고 있다. 이런 기업들이 설립되었던 1950년대나 1960년대에는 적절했을 예전의 관리 스타일은 변화하는 기대 수준, 다양한 출신의 노동력, 기술 변화와 세계 시장 등 복잡해진 사업을 관리하는 데 한계를 드러내고 있다. 마지막으로 제품 혁신과 연구 및 기술개발은 소기업들에게는 지속적인 어려움이 되고 있다. 그럼에도 대학들과 산업지구의 산학협력을 통해 이런 문제를 해결하고자 한 주 정부의 노력은 빛을 보고 있다. 지난 5년간 에밀리아로마냐는 이탈리아에서 연구개발 시설을 가장 많이 사용했으며, 등록된 특허 건수에서 전국 선두를 달리고 있다.[13] 에밀리아로마냐 주에 있는 소기업의 생존율은 이탈리아 전역에서 가장 높다.[14] 세계화가 심화되고 여전히 진행 중인 경제 위기로 어려움을 겪는 곳이 많은 가운데 사회적, 기업적, 제도적 협동이 에밀리아로마냐 산업의 튼튼한 기반을 이루고 있다는 점이 이런 높은 생존율을 이루게 된 핵심이라는 사실은 의문의 여지가 없다.

여러 가지 측면에서, 에밀리아 모델은 자본주의가 사회화되는 현상을 대표한다. 어떤 형태의 자본주의든 자본주의 시스템에 내재되어 있는 실질적인 문제들을 감추기 위해서 이런 표현을 사용하는 것은 아니다. 소기업에서도 착취의 문제는 있다. 많은 소기업들이 대기업에 적용되는 단체협상에서 제외된 노동자들이나 확대가족 구성원의 장시간 저임금 노동에 의존했다. 또 자본주의가 끝없는 소비에 의존하는 시스템으로 남아 있는 한 어떤 형태의 생산 시스템도 더 많이 생산하고자 하는 병적인 강박으로 환경을 파괴하는 지경에 이르는 뿌리 깊은 모순을 극복할 수 없다. 자본주의의 틀 안에 있는 한 아무리 수준 높은 협동도 이 문제를 해결할 수는 없다. 협동이 할 수 있는 것은 자본주의 경제를 좀 더 인간적으로 만드는 것이다. 협동은 지역공동체에 뿌리를 둔 작은 기업들의 경제를 강화하고 존속시킬 수 있으며 또한 세계 시장에서도 살아남게 할 수 있다. 협동은 대규모 생산과 저비용 생산지를 찾아 이동하는 유목적 생산이 환경과 공동체와 일의 덕성에 미치는 파괴적 효과를 조금이나마 완화시킬 수 있다. 협동은 일에 숙련기술이 필요 없어짐에 따라 나타나는 탈지역, 비인간화 현상에 대항하여 실질적인 대안을 내올 수 있다. 또한 목표의식의 공유, 경쟁자를 포함해 모든 기업이 다 잘되어야 한다는 생각, 그리고 한 기업의 성공이 다른 모든 기업의 성공과 연결되어 있다는 깨달음을 얻는 데 기여할 수 있다. 한 기업의 성공은 반드시 다른 기업의 실패를 의미하지 않아도 된다.

협동조합 경제가 절대적인 규모 면에서는 자본주의 시스템에 비해 작기는 하지만, 전체 시스템에 미치는 영향은 결코 작지 않았다. 에밀리아로마냐에서 소기업 경제의 성공은 협동조합 시스템에서는 자연스러운 특성인 상호부조 방식이 기반이 된 것이다. 협동조합 시스템과 비협동조합 시스템이 상호작용을 함으로써 각각의 강점을 서로에게 전하고 영향을 미칠 수 있었다. 협동의 방식이 산업 네트워크 속에서 소규모 자본주의 기업들이 세계화 시대에 살아남을 수 있도록 했다면, 자본주의 기업들의 기업가적인 추진력과 혁신은 협동조합들이 성장하고 경쟁력을 갖추게 하는 자극으로 작용했다.

따지고 보면 이 어려운 시대에 에밀리아 모델이 앞으로 성공할 수 있을지 여부는 권력을 잡고 있는 정당의 정책방향이나 정치적 지향에 달려 있지 않을 것이다. 그 성공을 궁극적으로 좌우하는 요소는 현대 에밀리아로마냐 경제 모델의 기틀이 다져진 지난 50년 동안 성장해온, 공통의 이익에 대한 인식 및 상호부조의 문화가 지닌 내구성과 회복력이다. 에밀리아 모델의 규범적 가치인 협동적 기업가정신은 에밀리아로마냐 주가 경제적으로나 삶의 질 면에서 모두 이탈리아, 나아가 전 유럽에서 상위권에 자리 잡을 수 있도록 한 경제·사회적 패러다임의 기초를 닦았다. 에밀리아로마냐의 이런 접근방식이 지닌 회복력과 존속의 가치에 대한 최종 판단은 이 글을 쓰는 지금 이 시점에도 완료된 것은 아니라 할 수 있다. 세계적인 경제 불황은 여러 경제 모델의 진정한 생존능력을 가늠하는 시험대가 되고 있다. 협동의 실천을 통한 경제·사회적 목표의 결합이 소기업 지역경제의 구명보트가 될 수 있을지는 시간이 말해줄 것이다.

05

사회적협동조합과
사회복지

캐나다 브리티시컬럼비아 주의 작은 마을 '트레일'에서 있었던 일이다. 올해로 91세인 애니 알보는 쿠트니 바운더리 지역의 공립병원에서 울혈성 심부전증으로 죽음을 바라보고 있었다. 96세인 그녀의 남편 알도 같은 병원에 있었는데, 그 역시도 아내의 병간호를 하느라 불안과 피로에 시달린 끝에 병을 얻어 몹시 쇠약해져 있었다. 이 둘이 결혼한 지도 70년째였다.

어느 날 병원에서 애니에게 남편의 병실에 들어가 작별인사를 하라고 했다. 100마일 떨어진 그랜드 폭스 요양원으로 이송하게 되었다면서. 병실에 들어갈 때 병원 직원들이 이미 그녀를 환자 이송용 들것에 결박한 상태였기 때문에 이송 직전 마지막 몇 분 사이에 남편을 안

아볼 수도 없었다. 그 상태로 서로 작별인사를 해야 했다. 애니는 남편과 격리당한 지 이틀 뒤인 2008년 2월 19일에 홀로 사망했고, 알도 13일 뒤에 사망했다.

신문에서 이 이야기를 본 주민들은 분노했다. 사람들은 신문 편집장에게 격렬한 어조의 편지를 보냈고, 텔레비전 방송에서는 비판적 보도가 끊이지 않았으며, 브리티시컬럼비아 주 의사당에서 항의시위까지 벌어졌다. 그러자 결국 보건부 장관은 사과하면서 어떻게 그런 무자비한 결정이 내려질 수 있었는지 경위를 조사하겠다고 약속했다. 해당 병원에서 근무하던 간호사들은 공개조사를 요청하는 탄원서를 올렸다. 해당 병원에서 간호사로 근무했던 마거릿 켐프스톤은 애니와 알에 대한 처우가 "끔찍하고 혐오스러웠다"고 말했다. 그리고 배우자를 떼어놓는 일이 "항상 일어난다"고 덧붙였다. 정부 조사 결과 마지막 경위가 알려졌다. 애니를 남편에게서 억지로 격리했을 때 사실 트레일에는 사용할 수 있는 말기 환자용 침대가 남아 있었다. 게다가 가족들이 심하게 반대를 했는데도 병원에서 애니를 내보낸 것이다. 해당 결정을 내린 정황을 조사하는 과정에서, 지역 보건당국의 고위 간부는 어떤 질문에도 대답을 하지 않았고, 정당한 절차에 따라 이루어진 일이라고 단호하게 얘기했다. 결국 아무도 죄가 없었고, 아무도 책임지지 않았으며, 그 누구도 처벌받지 않았다. 변한 것은 아무것도 없었다.

이 가슴 아픈 이야기는 고장 난 시스템이 불러온 비극과 겪지 않아도 될 고통을 여실히 보여주는 사례라 할 수 있다. 애니 부부와 비슷한 정신적 고통과 모욕을 겪은 노인과 가족들의 이야기는 수없이 많다. 이런 일은 캐나다와 미국, 그리고 관료주의 시스템이 환자가 아닌 의료기관의 이익을 우선시하고 환자들에게 시스템을 변화시킬 힘이 없는 모든 곳에서 일어나고 있다. 주민들은 애니와 알의 이야기를 자기가 겪은 일처럼 고통스러워했다. 불행을 겪은 부부에 대한 공감과 동정심만으로는 사람들이 분노에 휩싸인 이유를 설명할 수 없었다. 그들이 그렇게 분노한 것은 '나도 같은 일을 겪을 수 있지 않을까?'라는 가능성을 배제할 수 없었기 때문이다.

노인을 방치하거나 학대한 이야기는 오랜 동안 캐나다의 신문 머리기사와 TV 뉴스의 단골 소재였다. 이런 얘기는 우울하지만 너무 익숙한 이야기들이고, 30년 전과 마찬가지로 오늘날에도 여전히 충격적이다. 수백만 명의 노인들이 가정이나 지역사회, 정부로부터 지원을 거의 받지 못한 채 하루하루 노쇠해가는 자신을 감당하느라 날마다 불안에 시달리며 묵묵히 힘든 하루를 이어가고 있지만 별 관심을 받지 못하고 있다. 이러한 고립, 학대, 방치에 대한 두려움은 장애인이든 소외계층이든 약자라면 누구나 겪고 있는 문제다. 그 두려움에는 이유가 있다. 사회복지체계는 지난 20년 동안 계속 무너져왔다. 국가경제에 먹구름처럼 내려앉은 2009년의 경제위기는 이와 같은 걱정을 더 심화시키기만 했다.

개발도상국의 상황은 정말 훨씬 더 심각하다. 사회정책은 경제발전과 산업발전에 밀려 국가정책 우선순위에서 가장 뒤로 밀리고 있다. 1980년대와 1990년대에 경제발전 명목으로 국제통화기금과 세계은행에서 자금 지원을 받아 진행된 '구조조정' 프로그램들은 가뜩이나 부정부패로 인해 취약했던 사회복지서비스가 가장 기초적인 수준을 벗어나지 못하는, 또는 완전히 붕괴되는 원인을 제공했다. 자금 지원을 받기 위한 조건으로 정부는 공공지출을 줄여야 했고, 이때 사회복지는 항상 첫 번째로 삭감되는 분야였다. 경제발전과 산업성장을 위한 막대한 재정 지출은 단기적인 이익 창출 관점으로 정당화된 반면, 의료서비스나 교육 확대, 빈곤 퇴치에는 예산이 책정되지 않았다.[1]

많은 개발도상국에게는 산업화된 북반구 국가들이 가지고 있는 체계적인 정치 토대와 시민사회 등 시스템 개혁에 꼭 필요한 메커니즘이 없다. 그렇기 때문에 이 국가들의 사회정책은 뿌리 깊은 부패와 무능으로 점철되어 있고 이는 개발도상국 국가 시스템의 고질적 특징으로 여겨지곤 한다.[2] 가난한 국가의 사회복지 부재를 방치하는 것은 깊게 벤 상처를 그대로 벌려두는 것과 같다. 이런 상황이 지속되는 것은 세계 빈곤 완화를 지원한답시고 설립된 국제통화기금이나 세계은행과 같은 조직들에 큰 책임이 있다.[3]

한편 산업화된 선진국들이 지난 100년에 걸쳐 이룩한 사회복지체계 또한 최근 30년 동안 많이 무너졌다. 정부의 긴축정책과 무관심, 그리고 공공서비스에 자유시장 논리가 도입되면서 빚어진 결과다. 이들의 사회복지체계는 복합적으로 얽혀 있는 공적 안전망을 제공한다. 공적인 안전망은 보편적인 의료서비스를 비롯해 실업보험 및 장애인을 위한 서비스 등으로 구성되어 있으며, 이런 시스템들은 자본주의가 휴먼서비스human services(사람들이 자아실현과 삶의 질을 이룰 수 있도록 하는 서비스. 종종 사회복지서비스를 대체하는 용어로 사회복지학과 교육학, 행정부문에서 사용한다. 사회복지와 비슷하지만 사람들의 발전과 삶의 질을 강조할 때 사회복지라는 말 대신 사용하기도 한다.-옮긴이)를 제대로 제공하지 못하는 고질적인 시장실패에 대한 처방으로 꼭 필요하다. 이 장에서는 넓게는 시민사회가, 좁게는 협동조합이 자유시장 논리에 어떻게 대응하는지를 중점적으로 살필 것이다.

역사적으로 볼 때, 자본주의가 발전한 사회에서 사회복지가 주목받은 것은 민주주의의 발전과 관계가 깊다. 그리고 민주주의는 노동계급의 조직화가 이루어진 뒤에야 발전할 수 있었다.[4] 어찌 보면 당연한 일이다. 서구사회에서 민주주의를 이룩하기 위한 투쟁은 주로 엘리트들의 특권이었던 경제적 안정과 풍요를 다수에게 배분하는 정치체제를 수립하기 위한 것이었고 이는 정치권력의 분배를 통해서만 가능하다. 그러므로 공적인 수단을 통해 경제적 안정을 광범위하게 보장해주는 사회복지는 민주주의의 중요한 구성요소다. 나는 여기서 사회복지의 인간적, 사회적인 차원을 보장하는 데에 민주주의가 얼마나 중요한지에 대해 강조하고 싶다. 2차 세계대전이 끝난 직후 광범위한 사회개혁이 실행된 이래, 사회복지의 특징(본질, 운영방식, 혜택의 배분방식)은 거의 변하지 않았다. 이 시기에 각국은 사회보장, 건강보험, 가족수당, 공공복지를 아우르는 보편적인 체계를 마련했다.[5] 그러나 사회복지체계의 본질과 범위는 나라마다 달랐고, 그중에서도 특히 북유럽과 미국은 차이가 두드러졌다. 하지만 공통점도 있었다. 사회복지체계의 핵심적인 기본 기능이 같았고, 사회복지 제공자로서 정부의 역할이 특히 중요했다. 이후로 유럽과 북아메리카의 거의 모든 국가들이 재분배 문제에 집중하여 사회정책을 개혁하였으며, 수혜계층은 점차 확대되어가는 추세를 보였다.[6] 이러한 복지서비스들을 전달하는 방식은 정부와 시민 사이에 맺는 관계의 근본 특성을 보여주는데, 1980년대에 자유시장 논리가 공공정책에 반영되기 전까지 전달방식에는 큰 변화가 없었다. 1980년대까지 공적자금으로 운영되는 사회 프로그램들은 정부에 집중화된 관료제를 통해 거의 독점적으로 사람들에게 전달되었다.

이런 식의 방대한 전달체계는 전례 없이 많은 사람들에게 혜택을 주는 데 성공했다. 대부분 사람들의 삶의 질은 과거 어느 시기보다도 향상되었다. 복지체계를 운영하기 위해서는 집중화된 관료제가 반드시 필요하다고 여겨졌고, 널리 보급하기 위해서 규정, 서비스의 표준화, 공평한 접근성이 필요했다. 그러나 관료제의 윤리적 토대는, 국가는 국민을 돌봐야 할 사회적 책임이 있다는 자선의 관점이었다. 그런데 이는 국가가 제공하고 국민이 받는다는 점에서 매우 가부장적이었다. 국민에게서 권력을 빼앗고 국민을 결국 하찮게 만드는 것이 이 구제 시스템의 핵심 특징이다. 이 특징은 아이러니하게도 마거릿 대처가 공공서비스에 자유시장 논리를 도입하면서 정부가 사회복지서비스를 독점하고 있는 현실에 의문을 갖게 된 1980년대까지도 변하지 않았다.

자유시장 논리를 수용하면서 정부가 국민을 바라보는 관점에 변화가 생겼다. 사회복지에 있어 국민은 국가에 의존하는 힘없는 존재라는 몇 백 년 된 생각의 틀이 깨진 것이다. 국민들은 세금을 내 공공서비스 비용을 충당하는 데 이바지했는데도, 공공서비스를 이용할 때 자신들이 나약한 존재라는 느낌을 받을 수밖에 없었다. 심하게는 사회적 낙인으로 말미암아 모욕감을 느끼는 경우도 생겼다. 빈민과 사회적 약자에게서 자주권과 사회 정체성을 빼앗던 과거의 구빈법과 비숫한 모델이었다. 산업화 초기에 공리주의와 자유시장 이념의 도입이 상업경제와 사회 간의 관계를 와해시켰던 것처럼, 이 시기 자유시장 이념을 공공서비스에 적용한 결정들은 공공경제 영역에서 복지가 갖는 사회적 함의를 위협했다.

사회복지는 상품화되고 있다. 산업혁명으로 인한 공동체 파괴 경향은 적어도 이론적으로는 시장경제 안으로 억제되고 있었으나, 이제는 과거 정부의 전유물이었던 공공 시스템에까지 깊이 스며들었다. 20세기 후반에 기업들이 공공부문을 잠식해 들어가는 모습은 18세기에 공유지에 울타리를 치던 인클로저 운동과 흡사하다. 이에 불편한 질문들이 떠오른다. 시민사회는 정부가 방치하고 자본에 예속되어버린 공공 시스템이 본래의 사회성과 공동체성을 회복하도록 되돌릴 수 있을까? 정부가 자유시장 논리와 자본이 지닌 영향력을 매우 중요하게 생각하고 있는 이 시대에, 우리는 공공복지를 정부에게 믿고 맡겨도 될까? 아니라면 대안은 무엇일까? 그리고 끝으로 사회복지서비스는 다시 사람을 위한 것으로 탈바꿈할 수 있을까?

대부분의 서구 산업선진국들의 경우와 마찬가지로, 캐나다에서 벌어진 정부의 역할 변화와 관련된 대부분의 논쟁에서 핵심은 공공서비스 제공자로서 정부의 역할을 축소하는 것이었다. 캐나다 정부가 공공서비스 제공자 역할에서 후퇴한 주요 이유는 1980년대와 1990년대에 걸친 재정 적자와 민간부문이 공공부문보다 효율적이라는 주장 때문이었다. 하지만 기존의 전달방식에 대한 대중들의 불만도 사회정책과 사회복지 전달방식 변화의 주요 요인이었다. 사람들은 정부 관료제가 보이는 가부장주의, 경직성, 비인간적인 모습에 신물이 났다. 도입부에서 소개한 애니와 알의 이야기도 굉장히 많은 사람들이 익히 알고 있는 현실을 반영하는 이야기일 뿐이다. 공공부문에서 적자가 빠르게 늘어난 것과 함께 관료적인 서비스에 대한 불만 또한 공공서비스 개편을 위한 토론의 장이 무르익는 데 중요한 역할을 했다.

보편적인 사회적 돌봄이 서유럽과 북유럽, 그리고 북아메리카에 처음 도입된 20세기 초반의 사회, 문화, 경제 환경은 그 이후 자본주의가 가져다준 전례 없는 물질적 풍요로움을 누리는 상황과는 많이 달랐다. 1900년대 대부분의 기간에 서구사회의 많은 사람들은 총체적 난국까지는 아니더라도 사고와 질병으로부터 자유롭지 않았다. 많은 계층의 사람들에게 기초적인 복지서비스를 제공하기 위해 기본적 사회보험서비스, 의료서비스, 산업재해보상보험과 같은 프로그램들이 설계되었다. 이 시기에는 기계적 산업 패러다임이 주를 이루었고, 이 시기에 이루어진 생산자동화 덕분에 이후에 서비스 기반 소비사회를 맞이하게 되었다.

탈희소성 사회가 되면서 사람들의 생각과 행동도 변화에 맞춰 바뀌었다. 그중 사회적으로는 개인화가 점점 더 빠르게 진행된 점을 대표로 꼽을 수 있다. 시장주의가 확산됨에 따라 무엇을 사는가 하는 구매행동으로 개인의 정체성을 규정하는 이상한 세태가 널리 퍼졌다. 자유시장의 끊임없는 메시지에 힘입어 시장에서의 선택 폭이 개인의 자유를 가늠하는 잣대가 되고 소비문화의 상징이 되었다. 대량생산 산업사회에서는 기초 의료서비스와 보편적인 사회보험이 필수 서비스에 접근할 수 없는 계층의 많은 사람들을 대상으로 이루어졌고,

사람들의 사회적 욕구는 일반화되었다. 이와 대조적으로, 탈희소성의 시대에는 사회적 욕구가 개인의 무한한 소비에 대한 환상과 결합되어 개인화되고 구체화되었으며, 계층이 아닌 개개인의 다양한 욕구와 선호를 반영했다. 물질이 넘쳐났기 때문에 사람들은 이제 사회적 재화와 서비스도 대중으로서가 아닌 한 개인으로서 맞춤형으로 제공받기를 기대하였다. 기존의 사회복지가 맞춤형 서비스를 제공하는 데 연이어 실패했다는 점은 넓게는 시민사회에 좁게는 협동조합에 다가올 미래를 새롭게 그려볼 수 있는 단서를 제공한다.

개인의 선호와 상관없이 모두에게 적용되는 표준화된 복지체계는 이제 시대착오적 발상으로 여겨지고 있다. 보편주의에 반대하는 주장은, 아직도 많은 사람들이 가난에 허덕이거나 사회적 지원으로 겨우 연명하는 비참한 상황에 처해 있는데도 이제 기본적 욕구는 충족되었다고 하는 근거 없는 생각에서 비롯된 것이기는 하다.[7] 하지만 한편으로는 이것이 소비자시대를 규정하는 일반적인 관점이 되었다.(또는 적어도 다른 대안에 지불할 돈이 있고 줄서서 기다리기 싫어하는 사회집단의 특성이라 해야 할지도 모르겠다.) 이런 관점은 개인의 선호가 반영될 수 있는 공공서비스에 특히 잘 들어맞는다. 의료서비스의 경우 비용을 더 많이 지불하여 더 좋은 서비스를 받도록 할 수 있다. 또한 가정간호, 장애인 서비스, 공공교육과 같은 분야에도 적용할 수 있다. 변화하는 국민의 기대에 정부가 대응할 능력이나 의지가 없다는 점과 더불어, 사회 인식의 변화도 사회복지가 상업화되는 길을 열어준 주요 요소였다. 사회복지 시장은 계속 성장하고 있다. 보편적인 공공복지를 주장하는 세력들이 이 변화를 알아차리지 못하고 변화의 의미와 시사점을 인식하지 못한 것, 더 나은 해결책을 제시하는 데 실패한 것이 또 다른 요소였다.

결국 서로 닮은 두 가지 운동이 일어났다. 한편에서는 자유시장 논리의 연속인 다원주의적 민간 복지 모델을 주장하고, 다른 한편에서는 반대로 비상업적인 사회적경제 차원의 해결책을 주장하고 있다. 복지 전달방식에 대해서는 양쪽 모두 더 다원화하고 개인의 선택권을 확대할 것을 요구하고 있다. 하지만 그것이 어떤 방법으로 이루어져야 하는지에 대해서는 양측 입장이 완전히 다르며, 이는 사회복지서비스의 개념에 대한 인식이 크게 다른 데서 비롯된다.

사회복지서비스를 민영화하는 방식은 과거에 자유시장을 주장하던 사람들이 취했던 방식과 비슷하다. 반면, 돌봄의 사회화는 그리 잘 알려져 있지 않고 관련 사례도 적다. 수익성이 낮다는 점은 지금까지 관심을 별로 받지 못한 이유를 잘 보여준다. 지금까지 관심을 별로 받지 못한 또 다른 이유는 공공서비스의 민영화를 지지하는 싱크탱크와 민영화 옹호자들이 20년 동안 가능한 한 모든 미디어 채널과 아카데미를 통해 정부 및 공공서비스의 역할에 의문을 제기하는 캠페인을 끊임없이 펼쳐왔기 때문이다. 그동안 민영화에 대한 요구는 (특히 의료서비스 부문에서) 끊임없이 제기되어왔다. 공공서비스가 민영화되면 수익을 얻을 수 있는 기회가 굉장히 많기 때문이다. 민영화에 대한 요구가 이어지고 서비스 맞춤화에 대한 요구가 계속 늘어났지만, 대중은 보편적 복지체계의 민영화를 강하게 반대해왔다. 대중이 반대하는데도 민영화 추세가 확대되는 가운데 시민사회가 공공복지와 사회적 돌봄 영역에서 할 수 있는 역할에 대한 관심이 늘어나고 있다.

사회적협동조합을 비롯한 여러 형태의 사회적기업들이 관심을 끈 것은 복지체계 민영화 주장을 무색하게 하는 사례들이 생겨나 민영화가 설득력을 잃었기 때문이다. 예를 들어 캐나다에서는 가정간호나 장기요양과 같은 민영화된 영역에서 나타난 실패 사례가 1990년대 내내 널리 보고되었다. 현재 자유시장 경제 모델의 위기 또한 자유시장 논리를 공공부문으로 확대해야 한다는 주장의 힘을 약화시켰다.(한 예로, 최근 일어나는 금융시장과 주식시장의 붕괴를 보면 과연 얼마나 많은 사람들이 사회보장체계를 민영화해야 한다는 주장에 귀를 기울이겠는가?)

사회적 돌봄을 위한 새로운 혼합 형태인 사회적기업의 등장은 점점 더 많은 관심을 받고 있다. 협동조합 부문에서 사회적협동조합의 등장은 지난 30년간 이루어진 활동 가운데 가장 주목할 만한 변화다. 사회적협동조합은 조합원들만이 아닌 지역사회 전체에 사회적 돌봄을 제공하는 것을 1차 목표로 하는 협동조합이다. 그들의 주요 활동은 소외된 사람들과 사회에서 가장 약자인 집단을 위한 서비스에 집중되어 있다. 이런 발전은 시장에 대한 태도와 정부 및 민간부문의 역할이 변했음을 의미한다. 민영화는 사회적 돌봄을 개혁하기 위해 시장에서 선택할 수 있는 유일한 방법이 아니다. 변화하는 시대에 어떻게 부합해야 하는지에 대한 시민사회의 구상을 반영한 사회적 대안이 있다.

시민사회와 사회적경제

'시민사회'란 용어는 이제 정치 담론에서 일반적인 용어가 되었다. 정확히 말하자면 다시 도입된 것이다. 시민사회는 고대 그리스의 정치학 및 윤리학과 이 개념이 처음 도입된 민주주의 사회에 뿌리를 둔 굉장히 오래된 개념이다. 그리스 철학에서 중요한 부분인 도덕적 삶에 대한 강조는 언제나 시민 의무의 개념 및 정의사회의 추구와 깊은 관련이 있었다.[8]

플라톤은 사람들이 공익을 위해 봉사하고 네 가지 시민덕목인 지혜, 용기, 절제, 정의를 행하며 자신에게 가장 잘 맞는 사회적, 직업적 역할을 수행할 때 가장 이상적인 국가가 된다고 말했다. 아리스토텔레스는 도시국가인 '폴리스'가 "공동체들의 공동체"이자 정치생활을 가능하게 하는 사회적 현실이라고 주장했다.[9] 두 사상가는 국가와 사회를 구분하지 않았다. 정치적 개념으로서 시민사회에 대한 그들의 생각은 아테네 민주주의 제도의 영향을 많이 받았다. 그들은 시민사회가 되려면 개인들이 절대권력에 종속되지 않아야 한다고 생각했다. 개인들은 서로의 이익을 위해 다른 사람들과 수평적 동맹을 맺고 공동의 이익을 추구하는 행동을 할 자유가 있는 독립적 행위자였다. 수평적 동맹과 독립적 행위가 시민권의 핵심이다. 이런 생각들 덕분에 현대적 의미의 정치가 가능해졌다. 민주주의는 여전히 '시민사회'라는 용어를 규정하는 특징이다.

시간이 흐르며 민주주의가 유럽에서 흥망성쇠를 겪는 동안, 사회의 운영원리를 설명하고 궁극적으로 이를 변화시키는 개념적 도구로서의 시민사회에 대한 생각도 마찬가지로 부침을 겪었다. 중세시대에는 교회와 국가의 절대주의가 득세하면서 사회를 시민들의 집합으로 여기는 고전적 개념이 억압당했고, 정치적 자유도 마찬가지로 탄압을 받았다. 권위주의적 관점에 따라 사회를 영원하고 변하지 않는 신성한 하늘의 질서가 속세에 그대로 구현된 것이라고 보았다. 사회적 관계는 고정되었고, 정치는 또다시 권력자가 독점하는 특권이 되었다. 시민사회에 대한 관념이 되살아나고 절대주의가 다시 도전을 받게 된 15, 16세기에 시민 인문주의가 출현하고 나서야 시민권에 대한 인식이 되살아났다. 시민사회가 부활함에 따라 이탈리아 르네상스의 중심인 피렌체와 시에나같이 공화제를 기반으로 하는 도시가 부흥하게 되었다. 시민사회에 대한 생각이 지금과 같은 양상을 띠게 된 것은 계몽주의 시대에 들어서다. 계몽주의 시대에 철학자들과 정치개혁가들은 시민사회를 정치적 정당성의 근원으로 정의하며 국가와 교회의 권력을 다시 제한하려고 시도했다. 시민사회의 최근 관심사가 권위주의에 대한 저항(소비에트 연방 해체 전 동유럽 내 저항이 가장 강렬했다)[10]과 연결되어 있는 것은 그런 의미에서 당연한 일이다. 또한 세계정의운동의 일환으로서 기업권력의 강화와 기업 이윤을 위한 정부 포섭 움직임에 저항하는 것도 우연이 아니다.

시민사회를 정당과 같이 정치 과정에 연관된 사회조직으로 규정하는 현대적 정의는 가장 좁은 의미의 정의라 할 수 있다. 가장 포괄적이고 넓은 의미로서의 시민사회는 자유롭고 민주적인 조직에 참여하여 정치를 포함한 사회생활의 운영에 참여하고자 하는 사회적 욕구의 발현이라고 할 수 있다. 이것이 바츨라프 하벨과 같은 작가들이 이야기한 의미이다.[11] 고대시대와 달리, 오늘날의 시민사회 개념은 국가의 행정이나 사적부문과 구분된다. 가족과도 개념적으로 구분해야 한다고 주장하는 이들도 있다.

아리스토텔레스까지 거슬러 올라가는 많은 사상가들과 하벨은 시민사회가 여전히 인간 존재의 기본요소라고 본다. 시민사회는 인간으로서의 삶을 가능하게 한다. 아리스토텔레스는 좋은 삶(본질적으로 사회적 삶)을 추구한다면 시민사회가 인간 공동체의 수단이자 목표라고 생각했다. 이러한 관점에서 시민사회에서 생겨난 여러 기관들은(학교, 자발적 결사체, 노동조합, 법원, 정당 등) 개인들로 하여금 자기 고유의 인간성을 실현하게 함과 동시에 그 과정에서 사회 전체를 완성하는 수단을 제공한다. 정부는 그 결과물이다. 이와 관련하여 토머스 페인이 쓴 흥미로운 글이 있는데, 특히 국가의 올바른 역할에 대한 부분, 그리고 사회적경제를 통해 사회·공공 서비스를 제공하라는 주장을 두고 벌어진 격렬한 논쟁과 관련된 부분은 주목할 만하다.

인류를 지배하는 질서 대부분은 정부의 통제로부터 나오는 것이 아니다. 사회의 원칙과 인류의 자연권으로부터 나온다. 이 질서는 정부보다 먼저 존재했고 정부라는 제도가 폐지된다 하더라도 존재할 것이다. 사람과 사람 사이, 공동체와 공동체 간의 상호의존과 호혜 관계는 문명화된 공동체 전체의 모든 부분을 서로 이어주는 중요한 연결 사슬이 된다. 간단히 말하자면, 사회는 정부가 담당하는 거의 모든 일을 스스로 수행하고 있다.[12]

1700년대 후반에 토크빌이 미국을 방문했을 때 그는 미국 민주주의가 지닌 활력이 미국 내 결사적 삶의 풍요로움과 다양성 덕분이라는 유명한 말을 남겼다.[13]

시민사회에서 이루어지는 시민활동의 상당 부분은 협력을 통해 재화와 서비스를 제공하는 조직들에서 사람들이 상호간의 이익을 실현하기 위해 공동으로 행동함으로써 일어난다. 시민사회 영역은 비영리조직, 자발적 결사체, 서비스 단체, 합창단과 같은 문화단체, 자선단체, 노동조합, 협동조합 등으로 이루어져 있다. 시민사회의 경제적 측면은 제3섹터 혹은 사회적경제라고 불리어왔다. 서구사회 민주주의에서 사회적경제가 창출한 경제적 활동의 가치는 막대하며 점점 커지고 있다. 한 예로, 캐나다 비영리조직 종사 노동인구는 전체 노동인구 대비 세계에서 두 번째로 많다. 캐나다 비영리조직의 예상 매출은 758억 달러로 국가 GDP의 8.5퍼센트를 차지하고 있다.(자원봉사의 경제적 가치 포함) 캐나다 비영리조직에는 전일근무 환산 기준 2,073,000명이 종사하고 있는데, 이는 캐나다 제조업 부문 종사자 2,294,000명과 거의 맞먹는 수준이다.[14] 만약 협동조합, 신용협동조합, 사회적기업의 경제적 가치까지 포함한다면 경제적 가치는 더 커질 것이다.

시민사회와 사회적경제의 근본은 호혜다. 또한 새로운 사회복지 관점인 시민주의 관점에서 복지체계를 지금보다 더 인도적으로 발전시키기 위해서도 호혜는 반드시 필요하다.

호혜

호혜는 공동체적 생활을 가능하게 하는 사회작용이다. 호혜는 사회생활의 기초다. 호혜는 누군가에게 호의를 베풀면 미래에 호의를 베푼 사람이나 다른 누군가에게 보답이 돌아온다는 이해에 기초한 개인들 간의 자발적 교환 시스템이다. 간단한 예를 들어보겠다. 프랭크라는 사람이 이웃 프레드에게 잔디 깎는 기계를 빌려주었다고 치자. 프랭크는 프레드가 언젠가 보답할 거라는 가정 아래 잔디깎기를 빌려준 것이다. 만약 프레드가 보답을 하지 않는다면 호혜의 기반이 무너진다. 프랭크는 더는 프레드에게 잔디깎기를 빌려주지 않을 것이다. 또한 프레드가 계속 호혜를 지키지 않는다면 그의 평판에도 영향이 미칠 것이다. 다른 이웃들도 프레드에게 더 이상 호의를 베풀지 않을 것이다. 기꺼이 보답하려는 마음은 개인 간 친목의 기본 신호다. 극단적으로, 개인이 전혀 보답할 마음이 없다는 것은 다른 사람들과의 유대를 끊겠다는 것과 마찬가지다. 그러므로 호혜는 그 자체에 강력한 정서적, 심지어 영적인 중요성을 내포하고 있는 사회관계다. 이 요소들은 고전경제학이 소비자 행동을 '효용 극대화' 관점에서 바라본 것과 완전히 다른 방식으로 인간 행동의 동기를 설명한다. 벤담의 공리주의 가르침에 따르면, '효용 극대화'는 본인의 이익만을 추구해 본인의 행복을 극대화하는 것을 말한다.

이와 대조적으로, 호혜는 나눔에 기반을 둔 경제활동과 사람 사이의 관계를 귀하게 여기는 태도를 탄탄히 하며 개인과 공동체 간에 꼭 필요한 유대에 기여하는 여러 가지 경제활동을 활성화하는 역할을 한다. 호혜를 기반으로 하는 거래에서 교환되는 것은 단순히 특정 재화나 서비스, 호의만이 아니라 더 근본적인, 선의의 표현이자 다른 사람을 도울 준비가 되어 있다는 의지의 표현이다. 이는 신뢰의 기초가 된다. 따라서 호혜의 실천은 사회에 심대한 영향을 미치며 도덕적 요소를 수반한다. 호혜는 사회의 제도들이 어떻게 작동하는지 이해하기 위한 열쇠다. 또 호혜는 단순히 상업적인 이해만이 아닌 사회적인 요소를 포함하는 경제원칙이기도 하다. 호혜가 사람들과 공동체 내 재화 및 서비스의 교환에서 경제적 모습으로 발현된 것이 바로 사회적 경제다. 그 예는 1800년대 공제회 설립을 통한 장례 서비스 상호부조에서부터 마을 방범대 같은 조직을 통해 지역 안전을 도모하는 오늘날의 모습까지 다양하다.

마지막으로, 호혜는 평등주의에 바탕을 두고 있다. 관련된 개인들이 직접적이고 평등한 관계를 맺는 것을 전제로 한다. 호혜는, 주는 사람이 받는 사람과 아무런 인간관계를 맺지 않으며 힘의 불균형이 뚜렷한 이타주의나 자선과는 매우 다르다. 사회복지 문제와 관련해 호혜는 중요한 의미를 지닌다.

'시민사회'라는 용어처럼 사회적경제의 개념은 오랫동안 등한시되다가 최근에야 다시 조명을 받았다. 원래 '사회적경제'는 이상적 사회주의자들, 특히 협동조합 전통의 초기 창시자인 오언, 푸리에, 생시몽, 프루동[15]에 의해 처음 발전된 이론적 접근법을 일컫는 말이었다. 그리고 샤를 지드, 레옹 발라와 같은 경제학자들과 프레데리크 르 플레와 같은 사회학자들이 이들 이상적 사회주의자들이 설립한 최초의 협동조합들을 연구하면서 사회적경제라는 용어를 사용했다.

사회적경제 조직들은 그들의 선배 협동조합들처럼 개인의 기여는 호혜적인 대우를 받으며 이익은 공유한다는 원칙을 기반으로 경제적 또는 사회적 목표를 추구한다. 호혜가 조직의 활동과 목적을 정의하는 경제원칙이며, 이는 협동조합과 자발적 결사체, 전통적인 비영리 조직 중 어디에 해당하는지에 상관없이 적용된다. 사회적경제 조직들의 1차 목표는 공통의 이익을 증진하는 것이다. 그들의 사회적 생산물은 단순히 자신들이 생산하는 특정 재화나 서비스만이 아니라 사람들 간의 연대(사람들이 사회에서 공동의 목표를 위해 함께 일하는 경향)를 의미하기도 한다. 이것을 사회 자본social capital이라고도 부른다.[16] 자본이 노동을 지배하는 자본주의 원칙과는 대조적으로, 호혜의 원칙하에서는 노동자, 시민, 소비자 조직 등이 사회적 이익을 위해 자본을 통제할 수 있다. 시민사회의 한 부분인 사회적경제를 사적부문이나 공공부문과 구분 짓는 근본적인 차이점은 경제적 목적의 달성에 호혜의 원칙이 적용된다는 점이다.[17]

시민사회와 사회적경제에 대한 관심이 높아지면서 사회가 두 부문(사적부문과 공공부문)으로 이루어져 있다는 시장경제의 관점이 다시 도전을 받고 있다. 애초에 사회적경제라는 개념은 경제를 사회로부터 분리된 차원으로 생각하는 경제학자들의 편협한 생각에 대한 반발에서 생겨났다. 모든 경제행위, 즉 부의 창출과 분배라는 경제행위의 기반에는 사회적 관계가 결부되어 있다. 그런데 기존의 경제학은 경제행위의 바탕을 이루는 사회적 관계를 무시했다. 반면에 사회적경제는 기존 고전경제학에서의 좁은 개념 규정과 달리 사회적 관계를 경제에 포함한다. 이것이 사회적경제의 본래 의미를 해석하는 더 큰 틀이다. 시민사회와 사회적경제를 시장경제에 대항하는 힘으로 강조하는 최근의 시도는 경제의 사회적 차원을 되찾기 위한 역사적 투쟁의 연장선이다. 이제 이것이 무엇을 의미하는지, 그리고 사회복지와 정부의 역할 변화와 관련해서 이것이 어떻게 실현되고 있는지 살펴보려 한다.

사회적협동조합

사소 마르코니는 볼로냐 남쪽에서 17킬로미터 떨어진 곳에 있는 작은 도시다. 사소 마르코니라는 이름은 이 지역에서 눈에 띄는 높은 절벽과 아직도 도시 외곽 웅장한 장관이 펼쳐진 곳에 으리으리한 집이 있는 발명가 구글리에모 마르코니의 이름에서 유래했다. 계곡의 구불구불한 지형이 내려다보이는 푸른 언덕으로 둘러싸인 오래된 농지 중심부 아래쪽에 하얀 농가가 있다. 주방에서는 부글부글 끓는 토마토소스의 알싸한 냄새가 방 안을 채운다. 기다란 나무식탁에서는 통통한 젊은 남자가 연신 밀대로 작업을 하고 있다. 그는 오늘의 점심 메뉴인 작은 감자뇨키를 섬세한 손길로 반죽하고 만드는 데 몰두해 있었다. 집 밖에서는 사람들이 분주하게 돌아다니고, 정원을 손질하고, 햇볕이 드는 테라스에 상을 차리고, 야채를 씻고 있었다. 평일에 작은 식당을 운영하며 주로 볼로냐에서 아이들과 함께 당일 여행을 온 가족들에게 식사를 대접하는 사회적협동조합인 코팝스CopAps18의 모습이다. 주중에는 지적장애가 있는 사람들을 위한 프로그램을 운영한다. 식탁에서 능숙하게 밀대를 밀고 있는 이 남자는 다운증후군이다. 그는 코팝스에서 운영하는 생활기술 훈련, 취업 준비, 조경 및 환경 의식 프로그램에 참여하는 20여 명 가운데 하나다. 코팝스는 원예사업도 한다. 집을 둘러싼 정원에는 약초가 줄을 맞춰 자라고 있다. 이 약초들과 볼로냐 외곽에 있는 코팝스의 온실에서 해마다 재배하는 12만 종류의 식물들은 상업적으로 판매되고 있다. 코팝스는 번창하는 사업체다.

코팝스의 수입은 주로 세 부문에서 나온다. 참여하는 가족들의 회비가 전체 수입의 3분의 1을 차지하고, 협동조합 제품 판매에서 나오는 수입이 3분의 1을, 주변 도시들에 조경 서비스를 제공하여 벌어들이는 수입이 나머지를 차지한다. 또한 코팝스는 공원을 관리하고, 장애인들이 공원을 더 편히 이용할 수 있도록 개선하며, 지역의 묘지들을 여럿 관리하고 있다. 코팝스는 비용을 제하고 남은 잉여금을 다시 프로그램 개발에 투자하고 있다.

1979년 설립된 코팝스는 장애인 가족들에게 제공되는 정부 프로그램의 수준이 낮아 깊은 좌절감과 불만을 느낀 장애인도우미와 장애인 가족들이 시작했다. 장애인 가족에 대한 처우 개선을 요구하는 가족들의 노력으로 부모운동은 1970년대 내내 계속 확대되었다. 장애인도우미들 또한 이 운동의 주요 세력이었다. 코팝스의 부모와 장애인도우미들은 자신들이 돌봄의 내용과 전달에 대한 주도권을 가질 수 있다면 더 잘해낼 수 있다고 확신했다. 돌봄 전문가들의 노동자협동조합으로 시작한 코팝스는 새로운 모델인 사회적협동조합으로 진화했고, 장애인도우미들과 가족들은 조합원으로서 운영권을 공동으로 가졌다. 구성원들의 복지에 가장 책임이 큰 사람들이 프로그램의 내용 및 설계에서 영리활동의 개발에 이르기까지 모든 주요 결정을 내렸다. 이 새로운 협동조합은 정부의 반대 속에서도 수없이 교섭을 벌인 끝에 볼로냐 시당국의 인정을 받았고 시당국과 프로그램 운영 계약을 체결했다. 코팝스는 이탈리아에서 가장 오래된 사회적협동조합 가운데 하나다. 이 모델은 지역의 협동조합기구, 전문가협회, 학부모 단체의 무수히 많은 네트워크를 통해 전파되며 확산되었다. 부실한 정부 프로그램과 예산 삭감으로 인한 역기능이 계속되는 상황이었기에 새로운 모델을 받아들이려는 곳이 많았다. 정치적 압력이 계속되는 가운데에도 1980년대에 꾸준히 활동한 결과, 이 새로운 협동조합들은 1991년 이탈리아 법률상 공식적으로 인정받게 되었다. 오늘날 사회적협동조합들은 이탈리아 사회서비스 체계에서 중요한 자리를 차지한다. 볼로냐의 경우, 도시 사회서비스의 87퍼센트가 시와 계약을 체결한 사회적협동조합에서 제공되고 있다.

　사회적협동조합들의 등장은 공공, 민간 및 상업 영역 간의 경계가 변화하는 상황에서 새로운 영역을 대표적으로 보여준다. 사회적협동조합들은 집산주의자collectivist와 협동조합의 전통을 구현하고 있다. 또한 지금까지 사회정책에 관한 신자유주의 접근법의 특징이었던 개인의 선택권 확대와 시장의 활용에 새롭게 집중하고 있다. 이러한 요소들이 결합되면서 사회적협동조합은 시민사회를 사회서비스 개혁의 선두에 놓는 사회적 실험의 하나가 되었다. 이 협동조합들은 정부와 시장 시스템에 대한 대안으로서 시민사회의 힘과 가치를 담은 돌봄 모델을 개발하고 있다. 또한 그 과정에서 시민사회와 정부의 새로운 역할을 설계하고 있다. 모든 서구사회 민주주의에서 그러했듯, 이탈리아에서 정부의 역할에 관한 논쟁이 격렬히 진행되는 동안 이탈리아 내에서 나타난 실제적인 성과는 미래 사회정책이 궁극적으로 어떤 방향으로 개혁될지 보여주는 지표로서 매우 흥미를 끈다.

2005년 조사에 따르면 이탈리아에는 전국적으로 사회서비스를 제공하는 사회적협동조합의 수가 7,000개가 넘었다. 사회적협동조합에는 28만 명이 종사하고 있는데, 이중 3만 명은 사회적으로 불우한 처지에 놓인 노동자들이다. 사회적협동조합의 수는 전체 비영리조직 수의 2퍼센트밖에 안 되지만, 고용된 노동인구 기준으로는 비영리조직 부문에서 무려 23퍼센트를 차지하고 있다. 더 최근에 보고된 수치에 따르면 사회적협동조합의 수는 1만2천 개에서 1만4천 개 사이에 이른다.

법조문에 기술되어 있듯, 사회적협동조합의 목적은 "인간에 대한 배려를 촉진하고 주민을 통합함으로써 전반적인 지역공동체의 이익을 추구하는 것"이다. 이런 의미에서 사회적협동조합은 단지 조합원들의 이익을 극대화하는 것이 아니라 지역사회와 주민들의 이익을 증진시킨다는 목표를 갖고 있다고 인정된다. 이탈리아의 법률은 지방자치단체, 보건당국과 같은 공공단체와 사회적협동조합이 공공복지의 증진이라는 공동의 관심사를 가지고 있음을 인정하고 그들과의 협업 가능성을 강조한다. 그 결과 사회적협동조합들과, 서비스를 위탁하는 데 전적인 책임이 있는 지방자치단체들 간에 중요한 공생관계가 발전하게 되었다.

이탈리아의 사회적협동조합들은 설립된 이후 사회적 돌봄에 대한 접근성을 높이고 그 종류와 질을 높이는 데 기여했다. 사회적협동조합들의 역할 확대는 우려와 달리 공무원 일자리 수 감축으로 이어지지 않았다. 공공서비스는 정부 규제, 감독, 정보의 중앙집중과 재배분으로 시스템에 기여하는 역할을 맡았다. 사회적협동조합들은 서비스 설계와, 돌봄의 질에 있어 도우미와 이용자들의 관계가 가장 중요한 영역인 돌봄의 최전방에 집중한다. 노인들에 대한 개별 보살핌과 중독자들에 대한 치료가 그 예다. 그리고 사회적협동조합이 관여하는 분야에서 돌봄의 상대적 비용이 줄어드는 한편 돌봄의 질은 향상되었다. 또한 사회적협동조합에서 일하는 노동자들은 일반적으로 급여가 더 낮은데도 직무만족도는 공공부문이나 사적부문에서 일하는 노동자들보다 높다.[19] 왜 이런 현상이 생기는 것일까?

그 원인은 사회적 돌봄이 지닌 본질, 그리고 도우미와 이용자들이 속내를 털어놓고 돌봄의 바탕을 이루는 인간관계를 강화하도록 하는 사회적협동조합 모델의 방식에서 찾을 수 있다. 호혜와 평등, 책임은 돌봄서비스에서 빼놓을 수 없는 기본 특성이다. 이는 또한 협동조합 조직의 속성이지 정부나 민간 영리기업의 속성은 아니다.

사회적 돌봄에 관한 협동조합 접근법을 장려하는 이유

사회적 돌봄을 전달하기 위해 협동조합 모델을 장려하는 데에는 세 가지 주요한 이유가 있다. 첫째는 사회적 돌봄의 본질과 전달에 가장 적합한 모델이라는 점이다. 또한 관계재와도 연관이 있다. 둘째는 서비스 설계 및 전달의 조직구조에서 보이는 효율성과 관련이 있다. 셋째는 돌봄의 내용과 운영방식을 사회화하여 돌봄을 좀 더 인간적으로 바꿔야 하기 때문이다. 이를 위해서는 돌봄의 민주화가 필요하다.

관계재

관계재의 '발견'은 최근 들어 경제 분석 패러다임에 바람직한 변화를 불러온 요소 가운데 하나다. 관계재는 전통적인 재화와 달리 혼자서는 즐길 수가 없고 다른 사람과 함께여야만 한다. 또한 관계재는 공유가 필수라는 점에서 일종의 공공재와 비슷하다. 그래서 관계재의 소비에 참여하면 실제로 다른 사람들에게 이득을 추가로 안겨주며 관계재의 효용가치도 높이는 결과를 낳는다. 예로는 뮤지컬을 관람하는 관객이 느끼는 집단적 환희, 코미디 영화를 보며 터트리는 웃음, 경기장에서 자신이 지지하는 팀이 득점하였을 때 터지는 에너지의 폭발을 들 수 있다. 더 많은 사람들이 관계재를 즐길수록 효용은 더 커진다. 수천 명의 캐나다 사람들이 바, 거실, 길모퉁이에 모여 2010년 올림픽 남자하키 부문에서 캐나다가 금메달 따는 것을 지켜보았을 때 나라 전체에 흐른 전율은 매우 높은 수준의 관계적 환희였다. 좀 더 사적인 수준에서 관계재는 사고 팔 수 없는 성실성이나 진심을 통해 가치를 얻는다. 우정이나 배려도 관계재이고 그 자체가 보상이다. 오히려 상품화될 경우에 곧바로 가치가 파괴되는 것들이다.

사회적 돌봄에서 관계재는 주고받는 인간관계를 특징으로 하는,

사람에 대한 서비스다. 관계재에서는 사람들 사이에 맺는 관계의 질이 교환의 핵심이다. 따라서 사회적 돌봄에서 관계재는 받는 사람과 주는 사람이 행동을 함께할 때에만 최적으로 생산될 수 있다. 이외에도 관계재는 관계 그 자체의 가치로 정의되며, 생산된 특정 재화나 서비스 위에above 또는 그 이상over에 있다고 정의된다.[20] 이런 가치들은 사회적 돌봄의 독특한 본질에도 적용된다. 호혜(평등한 관계에 기초해 상호이익의 관계를 만드는)는 돌보는 사람과 돌봄을 받는 사람이 서로 인간관계를 형성하게 되는 돌봄 행위에서 그 밑바탕이 된다. 이때 인간관계는 구매한 상품이나 자선으로 제공된 것이 아니다. 사회적 돌봄에서의 호혜는 동등한 사람들 사이에 정보, 책임 및 권력을 공유한다는 것을 의미한다. 호혜는 이용자에게는 자존감의 근원이고, 도우미에게는 업무만족감의 근원이며, 서로가 함께 책임을 공유할 수 있도록 하는 기반이다. 평등에 기초한 권력의 공유와 관계 재정립을 통한 돌봄의 민주화를 이루지 않고서는 이 모든 것이 불가능하다. 이를 가능하게 하는 것은 제공자와 이용자가 권력을 공유하는 협동조합 구조다.

예를 들어, 장애인을 돌보는 경우를 생각해보자. 상호관계가 구축되면 돌봄을 받는 사람이 어떠한 방식으로 돌봄을 받을 것인지 결정할 수 있다. 다시 말해 언제 서비스를 제공받을지, 누구를 도우미로 정할지, 돌봄의 내용은 어떤 것으로 할지 등 자신의 개인적 선호와 욕구가 가장 잘 반영되도록 발언권을 갖는다.

교육, 의료, 장애인 돌봄 등의 서비스는 한낱 영리 목적의 상품이 아닌 사회서비스다. 이 서비스들은 상업 거래의 특징인 영리 목적의 상품 교환과는 완전히 다른 사회관계를 전제로 한다. 그렇기 때문에 이 서비스들을 '상품'이라고 부르거나 사회적 돌봄을 제공받는 사람을 '고객'이라 일컫는 것은 잘못이다. 이렇게 부르는 것은 인간과 사회관계를 상품화하려는 시장사회의 무분별한 압박이다. 사회서비스를 제공받는 사람들의 인격을 무시하는 국가 관료체제나 그들을 이익의 원천으로 삼는 사적부문의 기업들은 관계재의 제공자로 절대 적합하지 않다.

좀 더 분명히 하자면, 사적부문의 기업들이 사회서비스 중 돌봄 업무를 수행할 수 없다고 주장하는 것이 아니다. 인적 요소가 본질인 돌봄에서의 관계 구축은 일반적으로 사적부문 기업들의 관심사가 아니라는 말을 하는 것이다. 왜냐하면 관계를 구축하려면 시간과 돈을 투자해야 하는데 사기업들은 이익을 극대화한다는 객관적 목표를 갖고 있기 때문이다. 우선순위가 같은 것이 서로 충돌하게 되면 사기업은 임직원 교육 및 전문성 있는 개발에 투자할 유인이 약해질 뿐만 아니라, 서비스 품질과 고용 수준, 직원의 의욕이 낮아지게 된다. 정부나 영리기업이 운영하는 경우, 제공되는 서비스의 핵심인 돌봄과 상호관계의 질이 낮아지게 된다. 사회적 돌봄 모델은 전통적인 서비스 전달체계의 단점을 극복할 것을 지향한다. 문제가 되는 것은 구조의 불완전함과 사람들에게 돌봄을 제공하는 데 적용되는 경제원칙이다. 다음에서 더 자세히 살펴보겠지만, 정부의 재분배 경제논리나 사적부문의 상업적 교환논리로는 사회재나 관계재에 내포되어 있는 호혜성을 제대로 구현할 수 없다.

서비스 전달 조직의 형태와 기능

(최근 이 주장이 난타당하기는 했지만) 의료서비스를 포함해 공공서비스와 사회서비스를 전달하는 데 정부보다 사적부문이 더 효율적이라고 주장하는 사람들이 많았다. 이들은 정부가 공공서비스나 사회서비스를 비효율적으로 전달해 비용 대비 효율이 좋지 않고, '소비자들'의 진정한 욕구와 선호에 대응할 수 없다며 비판한다. 그리고 공공서비스를 위탁하면, 사적부문이 경쟁을 함으로써 정부의 비용이 절감되고 접근성과 선택권이 향상된다고 주장한다.

캐나다에서는 아직도 이 논쟁을 계속하고 있다. 캐나다의사협회와 같은 영향력 있는 이익단체들이 홍보를 통해 자신들의 주장을 계속 펼치고 있으며 특히 의료서비스 제공과 관련해 논쟁을 하고 있다. 캐나다의사협회는 의사들이 공공 시스템하에서 일하더라도 테스트, 연구, 컴퓨터단층촬영CT 및 외과시술의 경우 개인병원을 이용할 수 있도록 강하게 로비해왔다. 2008년 연례총회에서 캐나다의사협회는 "환자 중심의 진료를 도입할 캐나다 의료서비스의 혁신적 변화를 위한 청사진과 구체적 일정을 2009년 2월까지 준비하라"고 요청하는 발의에 동의했다. "환자 중심의 진료"는 민영화의 완곡한 표현이며, 이 민간의료의 변화를 위한 논리는 "접근성 향상과 환자의 선택권 확대"이다. 비슷한 맥락에서, 의료서비스 민영화의 강력한 지지자인 캐나다의사협회 전 회장 브라이언 데이는 "우리 의료서비스 체계에 경쟁, 소비자 선택권, 시장원리는 거의 찾아볼 수 없다. 경쟁이 없다면 훌륭한 서비스는커녕 개선도 기대할 수 없다"고 말했다.

의료서비스나 다른 돌봄서비스의 민영화를 지지하기 위해 경쟁과 소비자 선택권과 같은 상업 시장의 표현을 사용하는 것은 이론상으로나 경험상으로 근거가 없다. 이는 명백하고 널리 알려진 사실인데도 이와 같은 주장이 계속되고 아직도 진지하게 받아들여지고 있다는 것이 놀라운 뿐이다. 공공재의 생산 및 배분에 적용하는 원칙은 민간시장의 제품 생산에 적용하는 원칙과 완전히 다르다. 공공재는 지불능력과 관계없이 모두가 이용할 수 있어야 하기 때문이다. 공공서비스에 보편적으로 접근할 수 있을 때에만, '선택할 권리'와 '경쟁을 통한 우수한 품질'과 같은 상업적 원칙을 적용할 수 있다. 공공재를 정의하는 특성 중 하나는 배제 불가의 원칙이다. 개인의 의료서비스 이용이 지불능력이 없다는 이유로 불가능해지는 순간, 의료서비스는 더 이상 공공재가 아니게 된다. 이용자에게 비용을 부담하게 하는 시스템을 도입한다는 것은 결국 이런 의미다.

만약 모든 의료서비스 이용자들로 하여금 이윤을 남기기 위해 산정된 비용을 지불하고 의료서비스를 이용하도록 한다면, 전체 시스템의 비용은 비약적으로 높아지고 지속 불가능하게 된다. 시장원리에 입각한 미국 의료서비스 모델이 이런 상황을 잘 보여준다. 또한 의료서비스와 같은 필수 서비스를 사적부문에서 제공한다면 의료서비스가 창출하는 외부효과로 인한 사회적 편익을 고려하지 않기 때문에 시장실패를 불러올 수 있다. 민간시장은 이익을 창출하려는 욕구로 통제되기 때문에 사기업은 의료서비스든 주택공급이든 어떤 시장에서든 이익을 기준으로 생산량과 품목을 정한다. 그 재화의 필요성이나 재화를 제공했을 때 공동체 전체에 주어지는 혜택에 대해서는 고려하지 않는다. 공공재 공급의 경우 민간시장 모델의 DNA에 시장실패(생산 시스템이 시장의 욕구를 만족시키지 못하는 것)가 새겨져 있다.

정부가 공공재를 생산한다고 해도 위의 경우와는 다른 이유로 시장실패가 일어나기 쉽다. 정부가 직접 서비스를 공급할 때 비효율이 나타나는 이유는, 관료제의 특성상 서비스를 공급함으로써 만들어내는 가치와 상관없이 더 많은 비용이 발생되기 때문이다. 만약 정부가 적정한 서비스를 생산하는 방식으로 시장실패를 바로잡고자 할 때, 비효율적인 관료제가 유지되는 상태에서 서비스의 수요가 폭발적으로 늘어난다면 지속하기 힘든 수준의 비용을 지출해야 하는 결과를 낳을 수 있다.

사회복지서비스의 내용과 이를 제공하는 시스템 간의 관계에서 조직의 형태는 매우 중요하다. 정부가 서비스를 전달하는 시스템에서 사회복지는 모든 시민들이 평등하게 누릴 수 있는 시민의 권리로 올바르게 인식된다. 하지만 평등한 서비스 전달을 보장한다고 해서 공정하거나, 적절하거나, 개개인의 특별한 욕구에 재빨리 대응하는 사회복지가 된다는 의미는 아니다. 모두에게 공평한 것은 대개 개인에게는 아주 불공평하다. 정부 시스템을 통한 보편적 접근을 하면 개별 사례를 고려하는 것이 아니라 여러 계층이 동일하게 누릴 수 있도록 서비스가 설계되어야 하기 때문에 경직성, 고립, 돌봄의 규격화 같은 현상이 필연적으로 나타난다. 비인간화, 비인격화는 관료제의 어쩔 수 없는 단점이다.

이런 현실과 관련한 학술연구도 많을 뿐더러 관료제 시스템의 비효율과 수모를 직접 겪어야 했던 개인들의 경험 사례도 수없이 많다. 의료서비스와 사회적 돌봄의 공공성을 유지하면서도 사람들의 실제 욕구와 선호를 존중하는 시스템을 원한다면, 민영화나 기존의 정부 서비스 가운데 양자택일이 아닌 새로운 대안이 필요하다.

의료 및 사회 서비스를 제공하는 협동조합 모델은 공공서비스의 장점에 민간서비스의 장점인 선택권과 이용자 욕구에 대한 기민한 대응력까지 갖춘 새로운 형태의 서비스를 낮은 비용에 제공하는 탁월한 능력을 보여주었다. 예를 들어, 사회적협동조합은 가정간호의 질과 가정 돌봄 도우미의 근로환경, 임금, 전문성을 모두 향상시키는 역할을 했다.(성공 사례로 사우스 브롱크스의 가정간호협회를 들 수 있다.) 또 다른 사례로는 지적장애인에게 생활기술 훈련과 고용을 제공한 경우를 들 수 있다. 캐나다 온타리오 주의 랭스턴에서는 한때 보호작업장의 '고객들'이었던 성인 지적장애인들로 구성된 노동자협동조합이 설립되었다. 지적장애인들은 협동조합을 통해 의미 있는 일자리를 갖게 되었을 뿐 아니라, 이사회의 일원이 되어 조합의 운영에 대한 발언권도 갖게 되었다. 이렇게 개선할 수 있었던 것은 이용자가 조직을 소유하고 운영하는 협동조합 구조 덕분이다. 공공서비스처럼 협동조합도 상호적 기능을 지니고 있다. 조합원과 소유주 공동의 이해를 추구한다는 것이다. 사회적협동조합의 경우 조합원과 소유주 공동의 이해를 넘어 지역사회 전체의 이익을 추구한다. 사회적협동조합은 서비스 전달 범위가 지역공동체 정도의 소규모라는 점, 그리고 서비스의 설계와 수행과 관련된 결정권이 조합원에게 있다는 점이 공공서비스와 다르다.

협동조합은 의료서비스에서 환자 중심 접근법을 취한 개척자다. 협동조합이 환자 중심 접근법을 취할 수 있는 것은 서비스 설계와 전달에 대한 통제권을 이용자가 갖고 있기 때문이다. 사회적 돌봄서비스도 이와 마찬가지다. 사회적협동조합과 기타 다른 형태의 사회적기업들은 주민들이 이용 가능한 서비스의 범위를 확대했고, 동시에 이 서비스들을 제공하는 데 드는 비용을 정부에서 지원받았다. 의료서비스와 돌봄서비스의 사례를 볼 때 협동조합 모델은 공공서비스의 대체재가 아닌 보완재로 개발되었을 때 가장 효과적이었다. 사회적협동조합이 가장 발전한 곳의 사회적협동조합 지지자들은 정부가 계속 자금지원 및 공공서비스 규제와 관련해 중심 역할을 해야 한다고 강하게 주장한다.

이탈리아 사회적협동조합들의 사례는 다중이해당사자 조합 구조의 우수성을 보여준다. 비용을 낮추고, 서비스 혁신을 이루고, 시장실패에 대응하며, 개별 이용자들의 변화하는 욕구에 대한 대응력을 향상시키는 등의 긍정적인 변화를 꾀하는 데 다중이해당사자 협동조합이 큰 역할을 할 수 있다. 이해당사자 집단이 서비스의 생산 및 전달에 참여하는 것이야말로 이 협동조합들이 기존의 비영리조직, 사기업, 정부기관과 차별화되는 장점이다.[21]

사회적협동조합은 다양한 이해당사자들이 공동으로 관리하기 때문에 운영비용을 절감할 수 있었다. 왜냐하면 조직에서 금전적 이득을 얻는 사람들(비영리조직의 경우 임직원, 사기업의 경우 투자자)이 아닌 이해관계자들도 관리에 참여하기 때문이다. 이용자와 자원봉사자들은 사회적협동조합이 더 효율적으로 서비스를 제공할 수 있도록 이익배분과 비용 증가를 관리하는 권한을 행사한다. 이용자와 자원봉사자들의 참여 또한 생산비용을 줄이는 요소다.

여러 이해관계자 집단의 경영참여는 비영리조직과 복지서비스 모델, 사기업에서 서비스 전달을 효율적으로 하는 데 장애가 되었던 정보 비대칭 문제에 대한 부분적인 해결책이 될 수 있다. 특히 이용자가 참여함으로써 정보에 대한 접근성을 높이고, 좀 더 적극적으로 서비스 설계를 혁신하고, 조직의 투명성 및 책임성 수준을 높일 수 있다.

정부 서비스의 실패요인 중 하나는 예산 부족이다. 사회적협동조합은 예산 부족 문제에 대한 대응에서도 유리한 점이 있다. 사회적협동조합은 공공자금과 민간자금을 동시에 자금원으로 이용하는데, 이는 서비스 비용을 감당하기 어려운 계층의 서비스 접근성을 향상시키기 위한 중요 전략이다. 다수의 이해관계자들이 참여해 서비스의 정부 독점이 불러일으키는 부작용을 해소함으로써, 서비스 이용자들이 실제로 원하는 서비스를 받을 수 있도록 하는 장점도 있다.

마지막으로, 사회적협동조합은 기존 비영리조직과는 달리 사업 이익 배분이 엄격하게 제한되어 있지 않아서 조합원, 자금제공기관, 기타 이해관계자에게서 자본조달을 더 쉽게 할 수 있다. 투자자들과 자금제공기관에게 제한적이나마 수익을 제공할 수 있기 때문이다.(우리나라의 사회적협동조합과는 달리 이탈리아의 사회적협동조합들은 지분 투자자에게 투자 수익을 제한적으로 제공할 수 있다.-옮긴이) 이런 이유로 사회적협동조합은 혁신가의 역량을 발휘하여 서비스 혁신이나 신규 프로젝트 개발을 위한 자금을 조달하기에 더 유리하다.

돌봄의 민주화

모든 협동조합들과 마찬가지로 사회적협동조합을 규정하는 특성은 이해관계자와 조합원들이 통제권을 갖는 조직이라는 점이다. 이런 의미에서 사회적협동조합은 이윤 배당을 엄격하게 제한하는 다른 비영리조직들과 다르다. 조합원의 통제와 소유는 협동조합의 조직 문화와 운영을 결정짓는 핵심요소다. 서비스 이용자가 조합원이기도 한 사회적협동조합에서, 통제권의 운영은 이용자를 단순히 수동적으로 돌봄을 받는 수혜자이자 돌봄 체계의 '객체'에서 돌봄의 설계 및 전달의 주인공이자 돌봄 관계의 적극적인 '주체'로 탈바꿈시키는 역할을 한다. 이 시스템에서 사회적 돌봄은 돌보는 사람과 돌봄을 받는 사람들이 공동으로 만드는 결과물이다. 사람들이 통제권을 돌려받아야 한다는 원칙은 사회복지체계의 개혁을 위해 반드시 필요하며, 이는 특히 장애인, 빈민, 소외된 사람들과 같이 의존도가 높은 사람들을 위해서는 더욱 중요하다. 사회적 돌봄을 인간적인 사회관계로 구성되는 체계로 개혁하기 위해서는 민주화가 반드시 이루어져야 한다.

방어적 태도를 버리자

이탈리아의 사회적협동조합은 사회복지체계를 개혁하는 데 큰 역할을 했으나, 대부분의 시민사회 조직은 사회복지를 재설계하는 문제와 관련해 정부와 협력하는 데 소극적이었다. 20년 동안, 개혁의 주도권은 사적부문이 가지고 있었다. 한편으로는 이익을 추구하는 상업적 동기를, 그리고 다른 한편으로는 자유시장 모델이 더 우월하다는 진지한 믿음을 가지고 개혁을 추진했다. 반면 시민사회와 대부분의 좌파 정당들은 비효율적인 체계에 침묵하며 현상유지를 옹호하는 방어적인 자세를 취했다. 특히 노동조합의 경우 공공서비스에서 정부 역할을 축소시키는 것으로 보이는 사안이나 공무원 일자리를 위협할 수 있는 사안에 대해 어떠한 입장도 표명하지 않았다. 다른 곳과 마찬가지로 캐나다는 단체협약을 폐기하고, 정부 규모를 축소하고, 수천 개에 이르는 공공부문 일자리를 없앴고 그러면서 많은 사람들이 고통스러운 대가를 치렀다. 많은 부작용이 있었지만 그중 중요한 것이 노동조직들의 요새심리가 강화된 것이다. 이 시점에서 불편한 질문을 하나 해야겠다. 캐나다의 현실을 보자. 캐나다는 노동조합 조합원과 후원자들 중 다수가 공공영역의 피고용인이다. 그렇다고 이해관계에 얽매여 공공서비스의 개혁에 객관적인 자세를 취하지 못한다면, 정부가 독점하고 있는 사회복지체계를 개혁하는 데 노동이 주도세력이 될 수 있을까?

대체로 정치적 좌파 및 이 문제에 관심이 많은 시민사회 일부도 방어적인 태도에서 벗어나지 못했으며, 변화에 반대하는 수구적인 자세를 취했다. 지난 20년 동안 '개혁'이라는 명목하에 공공서비스가 입은 피해를 생각하면 이들의 행동은 납득할 만하다. 하지만 정부 독점 모델에 대한 집착은 정당화하기 어려울 뿐더러 근시안적이며 심각한 결점을 드러낸다. 하나는 노동자가 단기 이익을 추구하는 성향을 지니고 있다는 점이고, 또 하나는 많은 시민사회 조직들이 정부에 의존하고 있다는 점이다. 시민사회 단체들은 형식적으로 정부로부터 분리되어 있음에도 정부에 대한 시민사회의 관계는 의존적이며, 여러 면에서 후견과 피후견 관계임을 부정할 수 없다. 많은 비영리조직과 NGO 들이 운영비를 정부자금에만 의존하고 있으며 이는 이들 조직의 의사결정자들의 급여가 정부와의 관계에 달려 있다는 것을 의미한다. 예컨대, 미국에서는 자발적 비영리 사회복지기관들이 서비스 비용의 50퍼센트 이상을 정부와의 서비스 용역 계약을 통해 충당하고 있다. 가톨릭 자선단체의 경우 정부자금이 예산의 65퍼센트를 차지하고, 세이브더칠드런은 예산의 60퍼센트가 넘으며, 볼런티어즈 오브 아메리카Volunteers of America는 예산의 96퍼센트를 차지하고 있다.[22]

캐나다도 상황은 대체로 비슷하다. 이처럼 독립성을 상실한 시민단체들은 정부의 방향성과 시민사회의 생각이 다를 때, 시민사회를 대표하여 시민사회의 의지를 관철하기 위해 싸울 수 있는 역량을 잃고 말았다. 캐나다가 공공부문을 개혁하여 사적부문과 공공부문의 이해관계 사이의 경계를 허물어버렸을 때, 시민사회는 정부에 대한 의존성 때문에 비판기능이 심각하게 허약해져 있었다. 그래서 공공부문 개혁의 방향성에 이의를 제기하고 공공기관 본연의 가치와 공익적 가치에 충실하게 복무하는 방향으로 개혁할 것을 요구하는 목소리를 강하게 내지 못했다. 당면한 문제에 대한 대응이나 21세기 공공정책의 미래를 좌우할 주요 문제들의 방향 설정에 시민사회가 리더십을 발휘하지 못하게 됨에 따라, 공익에 가장 관심이 적은 세력에게 무대를 넘겨주게 되었다.

현상유지가 아닌 더 인간적인 대안을 지지하는 사람들의 바람을 이루기 위해서는, 시민사회에 기존의 사회서비스를 유지하기 위해 더 많은 역할을 수행하라고 요구하는 것만으로는 충분하지 않다. 사회복지에 호혜성, 접근성, 책무성을 구현하는 새로운 모델이 필요하다. 이는 소외계층과 지역사회에 돌봄을 제공하는 여러 조직들이 주장해온 것이기도 하다. 호혜성, 접근성, 책무성은 사전예방, 주민참여, 이용자 통제의 원칙을 1차 의료서비스에 도입하여 의료체계를 개혁하고자 하는 '혼합형 돌봄blended care'을 실현하는 데 핵심요소다. 장애인 단체들은 개별 돌봄서비스가 필요한 개인들에게 개인당 재정지원(돌봄서비스를 이용할 자금을 개인이 직접 받는 방식)을 할 것을 요구하고 있는데, 이는 자율성과 개인 선택권의 원칙을 도입하려는 시도다. 임파워먼트와 사회화를 촉진하는 서비스 수행 모델과 정부와의 관계에 있어, 경제적 자원과 권력을 나누어 갖는 관계를 맺을 수 있도록 새로운 조직 형태와 공공정책이 결합해야 한다. 사회적 돌봄과 관계재에 대한 이해를 바탕으로 시장 기능에 대해 새롭게 인식해야 한다.

마지막으로 시민사회는 새로운 시대에 사회적 돌봄이라는 어려운 문제에 대해 깊이 고민하고 해결책을 내놓아야 한다. 이를 위해서는 시민사회가 정부에 의존하는 상태에서 벗어나야 한다. 그래서 독립된 사회적 영향력을 행사할 수 있는 부문으로 성장해, 사회재와 관계재를 중심으로 한 참된 시민경제(사회적경제의 독특한 운영에 어울리는 사회적 시장)를 이루어내야 한다. 그래야 시민적 가치가 자본주의 시장의 압도적인 권력 및 영향력과 균형을 이루게 할 수 있다. 호혜와 시민적 가치에 바탕을 둔 자주적 시민경제를 이루어낸다면 새로운 시대를 위한 새로운 사회계약을 협상하는 데 필요한 정치권력을 만들어낼 수 있다.

사회적 시장의 형성

최근에 볼로냐에서 이루어진 시도를 보면, 정부의 의무와 특권을 위협하지 않으면서 호혜에 기반을 둔 사회적경제에 한 걸음 더 다가가는 사회적 시장을 구축할 수 있는 방법을 찾을 수 있다.

2002년에 볼로냐 라벤나 산악재단Fondazione del Monte di Bologna e Ravenna은 노인을 대상으로 하는 사회적 돌봄에 새로운 재정 지원방식을 도입했다. 다른 대부분의 재단처럼 이 재단도 여러 사회서비스 단체들에 보조금을 지원해왔고, 각 단체는 도시 전역에서 노인들과 그 가족에게 돌봄서비스를 제공했다. 모든 자금은 서비스 단체에서 관리했고, 서비스 이용자들은 그들이 받는 서비스의 내용이나 질에 거의 또는 아무런 영향도 미치지 못했다. 이용자들은 불만족스러워도 더 적합한 다른 서비스를 찾기가 쉽지 않았다. 재정 지원을 받은 단체들은 인정받는 조직에다 안정적인 자금이 있고 결정권을 독점하고 있어 스스로 변화를 추구할 동기가 거의 없었다. 책무의 방향은 자신들이 지원해야 하는 사람들이 아닌 자금 제공자를 향하고 있었다. 게다가 단체가 모델로 삼은 것은 민영화된 공공서비스의 가장 안 좋은 특성 가운데 하나인 '자금 제공자 및 이용자로부터 분리된 제3의 위탁업자'를 두는 방식이었다. 3자 계약하에서 구매자(이 경우에는 민간재단)는 구매한 서비스를 이용하지 않고, 이용자는 제공받은 서비스에 대해 비용을 지불하지 않는다. 위탁업자는 구매한 것을 제대로 살피지 않는 구매자와 비용을 부담하지 않는 이용자를 상대하기 때문에 매우 유리한 위치에 있다. 이렇게 되면 서비스 수행기관의 책무는 가벼워지고 서비스의 질도 떨어지게 되며, 가격에 대한 소비자 반응이 없는 구조라 비용도 효율적으로 관리할 수 없게 된다.

이 방식은 현재 비영리조직인 자선단체들이 택하는 보편적이고 전형적인 돌봄 모델이다. 볼로냐의 문제는 대부분의 경우 노인과 그 가족이 돌봄서비스에 만족하지 못한다는 것이었다. 그러나 단체에 대한 통제권도 없고 서비스 비용을 대신 지불해주는 기금에 대한 발언권도 없었기 때문에, 서비스를 포기할 각오 없이는 아무 행동도 취할 수 없었다. 정부 전달 모델의 경우처럼, 이 비영리조직들은 좋은 의도를 가지고 있더라도 이용자에 대한 책무가 없기 때문에 권위적이고 경직되어 있으며 투명성이 부족하다는 공통된 문제를 안고 있다. 볼로냐 라벤나 산악재단이 단체들을 건너뛰고 노인들에게 직접 사회복지서비스 이용권의 형태로 비용을 지원하기로 결정하면서 이 모든 것이 달라졌다. 사회적 돌봄의 공급자들에게 자금을 지원하는 대신 수요자에게 자금을 지원하기로 한 것이다. 376명의 노인과 그 가족이 이 프로그램에 속해 있었다.

각 사회복지서비스 이용권에는 특정 서비스 패키지의 금액에 해당하는 돈이 담겨 있었다. 개인에게 필요한 서비스의 종류와 비용의 일부를 댈 각자의 지불능력에 따라 다양한 패키지가 있었다. 전체 비용을 지불할 능력이 없는 사람들은 재단이나 더 지불할 능력이 있는 사람들의 기부금에서 보조금을 받았다. 협동조합이든 정부운영 기관이든 사기업이든 관계없이 미리 승인을 받은 서비스 단체라면 어디에서나 이 사회복지서비스 이용권을 사용할 수 있었다. 하룻밤 사이에 서비스 공급자와 이용자 사이의 권력 관계가 역전되었다. 이제 노인들과 그 가족들은 각자의 욕구에 가장 알맞은 서비스 단체를 선택할 수 있게 되었다. 이 사회복지서비스 이용권은 서비스를 위한 보편적 화폐였다. 이용권은 모두 똑같이 생겼고 개인 부담금과 사회 보조금의 비율은 재단에서만 알고 있어서 이용권을 사용할 때 수치스럽거나 차별을 받는 일은 없었다. 이용권으로 모든 비용을 똑같이 지불했기 때문에 공급자들이 가격 경쟁을 할 가능성도 원천적으로 차단되었다. 공급자들은 서비스의 질을 놓고 경쟁했다. 3년 동안 노인 돌봄서비스의 질은 향상되고 비용은 감소했으며 서비스의 질과 혁신, 유연성에 힘을 쏟은 단체들은 크게 성장했다. 그중 노인과 그 가족이 조합원으로 참여하는 사회적협동조합들이 가장 뛰어난 성과를 보였다.

이 사례에서 얻을 수 있는 교훈은 무엇일까? 첫째, 사회적 돌봄의 경우 공급자의 특성을 고려한 자금 지원이 서비스의 질에 직접적인 영향을 줄 수 있다는 점이다. 이는 당연한 일이다. 낮은 비용이 주된 결정요소였던 정부 계약에서 흔히 보던 방식이 아닌 서비스 이용자들에게 유리한 방식으로 경쟁이 일어날 수밖에 없을 것이다. 자선단체와 정부의 지원을 받던 단체들이 이런 변화에 반대한 것도 놀라운 일은 아니다. 그러나 궁극적으로 사회적 돌봄은 제공자들을 위한 것이 아니다. 서비스에 의존하는 사람들을 위한 것이다.

둘째 교훈은 노인 돌봄에 대한 사회적 시장이 위 사례와 같이 제한적인 것이 아닌 더 큰 규모로 확대될 수 있다는 것이다. 공공부문이든 사적부문이든 관계없이, 서비스 이용자와 공급자, 자금 제공자 간의 다양한 관계와 동기가 결합된 사회적 시장이 형성될 수 있다. 사회복지서비스 이용권의 사용은 시민에게 권한을 부여하는 방법 중 하나일 뿐이다. 더 중요한 문제는 지원이 필요한 사람들에게 경제·정치적 권력을 배분하는 것이다.

사회복지서비스 이용권이나 시장 통제력을 시민에게 부여하는 데 활용할 수단을 위 사례에서처럼 정치적 권리로만 제한해야 할 이유는 없다. 시민적 원칙을 중심으로 시장을 설계한다면 사회적 돌봄 영역에서 사회적으로 진보적인 목표를 이루는 데 시장의 기능을 활용할 수 있다. 모든 시장을 상업적이거나 자본주의적으로 볼 필요는 없다. 사회개혁가와 진보주의자들이 이 점을 이해한다면 우리는 사회재의 반사회적인 전달이라는 기존 사회복지체계의 모순을 해결할 수 있다. 시민사회는 사회적 시장과 같은, 시민의 목표에 부합하는 경제를 일구는 방법에 대해 고민해야 한다.

이를 위해서는 여섯 가지 요소가 반드시 필요하다. 첫째, 사회적 돌봄서비스의 생산을 상당 부분 정부에서 민주적인 구조의 시민단체로 옮겨야 한다. 정부는 이 서비스를 위한 주요 자금 제공자로서의 역할을 계속 담당해야 할 것이다. 이 부분은 이미 순조롭게 진행되고 있다. 정부는 20년 동안 사회서비스를 사적부문과 비영리조직에게 계속 넘겨왔다. 부족한 것은 또 다른 측면인, 이용자의 통제권 및 서비스에 대한 책임성이다.(자금도 마찬가지다.) 공공자금을 지원받지만 정부의 직접적인 통제를 받지 않는 사회서비스는 이용자들에게 서비스의 설계와 전달에 대한 통제권을 주는 기관들에게만 맡겨야 한다. 이는 비영리서비스와 영리서비스에 동일하게 적용된다. 예로는 노인 돌봄, 가족 돌봄, 주간 돌봄을 제공하는 기관들이 있다. 이에 더해 정부의 통제 아래 남아 있는 많은 서비스들(사회보장, 공적연금, 공공자동차

보험, 의료서비스 등)은 가능한 한 민주화되어야 한다. 건강보험카드, 사회보장번호나 운전면허증이 있는 모든 사람들에게 이 서비스들을 관리하는 기관 구성원으로서의 권리와 이 기관들을 총괄하는 이사회에 대표자를 세울 권리를 부여해야 한다.

　의료서비스를 생각해보라. 대부분의 지역에서 지역 보건당국은 전적으로 정부자금에 의존하고 있다. 보건부 장관이 임명한 최고경영자와 이사회가 사기업처럼 운영하고 있지만 말이다. 그들이 서비스를 제공해야 하는 지역사회의 요구에 제대로 대응할 수 있는 유일하고 가장 중요한 방법은 지역 차원의 민주적인 구조를 갖춘 조직을 통해 이사회 안에서 지역사회를 직접 대표하도록 하는 것이다. 고용보험과 같이 대단히 중앙집중화되어 있고 국가 차원에서 운영되는 서비스는 민주화가 이루어지기 어렵다는 주장이 있다. 하지만 정부가 관리하는 서비스 대부분이 지역 차원에서 이루어지고 있다. 민주적인 방식으로 관리된다면, 이용자와 밀접하게 서비스가 관리되는 보완성의 원리가 엄청나게 강화될 것이다. 다음 장에서 다룰 일본의 의료협동조합 사례에서 살펴보겠지만, 세계에서 손꼽히는 예방의료 사례를 만들어낸 것은 바로 지역사회 구성원에 의한 민주적 관리이다.

　둘째로, 정부자금은 최소한 일부라도 사회적 돌봄서비스의 수혜자에게 직접 전달되어야 한다. 그러면 수혜자들은 그들이 선택한 공인 기관에서 자신들에게 필요한 서비스를 선택할 것이다. 이 조직들은 공적자금을 받을 자격을 얻기 위해 조직운영상 이용자 통제권에 관한 규정을 갖추어야 할 것이다. 더불어 조합원들에게 제공되는 돌봄서비스의 확인 및 평가, 계약과 관련해 이용자와 그 가족들을 도울 수 있도록 독립적인 소비자협동조합 단체에 자금이 지원되어야 한다. 스스로 적절한 서비스를 선택하고 계약할 수단이나 능력이 없는 이용자들의 경우에는 이것이 특히 중요하다.

셋째로, 사회적 돌봄 조직에게 이용자 출자나 시민사회 투자, 더 일반적으로는 사회적 투자에 기초해 자금을 조달할 법적 권한을 부여해야 한다. 사회적 돌봄 협동조합의 경우, 이용자와 지역사회 구성원들이 협동조합의 자본조달을 위해 출자할 수 있도록 해야 할 것이다. 출자지분에 대한 이익배당은 제한적으로만 해야 할 것이며, 출자자의 통제권이 조합원에 의한 민주적 통제를 저해하지 않는 수준 이내로 제한해야 할 것이다. 그리고 사회적 투자의 경우 일반 소득처럼 과세해서는 안 될 것이다. 이러한 사회적 자본 조달 관행을 정착시키려면 호혜정신에 기초한 사회적경제 출자지분 증권거래소 같은 제도를 마련할 필요가 있다. 개인 투자자들이 배당 한도에 제한이 있는 사회적협동조합의 출자지분에 투자할 수 있도록 해야 하며, 이렇게 조성된 자본은 사회적경제 조직들에 융자를 제공하거나 지분투자를 하는 데 사용할 수 있도록 해야 한다. 이런 사회적 투자는 분명하고 직접적인 사회적 이익이 있으므로, 지분투자 수익은 세액공제 대상이 되어야 한다.[23]

넷째로, 이 조직들의 잉여금은 최소 일부라도 사회적 자산으로 간주되어야 한다. 공적자금을 이용하는 모든 사회적 돌봄 조직은 조직과 조직 서비스의 확대와 발전을 위해 적립금을 마련해야 할 것이다. 운영상 잉여금의 일부는 사회적경제 출자지분 증권거래소에서 사회적경제 조직의 자본조달을 위해 사용되어야 할 것이다.

다섯째로, 정부의 주요 역할은 사회적 돌봄서비스를 위한 공적자금을 계속 지원하고 서비스 체계의 규칙을 수립하는 것이다. 정부는 서비스 공급자, 돌봄 도우미, 이용자와 협력하여 서비스 제공에 대한 통제와 감시를 하고, 서비스 기준을 마련하며, 서비스 공급자에게 허가를 내주고, 법과 규제를 집행해야 할 것이다.

마지막으로, 서비스의 설계와 요구에 대한 결정은 가능한 한 공동체와 지역사회 단위에서 이루어져야 한다. 서비스에 대한 책임성과 효과적인 예산수립, 서비스 설계와 전달을 위해 공공·지역사회 이해당사자들로 구성된 지역단위 시민연합을 설립해야 한다. 가장 중요한 점은 서비스 전달에 있어 지역 분권화를 이루려면 서비스 이용자와 도우미가 공동으로 운영권을 가짐으로써 의사결정을 민주화해야 한다는 것이다.

이로써 주요 쟁점을 모두 다루었다고 볼 수는 없다. 그러나 이 제안들은 사회·경제적 현실을 반영한 재화 및 서비스 시장구조가 나아가야 할 대략의 발전방향을 제시하고 있다. 시장구조는 재화 및 서비스가 잘 배분되도록 하는 역할을 한다. 위에 언급한 주장들 중에 이론적, 정치적, 실용적으로 뒷받침이 되지 않는 것은 없다. 진짜 문제는 시민사회와 사회적경제 내부에 있는 주요 참여자와 조직들이 변화된 현실에 대해서, 시민사회가 새로운 역할을 해야 한다는 요구에 대해서, 정부와 상업적 시장 사이에서 적절한 균형을 이루는 자율적인 부문autonomous sector으로 성장하고 기능하는 것에 대해서 합의를 이룰 수 있느냐이다. 이 합의가 이루어질 때까지 자본에 의한 사회·공공부문의 점진적인 식민화는 계속될 것이다.

사회서비스의 생산과 관련해 시민사회가 새로운 역할을 해야 한다는 주장이 사회서비스에 대한 집단책임이라는 근본원칙을 포기하는 것을 의미하지는 않는다. 또한 사적시장의 해결책에 동조하여 정부의 책임을 방기하도록 하는 것을 의미하지도 않는다. 공공재를 정부의 독점 지배에서 벗어나게 하는 것을 의미한다. 공적자금은 계속 사회서비스를 지원하며 이 서비스들은 모든 사람이 이용할 수 있도록 유지되어야 할 것이다. 하지만 서비스를 제공하는 조직구조는 시민의 참여를 더욱 강화해야 한다. 시민사회는 인간적이고, 발 빠르게 대응할 뿐 아니라, 돌봄 관계의 특징인 호혜와 상호부조의 원칙에 입각한 방식으로 돌봄서비스를 제공하는 데 가장 적합한 가치와 사회관계들의 보고이다. 시민사회 조직은 이를 기반으로 시민적 가치들을 좀 더 널리 적용하고 같은 맥락에서 현대적 혼합경제를 실현할 수 있도록 발전해야 한다.

　　여러모로 시민사회의 공공서비스 관련 투쟁은 사회적 돌봄의 새로운 형태를 만들어내는 데 필요한 성장과정의 일부였다. 사회적 돌봄에 대한 시민사회의 역할에 쏟아진 관심은 당초 시민사회가 원한 것이 아니었다. 이는 정부가 재정적, 조직적, 이념적 압력 때문에 변화를 맞이하게 되면서 빚어진 일이다. 특히 개발도상국에서, 세계화를 수반하는 압력(어떤 사람들은 강압이라고 말하는)은 특히 사회재를 시민의 의무로 여기는 생각에 타격을 주고 있다. 그 결과, 사회적 돌봄은 사회적 의미를 잃을 위험에 처했다.

　　지금까지 시민사회 지도부가 이 변화에 대응하기 위해 취한 태도는 방어적이었다. 또한 정부, 시민, 민간부문의 역할 및 사회적 돌봄의 의미와 내용에 대한 지금까지의 인식을 완전히 바꾸기에도 무리였다. 이제 무엇보다 필요한 것은 변화를 주도하는 큰 흐름에 대한 확실하고 적극적인 이해와, 시민으로서 우리의 관계를 인간화할 수 있는 사회적 가치와 시민적 가치의 원천이자 최종 수호자인 시민사회가 완전히 새로운 역할을 하도록 이끌어줄 전망이다. 우리가 어려울 때 서로를 보살피는 일에 대한 것이든, 돌봄 공동체의 유대와 의무가 자본의 맹목적 이익추구와 비인간적인 상업 메커니즘에 내몰리지 않도록 저항하는 일에 대한 것이든, 새로운 전망이 필요함은 분명하다. 이는 단순히 일자리를 잃거나 돌봄서비스의 질이 낮아지는 문제가 아니다. 지금 중요한 것은 사회복지를 상호 책임이라는 관계를 통해 표현되는 인류 공동의식에 기초하여, 공동체가 그 구성원을 돌보는 책임을 다하는 것으로 보는 사고방식이다. 사회복지의 민주화를 통한 호혜의 확대가 중요한 것은 이런 이유에서다.

협동조합 조직은 이 과정에서 아이디어와 역사적 경험을 제공하는 원천이자 실제 사회관계에서 이러한 가치를 실현한 모델로서 특별한 역할을 한다. 이탈리아의 사회적협동조합과 다음 장에서 살펴볼 일본 의료협동조합의 사례에서 알 수 있듯, 협동조합은 시민사회의 가치와 정부의 자원 및 재분배 역량이 적당한 균형을 이루는 사회복지의 새로운 전망을 위해 기존의 틀을 넘어서는 통찰을 내놓을 수 있다. 이런 과제의 수행은 새로운 세기에 정치·경제 제도의 근간을 이룰 사회적 가치의 토양을 다지는 데 주요한 역할을 할 것이다.

06

일본의 협동조합

일본과의 첫 만남은 매우 강렬한 인상을 준다. 미리 어떤 준비를 한대도 그렇다. 나리타 국제공항에서 도쿄로 가는 길은 마치 바글거리는 도시 위 10, 20층 높이로 콘크리트와 철재로 엮은 리본 위를 따라 내려가는 길 같다. 밤에는 유리와 빛의 협곡에서 떠도는 것과 같은 느낌이다. 시부야나 신주쿠의 휘황찬란한 번화가를 따라 걷다 보면 살아 숨 쉬는 거대한 가상현실의 파노라마와 마주치게 된다. 2차 세계대전 당시의 폭격으로 폐허가 된 지 50년도 채 안 된 지금, 이 도시의 풍경은 미래 시대에나 존재할 것 같이 초현실적이다. 오래된 나무와 종이로 만든 집들, 좁은 거리와 한적한 정원. 과거를 상징하는 풍경은 이제 거의 사라지고 이 비범한 사람들을 여전히 한데 묶는 기억

과 관습만이 남았다. 이 기억과 관습은 끈질기게 살아남아 새로운 도
시와 새로운 일본을 세우는 토대가 되었다. 세상에서 가장 빠른 기차
가 뱀처럼 매끄럽게 정거장으로 들어올 때 이국적인 꽃처럼 우아한
기모노를 입은 여인이 휴대폰을 들고 통화하는 모습은 기묘한 충격을
자아낸다. 전통과 초현대가 이처럼 아슬아슬한 균형을 이루고 있는
곳은 아마도 세상에 또 없을 것이다.

2차 세계대전의 참화가 지나간 뒤, 일본은 납작 엎드린 모습이었
다. 교토와 4개 도시를 제외한 다른 도시들은 미국의 폭격으로 잿더
미가 되었다. 철저하게 계산된 충격효과를 노리고 민간인들을 대상으
로 한 폭격이었다. 도쿄에서는 1945년 3월 9일과 10일 사이에 여섯
시간에 걸친 공습으로 10만 명이 불구덩이 속에서 산화했다.[1] 28만
7천 채의 건물과 가옥이 파괴되었고 빽빽한 도시에 몰아친 화염으로
인한 열 때문에 강물이 끓어오를 정도였다. 이 여섯 시간 동안 화마
에 목숨을 잃은 사람의 수는 역사상 가장 많을 것이다.[2] 드레스덴의
파괴와 히로시마, 나가사키의 원자탄 폭격은 서구인들의 양심에 지울
수 없는 상징으로 깊이 새겨졌다. 그러나 소이탄 폭격으로 발생한 화
재로 파괴된 일본 도시들의 이야기는 더 많은 생명을 앗아가고 더 큰
고통을 불러왔는데도 역사의 기억에서 사라지고 말았다.[3]

이런 끔찍한 역사적 배경을 감안했을 때, 도쿄의 재건과 불과 20년
만에 일본이 세계 경제대국으로 재기한 것은 20세기의 기적 가운데
하나로 꼽을 수 있을 것이다. 사람들을 하나로 묶는 사회적 연대가 인
도적이고 평화적인 목적을 향할 때 인간 정신의 재생능력이 얼마나
강인한지를 보여주는 사례라 할 수 있다. 일본을 맹목적이고 끔찍한

제국주의 전쟁으로 몰아넣은 파시즘의 어두운 터널에서 벗어날 수 있도록 이끈 빛이 바로 이것 아니었을까? 일본에 군사주의와 광적인 국가주의가 퍼져 깊이 뿌리내렸던 시절, 일본의 협동조합들은 이미 평화를 부르짖고 있었다. 또한 전시에 일본 정부가 이들 협동조합 조직을 파괴하려고 했지만,[4] 전쟁이 끝난 뒤 협동조합들은 평화운동을 중심으로 연대하여 다시 일어섰다.[5] 1951년 일본의 최대 소비자 조직인 일본생협연합회 설립 당시 조합의 신조는 "평화와 더 나은 삶을 위하여"였다.

오늘날 일본 소비생활협동조합은 조합원이 1천7백만 명에 이르며, 전 세계에서 가장 큰 규모로 조직화된 소비자운동이다. 일본 국민의 3분의 1이 소비생활협동조합의 조합원이다. 2007년 3월 마감 회계연도에, 일본 소비생활협동조합들의 총 매출액은 2백2십억 달러에 달했으며, 이는 일본의 소매 유통업계에서 세 번째로 큰 규모다.[6] 소비생활협동조합뿐 아니라, 농업협동조합과 노동자협동조합의 조합원도 6백만 명에 이른다. 일본 농촌경제의 중심인 협동조합은 어업, 임업, 농업에서 생산, 가공, 운송, 유통과 마케팅 시스템을 제공하고 있다. 일본의 농업협동조합 은행인 농림중앙금고는 자산규모 5천3백억 달러로 전 세계에서 자산규모로 31위이며, 농림어업 3개 산업에서 국가의 중추역할을 담당하고 있다. 농촌 마을 어디나 협동조합 가게가 있으며, 협동조합 금융과 협동조합 보험을 이용할 수 있다. 농민, 어민, 임업 종사자 대부분이 협동조합의 조합원이다.[7] 현대 일본에서 협동조합이 변화를 주도하는 세력으로 자리매김될 수 있었던 원동력은 일본 내에서 협동조합이 분명한 사회적 사명을 바탕으로 폭넓은 기반을 다져온 것에 있다. 협동조합들은 소비자 문제, 식품안전 및 안전 문제, 환경, 사회복지 개혁 및 의료서비스 확충 등 다양한 쟁점들이 대두되는 현장에서 활동하고 있다.

일본에서 협동조합이 부상한 것은 서구 사상과 혁명적인 역사 변화가 상호작용한 결과이며, 이 두 가지는 1800년대 중반부터 시작된 일본 근대화의 기초를 놓았다.[8] 1868년 일본의 근대를 연 사무라이들의 혁명은 1600년대부터 고립을 택하고 외세의 영향에 저항해온 막부시대에 종지부를 찍었다. 쇼군(일본 도쿠가와 막부의 우두머리-옮긴이)들은 기독교 선교사들과 외세의 영향으로 일본의 독립과 막부의 권력이 위협받을 것이라 생각했고 이러한 불안은 이유 있는 것이었다. 그러나 보그가 말한 것처럼 저항은 부질없는 일이었다.[9] 이때 서구는 산업혁명의 시대였고, 제국주의 확장정책 및 국제무역, 식민지 경제가 점차 커져가고 있던 때였다. 미국의 매튜 페리 제독이 1853년 7월 도쿄 만에 정박했을 때, 일본의 지배자들은 좋건 싫건 일본이 세계 경제의 게임 판에 뛰어들어야 한다는 것을 깨달았다. 곧 서구 열강이 불평등조약을 통해 일본을 정치·경제적으로 복속시켰다. 일본은 전 세계에 걸친 식민경제 체제에서 반(半)종속적 식민국가가 되었다. 이때의 충격은 구체제인 막부 체제의 종식을 앞당겨 사무라이들의 주도로 통일이 이루어졌고, 서구의 이상이 받아들여졌다.

1900년대 초반, 일본은 제국주의 열강이 지닌 힘의 원천을 파악하기 위해 서구 사상과 제도를 열광적으로 받아들이고 분석했다. 이때 받아들인 것이 국가와 군사 및 산업 발전에 대한 사상이었다. 신문물을 일본의 정치와 문화 현실에 녹여내는 것이 일본의 반종속상태를 해소하기 위한 전략의 핵심이었다. 일본의 새로운 지도자들이 20세기 초 이와 같은 목표에 매진한 결과, 일본은 유럽과 미대륙 이외의 국가들 중 유일하게 산업혁명을 완수한 나라가 되었다.[10] 1905년 일본은 서구와 대등한 식민주의 국가로서의 역량과 야망을 가지게 되었다.[11] 그리고 곧 아시아 전체를 대상으로 공격적인 제국주의 정책을 펼치기 시작했다.

일본에서 처음 협동조합이 시작된 때는 1897년이다(이는 저자의 착오로, 이미 1879년에 로치데일 시스템을 받아들인 협동조합이 설립되었다.-옮긴이). 일본이 받아들인 서구의 신문물 중에는 경제발전 수단으로서 협동조합도 포함되어 있었다. 일본은 산업 이식 정책의 하나로 1900년에 산업협동조합법을 정했는데, 이는 독일의 신용협동조합과 농업협동조합을 모델로 한 것이었다.[12] 법적인 틀이 갖춰지고 나자 새로운 산업체계의 발전이 이루어졌으며 더불어 노동운동 또한 협동조합을 지원하기 시작했다. 또한 로치데일 원칙을 바탕으로 한 소비자협동조합이 도시에서 조직되기 시작했다. 고베소비조합과 나다구매조합이 가장 먼저 조직된 협동조합이자 가장 활발한 협동조합이었다. 이들은 협동조합 운동이 일본 전역으로 확산되는 데 핵심역할을 했다. 그러나 일본 사회에서 협동조합 운동이 본격적으로 중요한 자리를 차지하고 일본 고유의 색깔을 띠기 시작한 것은 2차 세계대전 후 일본에서 '생활협동조합'이 등장한 이후였다.

생활협동조합은 삶의 질에 초점을 맞췄다. 시장·사회·환경·문화적 가치를 조화시켜 일본 고유의 협동조합 문화를 만들었다. '소비생활협동조합'이라 함은 전반적인 삶의 질을 향상시키는 것을 목표로 하는 통합적인 조직을 뜻한다는 정의는 일본 협동조합 운동의 이런 독특한 성격을 반영한 것으로, 1948년 소비생활협동조합법에 채택되었다. 다른 나라의 소비자협동조합들과 달리 이들 협동조합은 '반'이라고 하는 소그룹에 기반을 두고 있다. '반'이란 일본어는 문자 그대로 해석하면 '작은 모임'이라는 뜻이며 다섯에서 열 가족을 '기본단위'로 한다. '반'은 일본 생협의 조직과 활동에서 중추 기능을 수행한다. 일본의 '반'은 협동조합이 전통적으로 그러해온 것처럼 조합원들 자신의 경제 및 사회적 이익을 추구하는 것에 그치지 않고 좀 더 폭넓은 경제·사회·문화적 변화를 추구하였으며 일본 사회 전체에 적지 않은 영향을 끼쳤다.

일본 협동조합에서 볼 수 있는 이런 독특함의 문화·사회적 기원은 중세시대로 거슬러 올라가 일본 봉건시대의 상호부조 조직인 '유이(結)'에서 찾을 수 있다. 이 조직들은 2차 세계대전이 끝난 뒤 일본에서 협동조합 운동의 비약적인 성장에 기여하는 사회적 본보기 역할을 했다. 이에 못지않게 중요하지만 널리 알려지지 않은 문화 요소는 일본의 전통 종교인 신토다. 신토는 정결의식, 순수함, 그리고 인간과 자연의 성스러운 일치를 강조한다. 이런 종교적이고 문화적인 가치들은 종전 후 소비생활협동조합 운동에서 다시 나타나 변형되고 정치화되어 협동조합 운동의 특성에 반영되었다.

유이는 다른 많은 사회에서와 마찬가지로 일본 농업 생산체제의 주요 특성이던 집단주의 전통에서 유래한 것이라 볼 수 있다. 여러 세대에 걸쳐 전해져 내려오면서 마을살이에 깊이 뿌리를 내린 유이는 파종, 김매기, 수확, 물대기와 병충해 관리 등 쌀농사와 관련된 일들을 함께하는 품앗이와 같은 공동노동 제도다.[13] 농사일을 할 때 마을 구성원들이 기여하는 관습은 '무라하치부(마을의 법도를 어긴 사람과 그 가족을 마을 사람들이 의논해서 공동체에서 배제하는 일 – 옮긴이)' 또는 사회추방 제도에 의해 좀 더 강화되었는데, 이는 마을의 규범을 어기는 이들을 제재하는 효과적인 수단이었다. 한국과 대만에도 유이와 비슷한 제도가 있다. 인도네시아와 발리에는 수박subak이라는 물을 관리하는 공동체가 있었는데, 수천 년 동안 인도네시아 군도의 무논에서 물대기와 병충해 방제를 공동으로 해온 제도로 역시 비슷한 점이 있다.[14] 일본의 또 다른 상호부조 제도로 '코Koh'라는 것이 있다. 일본 전역에서 중세시대부터 시행된, 순번을 돌아가는 방식의 신용협동조합 제도다. 협동조합이 도입되기 전부터 이런 조직들이 있었다는 점을 볼 때 일본 사회에 이미 공동체적 유대정신이 뿌리 깊게 박혀 있었음을 알 수 있다.

근대화 이후에는 이 같은 집단주의 전통이 국가에 의해 변형되거나 국가주의 이데올로기와 결합되어 사회적, 이데올로기적 탄압수단으로 활용되었다. 이 시기 유럽에서는 집단주의의 부정적인 면이 전례 없는 수준과 규모로 발현되었다. 일본 군국주의 지도자들의 가치관은 유럽의 파시즘과 통하는 면이 있었다. 일본 군국주의 정부는 마을에서 전통적인 '초나카이(마을계)'를 강제로 조직하여 자주적인 조직이 아닌 정부 통제를 수행하는 조직으로 활용했다. 2차 세계대전 중 전시 정부는 일본 전역에 도나리구미(제2차 세계대전 당시 국민을 통제하기 위해서 만들어진 최말단 지역조직-옮긴이)라는 제도를 강제로 시행했다. 이 제도는 동네마다 10~15가정으로 구성되는 단위조직을 꾸리는 것으로, 겉으로는 상호부조를 표방하면서 예비군 역할이나 정치적 감시망, 정부 정책의 선전수단으로 삼았다. 경찰조직과 연계된 동네 정보원들이 이 조직에서 암약했다.[15] 각 단위조직은 식량배급, 보건의료, 질서유지 및 애국시위를 주도하는 역할을 맡았다. 참여는 강제적이었다.[16] 1947년 미군정이 이 조직들을 폐지했으나 역사의 아이러니가 예상치 않은 방향으로 길을 인도하여 군국주의의 잔재인 조직들이 사회 경제 개혁을 이끌어나가는 협동조합 운동의 기틀이 되었다. 맥아더 장군의 군정은 일본에 민주주의 가치를 도입하는 것이 필요하며 협동조합 운동이 민주주의 가치를 발전시키는 데 도움이 된다는 판단으로 운동을 지원했다.[17] 민주주의를 확산시키는 데 도움이 되는 다른 정치제도, 이를테면 노동조합, 여성단체, 정당 및 정치 이해당사자 집단 등도 지원을 받았다. 1952년 일본인들이 시민권을 정식으로 부여받게 된 이후 많은 이들이 이 조직들에 가입했다. 그리고 이를 계기로 시민사회가 재건되어 오늘날까지도 일본의 사회와 정치, 문화 개혁의 중심세력을 이루고 있다. 1948년 소비생활협동조합법의 제정 역시 이러한 민주화 및 전후 재건사업의 일환이라 할 수 있다.

전쟁이 끝난 직후 몇 년간은 극심한 궁핍의 시기였다. 이때는 식량 부족으로 인한 기근을 막기 위해 배급제도가 실시되었다. 전쟁 기간에 도나리구미가 배급식량을 분배하는 역할을 담당했던 것처럼, 전후의 힘든 시기에 협동조합들이 식량 및 기초 생필품 등 배급물품을 분배하는 역할을 맡았다. 협동조합과 식량안보 사이의 연계성은 다시 상품 거래를 할 수 있게 된 이후에도 꾸준히 이어졌다. 협동조합들의 식량안보 활동은 1951년에 일본생협연합회가 설립되었을 때 소비생활협동조합들이 기반을 다지는 데 큰 역할을 했고 전쟁이 끝난 뒤 협동조합이 전국으로 확산되는 계기이기도 했다. 믿을 수 있는 우수한 품질의 식료품을 생산하는 생산자들과의 연결은 전반적인 삶의 질 향상을 추구하는 협동조합의 사명 중에서도 꾸준히 우선순위를 차지해 왔다. 그러나 협동조합이 일본 사회 전반에 뿌리내릴 수 있었던 가장 큰 요인은 '반'을 회원조직의 기초단위로 도입하여 명실상부한 민주적 지배구조를 만든 것이다.

근대 이후 소비자를 조직화하는 수단으로 반을 처음 활용한 것은 1956년 당시 일본의 가장 큰 섬인 혼슈 북동쪽 야마가타 현에 있던 쓰루오카협동조합이었다. 처음 반이 조직된 계기는 협동조합 직원이 무인 상점의 이용방법을 배우기 위한 모임을 갖자고 제안한 것이었다. 한 회원의 집에서 모였는데, 이런 모임이 회원들 간의 원활한 의사소통에 효과적인 수단임을 깨닫게 되었다. 그래서 반을 조합원들과의 관계를 강화하고 협동조합의 운영은 중앙에서 조율하되 물품 유통은 분권화하여 중앙과 지역의 균형을 가능하게 하는 이상적인 조직형태로 보고, 조직의 가장 기초단위로 발전시켰다. 전쟁 중 도나리구미의 마을협의회와 비슷하게 반은 가족 대표 7~10명으로 구성되었다. 하지만 도나리구미와는 달리 참여는 순수하게 자발적으로 이루어졌다. 오늘날 일본 전역에 반은 1,000여 개, 조합원은 1천1백만 명에 이르며, 대부분 일본생협연합회의 회원조합에 소속되어 있다.[18]

일본생협연합회는 일본의 협동조합 관련기관 중 가장 규모가 크고 영향력도 막강하다. 그러나 사회혁신을 추구하는 소비생활협동조합의 역할을 좀 더 자세히 살펴보려면 생활클럽(세이카츠 클럽)이 적절한 예라 할 수 있다. 이때 '생활인'이란 단순히 소비하는 사람이 아니라 일상적인 활동을 어떻게 하는 것이 좀 더 진정한 삶의 가치를 추구하는 길인지를 깨어 있는 마음으로 성찰하는 사람을 뜻한다.[19]

생활클럽생협연합회는 30개 조합의 연합조직이며, 조합원 수는 30만 명에 이르고, 일본 내 19개 현에서 활동하고 있다. 조합원의 90퍼센트 이상이 여성이며 가장 영향력 있는 여성운동 조직이기도 하다. 이 연맹은 200개의 지점이 있으며, 각각 독립적으로 관리되고, 지역 단위에서 주체적으로 활동하고 있다. 생활클럽의 자본조달은 조합원의 월 회비 1,000엔을 기본으로 하며, 조합원들은 연합회의 여러 사업에 출자자로 참여하기도 한다. 누적 회비 납입금액은 2억 9천6백만 달러에 이르며, 평균 출자금액은 조합원당 1천 달러다. 생활클럽의 본부 직원은 유급 직원이 106명이며, 협동조합 본부, 각 지점 및 협동조합 회사에서 일하는 직원을 모두 합하면 1,300명에 이른다.[20]

생활클럽은 1965년 품질 좋은 우유를 적절한 가격에 공동구매하기 위해 주부들이 만든 클럽에서 시작되었다. 이들은 당시 시장을 지배하고 있던 우유 회사들이 가격을 조작하고 품질이 낮은 우유를 공급하고 있다고 생각했다.[21] 식료품의 품질에 대한 우려가 가장 중요한 요소이기는 했지만, 그것만은 아니었다. 생활클럽의 회원들은 식료품 자체의 문제를 넘어 식료품을 생산하는 시스템과 가치에 주목했다. 독점기업이 판매가는 높고 품질은 낮은 우유를 생산하게 된 배경에는 기존 경제체제의 모순과 부패가 있었다. 회원들은 안전하지 않은 식료품, 건강을 해치는 생활방식이 널리 퍼지게 한 소비문화, 그리고 그 바탕에 있는 문화 및 경제 체제에 반대했으며, 소비행위에서 개인과 사회의 정체성이 희미해지는 것에 반기를 들었다.

1960년대에 일본의 식품생산 경제는 소비문화의 타락으로 근본부터 흔들렸다. 본래 일본의 농업경제는 유럽이나 북미와 달리 소농 중심이었다. 그러나 지역생산 지역소비 시스템은 서구식으로 산업화되어갔다. 식품생산이 대중시장을 겨냥하게 되면서 식품첨가제, 화학약품, 보존료, 항생제가 식품생산 시스템에 도입되었다. 산업적인 식품생산 시스템은 이러한 화학적, 생물학적 조작의 종합세트와 불가분의 관계다. 세상에서 가장 건강한 식품생산 시스템이 하루아침에 망가져버리고 해외에서의 식량 수입이 증가했다. 그 결과는 볼 보듯 뻔했다. 비만이 확산되고 당뇨병과 심장질환 등이 늘어났다. 소비자, 특히 가정주부들 사이에서는 식품안전에 대한 우려가 확산되기 시작했다. 식료품은 쓰레기 증가, 환경오염, 소비문화 타락의 근원이자 상징이 되었다. 일본의 소비생활협동조합들은 식품이라는 요소를 매개로 공동체와 환경을 아우르는 통합적인 윤리를 회복할 것을 주장했다. 이 과정에서 생활클럽은 다른 어떤 조직보다 운동의 중심에 서서 전 세계의 산업 및 경제 흐름과 개인의 소비 및 건강이 서로 얼마나 깊이 연관되어 있는지를 강조했다.

설립 초기부터 동네의 반 모임들은 자기들이 먹을 음식의 안전을 보장하는 유일한 방법은 식품 생산자와의 직거래뿐이라는 생각이 확고했다. 지역 협동조합들은 우유에서 시작해 쌀, 콩, 달걀 등 다른 주요 식료품으로까지 품목을 넓혀 생산자와 직거래를 함으로써 안전하고 품질 좋은 식료품을 조달할 수 있는 촘촘한 상호부조 관계망을 만들었다. 이러한 특징을 지닌 생활클럽은 소비자와 생산자가 서로 협력하여 식품안전을 이루어냈다는 점에서 세계적으로도 주목할 만한 사례다.

생산자들과의 식료품 구매 계약에서도 철저한 품질관리 시스템이 확립되었다.(제휴라는 뜻의 '테이케이'는 파트너십을 뜻하기도 하는데, 철학적으로는 생산자의 얼굴이 보이는 식료품이라는 뜻이기도 하다.[22]) 농민들은 조합원들의 사전 주문을 바탕으로 물량을 사전에 정하는 방식으로 계약을 한다. 생산물은 이후 협동조합 유통센터로 출하되고 배송 트럭이 사전 주문 물량에 따라 각 동네에 배달을 한다. 시스템은 효율적이고 운영비용이 적게 들었으며, 협동조합 조합원들의 세심한 관리 감독을 받았다. 이 시스템은 중간 상인을 배제해 폭리의 가능성을 원천봉쇄한다. 또한 농민들이 사전에 구매자들로부터 확정된 물량을 보장받고 계획적인 생산을 할 수 있어 불확실한 시장에서는 불가피한 낭비와 손실을 피할 수 있다. 농장에서 가정으로 직배송하기 때문에 가게, 저장창고 및 비싼 포장이 필요 없으므로 자본과 간접비를 절감할 수도 있다. 이 시스템에서는 소비자와 생산자가 제품이나 시스템 개선에 관해 직접 소통할 수 있었다. 얼마 지나지 않아 생활클럽은 생산자들과 협력해 우유회사를 설립했고, 엄격한 품질관리를 거치는 미소된장을 생산하게 되었다. 지금은 식품생산 관련회사 9개를 소유하고 있다.

생활클럽은 지난 30년간 생산자들과 파트너십을 유지하면서 자신들의 기준에 따르는 제품 3천 종을 출시했다. 이중 60퍼센트는 식료품이었다. 삼십만 가지 제품을 구비해 놓는 슈퍼마켓과 달리 생활클럽은 제품당 하나의 브랜드만을 고수했다. 동종 제품 중 가장 우수한 제품만을 선택했으며, 이렇게 함으로써 불필요한 경쟁을 줄이고 결국 소비자에게 전가되는 광고비를 줄일 수 있었다. 또한 출시 전에 협동조합 조합원들이 제품 검사에 참여하는데, 이는 소비자를 속일 수 없도록 하는 방편이 된다. 주요 소비재의 가격은 생산비 보장 시스템에 따라 결정되고, 생산과 유통 전 과정에 이르는 비용이 투명하게 공개된다. 이렇게 해서 생산자의 생계와 사업이 안정될 수 있다. 마지막으로, 기초 생활재의 제품 종류를 제한함으로써 한 제품을 대량주문할 수 있어 다른 대형 소매 유통회사들보다 더 낮은 가격으로 공급할 수 있다.

생활클럽은 영업활동 전반에 걸쳐 안전, 보건, 그리고 환경과 관련된 원칙을 엄격하게 관리 감독한다. 생산자들은 사전에 이 원칙에 동의해야 하며, 클럽 측과 긴밀히 협력해 기준을 향상시킨다. 또한 농업, 어업, 축산업 및 가공식품과 관련한 독자적인 품질기준을 확립하였으며 생산자들은 이 기준에 따라 생산 제품 관련정보를 투명하게 공개한다. 생활클럽의 회원과 생산자들로 구성된 독자적인 조정위원회가 각 품질기준이 어느 정도로 맞춰지고 있는지 기준 적용 결과를 심사하여 품질기준을 상향조정한다. 이는 국가 기준을 상향조정하라는 압력을 넣기 위한 분명한 의도를 지닌 행동이다. 독립적인 감사위원회에서는 생활클럽 회원들이 생산지에 대한 '대중 독립 감사'라고 하는 제도를 실시한다. 회원들이 시행하는 제품 기준 감사는 생활클럽의 특징적인 활동이기도 하고, 제품 검사와 함께 조합원들이 가장 열성적으로 참여하는 활동이기도 하다. 환경 친화성도 생활클럽의 중요한 제품 평가기준이다. 예를 들어, 1979년 생활클럽생협연합회는 합성세제를 대체하기 위한 천연비누를 개발했는데, 이는 합성세제를 금지하자는 전국 캠페인의 일부로 진행되었다.

품질이 좋고 오염되지 않은 순수한 식품, 그리고 환경보호에 대한 의지는 일본 문화에 깊이 뿌리박고 있는 요소들이다. 생활클럽이나 그 협력자들이 이러한 문제에 강력한 의지를 가지고 있는 것은 이상할 것 하나 없다. 환경오염과 파괴에 대한 혐오는 일본 문화와 종교에 깊이 스며들어 있다. 깨끗함이라는 덕목은 거의 집착에 가까운 수준이다. 쓰레기 하나 없는 거리나 깔끔한 유니폼에 하얀 장갑을 낀 운전사가 운전하는 청결하고 반짝반짝한 택시만 보아도 알 수 있다. 자동차 시트의 머리받침 부분에는 깨끗한 천이 덧대어져 있기까지 하다.

일본 신토의 제의적 순수함이라는 개념은 자연을 신성한 영역으로 보는 관점의 연장이다. 식품의 산업적 생산과 대중 소비문화의 등장으로 인한 식품 오염과 환경에 대한 신성모독은 마음 깊은 곳의 질서를 어기는 행동이다. 이런 맥락을 전제로 할 때, 유럽에서도 소비문화의 확산이 상업적인 가치의 전파와 더불어 천천히 이루어졌는데, 일본에서 소비문화가 등장한 지 얼마 안 되어 그렇게 빨리 확산된 것은 자못 충격적이기까지 하다. 이런 정황은 소비문화의 매력이 얼마나 압도적인지를 보여주는 근거이기도 한데, 이런 사정을 감안하면 소비문화에 저항하는 생활클럽의 노력이 얼마나 대단한지 알 수 있다.

상품 표시제도 도입과 소비자운동

1997년 1월, 생활클럽은 생산자들과 협력하여 판매하는 모든 소비재에 대한 검사를 실시하고 독자적인 표시제도를 도입하였다. 이 표시제도에서는 유전자조작GM 식품·사료·첨가물을 금지했다. 그리고 일본의 지방자치정부들에 그와 같은 유전자조작 식품 표시제도를 도입할 것을 강하게 요구하고 68만 명의 서명을 받아 국회에 제출했다.23 이런 노력에 힘입어 쌀의 유전자조작을 금지하자는 운동에 다른 협동조합들도 참여하게 되었고, 마침내 유전자조작 식품에 대한 전국적인 조사를 이끌어냈다. 유전자조작 유기물의 경작과 소비를 막기 위한 생활클럽의 노력은 어느 정도 성과가 있었다. 일본 농림수산성, 지방정부, 사기업들이 추진하던 유전자조작 쌀 개발을 중단시키는 데 성공한 것이다. 몬산토의 유전자조작 쌀 개발을 중단시킨 캠페인도 대단히 성공적이었다. 몬산토는 아시아 시장에 진출하기 위해 유전자조작 쌀을 개발해서 유전자조작 식품 소비를 촉진하려고 했다.

이 캠페인은 국제적인 수준으로 확산되었다. 생활클럽은 식품이력 추적관리제도, GMO완전표시제도, 사전예방원칙 및 유전자조작 식품에 대한 국제 안전성검사 기준에 따른 제3자의 안전성검사 시행을 촉구하는 활동을 펼쳤다. 최근의 광우병 발병 및 고병원성 조류독감 등은 위와 같은 노력이 시급함을 뒷받침해주었다. 생활클럽을 비롯한 소비생활협동조합들은 국제적인 농식품 기업의 운영 시스템, 느슨한 규제와 정부의 취약한 안전 관리감독으로 인해 전 세계에 빠르게 퍼지고 있는, 안전하지 않은 식품생산에 맞서 최전선에서 싸웠다. 농식품 기업들과 각국 정부가 세계무역기구 협상을 통해 추진하고 있는 농산물 교역의 자유화가 시행되면 이런 위협은 한층 더 커질 것이다. 일단 일본의 식품시장은 해외 공급자들에게 더 많이 개방될 것이다.

최근의 세계 경제위기를 교훈 삼아 본다면, 위 시나리오가 얼마나 무서운 결과를 불러올지 쉽게 예상할 수 있다. 사업영역을 전 세계로 삼는 산업이 위험부담이 높은 사업 관행을 유지하는 현실에서 산업에 대한 관리감독이 허술한 경우 어떤 사태가 벌어지는지 우리는 세계 경제위기를 통해 이미 보았다. 세계 식량체계에서 같은 상황이 벌어질 경우 그 폐해는 훨씬 더 치명적일 수 있다. 따라서 식품생산에 대한 소비자의 통제권 회복이 어느 때보다도 시급하다.

일본의 협동조합 운동에서 생활클럽은 협동조합의 사회적 임무를 공공연하게 정치참여 전략과 연결시켰다. 일본을 포함해서 세계 여러 나라 협동조합 운동사에서 이는 매우 드문 일이다. 협동조합 운동은 지지정당 표명과 관련하여 대개 정치적으로 엄격하게 중립적인 입장을 취한다. 생활클럽 또한 기존의 정당 중에서 지지정당을 표명하지는 않았다. 대신 생활클럽은 자신들을 대표하는 지방자치단체장 후보를 냄으로써 장기적으로 정치체제에 대한 개혁을 꾀하고 기존 정치에 영향력을 행사했다. 이렇게 정치참여를 하는 목표는 여러 가지인데, 건강한 삶을 중시하고 환경을 보호하는 정책을 제도화하는 것, 사회의 복지를 개선하고 지역공동체를 강화하는 것 등을 들 수 있다.

생활클럽은 반 모임과 비슷한 철학으로 협동조합 조합원들이 함께 모여 독립적인 정치조직을 결성하도록 했다. 이것이 생활자네트워크가 탄생하게 된 계기이다.('생활자'는 단순한 '소비자'와 대비하여 삶을 사는 사람, '주체적인 생활자'를 뜻한다.) 생활자네트워크는 일본 전역에서 140명의 지방의회 의원을 배출하는 성과를 거두었다. 이중 다수가 여성이다. 정치가 여전히 남성들만의 영역으로 여겨지는 일본에서 여성들이 이렇게 지방의회에 진출한 것은 여성의 권리 측면에서 그 자체로 커다란 성취다. 소비자가 이끈 네트워크 운동은 풀뿌리 정치운동으로 성장하여 기존 정치의 흐름을 바꾸었다. 다시 말해, 기업들이 시장 이익을 확대하기 위해 정치를 포섭하는 것 대신, 소비자들이 사회적인 이익, 공익이 시장에 우선하도록 정치를 유도해낸 것이다.

일공동체 운동

생활클럽의 정치활동 및 식품사업과 밀접하게 연관된 또 다른 활동은 지역공동체에서 협동조합형 일자리를 만들려는 노력이다. 생활클럽의 일공동체(워커스 컬렉티브) 운동은 소비생활협동조합들과 긴밀히 연계하여 노동자들이 소유하고, 관리하고, 운영하는 지역 협동조합을 만들려는 것으로, 이 운동을 통해 노동자협동조합 400개가 만들어졌다. 도시락, 제빵, 식품가공, 노인 및 장애인 돌봄, 재사용, 편집, 광고, 디자인, 소비재 관련 물품의 분류 및 물류에 이르기까지 다양한 업종의 노동자협동조합이 있으며 고용인원은 1만5천 명에 이른다.[24]

일공동체 운동은 명확한 경제적 목적을 가지고 시작되었으며, 일자리를 창출해 협동조합 일자리가 첫 직장인 여성들을 다수 고용했다. 그러나 이 운동의 바탕을 이루는 생각은 공동체가 지역 사람들이 통제권을 갖는 기관들에 의해 유지되고 공동체 생활과 협동을 강화하는 사회적 가치와 경제를 구현하는 것이 되어야 한다는 것이다. 협동은 사람들이 공통의 목표를 향해 협력할 수 있도록 해주는 사회 자본이자 함께 공유하는 정체성이기도 하다. 식품의 구매와 유통, 정치활동, 소비자 교육과 환경운동, 노인과 장애인 돌봄 등 생활클럽이 힘을 쏟고 있는 모든 활동은 소비지상주의의 파괴적 영향을 해독하는 공동체 건설과 건강한 살림살이의 실현과 연결되어 있다.

생활클럽은 여러 가지 의미에서 중요한 모델이다. 소비자와 소규모 생산자들이 공통의 이해를 가지고 연대할 수 있게 하며, 산업적인 식품생산 시스템의 대안으로서 지역생산, 지역소비와 환경보호의 가치를 결합하는 식품생산 시스템이다. 이 시스템의 가장 기초를 이루는 것은 공동체 감수성이다. 생활클럽을 비롯한 일본 소비생활협동조합의 조합원들은 경제적 이해관계로 연결되어 있을 뿐 아니라 사회적으로도 서로 연결되어 있다. 식품안전과 건강한 삶이 사업의 중심을 이루는 것은 변치 않을 것이다. 하지만 일본 사회의 변화는 반과 조합원들의 조합 활동 참여에도 영향을 미치고 있다. 공동체의 가치는 서서히 쇠퇴하고 있으며 젊은 사람들이 조합에 참여하지 않는다. 집에서 살림을 도맡아 하는 전통적인 의미의 가정주부들이 생활클럽의 중추였다면, 여성의 역할이 변화함에 따라 이제는 많은 기혼여성들이 노동시장에 진입하여 가정생활에서나 이웃과의 관계 차원에서도 협동조합 활동에 참여할 수 있는 여유가 없다. 이러한 점이 다른 소비문화 요소와 맞물려 생활클럽이나 다른 소비생활협동조합에서 개인주의 경향을 심화시키고 있다. 식품의 공동 배송은 급격하게 줄었고 대신 가정배달이 늘고 있다.[25] 생활클럽은 이제 공동체 건설이나 공동체적, 개인적 욕구를 지니고 있는 회원들에게 특화된 서비스를 제공하는 것을 클럽의 미션 가운데 하나로 삼고 있다. 노인 돌봄, 의료, 레크리에이션 서비스와 기타 다양한 사회서비스들이 생활클럽의 미션이 되었으며, 이는 다른 생협연합회나 그 회원조합들도 마찬가지다.

일본 협동조합들이 일본사회에서 심화되는 개인주의와 공동체 개념의 쇠퇴에 어떻게 대응하는지가 협동조합 운동의 미래를 결정하게 될 것이다. 이는 전 세계 각국의 협동조합 운동에 공통으로 해당되는 문제이기도 하다. 일본의 경험은 건강한 공동체를 형성하는 데 도움이나 방해가 되는 여러 사회현상들에 대응하고자 하는 협동조합과 그 밖의 사회운동에 중요한 참고가 될 것이다.

건강과 행복을 위한 의료협동조합

나가노 교외의 한적한 동네, 20명 정도 되는 사람들이 모여 있었다. 깨끗하고 단순한 선, 크림색 벽을 받치고 있는 기둥, 방들 사이를 가르는 반투명한 종이 문. 사람들은 전형적인 일본식 가옥의 마루를 덮고 있는 다다미 위에 앉아 화기애애하게 대화를 나누고 있었다. 한 여성이 조용히 방 안을 다니며 손님들에게 차를 대접했다. 사람들 앞에는 그림, 공책, 차트, 마커 펜 등이 들어 있는 플라스틱 상자가 놓여 있다. 이 사람들은 동네 반의 회원들로, 소변 샘플을 채취하는 법을 배우기 위해 모였다. 이들은 나가노의료협동조합 의원의 회원들로, 간호사 한 명이 훈련을 지도하기 위해 함께하고 있었다.

지난 30년간 일본의 소비생활협동조합들은 120개의 의료협동조합을 설립했고, 조합원의 수는 3백만 명에 이른다. 이 협동조합들은 모두 1만3천 개의 병상을 보유하고 있으며, 의사 1,635명과 21,000명의 직원을 고용하고 있다. 간호사, 사회복지사, 의사, 물리치료사 그리고 그 밖의 건강 관련 전문직 종사자들은 공동체 구성원들과 협력하여 의료에 대한 독특한 공동체적 접근방식을 구현하고 있다. 소비자협동조합과 마찬가지로 이 시스템의 기초조직은 반이다. 일본의 식품 시스템을 개혁하는 데 소비생활협동조합이 큰 역할을 해온 것처럼 반은 개인의 건강이 공동체의 건강과 별개가 아니라고 본다. 공동체 행동주의와 연계한 전문적인 의료서비스 생태계는 의료에서 예방 중심 접근방식을 기초로 삼고 있다.

서구와 마찬가지로 일본의 의료체계는 공공과 민간을 혼합하는 실험 단계에 있어 유동적인 상태이다. 1960년대 이래, 일본은 복지국가와 관련된 프로그램을 몇 가지 도입했다. 일본의 국가, 지방자치단체, 고용주가 제공하는 보험은 시민들에게 의료 및 재택 서비스를 제공하고 있으며, 서비스에 비례한 요금체계는 국가의 의료비 부담 측면에서 캐나다와 미국 시스템의 중간 정도라고 볼 수 있다. 의료비용의 70퍼센트는 공공자금에서 나온다. 그러나 한편 민간부문이 관여할 수 있는 여지도 많이 남겨놓고 있다. 의료서비스에서 공공과 민간의 비율은 서구에서처럼 점차 민간이 차지하는 비중이 늘어나고 있는 추세다. 지난 20년간 감세 등으로 인해 의료에 대한 공공투자는 점점 줄었고, 중산층과 저소득층의 부담은 늘어나고 고소득층과 기업의 부담은 줄어들게 되었다. 다른 현상들도 많이 있으나, 이 부분은 특히 신자유주의적 개혁의 교과서를 충실히 따르는 흐름이었다. 세계에서 가장 인구가 고령화된 일본이 이런 흐름을 따르게 되자 의료비용은 상승했고 그 부담은 고스란히 일본 시민들의 몫이 되었다. 이런 흐름은 지속되고 있으며, 2009년에도 의료서비스에서 민간이 차지하는 영역은 점차 증가할 것이다. 이런 변화로 인한 피해는 의료서비스에 대한 지불능력이 가장 낮은 계층이 가장 심하게 겪게 된다. 이런 정책이 일본 의료서비스의 비용을 절감할 수 있게 해준다는 주장은 근거가 별로 없다. 서구에서는 비슷한 정책들을 시행한 결과 생명유지와 관련된 핵심 서비스가 가장 필요한 사람들이 서비스를 받지 못하게 되었다.(병에 걸릴 확률은 가난한 사람들이 더 높다.) 병에 걸린 사람들은 비용 부담 때문에 의료서비스를 기피하게 되고, 결과적으로 질병의 파악도 늦어지며 필요한 개입도 그만큼 늦어지게 된다. 이에 따라 전반적인 의료체계의 비용이 증가하게 된다. 일본의 경제침체로 인한 영향이 가시화되면 상황은 더 악화될 것이다.

이런 맥락에서 새로운 해법이 절실하게 필요했고, 일본의 의료생협들은 역동적인 대안을 창안해냈다. 일본의 의료생협들은 공공과 민간 모델의 장점을 합치고 질병 예방과 건강한 생활에 대한 철학을 살려, 공공과 민간을 막론하고 고질적인 문제가 된 증세에 대한 대응 치료를 넘어서는 해법을 제시한다. 의료생협 체계는 건강관리에 대한 1차 책임은 개인에게 있을 수밖에 없다는 점에 대한 이해를 바탕으로 건강한 생활습관, 식품안전, 그리고 사회관계망 증진이 건강의 주요 결정요인이라고 보았다. 식품 생산자들과 소비자들이 파트너십으로 지역 식품경제의 새로운 패러다임을 연 것처럼, 의료 전문가들과 시민들이 파트너십을 갖고 의료에 대한 대안적 접근방식을 고안해낸 것이다. 반이 이 전략의 핵심에 있다.

의료생협에서 반의 역할은 전문적인 의료서비스 체계를 공동체 생활의 가치와 시스템 속에 자리 잡게 하는 것이다. 이를 위해서는 양방향의 교류가 필요하다. 기술적, 의학적 전문지식이 건강관리 자원봉사자들에게 전달되고, 공동체에서 얻은 건강관련 정보가 의료 전문가들에게 전달된다. 반이라는 기초조직을 통해 맺어진 각 협동조합 병의원과 공동체들 간의 파트너십 덕분에 일본의 의료생협은 세계에서 가장 효과적인 예방의학 기관이 될 수 있었다.

반은 의료협동조합을 위해 몇 가지 기능을 수행한다. 첫째, 건강 관련 문제의 발생과 관련해 조기 경보체계 역할을 한다. 반의 구성원들은 공동체 안에서 다양한 건강진단을 수행할 수 있도록 훈련을 받는다. 위에서 언급한 나가노의료협동조합의 경우처럼, 소변이나 대변 샘플을 분석하고, 체중과 근육량을 점검하며, 혈액검사를 통해 당뇨병을 진단한다. 결과는 의료협동조합의 전문가들에게 보내지며 데이터 분석 결과 문제가 있다고 진단되면 즉각 행동을 취한다. 이 시스템은 개인의 건강관리를 위해서도 효과적일 뿐 아니라 의료비 절감을 위해서도 매우 효과적이다. 반은 또한 세미나 등을 실시하여 감기 예방이나 건강한 식사와 같은 정보를 널리 알리고 단체 체육활동, 식사 준비, 요리강습, 단체 여행 등 다양한 활동에 참가할 수 있도록 사회관계망을 제공한다. 의료협동조합의 입구와 로비는 반 활동의 주요 거점이다. 자원봉사자들이 부스를 차려놓고 신선한 과일이나 야채, 식이요법이나 요리강습, 반이 주최하는 다양한 공동체 활동이나 문화 활동에 대한 정보를 제공한다. 이런 활동들이 사회적 유대와 건강한 생활여건을 제공하여 전문의학이 개입되었을 때 가장 큰 효과를 발휘할 수 있는 기반을 조성한다.

마지막으로, 반은 모금활동도 한다. 협동조합 병의원들은 건물 신축이나 장비 구입과 같이 큰 금액이 필요한 자본투자는 의료와 공동체 활동을 위한 공공예산에 의지하며 작은 금액들은 회원의 회비로 충당한다. 그러나 의료협동조합은 다른 의료기관, 특히 민간 영리의료기관과는 달리 회원들의 지불능력에 따라 서비스 제공여부를 결정하지는 않는다. 회비를 인상하는 경우에도 회비 인상을 감당할 수 없는 회원들을 위한 의료서비스는 일정 부분 협동조합이 감당한다.

이와 같이 의료에 대한 극도로 특화된 접근방식을 적용하려면 의료 종사자들 입장에서도 완전히 다른 방식의 훈련을 받아야 한다. 이런 특성 때문에 의사와 간호사, 기타 의료 전문직 종사자들이 의료협동조합에서 일하면서 더 높은 전문성을 갖추게 되는 측면도 있어, 의료 전문인력 전문성 증진 면에서도 높은 평가를 받는다.

노인 돌봄

병원의 환자 대다수는 어르신들이다. 일반 병원이나 노인 전문병원이나 차이를 느끼지 못할 정도다. 현재 일본 인구의 5분의 1이 60세이상의 노인이다. 일본의 협동조합들이 노인문제에 정면 대응하고 있는 것은 어찌 보면 당연한 일이다.

의료협동조합 시스템의 상당 부분이 노인들을 위한 재활센터에 할애되어 있다. 이런 센터들 가운데에는 입원 환자의 평균 나이가 85세이상인 곳도 많다. 더욱 놀라운 일은 입원 환자 가운데 45퍼센트 이상이 6~7개월 단기 입원을 한 뒤 집으로 돌아간다는 점이다. 이런 센터들의 주 목적은 어르신들이 자기 집과 지역공동체로 돌아가서 필요하면 동네의 소비생활협동조합이나 노동자협동조합과 연관이 있는 재택 간병인의 도움을 받을 수 있도록 하는 것이다. 이 접근방식의 기초는 각 개인이 본래 속한 공동체의 사회적 관계를 유지할 수 있도록 하는 것이다. 이는 어르신들이 주체성을 가지고 건강과 편안한 삶을 누리고, 북미의 전통적인 노인 요양시설의 문제점인 외로움과 고립을겪지 않도록 하려는 것이다.[26] 앞서 사회적협동조합에 대해 이야기하면서 언급했던, 배우자와 고통스러운 이별을 한 사례와 같은 일은 이런 협동조합 시스템에서는 일어날 수 없는 일이다.

협동조합의 노인 돌봄과 관련해 또 하나 중요하게 이야기할 만한점은 노인들에게 서비스와 일자리를 동시에 제공하는 노동자협동조합의 설립이다. 노동자협동조합 두 곳이 이런 일을 하고 있는데, 하나는 노동조합 운동과 깊은 연관이 있는 일본 노동자협동조합연맹JWCU

이고, 다른 하나는 생활클럽이 설립한 여성들의 일공동체WWC이다.27

미국이나 캐나다와 달리 일본은 노인을 대표하는 대중조직이 없다. 협동조합 운동은 이 공백을 메우기 위해 노인들에게 활동의 기회를 부여하고 공동체와 유대를 유지할 수 있도록 노력해왔다. 첫 노인협동조합인 '일본고령자생활협동조합(코레이쿄)'은 1995년에 설립되었다. 2000년 당시 일본 전역에서 노인협동조합에 가입한 조합원 수는 2만7천 명에 이르렀다. 오늘날 일본고령자생활협동조합은 일본 전역 47개 현마다 지부가 있으며 총 조합원 수는 10만 명이다. 조합원 수를 1백만 명까지 늘리는 것이 목표다. 일본고령자생활협동조합의 주요 목표는 어르신들이 가능한 한 오래 자기 집에 머물 수 있도록 지원하는 것이다. 노인협동조합의 접근방식은 문제를 두 가지 관점으로 본다. 하나는 노쇠한 어르신들이 독립적인 생활을 유지할 수 있도록 필요한 도움을 제공하는 것이다. 또 하나는 어르신들이 다른 노인들에게 필요한 서비스를 제공함으로써 활력을 유지할 수 있는 유급 일자리를 찾을 수 있도록 하는 것이다.28 많은 어르신들이 지역사회에서 봉사할 수 있는 기회를 가짐으로써 자존감과 삶의 의미를 찾고 있으며, 협동조합에 가입하는 가장 큰 동기도 이것이다. 사실 누군가에게 필요한 존재, 쓸모 있는 존재가 된다는 것이 자존감과 정신건강에 중요하다는 사실은 누구나 알고 있다. 일본의 협동조합 운동은 노인문제와 관련하여 가장 근본적인 인간의 욕구에 잘 대응하고 있는 것이다.

일본고령자생활협동조합의 특별한 점은 일본에 널리 보급되어 있는 소비생활협동조합의 특성과 상대적으로 그보다는 덜 보급된 노동자협동조합의 특성을 결합했다는 점이다. 이 두 종류의 협동조합을 연계한 비결은 '사용한 만큼 지불(pay-as-you-go)'하는 티켓 시스템이다. 협동조합의 여러 서비스들은 가격이 공지되며 일반적으로 동일한 서비스의 시장가격보다 조금 낮은 수준으로 책정된다. 회원들은 티켓 북을 구매하며 다른 조합원들이 제공하는 서비스를 이용할 때마다 서비스 가격에 해당하는 티켓을 지불한다.

일본고령자생활협동조합 회원들에게는 가정 도우미나 진료 시간에 맞춰 오가는 교통서비스 등과 같은 기초적인 서비스 말고도 다양한 종류의 서비스가 제공된다. 예를 들어 가정 간병 서비스(식사 보조, 침대보 교체 등), 옷 수선, 집수리와 리노베이션 등이 있다. 일본고령자생활협동조합은 회원들에게 지역의 반이 제공하는 공동체 서비스나 사회서비스를 연결시켜 줄 뿐 아니라 조합원들이 제공하는 서비스와도 연결시켜준다. 여행이나 뜨개질, 인형 만들기, 사회서비스 자원봉사, 일본고령자생활협동조합이나 비슷한 자선단체의 기금모금 봉사, 독서와 토론 그룹, 신문 발간 등 다양한 활동을 하는 소모임이 있다. 어떤 지역에 있는 노인협동조합은 어르신들에게 점심이나 저녁 식사, 가정배달 서비스를 제공하기도 한다. 주간 돌봄 센터가 있는 곳도 있으며, 세 곳은 상주 돌봄 센터까지 갖추고 있다.

일본에서는 꽤 최근까지, 돌봐줄 가족이 있는 유복한 노인의 경우 주로 돌보는 역할은 며느리나 딸이 맡았다. 2차 세계대전 중 일본에서는 3백3십만 명의 남자들이 전쟁 때문에 사망했다. 이에 따라 2백만 명가량의 여성들이 결혼하고 가정을 꾸릴 수 있는 기회를 갖지 못했다. 이들 독신 여성들은 대가족 체제에서 나이 든 부모님을 모셨다.

오늘날 바로 그 독신 여성들이 장기적인 돌봄을 받아야 할 처지가 되었으나 가족이 없는 경우가 많다. 최근 통계에 따르면 일본의 노령인구 가운데 절반만이 가족과 살고 있으며 확대가족, 즉 친척과 함께 사는 경우는 줄고 있다. 자기 가족이 있건 없건 점점 더 많은 일본의 어르신들이 일본고령자생활협동조합과 같은 협동조합이 고령화 시대의 다양한 문제에 대한 해법을 제시하는 반드시 필요한 수단이 되고 있음을 깨닫고 있다.

서구에서 예방의료는 잘 알려져 있다. 예방의료는 의료서비스의 팀 기반 접근방식, 의료서비스 전달 주체를 의사뿐만 아니라 임상 간호사에까지 확장하는 방식 등의 새로운 접근법과 더불어 한층 발전한 의료정책의 상징처럼 되어가고 있다. 그러나 실제 현장에서는 이런 좀 더 발전된 접근방식의 실현을 막으려는 음모가 있다. 여기에서 이 문제를 자세하게 다루기는 어렵지만, 캐나다 등지에서는 의료 전문가 집단이 일반사회와 거리가 멀어짐으로써 좀 더 발전적인 접근방식이 현실에 적용되지 못하고 있다. 더 구체적으로 얘기하자면, 조직화된 지역공동체 구조(예컨대 반 제도와 같은)가 있어서 의료기관들과 파트너십의 주체가 될 수 있을 때 문제는 개선될 수 있을 것이다.

캐나다와 미국에서도 의료협동조합이 활동하고 있다. 캐나다에서 1960년대에 의료협동조합이 도입된 것은 보편적 의료서비스 도입에 반대하던 의사들이 강경하게 파업을 하고 있던 때였다. 이때 설립된 의료협동조합들은 예방의학과 관련된 우수 사례를 많이 개발해냈다. 미국에서도 영리 목적의 민간 의료체계가 미국의 의료체계를 뒤흔들 때 그 대안으로 설립된 의료협동조합들이 공동체 기반 의료체계의 우

수 사례들을 보여준다. 시애틀의 그룹헬스협동조합Group Health Cooperative
은 1947년에 노동조합과 소비자협동조합들, 그리고 이상주의적인 의
사와 간호사들이 연대하여 설립한 조합으로, 중서부에서 가장 크고
가장 높은 등급의 평가를 받는 건강관리 조직으로 활동하고 있다. 이
조직 또한 협동조합의 의사들을 블랙리스트에 올리는 등 의료협동조
합을 방해하려고 한 전미의료협회와 같은 의료 기득권 세력과 오랫동
안 투쟁한 결과 설립되었다.[29] 기득권 세력은 쉽게 물러서지 않으며,
의료영역을 지배하고 있는 전문가 계급에 도전하는 것은 그 무엇보다
도 어려운 일이다. 그러나 결국에는 변화가 일어나고 있다. 조금 늦춰
질 수도 있고 그 과정에서 절충이 있을 수도 있겠지만, 개혁이 필요하
다고 느끼는 수요는 늘 있으며, 사람들에게 권한을 부여하고 공동체
를 활성화하는 모델이 이런 수요를 만나 이루어낸 발전은 다시 퇴보
하는 일 없이 탄탄할 것이다. 음식과 건강, 돌봄을 공동체에 연결시킨
일본 소비생활협동조합의 전망은 우리가 만들어낼 수 있는 가능한 발
전 모델 중 하나일 뿐이다.

07

칼리의 딸들

칼리는 캘커타[1] 전역을 지배하고 있다. 칼리는 암흑의 여신으로 파괴적인 분노와 승리를 상징한다. 팔이 네 개에 붉은 혀를 내밀고 잘린 머리를 들고 해골 목걸이를 하고 남편 시바의 몸 위에서 광란의 춤을 춘다. 두려움과 광적인 신앙의 대상, 복잡하고 모순으로 가득하며 신비스러운, 혼돈이면서 동시에 지혜인, 공포의 어머니 칼리. 캘커타라는 이름은 칼리 신의 이름을 따서 지은 것이며, 칼리는 캘커타의 모든 것을 압축적으로 보여주는 완벽한 상징이다.

칼리가트 사원은 힌두교에서 성스러운 성지로 손꼽는 사원으로, 그 주변에 도시가 발달했다. 수백 년 동안 순례자들은 후글리 강(벵골만으로 흐르는 갠지스 강의 지류) 기슭 근처에 있는 사원을 방문해왔다.

오늘날에도 여전히 엄청난 수의 독실한 순례자들이 사원을 방문하고 있다. 미신과 영성, 순수와 부패가 기묘하게 섞인 칼리가트를 중심으로 사람들이 득실대는 도시와 캘커타에서 가장 오래된 홍등가가 생겨났다. 순례자가 오는 곳에는 버림받은 여성들도 모여들었다. 과부나 추방당한 사람들은 단지 쉼터와 음식을 찾아 모였고, 순례자와 사제들에게 서비스를 제공하려는 목적으로 온 사람들도 있었다. 어떤 경우든 절망적인 상황에서 결국 많은 이들은 불가피하게 성매매에 내몰리게 되었다.[2] 그리고 대대로 변함없이 칼리가 사원에 있었다. 칼리는 원시적이고 강하며, 인도의 신앙인 중 가장 천대받는 사람들에게 힘과 위안을 주는 원천이자 힌두교에서 가장 강력한 여성의 힘의 상징이다. 또한 과거에나 지금이나 변함없이 버림받고 멸시받고 힘없는 자들(생계를 위해 몸을 파는 여성들이야말로 이 대상에 가장 부합한다)의 수호자이다.

나는 아시아에서 최초이자 최대 규모인 성노동자들의 협동조합에 대해 알아보기 위해 캘커타를 방문했다. 내가 속한 밴쿠버의 협회가 지원할 도전적인 프로젝트에 적용될 수 있는 모델을 찾던 중에 우샤다목적협동조합USHA Multipurpose Co-operative에 대해 처음 알게 되었다. 해당 프로젝트는 밴쿠버에서 악명 높은 다운타운 이스트사이드 지구를 대상으로 한다. 이 지구에서는 성노동자가 거의 60명이나 실종되었는데, 나중에 여성 대상 연쇄살인이었음이 밝혀졌다. 이는 캐나다에서 가장 끔찍한 여성 연쇄살인이었다. 밴쿠버의 성노동자들은 두려움에 떨었다. 그들은 자신의 친구들이 흔적도 없이 사라지는 걸 목격하고는 성매매를 위해 안전한 피난처를 설립하기로 했다. 브리티시컬럼비아 주의 협동조합 협회는 성매매를 통제하고 성노동자들의 안전을 조금이나마 보장해주기 위해 협동조합 수립을 도와주었다. 성매매에 종사하는 여성들이 운영하는 사회·정치 조직이 최초로 발달한 곳은 캘커타로, 이 조직은 이제 전 세계에서 성노동자의 권리를 강화하고자 하는 조직들의 본보기가 되었다.

캘커타에서 보낸 시간은 인내를 시험했다. 거주자와 방문자 모두에게 캘커타는 고난의 도시다. 이곳에 제국을 수립하기로 한 것은 일 못하기로 악명 높은 영국 특유의 멍청한 짓이었다. 말하지 않아도 예측 가능한 일이겠으나, 대영제국을 이곳에 수립한 것은 순전히 상업적 논리 때문이었다. 대영제국이 수립되기 전 이곳에는 멸시받는 작고 더러운 마을들이 모여 있었다. 이 마을들은 칼리 사원 근처에 집중되어 있었고 말라리아가 창궐하는 갠지스 삼각주의 습지와 갯벌에 자리 잡고 있었다.

캘커타는 영국인들이 만든, 역사가 300년이 조금 넘는 새로운 도시다. 이 도시는 영국의 상인이자 영국 동인도 회사의 대리인이었던 조브 차녹이 1690년에 만들었다.[3] 차녹이 벵골 지역 대리인으로 임명된 1686년에 동인도 회사의 본부는 현재 도시에서 40킬로미터 상류에 있는 후글리에 있었다. 하지만 영국인들과 현지인들 간에 싸움이 벌어져 새로운 근거지를 찾아야 했다. 차녹은 진흙으로 뒤덮인 강기슭을 위아래로 다니며 살펴보다가 마침내 칼리가트의 아주 작은 마을을 동인도 회사의 새로운 근거지로 골랐다. 그 당시에는 그게 좋은 생각인 듯했다. 후글리 강의 굴곡진 곳 근처에 있어 서쪽으로는 강의 격류가, 동쪽으로는 정글과 습지가 지켜주는 곳이었다. 강은 배가

항해하기 쉽게 아주 깊었고 이 지역의 만곡부에는 항구를 만들 공간도 충분했다. 무역과 군사적 관점에서 이상적인 장소였다. 하지만 실제 이곳에 살아야 하는 사람들에게는 지옥이었다. 캘커타의 타는 듯한 더위와 습기는 의지를 무너뜨리고 모든 것, 특히 가장 중요한 노력에 대한 의욕을 꺾는다. 3월 중순부터 몬순이 시작되기 전까지 기온이 43~44도까지 올라가고 그 기온이 내내 계속된다. 오늘날 기온으로 인한 영향은 견디기 힘들 정도이다. 도로에서는 타르가 녹아내린다. 그리고 강철로 만든 하우라 다리는 후글리 강에 705미터 길이로 뻗어 있는데, 낮과 밤 사이에 길이가 늘 1미터씩 차이 난다. 그리고 더위와 습기 때문에 가게 안에 무엇을 놓을지 미리 주의를 기울여야 한다.

하지만 항상 상식을 무시해 보통 사람들을 당황스럽게 하며 경솔하고 자기 확신에 가득 찬 영국인의 특징을 보여주듯, 동인도 회사는 1696년에 해당 지역을 차지하고 캘커타를 세웠다. 도시가 성장하면서 인도와 서구의 문화가 뒤섞였고 상업의 용광로가 되었다. 또한 대영제국을 위한 법원이 설립되고 도시의 영원한 상징이 될 빈민가가 생겨났다. 캘커타에는 부를 쫓는 사람들과 이와 반대로 재산이 없는 사람들이 엄청나게 몰려들었다. 캘커타는 인도의 수도이자 대영제국의 두 번째 도시가 되었다. 외부와 차단된 부자들만의 공간, 식민지 왕궁을 보호하는 벽 주변으로 사람들이 물밀듯이 몰려들었다. 계속되는 전쟁으로 인한 기근과 불안은 절박한 최하층에게 죽음, 질병, 폭력 그리고 인간이 새로운 국가의 격변을 거치며 경험할 수 있는 모든 종류의 고통, 분리, 종교·사회적 갈등으로부터 도망치고 싶은 마음을 심어주었다. 폐품과 녹슨 깡통으로 만들어진 금방이라도 무너질 듯한 최하층의 오두막이 바닷물이 빠진 뒤 남아 있는 쓰레기처럼 도시 벽에 붙어 있었다.

가난하고 힘없는 사람들과 대영제국 관료, 영국인, 벵골인이 함께 있는 상황과 빈부 격차는 도시에 성매매가 번성하는 유인이 되었다. 캘커타에서 가장 크고 유명한 홍등가인 소나가치는 세속적이고 상업적이며 이전 시대들과 똑같이 육체적 쾌락을 즐긴 영국 통치의 부산물이었다. 대형트럭 기사, 이주노동자, 군인, 선원, 릭샤(인력거)를 끄는 사람들, 건들거리는 기둥서방 등 끝없는 인파로 들끓던 이 지역은 동인도 회사 직원들과 빠르게 늘어난 내정 관리직들에게 봉사하며 번성했다.

소나가치

소나가치는 퇴락하는 빌딩들과 도시 중심부를 따라 치타란잔 가로 향하는 혼잡한 차량들에서 뿜어져 나오는 스모그로 가득한, 긴 협곡에서 갈라져 나온 캘커타의 북쪽 끝에 있다. 소나가치란 이름은 이 지역 사람들을 보살핀 수피교 성인인 '소라 가찌Sora Gazzi'에서 유래했다. 그를 추억하는 의미에서 축성된 사원은 정문이 있던 지역의 서쪽 끝에 아직 남아 있다. 오늘날 대부분의 사람은 치타란잔 가로 향하는 도로나 치타란잔 가 아래를 달리는 지하철을 이용해 소나가치에 온다. 소나가치는 따닥따닥 늘어선 3, 4층짜리 낡은 건물들인데, 떠들썩하고 혼잡한 시장이 들어선 붐비는 길에 바로 맞닿아 있다. 이 지역의 하수와 쓰레기 처리방식은 중세시대에 머물러 있다. 쥐 때문에 아주 골머리를 썩고 있고 도처에 큰 까마귀가 웅크리고 있다. 약 4,000명의 성노동자들이 이곳의 성매매 업소 370군데에 살며 일하고 있다. 축제일에 추가로 쓴 비용을 충당하기 위해 성매매에 참여하는 여성들로 인해 축제 기간에는 그 수가 급증한다. 성매매 업소로 사용되는 건물의 크기는 방 5개에서 25개까지 다양하다. 주거공간은 어둡고 비좁으며, 공용 화장실과 샤워실을 이용해야 한다. 커튼으로 구역을 나눠 한 방을 4~6명이 나눠 쓰는 일도 흔하다. 나는 3세대의 가족이 떠돌아다니는 성노동자와 방을 같이 써 한 방에 10명까지 거주하는 곳을 방문하기도 했다.

소나가치의 성매매는 정기적으로 해당 지역을 방문하는 약 2만 명 정도의 남성들을 대상으로 하고 있다. 방문하는 남성들은 대부분 가족과 떨어져 살며 육체노동(주로 건설업)을 해서 빠듯하게 살아가는 이주노동자들이다. 어떤 사람들은 마음에 드는 특정 상대만을 정기적으로 방문하며 장기적인 관계로 발전하기도 한다. 이런 사람들은 '바부스babus'라고 불리며, 지역사회 생태계에서 인정받는 위치를 차지하고 있다.

성노동자들의 세계에서는 버는 돈의 액수에 따라 엄격한 서열이 정해진다. 최상위 그룹은 상류층이나 'A'에 해당하는데, 이 그룹은 아그라에서 왔기 때문에 '아그라왈리스'라고 불린다. 이 그룹에 속하는 여성들은 매력적이고 능숙하며 일주일에 1,000~5,000루피(한화로 약

17,000~88,000원-옮긴이)를 번다. 그 아래 'B'에 해당하는 그룹은 젊지만 미숙한 집단이다. 이 그룹은 주당 500~1,000루피를 번다. 가장 하위 그룹은 주당 500루피도 못 버는 나이 든 여성들로 이루어져 있다. 이 여성들은 성매매하기에 나이가 너무 많아지면 거리에서 구걸을 한다. 소수를 제외하고, 이곳의 가난은 고질적이다.

성매매 여성들은 독립적으로 일하거나 성매매 업주(여성은 말킨malkin, 남성은 마스탄mastaan이라 불림)의 통제를 받으며 일한다. 마스탄은 거리에 무리 지어 모여 있으며 복장으로 구별할 수 있다. 마스탄은 사롱(허리에 두르는 민속의상) 위에 하얀 민소매 속셔츠를 입고 있다. 마스탄은 수입의 4분의 1을 가져가지만 말킨은 절반까지 가져가기도 한다. 방은 하루, 한 주, 한 달 단위로 대여된다. 일을 잘하면 혼자 쓰는 방을 얻을 수 있고 그 방을 다른 성노동자에게 다시 대여한다. 심지어 새로운 방을 구해 성매매를 알선하기도 한다.

소나가치는 얼핏 보면 캘커타의 다른 대부분의 지역과 다를 바가 없다. 다른 곳에서 흔히 볼 수 있듯이, 이 지역에도 좁은 길을 지나가기 위해 보행자와 경쟁하는 자동차, 수레, 릭샤, 트럭들이 뒤섞여 있다. 가게, 외양간, 작업장이 거리와 골목에 끝없이 줄지어 있다. 이곳에서는 생각할 수 있는 모든 종류의 물건과 서비스를 구할 수 있다. 가게들은 대부분 아주 작다. 어떤 가게들은 심지어 찬장 크기다. 가게 주인들은 요가 수행자처럼 선반 위에 앉아 미로처럼 얽힌 길을 바삐 빠져나가는 사람들에게 향신료, 쌀, 판(구장나무의 잎. 보통 삼각형으로 접어 양념을 넣어 먹음), 과일, 천, 사탕, 담배를 판매한다. 더 깊숙한 골목에서는 무두장이, 제빵사, 재단사, 그리고 용광로 앞에서 땀 흘리며 검게 그을린 모루 위의 쇠를 두들기는 금속세공사를 볼 수 있다. 캘커타의 다른 모든 지역과 마찬가지로 소나가치는 빽빽하게 밀집한 마을이다. 캘커타의 어느 곳보다도 열악한 환경에서 살아남기 위해 주민들은 시골 생활을 할 때부터 지녀온 아주 오래된 습관들을 바꾸며 마을의 삶에 적응하고 있다. 이 마을이 지닌 매우 인상적인 특징 가운데 하나는 소음[4]과 혼란 속에서도 피어오르는 친밀감이다.

어떤 면에서 보면, 소나가치를 '홍등가'라고 부르는 것은 왜곡의 소지가 있다. '홍등가'라는 단어는 사실상 복잡하고 번성하는 장소의 한 측면만 보게 한다. 성매매가 이곳에 굉장히 오래전부터 존재해왔고 이 지역의 주 수입원인 것은 사실이다. 하지만 성매매는 더 큰 사회구조, 복잡하고 다양한 거래, 직업, 생활방식, 관계의 일부분일 뿐이다. 이 모든 것이 뒤섞여 매우 독특하고 흥미로운 사회의 축소판을 보여준다. 이곳에서 성매매의 비중이 작지 않다. 성매매는 지역사회의 생명줄과 깊은 관계가 있다.

역사적으로 인도의 주류사회는 서구보다 성매매를 더 많이 인정해왔다. 인도 최초의 매춘부라 할 수 있는 데바다시는 사원에서 일했다. 안드라프라데시 주의 람가르 힐에 있는 요기마라 동굴에 기원전 3세기 때 새겨진 글을 보면 사원의 매춘여성에 대해 언급하고 있다. 이는 인도의 매춘여성에 관한 가장 오래된 고고학적 증거다.[5] 고대 인도(특히 탄트라 수행과 칼리 숭배가 발달한 벵골 지방)에서 매춘부와 정부(情夫)는 현대보다 더 높은 평가를 받는 위치에 있었던 것으로 보인다.

많은 수트라에서 인간의 성생활을 찬양하고 있는데, 그중 성애에 관한 노골적인 탐구를 담은 '바츠야야나'의 《카마수트라》가 가장 잘 알려져 있다. 《카마수트라》에는 성노동자나 정부의 입장에 대해 놀랄 만큼 솔직하게 기술되어 있다. 책의 제6장은 오롯이 정부에 대해서만 다루고 있다. 파트너를 고르는 법, 파트너로 적합하거나 부적합한 사람의 요건, 파트너를 얻는 법, 떼어내는 법, 사랑하는 그가 원하는 것을 해주는 법, 그가 흥미를 잃고 있다는 신호, 돈을 뜯어내는 법, 다양한 종류의 이익과 손실을 따져보는 법, 헤어진 연인과 다시 만나는 법, 매춘부의 여러 가지 유형 등에 대해 다루고 있다. 1,500년 전에 바츠야야나는 여성 오르가즘의 실체와 그것에 신경 써야 함을 지적했다.[6] 서양문학에서 이 주제가 등장한 것은 훨씬 이후의 일이다. 또한 바츠야야나는 그 당시 인도에 존재했던 동성애와 트랜스젠더에 대해서도 언급하고 있다.[7]

현대 인도의 성 문화에 대해 아는 사람이라면, 고대 인도에서의 성생활과 성매매에 대한 상대적인 너그러움이 현대 인도에서 성을 억압하는 모습과 매우 극명하게 대조됨을 알 것이다. 성에 대한 억압은 식민지 시절 빅토리아 시대의 가치가 도입되고 힌두교에서 금욕적인 면이 강조되면서 나타났다. 서구사회에서 성 혁명이 전개되는 동안(어두운 면도 있지만), 인도의 성 문화는 매우 문제가 많은 상태에 머물러 있었다. 가부장제, 위선, 미신, 그리고 성인을 어린아이 취급하는 경향으로 가득 차 있었다. 발리우드 영화에 가득한, 걷잡을 수 없는 욕망과 순결의 이상한 조합만 보아도 인도에서 얼마나 성이 위축되고 사회적으로 성적 욕구가 충족되지 못하고 있는지 알 수 있다. 발리우드 영화에 나오는 고문에 가까운 회전동작은 큰 웃음을 선사하지만, 발리우드 영화의 영향은 결코 비웃을 만한 것이 아니다. 성적 억압은 가부장적인 문화와 결합하여 여성들에게 정말 끔찍한 결과를 불러왔다. 다음에 설명할 여성들의 사례에서 이 끔찍한 결과의 비극적인 흔적이 분명하게 드러난다. 한편, 인도의 신앙심 깊은 평균 남성은 종교 내 금지령, 사회적 비난, 문화적 전통(놀랍게도 70퍼센트나 차지하는 중매결혼과 어린이 결혼 등)에 둘러싸여 성생활을 수치스러운 일로 느끼고 건강한 성생활의 즐거움을 누리지 못하고 있다.

영국 동인도 회사가 1690년대에 캘커타를 만들었을 당시, 성노동자 집단은 사회에서 천대받는 계층이 아니었다. 초기 식민지 관리자 중 일부가 이 사실을 알아보았다. 관리자들은 인도에서 매춘부의 삶이 영국 매춘부의 삶과 매우 다르다는 걸 알아챘다. 캘커타에서는 매춘부의 영역이 인정받고 있었고 식민지 법원에서 승인한 거래조건이 있었다. 1850년대까지 매춘부들은 대금을 지급하지 않은 고객들에게 법원 소환장을 낼 수 있었다. 크림전쟁이 일어나고 대영제국의 관료 체제에 빅토리아 시대의 가치가 도입되면서 모든 것이 바뀌었다. 이 두 사건은 인도 성노동자의 운명을 영원히 바꿔놓았다.

크림전쟁이 끝난 뒤 영국 의회는 성병에 고통받는 영국 군인들의 수에 충격을 받아 1854년에 전염병법을 통과시키고 대영제국 전역에서 이 법을 집행했다. 그리고 1869년 4월 1일, 인도에서도 전염병법이 시행되었다. 이 법의 주요 내용은 인도 성노동자들은 모두 의무적으로 신고를 해야 하고 의료검사를 받아야 한다는 것이었다(특히 영국 군인들을 상대하는 경우에는 더더욱). 법이 시행되자 성노동자들의 감정과 자존심, 성노동자 집단에 무자비한 공격이 가해졌다. 벌거벗는 것에 매우 민감한 인도인들의 문화는 무시되어, 금속도구를 사용하는 의료검사를 받을 때 여성들은 종종 사람들이 보는 앞에서 옷을 벗도록 강요받았다. 의료검사를 받을 때 도망치거나 검사를 받으러 오지 않은 여성들에게는 체포영장이 발부되었다. 수치심을 견딜 수 없어 자살하는 사람도 있었다. 성노동자들은 식민지 경찰에게 괴롭힘을 당하고 '이로운 법'의 시행에 따라 범죄자 취급을 받고 지하세계로 쫓겨났으며 무차별적인 구속과 처벌에 시달렸다.

전염병법의 시행에 따른 학대는 예상된 것인지도 모른다. 경찰이 성노동자 1,400명을 체포하게 되자 성노동자들은 이에 저항하고 법원에 전염병법에 반대하는 청원서를 올렸다. 그 과정에서 추악한 행위가 낱낱이 드러났다. 나중에 법원에서 권력 남용, 부정이득, 폭력, 추행에 대한 혐의가 밝혀졌고 해당 경찰관은 파면되었다. 학대 사실이 공개되자 전염병법의 철회를 요구하는 주장이 영국에서 지지를 얻기 시작했다. 반대운동이 계속됨에 따라 전염병법은 1883년에 캘커타에서 철회되었고 마침내 1888년에 폐지되었다. 하지만 이 법안에 담긴 시각은 행정당국 및 경찰당국의 태도와 이후 활동에 확고히 남았고 오늘날에도 계속 남아 있다. 학대도 마찬가지다. 그러나 반란과 저항의 교훈은 잊히지 않았다. 어둠 속에서 200년 동안 살아온 뒤, 16,000명이 넘는 캘커타의 성노동자들은 오늘날 또다시 밝은 낮에 그들의 권리를 주장하고 있다.

1992년 2월에 세계보건기구WHO는 성노동자들의 성병 및 에이즈 발병률을 측정하는 기초조사를 하기 위해 캘커타에 있는 인도위생보건연구소All India Institute of Hygiene and Public Health의 문을 두드렸다. 이 프로젝트에는 인도의 국립에이즈관리기구NACO도 적극적이었다. 인도의 국립에이즈통제기구는 인도 정부가 여전히 에이즈를 부인하고 있을 때 에이즈 확산에 대항하기 위해 보건부 산하에 설립된 기관이다. 조사는 4개 도시(캘커타, 뉴델리, 뭄바이, 첸나이)에서 진행하기로 했다. 이 건강상태에 대한 물음은 매우 오랫동안 성노동자를 괴롭혀오고 침묵하게 한 권력과 차별에 도전하는 운동을 촉발했다. 이 운동은 여권 강화, 사회정의 구현, 경제적 자유를 목적으로 했다.

그 당시 전염병학자인 스마르지트 자나 박사는 인도위생보건연구소에서 강의를 하고 있었다. 다부지고 진지해 보이는 외모의 자나 박사는 세계보건기구에서 조사를 총괄해달라는 연락을 처음 받았을 때 주저했다고 이야기했다. 그의 연구분야는 직장집단에 대한 연구를 기획하고 설계하는 '노동위생'이었기 때문이다. 이 프로젝트는 그의 전문분야가 아니었다. 성노동자들의 성병이 노동위생과 무슨 관련이 있단 말인가? 자나 박사는 소나가치가 어디에 있는지도 몰랐고 에이즈에도 관심이 없었다. 세계보건기구가 4주 동안 계속 그를 설득한 결과 그의 생각이 바뀌었다. 그가 말하길, 성매매를 업으로 삼는 집단에서 성병은 직무상 재해임을 깨달았을 때 결심이 섰다고 했다. 매춘부는 사실상 성노동자다. 자나 박사는 프로젝트에 합류했고 소나가치 프로젝트가 시작되었다.

첫 번째 난관은 조사에 참여하도록 성노동자들을 설득하는 것이었다. 표본집단을 모으려면 신뢰와 확신이 필요했고 이를 얻기 위해 자나 박사 팀은 3개월 넘게 집집마다 방문을 하는 등 엄청난 노력을 했다. 성노동자들이 이런 조사에 민감한 점을 이해하고 있었고 과거의 실수를 되풀이하고 싶지 않았기 때문에, 팀은 커뮤니티 단체에 조언과 도움을 구했다. 조언과 도움을 구한 커뮤니티 단체에는 과거 소나가치 성노동자들과 작업한 경험이 있는 SCDP^{Society for Community Development Project}도 있었다.

프로젝트에 착수할 때부터, 프로젝트 주최 측은 조사에서 성노동자들의 삶과 관심사항, 개인의 문제를 이해하는 것이 필수라고 생각했다. 자나 박사는 다음과 같이 말했다. "여성 성노동자들은 사회적 상호작용이 없어서 기이할 정도로 한정된 생활을 하고 있고 사회적 이해가 부족합니다. 그들이 아는 유일한 언어는 몸의 언어이며, 몸으로 남성 고객들과 소통하고 있습니다. 이러한 경험 때문에 주류 사회와 전혀 다른 시각으로 삶을 인지합니다. 저희의 목표는 그들이 인지하는 세계를 탐구하는 것입니다. 저희는 저희가 성노동자의 세계를 이해하기 전까지는 성노동자들을 이해하거나 진짜 문제를 파악할 수 없다고 생각합니다."

어떠한 도덕적 판단도 하지 않고 성노동자들의 삶에 진심 어린 관심을 가진 것이 연구원들이 소나가치의 비밀스러운 삶을 열게 된 열쇠였다. 조사를 위해 450명(대상 집단의 약 12퍼센트)의 성노동자가 무작위로 선정되었다. 또한 성노동자들의 건강상태뿐만 아니라 개인적인 버릇, 관습, 매춘 관련 또는 개인적 성행동방식에 대한 인구통계학적 자료도 수집했다. 조사팀은 진료소를 해당 지역의 중간 지점에 설치하고 조사가 진행되는 3개월 동안 무료로 서비스를 제공했다. 조사에 참여하는 사람들은 우선 인터뷰를 진행하고 이후 진료소를 방문해 진찰 및 에이즈 검사를 받도록 유도되었다. 성적 건강상태가 주요 조사 분야였지만, 성노동자 외에도 모든 업종의 사람들이 진료소를 방문해 일반적인 건강문제에 대해 상의했다.

자나 박사에 따르면, 성노동자들이 진료소에 와서 처음 묻는 말 중 하나가 "제가 아이를 가질 수 있을까요?"였다고 한다. 아이를 가질 수 있는지는 모든 성노동자들에게 거의 강박에 가까울 정도로 가장 큰 관심사였다. 본인의 건강보다 임신 가능성이 더 중요한 문제였다. 자나 박사는 다음과 같이 설명했다. "아이를 가지고자 하는 갈망은 예상치 못한 특이한 사실이었습니다. 저희는 임신을 원하는 성노동자들의 열망을 이해할 수 없었습니다. … 하지만 저희는 건강문제의 핵심을 다루기 위해서는 성노동자들의 세계를 먼저 이해해야 한다는 것을 깨달았습니다. 저희가 아닌 그들의 관점에서 말입니다."[8]

기초조사를 성공적으로 마친 프로젝트로는 소나가치 프로젝트가 유일했다. 좀 더 깊이 파고드는 전략 또는 전략적 지역공동체 개발방법론을 활용하지 않고 기존의 방식을 사용해 뭄바이, 뉴델리, 첸나이에서 수행한 다른 프로젝트들은 필요한 수의 표본집단을 모으는 데 실패해 모두 조사를 포기했다.

한편, 소나가치 프로젝트의 조사결과는 암울했다. 조사한 450명 중 27퍼센트만이 규칙적으로 피임을 하고 있었고 45퍼센트는 가끔만 피임을 하는 것으로 밝혀졌다. 콘돔을 사용해야 한다고 주장할 수 있는 사람은 2.7퍼센트밖에 되지 않았다. 그리고 검사 결과, 검사받은 360명의 성노동자 중 80퍼센트 이상이 하나 이상의 성병에 걸려 있고 약 1퍼센트는 에이즈에 감염되어 있다는 사실이 확인되었다. 검사받은 사람 4명 중 1명은 매독에 걸려 있었다.[9]

세계보건기구와 프로젝트팀은 걱정스러울 정도로 높은 성병 감염률에 놀라, 에이즈 확산을 통제하기 위한 긴급 의료지원 및 개입 프로그램을 추진할 장기 프로젝트를 기획했다. 자나 박사 팀은 또다시 프로젝트 수행을 요청받았고, 1992년 6개월 일정으로 성병·에이즈 개입 프로그램STD/HIV Intervention Program, SHIP 프로젝트가 소나가치에서 시작되었다. 프로젝트는 '의료서비스 제공, 성병에 대한 정보 제공 및 교육, 성노동자들의 콘돔 사용 장려'라는 세 가지 축으로 구성되었다.

성병·에이즈 개입 프로그램 프로젝트팀은 이번에도 접근방식을 분명히 했다. 그들은 성매매가 직업에 해당하고 합법적인 일로 간주되어야 한다고 생각했다. 그들은 성노동자를 구출하거나 사회에 복귀시키려는 시도는 전혀 하지 않았고, 성노동자의 일에 대해 도덕적 판단을 내리지도 않았다. 대신 성노동자들과 그들의 거주환경과 근무환경의 물리적인 상황을 개선하는 데 초점을 맞추었다.[10] 건강이 프로젝트의 핵심이었다. 성노동자들은 직업상 항상 성병이나 에이즈에 감염(또는 재감염)될 위험이 있으므로 꼭 정기적으로 건강검진을 받아야 한다. 또한 성노동자들은 고립되어 있고 쉽게 위축되다 보니 보통 콘돔을 끼지 않고 성관계를 하자는 남성의 요구를 뿌리칠 힘이 없다. 건강상태와 권력 사이에 이처럼 연관관계가 있다는 자각은 더르바르 마힐라 사만와야 위원회the Durbar Mahila Samanwaya Committee, DMSC의 출범으로 이어졌다. 이 위원회를 통해 소나가치의 성노동자들은 자기 자신과 자신들의 일에 대한 몇 백 년 된 사고방식에 도전하기 시작했다.

소나가치에서 성병·에이즈 개입 프로그램 프로젝트팀이 취한 접근방식은 전례가 없는 것이었다. 이 접근방식은 상호 신뢰관계를 구축하는 토대가 되었고, 상호 신뢰관계를 통해 프로젝트팀과 성노동자 커뮤니티는 친밀한 관계를 형성했다. 이 접근방식에는 성노동자 커뮤니티 내에서 조직될 수 있고 커뮤니티에 받아들여질 교육자 그룹이 필요했다. 프로젝트팀은 성노동자의 동료가 성노동자를 직접 접촉해야만 프로젝트가 성공할 수 있음을 깨달았다. 성노동자들에게는 성노동자 커뮤니티의 삶과 문화에 친숙하고 다른 성노동자들과 굉장히 사적인 내용까지 얘기할 수 있는 사람이 필요했다. 현재 성매매에 종사하고 있거나 은퇴한 사람들로 구성된 12명의 '동료 교육자Peer Educator'가 커뮤니티에서 모집되었다. 성노동자 커뮤니티에서 교육자 그룹을 모집하고 훈련한 것은 프로젝트의 전환점이 되었다. 성노동자들은 연구나 치료 대상자가 아닌 교육자 그룹으로서 활발한 주체, 즉 진정한 리더가 되었다. 정부지원 프로그램은 성노동자들이 직접 조직하고 운영하는 대변기구로 탈바꿈했고, 이 변화의 핵심은 성노동자로 구성된 교육자 그룹을 모집한 것이었다.

성매매와 성노동자 커뮤니티의 폐쇄적인 세계를 열어준 열쇠는 동료 교육자들이었다. 동료 교육자들은 성노동자들에게 새로운 정체성을 심어주고 가치 있는 여성으로서 소통할 수 있는 새로운 자유를 주었다. 목표를 공유하는 주체들로서 평등한 관계와 선택권에 기초하여 행동하고 저항할 수 있는 공동체를 만드는 것이 모든 변화의 원천이었다. 이전에 없던 새로운 조직을 만들었다는 소식은 도시 전역에 삽시간에 퍼졌다. 성노동자들은 난생처음으로 세상과 맞설 자아정체성을 발견하고 표현했다. 성노동자들은 스스로를 사회에서 추방된 사람이 아닌 사회의 일원으로 보기 시작했다. 사회 정체성과 자기존중의 문제는 성병·에이즈 개입 프로그램 프로젝트와 더르바르 마힐라 사

만와야 위원회가 나중에 수행한 사업들에서도 여전히 가장 핵심으로
남아 있었다.

동료 교육자들은 성노동자들이 진료소를 정기적으로 방문해 건강
검진을 받게 하는 일을 담당했다. 동료 교육자들 각자는 본인만의 커
뮤니티 인맥, 관계, 담당 지역이 있었다. 그들은 동료 교육자라는 새
로운 역할을 수행하면서 담당 지역의 다른 성노동자들을 자주 방문하
고 다수와 친밀한 관계를 맺었다. 하지만 곧 이것만으로는 충분하지
않음이 분명해졌다. 창립 멤버 가운데 한 명인 푸툴 싱은 다음과 같이
말했다. "성노동자들에게 콘돔을 사용하지 않는 성관계의 위험성과
생명의 위협에 관해 설명하는 것만으로는 충분하지 않았습니다. 우선
성노동자들이 자신의 삶을 소중히 여겨야 했습니다. 만약 그들이 자
신을 소중히 여기게 된다면, 본인의 건강과 삶을 보호해야 할 필요를
느낄 것입니다."

긍정적인 자아상을 세우고, 자신을 가치 있게 여기며, 자신감을 얻
고자 하는 성노동자들의 욕구가 문제였다. 이러한 욕구가 없다면 성
노동자들은 그들의 미래에 투자하고 미래를 설계하는 데 전혀 관심
을 보이지 않을 것이다. 에이즈보다 다른 문제들을 해결하는 것이 우
선이었다. 이 문제를 두고 동료 교육자들은 공동의 목표를 위해 힘
을 모았고 눈앞의 생존 문제에만 연연하지 않도록 생각을 다졌다. 그
리고 성노동자로서 그들의 삶을 결정하는 주변 상황에 대해 깊이 성
찰해보았다. 성노동자라는 직업 때문이 아니라 불평등한 권력관계
로 인해 성노동자 커뮤니티가 고립되고 비난받고 학대받아왔다는 사
실을 파악하게 되자 성노동자의 세계가 다르게 보이기 시작했다. 성

매매를 둘러싼 사회 현실에 대한 조사결과는 성노동자들의 건강상태가 궁극적으로 성노동자들의 삶을 지배해온 권력 및 통제의 방식과 관련되어 있음을 시사했다. 동료 교육자들과 프로젝트 운영위원회는 사무실에서 오랜 논의를 거친 끝에 성노동자들의 행동이 아닌 성매매를 둘러싼 권력구조를 바꿔야 한다는 결론을 내렸다. 성매매 업주, 경찰, 정치인, 반복되는 폭력, 폭력배, 인신매매범, 사채업자들과 싸워야 했다.

기존 조직 구성만으로는 서로 얽혀 있는 이 문제를 해결할 수 없음이 분명했다. 커뮤니티가 이 문제를 직접 담당할 수 있게 할 새로운 상설조직이 필요했다. 그 결과 1995년 3월에 9명의 성병·에이즈 개입 프로그램 프로젝트 구성원을 주축으로 더르바르 마힐라 사만와야 위원회(이하 더르바르 위원회)가 설립되었다. '더르바르'라는 단어는 벵골어로 '멈출 수 없는' 또는 '굴복하지 않는'을 뜻한다. 더르바르 위원회의 목표는 성노동자들에게 그들의 인권을 지킬 힘을 주고, 성매매를 처벌 대상에서 제외하고, 성매매를 정당한 직업으로 인정받게 하고, 성노동자들과 성노동자 커뮤니티의 주거환경과 근무환경을 개선하는 것이었다. 더르바르 위원회는 사회단체로 등록되어 있지만, 설립할 때부터 협동조합적이고 민주적인 운영철학과 구조를 지니고 있었다. 성노동자들에게 본인의 신체, 성생활, 건강상태, 삶에 대한 통제권을 주는 데 필요한 상호지원과 단결된 행동을 끌어내려면 협동조합적이고 민주적인 운영철학과 구조는 필수였다.

첫 회의에서 성노동자들의 부채와 성노동자들이 금융권에서 받는 차별에 관한 문제가 최우선으로 논의되었다. 은행들이 성노동자들과의 거래를 꺼려서 성노동자들은 대출금의 300~1,200퍼센트를 이자로 부과하는 사채업자에 의존할 수밖에 없었다. 정말 심각한 착취 시스템이었다. 성노동자들은 영원히 돈을 모으지 못하고, 빚을 갚지 못하고, 자녀를 교육하지 못하고, 딸을 결혼시키지 못하고, '추심원들'의 협박과 폭력 그리고 사채업자의 압박에 시달릴 게 뻔했다.

여러 가지 전략이 논의되었다. 은행을 설득하자는 의견도 있었지만 헛수고일 뿐이라는 이유로 받아들여지지 않았다. 마이크로파이낸스(소액대출) 프로그램에 대해서도 논의하였으나 이 전략도 수용되지 않았다. 마지막으로 제시된 전략은 협동조합 설립이었다. 회의에 참석한 사람들은 협동조합 형태가 구성원의 직접적인 조직 소유 및 통제를 가장 잘 보장하면서도 다른 여러 가지 활동을 수행할 수 있는 유연성을 갖추고 있는 형태라고 판단했다. 마침내 그들은 자신들이 해결해야 하는 여러 문제를 포괄할 수 있는 다목적협동조합을 설립하기로 했다. 하지만 협동조합 설립이 얼마나 시간이 많이 들고 힘든 일인지는 전혀 알지 못했다. 다른 많은 것들과 마찬가지로 서벵골 주의 협동조합법은 식민지 시대의 오래된 유물이었다.[11]

한때 이 법의 모델이었던 영국 협동조합법에서는 이미 오래 전에 사라진 도덕적 금지령이 인도의 협동조합법에는 여전히 남아 있었다. 협동조합 설립 요건 중 하나는 구성원이 '선량한 도덕적 품성'을 지녀야 한다는 것이었다. 신청양식의 '직업'란에 창립 멤버들은 도전적으로 '성노동자'라고 기재하였다. 역시나 '성노동자'라고 기재한 것이 문제가 되었다.

인도의 정부 관료는 늘 가장 신경 써서 대해야 하는 종족(모두 남자)이다. 의례화되어 있고 권력을 매우 세밀하게 나눠 먹기 하고 있는 인도의 관료체제는 쩨쩨한 독재자에게 이상적인 환경이다. 인도의 관료 직은 평범한 한 사람이 다른 사람에게 절대적인 권력을 행사할 수 있는 유일한 자리다. 거대한 정부 시스템이 공무원 한 사람의 의지를 관철하기 좋은 구조로 짜여 있다. 인도 관료는 정해진 양식에 비추어 아주 조금이라도 이상하거나 양식에 맞지 않는 점이 있으면 이 절대적인 권력을 행사한다. 법에 명시되어 있는 '선량한 도덕적 품성'이라는 요건은 치열한 싸움의 발단이 되기에 충분했다. 협동조합 설립 신청은 반려되었다. 해당 부처의 직원은 변경하길 기대하며 직업란에 '성노동자' 대신 '주부'라고 기재하라고 구성원들에게 제안했다. 구성원들은 이 역설적인 상황을 도저히 이해할 수 없었다.

성노동자들은 거부했다. 극심한 모욕감은 차치하고, 성노동자들은 자신들의 직업을 인정받는 것이 이 투쟁에서 가장 중요한 부분이라고 생각했다. 열띤 논쟁이 이어졌고, 성노동자들은 선량한 도덕적 품성이 상대적인 용어라고 주장했다. 성노동자들은 그들의 직업을 옹호했다. 다른 사람들과 달리 그들은 뇌물을 바친 적도 사람을 죽인 적도 없고, 부패하지도 않았다. 일부 공무원이나 성매매 알선업자와 정반대로 말이다. 성노동자들은 자신들이 사회에 서비스를 제공하고 있다고 주장했다. 사람들을 기쁘게 해주고 다른 모든 숙련된 장인들처럼 서비스에 대한 대가를 받는 것인데, 이러한 일이 뭐가 부도덕하냐고 따졌다. 격렬하게 말싸움을 벌이던 중 부처 직원이 '주부'라고 기재하라고 또다시 제안했을 때, 격분한 성노동자들 중 한 명이 마침내 "알았어요!"라고 소리쳤다. '주부'라고 기재한다고 치자. 누가 그녀와 결혼하는데? 공무원 본인이 결혼할 건가? 소리친 한 명의 행동으로 논쟁은 갑자기 어색하게 끝이 났고, 부처 직원은 말 그대로 꽁무니를 뺐다. 이 일이 있고 얼마 지나지 않아 사랄 데브 장관이 고맙게도 우샤협동조합 설립을 지지하고 협동조합법에서 도덕적 품성에 관한 규정을 삭제했다.

마침내 1995년 6월 21일에 우샤다목적협동조합이 설립되었다. 큰 승리를 거둔 것이다. 우샤다목적협동조합은 성노동자들이 직접, 그리고 성노동자들을 위해 아시아 최초로 설립한 협동조합이었다. 창립 멤버 13명은 모두 동료 교육자였다. 창립 멤버들은 하루 치 성매매 수입을 모아 종잣돈을 마련했다. 처음에 멤버들의 목표는 소박했다. 부기나 회계 경험이 없었기에 위급할 때 쓸 수 있는 노동자협동조합 기금 정도만 마련할 생각이었다. 하지만 협동조합이 설립될 무렵, 이들의 전망은 훨씬 확대되었다. 우샤협동조합의 목표는 다음과 같았다.

- 성노동자들이 지속가능한 살림살이를 영위할 수 있게 한다.
- 신용협동조합 업무를 수행하고 조합원들에게 융자를 제공한다.
- 생필품을 합리적인 가격에 판매한다.
- 성병·에이즈 개입 프로그램을 운영하는 여러 조직에 콘돔을 제공한다.
- 성노동자들이 자영업을 할 기회를 발굴한다.
- 성노동자들과 그 가족의 지위가 향상될 수 있는 활동을 한다.

1998년까지 조합원 수는 200명에 불과했다. 성노동자들은 두려움에 떨고 있었다. 성노동자들을 위해 융자제도를 운용하려는 협동조합의 시도는 사채업자와 성매매 알선업자에게 직접적인 도전이었다. 사채업자와 성매매 알선업자들의 대응은 재빠르고 악랄했다. 자나 박사와 직원들은 살해 위협을 받았고, 협동조합 설립자와 자원활동가에게는 폭탄이 투척됐다. 협동조합에 가입한 성노동자들은 잔인하게 두들겨 맞았다. 가장 잔인하게 군 것은 이른바 '청년단체'들이었다. 임대주가 청년단체를 통제했고 활동자금을 댄 사채업자는 청년단체와 한패였다. 청년단체는 심지어 사원과 여러 힌두교 신을 위한 종교 행사이자 푸자(제물을 올리는 힌두교의 의식)를 행하는 '공동체 축제'에서도 난동을 부렸다. 청년단체의 활동은 모두 해당 지역 세력가가 놓은 덫이었고, 청년들은 지역의 우두머리들을 대신해 성노동자들을 위협하고 괴롭히는 매우 사악한 역할을 했다. 그럼에도 2년 동안 굳은 의지로 노력한 결과 우샤협동조합은 협동조합 가입에 대한 성노동자들의 두려움을 말끔히 없앨 수 있었다.

우샤다목적협동조합의 노력과 더르바르 위원회가 기획한 프로그램 덕분에 조합원들의 삶은 근본적으로 바뀌었다. 좁은 길 끝자락의 옅은 노란색 건물 2층, 직원 여덟 명이 북적대는 사무실에서 우샤 융자 프로그램을 운영했는데, 1층 입구에 있는 벤치와 계단 근처에는 항상 여성들이 무리 지어 모여 있었다. 성노동자들은 우샤협동조합 건물을 업무 목적이 아니라 친목의 장으로도 종종 이용했다.

성노동자들은 융자와 저축 없이는 노예와 같은 상황에서 벗어나기 어렵다. 우샤협동조합의 조합원이 되면 성노동자들은 돈을 저축하고, 융자를 받고, 사업이나 부동산에 투자해 성매매에서 벗어날 수 있었다(특히 나이가 들수록). 경제력과 독립을 위한 이 소소한 대책은 또한 성노동자들이 콘돔을 착용하지 않거나 자신의 안전을 위협하는 고객에게 서비스 제공을 거부할 수 있는 힘을 주었다. 정부는 처음엔 우샤협동조합 설립에 반대했으나 곧 이 프로젝트의 가치를 인정했고 초기 출자자로 참여했다. 정부는 신용조합의 자본조달을 돕기 위해 상환 가능한 출자구좌 4만 좌를 구좌당 100루피로 하여 출자했고, 5년 후 원금에 배당금까지 얹어 상환받았다. 현재 정부는 30만 구좌를 보유하고 있으며 12명으로 구성된 우샤협동조합의 이사회에 의결권 없는 대표를 2명 두고 있다. 우샤협동조합 조합원들은 약 150만 루피에 해당하는 출자지분을 보유하고 있다.

우샤협동조합에 가입하려면 조합원들은 조합원 출자를 위해 10루피, 책과 자료 값으로 5루피를 내야 하며 18세 이상이어야 한다. 그리고 처음 대출을 받을 때는 400루피에 해당하는 출자금을 내야 한다. 그 후 더 대출을 받으려면 대출금 1만 루피당 출자금 500루피를 추가로 내야 한다. 이러한 방식으로 협동조합의 부채와 자본금을 같이 늘려나갔다. 매년 말에 조합원들은 보유한 출자지분에 대한 배당금을 받으며, 조합원들이 최대 보유할 수 있는 출자구좌는 4만 구좌로 제한되어 있다.

협동조합은 대출 프로그램 외에도 성노동자들의 저축을 돕기 위해 다양한 저축상품을 다음과 같이 운영하고 있다.

- 원할 때마다 50루피의 배수 단위로 저축할 수 있고, 원할 때마다 현금을 찾을 수 있는 수시입출금식 예금

- 매월 저축하고, 5년 만기 후 이자 9퍼센트를 지급받는 월 단위 예금
- 50루피의 배수 단위로 저축할 수 있고, 대출을 제한하며, 연말에 이자 7퍼센트를 받는 절약형 예금
- 징수원(대부분 조합원의 자녀들로 구성됨) 38명이 매일 직접 조합원에게서 저축할 돈을 받아와 우샤협동조합에 예금하는 일 단위 예금

지금까지 우샤협동조합 조합원(3,228명) 중 4분의 1이 대출을 받았으며, 누적대출금은 250만 달러에 이른다. 대출회수율은 약 95퍼센트다. 우샤협동조합의 대출금리는 11퍼센트다. 대출이자는 복리로 청구되지 않으며, 대출원금이 아닌 대출잔액에 대해 부과된다. 이 대출금은 어떻게 사용되었을까? 대출금은 조합원의 우선순위에 따라 자녀의 교육자금이나 결혼비용(주로 지참금), 집 구매 또는 건축에 사용되었다.

소나가치에서 우샤협동조합이 성공한 것에 자극받아 다른 지역 성노동자들도 나서기 시작했다. 그들은 우샤협동조합이 자신들이 있는 지역으로도 조직을 확대할 수 있도록 승인해달라고 정부에 압력을 가했다. 우샤협동조합은 현재 소나가치 외에도 캘커타 지역에 있는 두르가푸르, 아산솔, 둘리안, 콘티, 실리구리에 지점을 두고 있다. 그리고 캘커타 이외의 지역에도 진출한 더르바르 위원회의 활동을 돕기 위해 서벵골 주 전역으로 확대하려는 계획을 세우고 있다.

그녀들의 이야기

우샤다목적협동조합의 설립은 의심할 바 없이 더르바르 위원회의 가장 훌륭한 업적이라고 할 수 있다. 하지만 우샤협동조합의 설립은 더르바르 위원회가 다방면에서 여러 단계에 걸쳐 싸우면서 추진한 많은 프로젝트 중 하나일 뿐이다. 더르바르 위원회와 우샤협동조합이 맞서 싸워야 하는 문제들에 대한 이해를 돕기 위해 소나가치에서 성매매가 어떻게, 그리고 왜 일어나는지 알려주는 실제 사례 세 가지를 소개한다.

소누카 이야기

소누카는 실제 나이인 45세보다 더 나이 들어 보인다. 작고 노쇠한 그녀는 온화하고 조용한 분위기를 자아낸다. 하지만 미소를 지을 때면 얼굴에 활기가 넘치고 하얀 이와 생기 넘치는 갈색 눈동자의 반짝임으로 얼굴이 환해진다. 진한 자주색과 크림색 사리 밑으로는 참새처럼 작고 연약한 발이 살짝 나와 있다. 그녀의 연약한 몸은 생존을 위한 강한 본능으로 단련되어 있었다. 우리는 소나가치에서도 매우 황폐한, 한 성매매 업소의 1층 뒤쪽에 있는 그녀의 방에 앉아 있었다. 여러 해 동안 더르바르 위원회와 일해 왔고 통역을 맡아주러 온 개발 활동가 샨토와 세 명의 우샤협동조합 조합원과 함께였다.

소누카의 방은 약 2평(가로, 세로 약 2.7m) 정도로 보였고 선명한 초록빛으로 칠해져 있었다. 가구라고는 거의 방 전체를 차지하고 있는 침대와 앞면이 유리로 된 장식장, 그리고 금속으로 된 찬장이 전부였다. 벽에 달린 선반에는 씻고 식사하는 데 사용하는 스테인리스 냄비와 그릇, 쥐 방지 저장용기가 있었고 선반 위와 벽걸이에는 밝은 색의 옷, 가방, 사리가 정성스레 정리되어 있었다. 방에는 티끌 하나 없었다. 문 바로 밖에 있는 작은 대기실에는 TV가 틀어져 있었고 더르바르 위원회 직원이 난로 역할을 하는 등유 버너로 차를 끓이고 있었다. 건물 중심에 있는 안쪽마당으로 이어지는 어두운 복도 너머에서는 은밀하고 사적인 삶이 황혼의 어둠 속에서 펼쳐진다. 계단에 앉아 있거나 2층 난간에 기대어 있는 여자들은 인도의 모든 마을에서 그러하듯 그날의 가십거리를 조용한 목소리로 주고받으며 시간을 보내고 있었다.

소누카는 이 방에서 28년째 살고 있었다. 열네 살에 소나가치에 온 그녀는 그때부터 매춘부로서의 삶을 시작했다. 소나가치에 온 다른 모든 어린 소녀들처럼 그녀는 어떤 삶이 그녀를 기다리고 있는지 알지 못했다. 소누카는 서벵골 주에 있는 비르붐의 작은 마을에서 태어나 열두 살에 스무 살 남자와 결혼했다. 아직 어린아이였고 치료받지 못한 여러 질병에 시달리던 그녀는 남편과 성관계를 할 수 없었다. 남편과 시댁 식구들은 분개했고 그녀를 학대하기 시작했다. 그녀가 돌봐야 하는 젖소들을 제대로 다룰 줄 모른다는 이유로 그녀는 처음 매를 맞았다. 매질과 학대, 그리고 그녀가 무기력하고, 게으르고, 집안의 골칫덩이라는 비난이 끝없이 이어졌다. 그녀의 몸이 부어오르고 통풍 때문에 움직일 수 없게 되어서야 그녀의 아버지는 그녀가 죽을까 두려워 강제로 그녀를 집에 데려왔다. 몸을 회복하던 중, 소누카는 이웃 마을에서 온 젊은 남자를 만났는데 그는 캘커타에 아는 사람이 있다고 했다. 남편과 시댁에게로 돌아가지 않겠다고 결심한 소누카는 그 남자에게 캘커타에서 그녀가 할 수 있는 일이 있을지 알아봐 달라고 부탁했다. 곧 그는 소누카에게 가정부 일을 찾았으며 이제 노예 상태와 학대에서 벗어날 수 있다는 소식을 전했다. 소누카는 열네 살의 나이에 자유를 위해 용감한 시도를 했다. 이 어린 소녀는 불확실한 운명을 향해 집에서 먼 곳으로 떠났다. 고용된 곳에 도착했을 때, 소누카는 그녀의 '친구'가 5천 루피(약 9만 원)를 받고 그녀를 성매매 업소에 팔았다는 것을 알게 되었다. 그녀는 그 남자를 다시는 보지 못했다. 소누카는 갈 곳도 없이 고립된 채 덫에 걸렸다. 빚을 다 갚는 데 2년이 걸렸다. 빚을 갚는 2년 동안 소누카는 매일 성관계를 6번, 8번, 10번 하고, 밤마다 4~5명의 고객을 상대했다. 소누카는 그나마 운이 좋았다. 관대한 업소 주인은 빚을 갚자마자 그녀를 풀어주었다. 열여섯 살에 소누카는 숙련된 성노동자가 되었고 그녀만의 공간을 구했다. 그게 바로 지금 살고 있는 이 방이다.

현재 소누카는 성매매 업소 주인에게서 방을 임대해 독자적으로 운영하고 있다. 그녀에게는 딸 둘과 아들 하나, 모두 세 명의 자녀가 있다. 자녀 셋 다 교육을 받았고 둘째 딸은 곧 대학을 졸업한다. 자녀들은 소누카가 물려준 비르붐에 있는 집에서 살고 있고, 소누카는 시간을 쪼개 소나가치와 비르붐을 오가고 있다.

소누카는 동료 성노동자들에게 우샤협동조합에 대해 듣고 2001년에 가입했다. 소누카는 2007년에 5만 루피를 대출받아 2010년에 모두 상환했고, 일 단위 예금에 가입했다. 또한 둘째 딸의 결혼자금으로 사용하기 위해 두 번째 대출도 받았다. 첫째 딸은 이미 결혼했는데,

시댁에서 학대를 받았다. 첫째 딸을 위해 더르바르 위원회와 우샤협동조합이 상황에 개입해 마을에 대리인을 보냈다. 사건을 맡은 두 단체는 법적 조치를 취하겠다고 시댁 식구들에게 경고를 해 딸이 이혼할 수 있도록 도와주었다. 학대가 아무리 심하더라도 작은 마을에서 두 단체의 도움 없이 이혼을 한다는 건 상상도 할 수 없는 일이었다.

소누카는 은퇴 후 우샤협동조합에서 대출을 받아 마을에 가게를 열 꿈을 가지고 있다. 그곳을 떠나기 전에 나는 소누카에게 성노동자로 살면서 한 번이라도 행복했던 적이 있었는지 물어보았다. 소누카에게서 조용한 웃음이 스며 나왔다. 한순간의 망설임도 없이 그녀는 "전혀요. 정말 한 번도 없었어요."라고 대답했다.

오니마 이야기

오니마 다스는 눈길을 끄는 여성이다. 그녀는 여섯 명의 남자에게 둘러싸여 침대 한가운데에 기념탑처럼 앉아 있었다. 몇몇 남자들은 그녀 앞에 부채꼴 모양으로 펼쳐진 거래장부와 서류에 대해 이야기하고 있었다. 우리가 소개를 마치자, 한 사람이 자기들이 같이 있는 상태에서 인터뷰를 진행하면 어떻겠냐고 제안했다. 일부 남자들은 오니마 혼자만 남겨두기를 꺼리는 눈치였다. 나는 인터뷰가 다른 사람들 없이 진행되어야 하니 남자들은 방에서 나가달라고 했다. 오니마가 한 마디 하자 남자들은 서류를 챙겨 조용히 자리를 떴다.

52세인 오니마는 위풍당당했다. 남들이 본인의 말을 따르고 존경받는 데 익숙한 여성에게서 볼 수 있는 태도였다. 몸집이 크고 젊었을 때 굉장히 아름다웠을 거라 짐작되는(여전히 아름다운) 얼굴과 허리까지 내려오는 풍성한 까만 머리를 지니고 있었다. 레몬색과 암청색의 최고급 사리를 입은 그녀는 번영과 권력의 화신이었다. 그녀의 이야기는 소나가치의 진정한 성공신화였다.

오니마는 캘커타에서 태어났다. 캘커타에서도 특히 가난한 북부 지역에서 자란 그녀는 어린 나이에 결혼했다. 그리고 얼마 안 되는 남편의 수입으로 고생하며 아들 넷을 길렀다. 남편이 병에 걸려 일을 할 수 없게 되자 오니마는 가족의 생계를 책임지기 위해 일자리를 구해야 했다. 그녀는 담배 포장공장에 취직했다. 원래도 좋지 않은 상황이었으나 곧 공장에서 일하는 남자들이 계속 성희롱을 하기 시작하며 상황은 더 악화되었고, 남자들의 끝없는 성행위 요구로 직장생활은 그야말로 악몽이었다. 악몽 같은 생활이 계속되던 어느 날, 집으로 돌아가던 중 한 지인이 가족들한테 비밀로 하고 낮에는 성노동자로 일하는 게 어떻겠냐고 제안했다. 지인은 공장에서는 돈 한 푼 주지 않고 성행위를 요구하지만 성노동자로 일하면 그래도 돈을 좀 괜찮게 받을 수 있다고 했다.

가족도 있고 부끄러움도 먼 일이 된 기혼여성이었던 오니마는 37세의 나이에 '단기 성노동자(낮에는 성매매를 하고 밤에는 집으로 돌아가는 여성)'가 되기 위해 소나가치에 왔다. 어느 날 그녀를 의심하게 된 남편이 그녀가 일하는 업소까지 따라오기 전까지 이 비밀스러운 생활은 계속됐다. 남편과 마주친 오니마는 자신의 행동을 변호했다. 선택의 여지가 없었고, 담배공장 아니 사실상 그녀가 일하고자 한 모든 곳에서 남자들이 계속 그녀를 강간했고, 그녀의 수입이 없으면 가족들은 굶어 죽을 거라고 그녀는 단호히 말했다. 그녀의 남편과 가족들은 계속 낮에는 성매매를 하고 밤에는 집에 돌아오겠다는 그녀의 결정을 마지못해 받아들였다. 그래도 남편이 2007년 사망하기 전까지 남편과 오니마는 돈독한 관계를 유지했다. 절망적인 상황에서 비롯된 냉혹하고 어쩔 수 없었던 선택을 받아들이고 서로를 사랑하고 존중한 덕분이었다.

성노동자로 일하기 시작한 뒤 첫 3년 동안 오니마는 굉장히 인기가 많았고 많은 고객을 보유하고 있었다. 그 후 그녀는 한 남자와 독점적인 관계를 맺었고 이 관계는 지금도 계속 유지되고 있다. 한 사람과 독점적인 관계를 맺는 것은 성매매 세계에서 흔한 일이며, 이 애인은 '바부스'라고 불린다. 그녀의 애인은 현재 사업 동료이기도 하며 회계업무를 도와주고 있다. 우리가 그곳에 가서 처음 본 남자 무리 중에 그가 있었는데 인터뷰가 끝날 무렵 대화에 합류했다.

오니마는 성공한 편이다. 그녀는 예리한 사업 감각으로 번 돈으로 자식을 기르고 교육하는 데 성공했고, 캘커타에서 본인 소유의 사리 가게를 운영하고 있다. 또한 소나가치 지역에 방을 4개 매입해 다른 성노동자들에게 임대하고 있다. 오니마는 일 단위 예금 계좌를 갖고 있고 그동안 대출을 네 번 받았다. 이중 3건의 대출은 모두 상환했고 네 번째 대출은 현재 상환 중이다. 그녀는 우샤협동조합과 더르바르 위원회가 없었다면 성공할 수 없었으며 두 조직 덕분에 사업을 시작할 수 있었다고 얘기했다.

성노동자 사회에서 오니마는 존경받는 성매매 업주이자 사업가다. 또한 우샤협동조합에 첫 번째로 가입한 조합원이자 우샤협동조합의 강력한 지지자다. 오니마는, 주민들에게 우샤협동조합에 관해 알리고 조합원을 모집하기 위해 집집마다 설명하고 다니던 더르바르 위원회 직원을 통해 우샤협동조합에 가입하게 되었다. 가입했을 때부터 그녀는 무시할 수 없는 영향력을 지닌 존재였다.

레카 이야기

레카 로이는 열한 살 때 처음 우타르프라데시 주에 있는 성매매 업소에 팔려갔다. 팔려가기 전까지 그녀는 샴나가르에 있는 마을에서 어머니와 함께 살며 가정부로 일했다. 레카가 태어난 샴나가르는 서벵골 주에 속하며 방글라데시 국경 근처에 있다. 대부분의 마을 소녀들이 그러했듯, 레카도 전혀 교육을 받지 못했고 글을 읽고 쓸 줄 몰랐다. 그녀는 가족들을 부양하기 위해 일할 수 있는 나이가 되자 바로 일을 시작했다. 어느 날 인신매매단에 사람을 팔아넘기는 한 여자가 그녀에게 접근해 일자리를 구해줄 테니 우타르프라데시 주에 가라고 그녀를 꼬드겼다. 꼬드김에 넘어간 그녀는 인신매매단에 8천 루피(약 14만 원)에 팔려갔다.

그녀가 살던 작은 마을에서 아주 멀리 떨어진 우타르프라데시 주에 가자마자 레카는 다른 미성년 소녀 두 명과 함께 방에 감금되었다. 방에는 세면대와 변기가 있었고 세 소녀는 한 번도 방에서 나가지 못한 채 죄수처럼 갇혀 살았다. 생리를 시작해 매춘을 강요받기 전까지 레카는 이 방에 무려 2년 동안 갇혀 있었다.

경찰들이 종종 건물에 불시 점검을 나오기도 했다. 경찰들은 불법 활동이 있는지 확인하기 위해 건물 내부를 수색했다. 바닥 밑 지하에 숨겨진 레카와 다른 소녀들은 방을 돌아보는 경찰의 발소리를 머리 바로 위에서 들을 수 있었다. 하지만 이 모든 것은 쇼였다. 경찰들은 은신처가 있다는 것과 인신매매단이 단속 소식을 미리 전달받았다는 사실을 이미 알고 있었다. 그 후에도 경찰의 단속은 계속되었고 이는 정교하게 짜인 뇌물과 대가 체계의 일환이었다. 마침내 그녀는 열다섯 살이 되어서야 구출되었고 정부가 운영하는 합숙소로 보내졌다. 그녀는 합숙소를 탈출해 캘커타로 도망쳤으나 그곳에서도 또다시 성매매 업소의 노예로 전락했다. 그녀의 고객 중에는 그녀를 마음에 들어 하는 힘이 센 지역 폭력배(군다goondah. 인도에서 폭력배, 깡패를 의미)가 한 명 있었다. 고맙게도 그는 그녀를 노예 상태에서 벗어나게 해주었다. 그는 처음에 그녀를 소나가치에 데려왔다가 그 뒤 고향 마을로 돌려보내 줬다.

집에 돌아가 보니 그녀의 가족들은 경제적으로 절망적인 상황에서 간신히 살아가고 있었다. 냉혹한 현실과 영웅적인 희생정신(성노동자들에게서 아주 빈번하게 찾아볼 수 있다) 앞에서 레카는 자신이 다시 성매매를 하는 것이 가족을 위해 최선이라고 판단했다. 레카는 글을 읽고 쓸 줄도 몰랐고 아무런 기술도 없었다. 그녀가 가진 자산은 굳센 의지와 아름다운 육체뿐이었다. 그녀가 돈을 가장 많이 벌 수 있는 길은 성노동자로 일하는 방법밖에 없었다. 레카는 다시 소나가치로 돌아왔다.

17년이 지난 지금도 레카는 가족들과 긴밀한 관계를 유지하고 있다. 그녀는 현재 성노동자로서 높은 평가를 받고 있으며 높은 비용을 받고 있다. 34세인 그녀는 관능적인 아름다움을 지니고 있다. 꿰뚫어 보는 듯한 그녀의 눈은 뚜렷한 자기 확신과 반항심, 그리고 설명하기 힘들지만 확실히 느낄 수 있는 성적인 에너지를 발산하고 있었다. 그녀는 자신의 가치를 잘 알고 있다. 그녀는 많이 벌 때는 하룻밤에 최대 1,500루피까지 받는다. 일 년 동안 400~500명의 남자가 고정적으로 그녀를 찾아오며, 매일 4~5명을 상대하고 있다. 그녀는 함께 사는 열네 살짜리 딸을 위해 수입의 10퍼센트를 사용하고 나머지는 어머니와 동생들에게 보낸다. 그녀에게는 여동생 세 명과 남동생 한 명이 있다. 동생들은 모두 결혼했지만, 아직도 계속 그녀에게 의지하고 있다. 그녀는 현재 지난 15년간 거주해온 방을 소유하고 있는데 이 방을 다른 성노동자들에게 임대하지는 않는다. 그녀는 "전 평생 너무 힘들게 살아왔어요. 전 다른 여자들을 착취하고 싶지 않아요."라고 말했다.

레카는 현재 더르바르 위원회에서 상급직원으로 일하며 많은 프로그램의 운영을 지원하고 있다. 그녀는 더르바르 위원회가 구성원들을 대상으로 진행하는 성인교육 프로그램에 참여하고 있다. 그녀로서는 태어나서 처음 받는 정규 교육이다. 그녀는 이제 기본적인 셈법을 익혔고 벵골어를 읽고 쓸 수 있다. 배우는 데 3년이 걸렸다. 이는 슬픔과 고난의 세월을 딛고 힘겹게 얻어낸 승리다. 그녀의 몸에는 아직 학대와 폭행의 흔적이 남아 있다.

내가 소나가치에서 본 다른 많은 여성처럼 레카는 빈디(기혼임을 알리기 위해 힌두교 여성들이 이마에 붙이는 붉은 점)를 붙이고 있다. 나는 레카에게 본인을 위한 꿈이 있는지 물어보았다. 레카는 미소 지으며 숨김없는 얼굴로 표정과 상반되는 답을 내놓았다. "너무도 많은 꿈이 좌절되어서 저를 위한 꿈은 아무것도 남아 있지 않아요. 딸이 제 꿈이에요. 제 꿈은 딸이 독립하는 걸 보는 거죠." 나는 덧붙여서 한 남자와 정착할 생각이 있는지 물었다. 이번에도 그녀는 미소 지으며 반항적으로 대답했다. "사랑은 항상 날 배신했어요. 전 더는 사랑에 빠지고 싶지 않아요. 저는 제 동반자로 남자 대신 돈만 있으면 돼요."

왜곡 거울에 비친 모습

세 명의 이야기 모두에서 빈곤과 가부장제, 무력함을 공통으로 찾아볼 수 있다. 소나가치와 대부분의 다른 지역에서 성매매를 뒷받침하는 이 세 가지 요소가 성매매와 사회, 경제의 연결고리다. 이 세 가지 요소가 운명의 실타래처럼 얽혀서 누가 성매매에 종사하는 신세가될지, 성노동자들의 삶이 어떻게 될지, 누가 성매매에서 이득을 볼지가 정해진다. 왜곡 거울을 볼 때처럼 이 요소들은 성매매를 유발하는 사회 헌신의 뿌리 깊은 작용을 오롯이 보여준다. 성매매에 대해 연구해보면 다른 어떤 활동보다도 더 풍부하게 사회 내면을 파악할 수 있다. 소나가치와 인도 전역에서 일어나는 성매매는 성차별, 계급에 따른 착취, 카스트에 따른 차별이 만연한 사회의 부인할 수 없는 자화상이다.

개인 또는 집단 차원으로 많은 성노동자들과 얘기를 나눴는데, 모든 성노동자들은 가난 때문에 자포자기 심정으로 성매매를 하게 되었다고 밝혔다. 지금도 가난은 그들을 계속 따라다닌다. 그들의 수입은(특히 처음 시작하는 경우) 복잡한 상부구조를 지탱하기 위해 빼돌려진다. 상부구조는 성매매 업주, 폭력배, 임대주, 사채업자, 경찰, 정치인으로 이루어져 있고 맨 꼭대기에 정치인이 있다. 성 산업의 경제구조는 상위계층이 하위계층을 착취하는 거대한 피라미드 형태다. 모든 착취구조가 그러하듯, 가장 힘이 없고 연약한 계층이 모든 일을 하며 나머지 계층을 먹여 살린다. 가장 힘이 센 계층(꼭대기에 있는 정치인과 귀족들)은 이 시스템의 존속을 허용하는 것만으로 쉽게 돈을 번다. 그들이 계속 돈을 벌려면 성매매가 절대 합법화되지 않고 지하경제에 머물러 있어야 한다. 성매매 합법화는 성노동자들 뒤에 숨어 있는 흡혈귀 같은 자들을 먹여 살리는 부정부패와 뇌물, 수익구조의 종말을 의미한다. 이런 것들이 성매매 시스템 내부의 착취가 지속되고 가장 밑바닥에 있는 빈곤의 악순환이 계속되게 하는 원인이다.

소나가치 밖, 그러니까 성노동자들이 떠나온 마을에도 대개 마을살이를 지배하고 제약하는 비슷한 형태의 착취가 존재한다. 그러나 마을에서 행해지는 일상적 착취는 소나가치에서보다 덜 노골적이다. 여성들은 여전히 사회 밑바닥에 있고, 돈을 가장 적게 받으며 가장 힘든 일을 하고 있고, 이들이 할 수 있는 선택도 가장 적다. 인도에서 여성들이 감내하고 있는 예속상태는 사회 전체의 문제이고 여전히 인도를 지배하고 있는 가부장제 문제의 핵심이다. 앞서 말한 이야기에서 볼 수 있듯, 직장에서 일어나는 성희롱으로 여성이 굴욕감을 느끼는 일은 인도의 일상에 만연한 현상이다. 인도의 모든 곳에서 여성들은 남성 직장동료의 끊임없는 성적인 접근을 거부할 수 없는 상황에 처해 있다. 비숙련 직업의 경우(특히 건설업) 여성 근로자들은 일자리를 지키고 싶으면 남성 근로자에게 성상납을 해야 한다. 이런 상황은 여성들이 성노동자가 되기로 결정하도록 강제하는 중요한 요소이다. 성적 욕구불만과 남성 우월감에서 비롯된 인도 남성들의 관습적인 행동은 많은 여성을 성매매로 내몬다. 그리고 남성들은 성매매를 지속시키는 시장을 제공한다. 여성들이 감내하는 경제적 예속상태, 성희롱, 그리고 사회적 낙인이 더욱더 부당한 것은 여성들을 위한 보호장치가 거의 없고 고소하거나 손해배상을 청구할 수 있는 여건도 열악하기 때문이다. 소나가치의 성노동자들은 자신들에게 병원 치료가 필요했을 때 낮에는 자신들을 치료하길 거부한 의사가 밤에는 그들의 고객이 된다고 씁쓸히 말했다.

성노동자들이 맞닥뜨리는 배척이나 차별은 그들의 자녀에게도 영향을 미친다. 성노동자의 자녀라는 사실이 알려지면 아이들은 사회에서 창피를 당하고 학교에서 쫓겨난다. 그리고 더 넓은 지역사회의 일원으로 참여하는 무수히 많은 사회활동에서 배제된다. 성노동자들은 빚을 갚기 힘들고 자녀에게 학교 교육을 시킬 만한 돈을 모으지 못한다. 이러한 성노동자들의 상황과 사회적 차별 때문에 많은 성노동자들의 자녀들은 문맹이 되고 이후에도 가난한 삶을 산다. 성노동자 어머니뿐만 아니라 아이도 자존감을 짓밟히고 사회 정체성을 부정당하게 되어 아무것도 할 수 없는 무력한 상태가 되는 것이다. 위선적인 정책의 직격탄을 맞아 가장 고통 받는 사람들이 바로 이들이다.

그리고 인신매매 문제도 있다. 매일 수십 명의 어린 소녀들이 성매매에 종사해야 한다는 노예계약을 맺고 캘커타에 온다. 대부분은 네팔이나 방글라데시의 가난한 변두리 출신이다. 매춘산업에 대한 수요는 점점 커지고 있으며 이에 따라 아시아의 성 산업도 점차 확산되고 있다. 네팔이나 방글라데시에서 온 길 잃은 영혼들은 커져가는 성 산업의 먹잇감이 되고 있다. 인신매매가 확산되는 까닭은 아이들의 가족이 빈곤하고, 교육을 받지 못하고, 무력하기 때문이다.[12] 더르바르 위원회는 소나가치와 서벵골 주 전역에서 인신매매와 미성년자 성매매를 중단시키는 것을 우선 과제로 삼았다. 미성년자의 성매매 활동을 적발하면 더르바르 위원회 회원은 보통 상황에 개입해 성매매 업소의 소유자 및 성매매 업주와 직접 협의한다. 더르바르 위원회 회원은 미성년자 고용은 성매매 시장에 피해를 줄 뿐이고 경찰의 단속과 정치적 개입이 강화될 빌미를 제공한다고 주장하며 미성년자를 풀어달라고 요청한다. 그리고 미성년자가 가족과 다시 만나고 학교에 갈 수 있도록 돕는다. 또한 이런저런 이유로 가족에게 돌아갈 수 없는 미성년자에게는 필요한 것들을 지원하고 있다. 더르바르 위원회는 지원에 이용되는 숙소, 교육시설, 학교를 독자적으로 운영하고 있다.

1992년 소나가치 프로젝트의 첫 번째 기초조사가 완료되었을 때, 성매매 종사자의 4분의 1 이상이 미성년자였다. 2008년에는 놀랍게도 미성년자 비율이 0.5퍼센트까지 감소했다.[13]

더르바르 위원회와 그 산하 조직들은 노련하고 끈기 있는 조직화 활동을 하고 협동을 통해 공동체를 만드는 역량을 키움으로써, 성노동자들에게 스스로 자신의 이익을 쟁취하고 성매매의 그늘에서 탈출할 수 있는 힘을 주었다. 하지만 무엇보다도 더르바르 위원회의 활동은 인도 성노동자와 같이 소외되고 착취당하는 집단이 처해 있는 극단적인 상황은 정치적 운동만으로는 해결될 수 없음을 보여준다. 더르바르 위원회가 성공을 거둔 핵심은 새로운 공동체를 만들어낸 것이다. 그리고 새로운 공동체를 조직할 수 있었던 것은 구성원들에게 새로운 사회 정체성을 부여한 덕분이다. 이 일에는 서로가 서로에게 필요한 존재라는 깨달음과 협동이 필수였다. 공동의 문제를 해결하기 위해 함께 일하는 경험을 통해 성노동자들은 서로를 고립되고 경쟁하는 개인이 아니라 공통된 정체성을 바탕으로 경험을 공유하는 집단으로 인식하기 시작했다. 우샤협동조합은 성노동자들에게 새로운 사회 정체성을 부여했다. 이 정체성은 그들 자신을 위해 수립한 것이었고 여전히 그들의 정체성이다. 대출과 재정적 안정에서 자녀교육까지 우샤협동조합이 그들에게 준 모든 선물 가운데 단연코 가장 소중한 것은 새로운 자아와 공통된 사회 정체성에 대한 깨달음이다. 이는 다른 모든 것의 기초이자 미래다. 모든 조직의 설립자가 알고 있듯, 임파워먼트를 위한 첫 번째 단계는 본인의 가치를 인식하고 본인과 이해관계가 같은 다른 사람들을 발견하는 것이다. 정치활동 조직의 기본도 바로 이것이다.

소나가치 프로젝트가 시작되고 성노동자들이 단체를 조직하기 시작한 이후로 이 일이 더르바르 위원회 구성원들의 삶과 지역사회 전반에 미친 영향은 어마어마했다. 우샤협동조합은 에이즈와 일반적인 건강문제를 진료하는 진료소 12개를 설치했고 매달 3천 명이 넘는 환자가 진료소를 방문하고 있다. 환자의 40퍼센트는 남성이다. 1992년 2.7퍼센트이던 소나가치 성노동자들의 콘돔 사용률은 오늘날 86퍼센트까지 증가해 인도에서 가장 높은 수치를 기록하고 있고 에이즈 감염률은 5.2퍼센트에서 유지되고 있다. 그에 비해 뭄바이와 첸나이 지역의 에이즈 감염률은 20퍼센트가 넘는다. 그리고 성인과 어린이 모두를 대상으로 하는 문맹퇴치센터 32개를 운영한 결과, 성노동자 중 글을 읽고 쓸 줄 아는 사람의 비율이 1992년 4퍼센트에서 2005년 12퍼센트로 3배나 늘었다. 400명의 성인 성노동자와 700명이 넘는 아이들이 문맹퇴치센터에 등록했다. 또한 더르바르 교육센터에 등록한 아이 중 77퍼센트 이상이 주류학교에 입학해 학교 시스템 안에서 일상화된 성노동자 자녀들에 대한 차별을 천천히 바꿔나가고 있다.[14]

소나가치 성노동자들이 폭력과 학대를 받는 빈도는 눈에 띄게 줄어들었다. 이제 성노동자들은 폭력과 학대에 순응하기를 거부한다. 성노동자들이 견뎌왔던 폭력배와 경찰의 구타와 강간은 줄어들었다. 가해자들도 이제 구타나 강간을 해도 처벌받지 않던 시대는 끝났다는 걸 알고 있다.

이와 같은 성과와 성 산업 내 풀뿌리 조직의 모델인 더르바르 위원회의 영향력은 모두가 인정하지만, 소나가치와 인도 다른 지역 성노동자들이 마주하는 어려움은 여전히 엄청나다. 이제 이 지역들에서 성노동자들은 앞에 나설 수 있고 지역 주민들은 성노동자들을 마지못해 존중해주고 있다. 하지만 인도와 같은 가부장제 사회에는 전통적인 생각이 뿌리 깊게 박혀 있다. 경제와 사회 영역뿐만 아니라 심지어 개인의 정체성과 대인관계 같은 사적인 영역에서도 이 전통적인 생각에 따라 남성의 기득권이 유지되고 있다. 더르바르 위원회의 출현과 성노동자들의 운동은 여러 가지 면에서 인도 가부장제의 핵심을 찔렀다. 이들이 던진 충격파는 문제제기에 성공하여, 복잡하게 얽혀서 넓게는 인도 여성들, 좁게는 성노동자들의 삶을 속박하는 정치, 경제, 사회적인 관계의 부당함을 사람들이 인식할 수 있도록 했다. 성노동자와 중산층 주부의 삶을 관통하는 보이지 않는 연결고리가 운동의 장기적 성공을 위한 열쇠다. 성노동자와 중산층 주부는 인도 사회의 가부장적 구조와 성차별에 대한 저항과 관련해 공통된 이해관계를 가지고 있다. 장기적으로 성공하기 위해 더르바르 위원회는 정치적 기반을 넓히고 성매매를 넘어 문제제기의 범위를 확대해야 한다. 꾸준히 성매매 합법화에 집중하는 것은 전략적으로도 필요한 일이고 심정적으로도 충분히 이해가 가는 일이다. 하지만 더르바르 위원회는 또한 캘커타 지역에 곪아 있는 많은 도시적, 사회적 문제들을 해결하기 위한 노력들을 잇는 전략을 취할 수도 있다. 의료시설의 부족, 열악한 위생상태, 쓰레기 수거와 같은 도시 서비스의 부재, 낮은 교육수준, 열악한 치안상태, 경찰의 부패 등 성매매의 범위를 벗어난 다른 문제들에 대응하면서 전략적 동맹을 맺을 수 있는 협력자들을 찾는 것 말이다.

더르바르 위원회는 또한 많은 내부 모순과도 싸워야 한다. 많은 성매매 업주가 더르바르 위원회와 우샤협동조합의 구성원이라 미성년자 성매매에 대한 반대가 제대로 이루어지지 않았다. 미성년자들은 성매매 업소의 소유주를 위해 돈을 벌고, 소유주들은 그들의 수입에 생계를 의존하고 있다. 앞의 이야기에서 알 수 있듯 성노동자와 성매매 업주의 경계는 모호하다. 더르바르 위원회의 성과는 훌륭하지만, 아직 많은 미성년자가 성매매에 종사하고 있다.

집과 성매매 업소를 오가는 '단기' 성노동자들과 성매매 업소에 거주하는 성노동자들의 관계는 좋지 않다. 외부에서 온 성노동자는 침입자이자 경쟁자로 간주되고, 일할 수 있는 지역이 면밀히 지정된 일부 구역으로 한정되어 있다. 정해진 구역을 벗어나면 말싸움 또는 더 심한 일이 일어난다. 그리고 소나가치 성노동자들이 노력하여 어렵게 연대의식을 이루었지만 성노동자들 간에 카스트에 따른 차별이 여전히 남아 있다.

그리고 성노동자 운동에서 가장 중요한 정치적 쟁점인 '성매매 합법화'는 어려움을 겪고 있다. 심지어 더르바르 위원회의 지지자들 사이에서도 이 사안은 논란이 되고 있다. 어떤 사람들은 성매매에 대한 처벌이 없어지면 더 많은 여성, 특히 더 풍족한 가정의 여성들이 성매매를 하게 될 거라 생각한다. 더 많은 여성이 성매매에 진입하면 현재 성매매에 종사하고 있는 가난한 여성들의 수입이 줄어들 수 있다. 합법화는 또한 성노동자들이 반사적으로 꺼리는 정부 규제와 감시를 수반한다.

성매매를 둘러싼 도덕적 물음은 매춘도 다른 직업과 마찬가지로 직업 가운데 하나로 볼 수 있다는 주장으로는 쉽게 해소되지 않는다. 매춘은 다른 직업들과 같지 않다. 성매매가 성차별과 학대의 연장선이자 표출방식이라면, 이러한 사회 환경이 바뀌기 전까지는 성을 파는 행위 자체도 비난에서 벗어나지 못한다. 현재의 성매매 상황을 그대로 둔 채 합법화를 하는 것은 많은 여성을 성매매로 내몬 사회의 사고방식과 환경을 용인하는 셈이다. 성매매 합법화는 성노동자를 포함해 누구라도 해결하기 쉽지 않은 난제다. 다만 성매매를 범죄로 간주하는 현재 상황이 사회를 변화시키거나, 성노동자의 처우를 개선하거나, 적어도 성매매를 없애지 못한다는 것은 분명하다. 오히려 성매매에 대한 처벌이 학대와 착취 체계를 유지하기 위해 꼭 필요한 실정이다. 또한 성노동자들의 단체가 경제적, 사회적 힘을 갖고 있지 못하다면 성노동자들이 계속 어둠 속에서 일하게 될 것이란 사실도 명백하다. 더르바르 위원회는 이 어려운 문제를 해결하기 위해 고군분투하고 있다. 그리고 그 과정에서 성노동자들이 본인의 가치를 깨닫고 사회에서 목소리를 냄으로써 다시 인간적인 삶을 살 수 있게 하려고 노력하고 있다. 문제를 해결하기 위해서는 성노동자들의 진정한 목소리를 수용하고 표출할 수 있는 협동조합 방식이 꼭 필요하다. 민주적이고 공동체주의적인 우샤협동조합은 정체성을 공유해 성노동자들을 하나로 묶어줄 뿐만 아니라 사회의 다른 구성원들과 성노동자들의 이해관계를 중재하는 데 주된 역할을 한다. 우샤협동조합과 더 광범위한 더르바르 공동체는 성노동자들의 대표로서 정치적 목소리를 내고 있다.

더르바르 위원회의 활동은 인도에서 성노동자와 품행이 훌륭한 주부를 가르는 것은 도덕성이 아니라 빈곤, 권력의 부재, 여성혐오라는 사실을 알려준다. 또한 성매매 문제의 근원이 성노동자들 자신이 아니라 성매매에 의지할 수밖에 없게 만드는 사회 환경에 있음을 드러내고 성노동자들이 자존감을 회복할 수 있게 해준다.

08

공정무역과 차의 제국

땅은 사람들의 것이 아니다.
사람들이 땅에 속한 존재라 할 것이다.

– 우시리협동조합 홈페이지에서 –

스리랑카에 처음 간 것은 30년 전, 발리에서부터 인도네시아 전역을 가로질러 말레이시아, 태국, 스리랑카, 인도, 파키스탄을 거쳐 육로로 아프가니스탄, 이란, 터키를 지나 유럽으로 가는 아시아 횡단 배낭여행 때였다. 그때 이후로 세상이 얼마나 많이 변했는지를 생각하면 자다가도 벌떡 일어날 정도다. 그 직후 아프가니스탄은 러시아에게 침공을 당했고, 이란에서는 이슬람 혁명이 일어났다. 세계는 그 전과 판이하게 달라졌다. 이제 그런 여행은 불가능할 것이다.

그때 스리랑카는 여명 속의 나라 같았다. 다른 세상에 온 것 같은 고요함이 있었고, 아름다운 자연경관을 보면 이곳에서 폭력사태가 일어나리라고는 상상조차 할 수 없었다. 30년이나 지속될 유혈사태를 앞두고 불행의 징조는 어디에도 보이지 않았다. 30년에 걸친 유혈사태는 마힌다 라자팍세 정권이 낙원과도 같은 섬의 아름다운 해변을 배경으로 타밀타이거 반군들을 학살하는 것을 마지막으로 대단원의 막을 내렸다. 2009년 봄 전 세계는 타밀일람 해방호랑이(Liberation Tigers of Tamil Elam, LTTE(타밀 반군들이 스스로를 지칭한 이름이다.−옮긴이) 지도부 체포작전을 텔레비전 방송으로 내보냈고 그 과정에서 일어난 인도주의 파괴행위 또한 널리 알려졌다. 당시 나는 태국에서 쓰나미 피해를 입은 공동체들의 복구를 돕는 프로젝트에 참여하고 있다가 이 사태의 전말을 지켜보았다. 나는 스리랑카 전역을 촘촘하게 여행하고 있었는데, 타밀일람 해방호랑이와 관련된 해안지역에서 겨우 몇 마일 떨어진 지역을 지나기도 했다. 무엇보다 혼란스러웠던 것은 내전 상황을 알 수 있는 정보가 많지 않다는 것이었다. 텔레비전과 언론의 보도가 아니었다면 학살이 자행되고 있다는 사실을 전혀 모른 채 지나쳤을 수도 있었을 것이다. 학살 현장에서 가까운 지역에서조차 내전이 마치 먼 과거의 일이라도 되는 듯 사람들은 무심히 일상을 보내고 있었다. 타밀일람 해방호랑이가 패한 뒤 스리랑카 사태가 해외 언론의 관심사에서 일제히 사라졌던 것도 아마 이런 점에서 비롯했을 것이다.

스리랑카에서는 인종 갈등이 수 세기 동안 지속되었다. 가장 최근의 인종 갈등은 1948년에 독립한 직후 다수를 차지하던 싱할라 어를 사용하는 불교도들이 소수민족인 타밀족을 표적으로 한 정책을 시행했을 때 대두되었다. 스리랑카의 독립하기 전 이름은 실론이다. 영국이 1815년 싱할라 왕조의 마지막 왕을 폐위시킨 이후로 실론은 쭉 식민지배를 받았다. 실론의 식민지 수난사는 처음엔 포르투갈의 수탈로 시작되었다. 그 다음엔 네덜란드, 그리고 이어서 영국의 식민지로 편입되었다. 그러다가 1948년, 2차 세계대전이 끝난 뒤 유럽이 전 세계 곳곳에 소유하고 있던 식민지들의 독립과 건국 흐름에 따라 독립을 맞이했다. 유럽의 패권 국가들이 물러난 동남아시아에서는 사회주의적 이상과 국가주의의 불편한 공존, 권위주의와 민주주의 세력 간의 투쟁으로 바람 잘 날이 없었다. 대개의 경우 권위주의 세력은 포퓰리즘과 민주주의의 탈을 쓰고 있었다. 스리랑카도 마찬가지였다. 이런 내력은 오늘날까지도 지속되고 있다. 최근 타밀 반군에 대한 정부군의 승리는 군부와 불교 교단이 지원하는 왕조의 장악력을 강화시켰다.[1] 어딜 가나 라자팍세 수상의 이미지를 볼 수 있다. 거리마다 현수막과 광고판에서 미소 짓고 있는 그의 얼굴이 위압적으로 다가온다. 라디오와 텔레비전에 나오는 그의 목소리는 이제 눈 감고도 알 수 있다. 대중연설을 할 때의 라자팍세는 마치 연인을 유혹하는 사람과도 같다. 그의 목소리는 사랑 노래를 부르는 배리 화이트처럼 달콤하게 들린다.

스리랑카는 이주자들의 점령에 시달려온 나라로, 여러 외래 세력이 스리랑카 영토를 놓고 싸웠다. 싱할라 왕조 또한 기원전 6세기경 갠지스 강 언덕에서 스리랑카 섬으로 이주해온 이주자들의 후손이다. 타밀은 그 뒤에 인도 남부에서 40마일을 건너 섬의 북부 끝쪽 자피나 반도와 동부 해안에 정착했다. 이 두 부족은 모두 기존에 스리랑카에 살고 있던 나가 유목민 부족을 쫓아내었고, 나가 부족은 네덜란드 상인들이 16세기에 미개척 정글지역에서 이들과 마주쳤을 때까지 살아남았다가 결국 멸족되고 말았다. 오늘날 사라진 나가 부족의 모습은 유물인 공예품과 네덜란드 탐험가들이 남긴 사진, 먼지 쌓인 수첩에 남겨진 기록을 통해서만 소환할 수 있는 유령 같은 존재다.

인종 및 종교 차별은 스리랑카살이의 쓰디쓴 현실이다. 이제 그 이야기를 풀어보고자 한다. 농장 노동자들은 거의 타밀 부족 출신인데, 시민권도 인정받지 못한 상태에서 스리랑카에서 가장 낮은 임금을 받고 있다. 차 산업의 노조 조직률이 높기는 한데, 이 노조들은 사실상 고용주나 정부의 통제를 받고 있다.[2] 이처럼 정부에 의한 조합제도의 변질은 협동조합으로도 확장되어 비슷한 영향을 끼쳤는데, 대부분의 협동조합들이 정부 정책의 수단으로 이용되고 있다. 협동조합을 준국가기구로 이용하고자 한 스리랑카의 시도는 협동조합을 발전 수단으로 이용하고자 할 때 하지 말아야 할 일을 보여주는 생생한 사례라 할 수 있다.

아시아와 아프리카에 걸쳐 독립 이후 정권을 잡은 정부들은 협동조합을 사회주의 원칙을 진전시키면서 국가경제를 발전시킬 수 있는 수단으로 보았다. 스리랑카에서 사회주의를 추구한다는 것은 오늘날의 자본주의나 개인주의 윤리와는 다른, 식민지배가 파괴한 마을 기반의 공동체 정신, 식민지배 이전의 아름다웠던 과거를 복구하는 것과 동일시되곤 했다. 이 기간의 정부 보고서들을 보면 식민지배 이전에 농촌 공동체가 서로 긴밀하게 연결되어 있었으며, 이들 공동체는 조화롭고 토지의 공동소유에 기반을 두고 있었다는 믿음이 반복적으로 드러난다. 이는 결코 사실이 아니다. 그러나 이와 같이 식민지 이전을 아름다운 시절로 미화하는 것은 식민지 직후에 매우 보편적으로 나타나는 현상이다. 아시아와 아프리카의 많은 정치 지도자들은 협동조합이 식민지배로 인한 상처를 치유하고 마을살이에서 전통적인 연대의 정신을 되살려줄 것이라고 생각했다. 국가는 협동조합을 발전이데올로기의 하나로 이용했으며, 마을 사람들, 특히 카스트에서 신분이 낮은 사람들이 영국식 교육을 받고 식민정부에서 일한 고위 엘리트들보다 진실하다고 묘사되었다. 그러나 신화 속의 순수한 싱할라 불교문화를 보존하는 마을 공동체를 복원하자는 주장은 엘리트지배를 정당화하는 수단으로도 사용되었다. 이는 소수인종인 타밀부족과 내전이 일어나는 원인이 된 운명적인 결정이었다.[3] '순수한' 싱할라 불교문화라고 하는 이데올로기를 유지하려면 타밀이나 무슬림과 같은 '이방인' 전통이 있는 다른 스리랑카 사람들을 폄하할 필요가 있었다.

독립 직후 스리랑카의 협동조합 경험은 식민지를 겪은 다른 국가들에서 전개된 협동조합 운동의 운명과 비슷한 처지에 놓였다. 협동조합은 국가재건에 있어 정부 역할의 부침과 운명을 같이했다. 신자유주의 자유시장 개념과 1970년대 말부터 시작된 세계화에 힘입은 자본 지배력 강화로 인해 정부 주도의 발전은 제대로 이루어지지 못했다.

스리랑카에 협동조합을 소개한 것은 영국인들이었다. 영국 식민주의자들의 모임인 실론농업협회는 협동조합 모델이 농촌 마을의 발전을 촉진하고 농민들이 작물 생산과 조직, 유통에서 겪는 어려움을 극복하는 데 도움이 될 것이라 보고 1904년 첫 번째 협동조합을 설립했다. 1910년, 정부는 농촌 금융을 도입할 방법을 모색하면서 영국 협동조합 모델을 기반으로 1911년 '협동조합 설립 및 통제에 관한 법'을 통과시켰다. 그러나 영국의 협동조합 모델과 달리 스리랑카 협동조합 운동은 민초들에 의해 시작된 것이 아니라 식민지 지배자들이 주도한 것이었다. 스리랑카 섬 농촌경제의 중추 역할을 하는 소농들의 자조를 촉진한다는 훌륭한 목표에서 시작되었으나 상의하달식으로 진행되었다.

1930년대에 영국인들은 스리랑카의 고위층과 권력을 나눠 갖기 시작했다. 협동조합 업무를 맡고 있던 농업 토지부는 독립운동 지도자이자 협동조합협회의 설립자인 세나나야케에게 이양되었다. 세나나야케는 곧 협동조합 운동의 범위를 확장하여 소비자들의 필요를 포괄하도록 하였다. 1942년 일본이 콜롬보를 공격했을 때, 세나나야케는 의류, 설탕, 쌀과 같은 전쟁 배급물자의 배급을 협동조합 가게들이 독점하도록 하고 협동조합 가게의 설립을 권장했다.[4] 1940년대에는 수입이 제한되고 국내에서 필요한 만큼 생산이 되지 못해 식량부족이 고질적인 현상이 되었다. 정부가 정책적으로 계속해서 식량부문에서 협동조합을 우대하자 협동조합의 조합원 수는 1백만 명 넘게 비약적으로 늘어 협동조합이 전국적 현상이 되었다. 1948년에 영국인들이 스리랑카를 완전히 떠나자 세나나야케는 스리랑카의 첫 수상이 되었다.

다음 4반세기 동안, 스리랑카의 경제정책은 좌파인 스리랑카자유당Sri Lanka Freedom Party, SLFP의 폐쇄경제와 정부 통제 산업정책에서 우파인 국민연합당United National Party, UNP으로 널뛰기했다.[5] 좌파인 스리랑카자유당은 소련과 인도를 경제발전 모델로 삼았다. 우파인 국민연합당은 영국과 미국의 자유주의 거시경제를 모델로 삼았으며 이른바 '녹색혁명' 농업정책, 통상정책의 제한 축소, 외국의 투자를 유치하기 위한 친자본주의적 정책을 도입했다. 국민연합당이 집권한 1977년의 역사적인 선거 이후로 국민연합당의 정책이 자리를 잡게 되었다. 국민연합당은 수출지향형 산업화 정책을 도입할 것과 소비재 부족현상을 지속시킨 수입대체정책의 완화를 공약했다.[6] 전 세계적인 신자유주의 확산을 주도한 국제통화기금과 세계은행의 정책으로 인해 이런 추세는 더욱 강화되었다. 스리랑카는 국제통화기금과 세계은행의 대출금 규모가 커서 이들의 정책 요구에 따를 수밖에 없었다.

협동조합에 대한 정부 지원이 줄어들자 많은 협동조합들이 도산했다. 물론 정부 프로그램이나 정책에 대한 의존도가 높았던 협동조합들에 국한된 얘기다. 도산하지 않고 살아남은 예도 있다. 신용 및 마이크로파이낸스 부문의 금융협동조합들은 스리랑카 경제에서 여전히 생산적인 역할을 담당했으며 정부 통제로부터 견고한 독립을 유지하고 있었다. 사나사개발은행SANASA Development Bank은 스리랑카에서 마이크로파이낸스의 확산을 선도했으며 스리랑카 섬 전역에 백만 명이 넘는 회원들이 있다. 마을 단위 신용조합 8천여 개가 이 은행과 연계되어 있다. 10장에서 다루겠지만, 사나사는 2005년 쓰나미 피해를 입은 마을들을 복구하고 재건하는 데 중요한 역할을 했다.

정부가 주도한 협동조합 간의 협동은 적어도 협동조합에게는 재앙적인 결과를 불러왔다. 국가재건과 경제발전을 목표로 하는 잘못된 정책을 추진하는 과정에서 인위적으로 협동조합의 수와 역할을 늘렸다. 그럼으로써 협동조합의 주체성을 훼손하고 국가 지원에 의존적인 조직으로 만들었으며, 협동조합 지도자들과 조합원들이 협동조합을 경제조직으로서 운영할 수 있는 역량을 크게 약화시켰다. 대중들 사이에서는 협동조합에 대한 인식이 크게 나빠져 협동조합을 정부 통제, 비효율, 부패와 동일시하게 되었다. 오늘날 협동조합 발전에서 가장 어려운 과제는 자주적인 경제조직으로서의 협동조합이라는 정체성을 회복하는 일이다.

스리랑카의 협동조합은 농촌경제에서 늘 중요한 자리를 차지해왔다. 그러나 역사적으로 스리랑카 섬의 가장 중요한 수출품인 차의 생산과 수출에서 핵심역할을 하게 된 것은 최근 들어서의 일이다. 애초에 스리랑카가 세계무역의 흐름에 휩쓸리게 된 것은 네덜란드인들이 들여온 커피 때문이었다. 17세기에 네덜란드인들은 세계무역을 지배했고, 스리랑카에도 네덜란드 식민지로서의 흔적이 여전히 생생하게 남아 있다. 해변의 주요 지점에는 네덜란드인들이 만든 요새가 있고, 대농장(플랜테이션) 영주의 저택에는 구세계 스타일의 아름다운 선들이 살아 있으며, 콜롬보에는 식민지 시절 세워진 하얀 건물들이 지금도 남아 있다.

네덜란드 무역상들은 1658년 실론에서 처음 커피를 재배하기 시작했다. 1699년에는 자바로 재배지를 넓혔으며, 수마트라, 셀레베스, 티모르, 발리와 네덜란드령 동인도 제도의 다른 섬들에서도 재배했다. 이 모든 지역들에서 식민지형 대농장(플랜테이션) 시스템을 강제로 운영했다. 네덜란드식 대농장 시스템은 이 나라 주민들을 폭력적으로 노예로 삼아 이전의 소농 경제를 국제무역을 위한 거대한 착취 시스템으로 재구성했다.

영국인들은 실론을 점령한 뒤, 네덜란드인들이 도입한 대농장 시스템의 폭력성과 착취적인 운영방식을 더욱 강화했다. 차 농장의 생활조건은 상상을 초월할 만큼 열악했다. 노동자들은 줄 지어 늘어선, 숨 막히게 답답하고 작은 방에서 살았다. 방 하나에서 한 가족이 살아야 했는데, 많은 경우 16명이 한 방에서 지내야 하는 경우도 있었다. 환기를 위한 창문도 없고, 가장 기초적인 급수시설밖에 없었으며, 화장실은 열두 가족 이상이 함께 써야 했다. 여성들과 소녀들은 남자들로부터 사생활을 보호받을 수 없는 구조였고, 성희롱과 성폭행에 시달렸다. 많은 사람들이 자살을 했다. 어린이들 또한 일할 수 있는 나이가 되면 하루 16시간 노동에 시달리는 어른 노동자들과 함께 일을 시작했다. 허리 높이의 차나무에서 찻잎을 따는 일을 했는데, 재빠른 손놀림으로 하루에 15~20킬로그램씩 따야 했기 때문에 말 그대로 등골이 휘도록 힘든 노동이었다. 노동자들은 일할 수 있을 만큼의 건강을 유지하며 자식을 낳고 간신히 생존할 수 있는 정도의 생존 임금을 받아 생활했다. 여성들은 찻잎 따는 일에 솜씨가 좋고 생산적이어서 노동력의 대다수를 차지했는데, 장시간 노동을 하면서도 남성들에 비해 아주 적은 보수만을 받고 일해야 했다. 농장주들의 독재적인 권력 아래 노동자들 모두가 외부 사회와의 교류를 차단당한 채 고립되어 농촌의 게토와도 같았다. 19세기 대농장 경제는 식민지의 농업 생산에 산업자본주의하의 사회적 관계와 권력 역학관계를 그대로 떼다 박은 자본주의 생산방식의 완벽한 상징이었다.

이런 현실을 감안하면 영국인들이 일할 사람을 구하는 데 어려움을 겪은 것은 전혀 놀랄 일이 아니다. 실론의 농민들은 자기들이 가진 작은 땅뙈기에서 자영농으로 일하는 것을 선호했다. 땅이 없고 절박한 사람들만이 농장에서 일했다. 영국인들은 대농장에서 일할 노동자들을 인도 남부에서 실어 나르는 수밖에 없었다. 이들은 대부분 힌두교도인 타밀족 중에서 가장 낮은 카스트인 불가촉천민들로, 영국인 농장주들이 고용한 조직폭력배들이 데려온 노예 노동자들이었다. 배에 실려서 실론 북서부에 도착한 이들은 때론 **빽빽**한 정글을 지나 150마일을 걸어서 실론 섬의 중부 고원에 있는 마탈의 수용소로 갔다. 그리고 이 수용소에서 대농장이나 새로 개간한 개척지 등 곳곳으로 배정을 받았다. 많은 사람들이 도착한 지 몇 달 안에 사망했다. 1841년에서 1849년 사이에는 약 7만 명, 25퍼센트가 넘는 수의 타밀 이주 노동자들이 사망한 것으로 추산된다. 1900년 실론의 타밀 인구는 30만 명에 이르렀으며, 이는 4백만 인구의 7.5퍼센트에 해당하는 것이었다. 오늘날에는 1백만 명이 넘는 타밀 사람들이 여전히 스리랑카의 차 농장에서 일을 한다. 근래 들어 조금 개선이 되었는데도 타밀 사람들은 스리랑카에서 임금이 가장 낮은 노동자들로, 하루에 평균 3.27달러를 받는다. 농장 노동자들의 가난이 세대에 걸쳐 대물림된 것이다.

19세기 영국에서 차를 마시던 보통사람이 아침 식탁에 차가 오르기까지 무슨 일들이 일어나는지 몰랐으리라는 것은 의심할 여지가 없다. 홍차는 크리켓이나 유니언 잭에 버금가는 영국의 상징일 만큼 영국의 대표적인 음료다. 홍차는 스리랑카의 주요 외화 획득 수단이자 영국의 가장 중요한 수익 창출 수단이었다. 값싼 노동력으로 생산하여 최대한의 이익을 창출하며 거대한 착취의 수단이 된 홍차 산업은 최고의 교역사업으로 대영제국 번영의 주춧돌이 되었다. 커피와 차의 식민지 대농장 경제 모델은 면화, 설탕 그리고 다른 국제교역 상품들로 확산되었고 근대 무역의 한 유형으로서 본보기가 되었다. 당시 개혁 운동가들은 노예노동이나 빚쟁이 머슴살이에 대해서는 비난했으나 국제교역체제의 변화에 대한 논의는 2차 세계대전 때까지 본격화되지 않았다. 공정무역 운동이 시작된 것은 2차 세계대전 즈음해서였으며 세계에서 가장 가난한 노동자들이 생계를 의지하는 상품작물이 생산되는 지역들에서 시작되었다. 얄궂게도 자본주의 생산체계와 국제교역에 대한 실행 가능한 대안으로서 공정무역을 하는 도전에 앞장선 것 역시 네덜란드 사람들이었다.

공정무역과 협동

오늘날의 국제교역체제는 개발도상국의 가난한 생산자들과 선진국의 부유한 소비자들 사이의 관계 단절에 기반을 두고 있다. 자본주의 교역체제에서 소비자는 생산자와 직접 관계를 맺지 않는다. 이들 사이의 관계는 시장의 중개를 거친다. 그런데 시장의 통제력은 소수 기업들에 집중되어가고 있다. 이들은 유통과 판매를 독점하고 있으며 구매와 집하의 통제권도 거의 다 가지고 있다.

개발도상국들은 대개 한 가지 상품에 경제를 의존하는 경우가 많다. 예를 들어, 잠비아는 전체 수출 금액의 98퍼센트를 구리 수출에 의존한다. 우간다는 커피가 95퍼센트, 소말리아는 가축이 76퍼센트다.[7] 이런 현실로 미루어 짐작해보면, 한 나라의 경제적 부는 경제의 다양성과 관계있는 것 같기도 하다. 유엔무역개발회의의 연구에 따르면 1980년에 세계무역으로 거래된 주요 상품들 중 15개의 대형 초국적 회사[TNCs]가 판매한 제품이 70~90퍼센트에 이르며, 대부분의 경우 3개에서 6개의 회사가 전체 시장을 차지하고 있는 상품이 많았다고 한다.[8] 1980년대 신자유주의 '개혁'의 물결은 자본의 세계무역 지배를 더욱 공고히 하였고, 위의 수치에서 보듯 집중현상은 더욱 극심해졌다. 농산물의 경우 초국적 회사들의 시장권력 집중현상은 훨씬 더 심하게 나타난다. 커피가 가장 대표적인 사례다. 상위 6개 회사가 시장의 50퍼센트를 차지하고 있다. 커피 가치사슬을 따라 위로 가면 갈수록 집중도는 점점 더 심해진다. 로스팅을 마친 원두 및 인스턴트 커피 시장은 두 개의 그룹(네슬레와 담배 회사인 필립 모리스 그룹)이 전 세계 시장의 절반을 차지하고 있다.

18세기 말과 19세기 초, 사유재산의 출현에 바탕을 둔 자본주의 생산방식, 경쟁, 노동의 상품화 같은 현상은 근대적인 의미의 부와 빈곤을 영속시키는 착취체계의 기반이 되었다. 이 체계의 핵심은 소비자와 생산자를 서로 분리하는 데 있으며 소비자와 생산자 사이의 거리를 유지함으로써 심한 불평등과 그 안에 내재된 사회적 불의를 똑바로 보지 못하게 한다.[9] 이 체계는 소비자들이, 상품이 시장에 오기까지의 과정에 주목하기보다 상품 자체에만 시선을 고정하도록 틀이 짜여 있다.

공정무역은 이런 불평등과 싸우기 위해 선진국의 소비자와 개발도상국의 가난한 생산자를 직접 연결하는 국제 시스템이다. 기존의 무역이 제품의 생산과정을 외면하게 하는 것과는 달리 공정무역은 생산과정에 대한 관심을 불러일으킬 수 있도록 설계되었다. 공정무역 시스템은 인증을 받은 개발도상국의 생산자 조직과 선진국의 수입업자, 가공업자, 그리고 유통업자들로 이루어져 있다. 가난한 나라의 소농들을 대표하는 생산자협동조합들이 이 시스템의 주춧돌이다.

공정무역 네트워크

공정무역 네트워크의 시초는 1940년대와 1950년대에 유럽과 북미의 NGO들이 개발도상국에서 직거래 프로젝트로 생산된 제품들을 판매한 것이었다. 유럽에서는 옥스팜OXFAM이 있었다. 2차 세계대전 중 옥스퍼드에 사는 퀘이커 교도들이 전쟁으로 고통 받는 사람들을 위한 기근 구제기금을 모금하기 위한 위원회를 조직했는데, 이 위원회를 기반으로 옥스팜이 설립되었다. 전시 기근 구제를 목적으로 시작된 옥스팜은 전쟁이 끝난 뒤 좀 더 넓은 의미의 빈곤 구제로 관심을 확대했다. 1950년에는 중국인 난민들이 만든 수공예품을 판매하기 시작했고, 1965년에는 개발도상국의 생산자들과 직거래로 제품을 수입하는 대안무역 조직을 설립했다. 유럽 대륙에서도 이와 비슷한 움직임이 있었다. 1959년, 케르크라더라는 네덜란드의 한 마을에서 가톨릭 신도 젊은이들이 페어 트레이드 오가니사티에Fair Trade Organisatie라는 조직을 만들어 개발도상국에서 네덜란드로 상품을 수입하기 시작했다. 이 당시에는 여행용 가방에 물건을 담아오는 수준이었다. 기독교의 각 교파들과 연계된 사회정의 활동가들이 개발도상국에서 가난한 사람들을 돕는 프로젝트를 하면서 그곳 사람들이 만든 물건을 여행가방에 담아오는 방식이었다. 가져온 물건은 교회와 소속 공동체들을 중심으로 팔았고 이익은 그들이 만든 조직과 상점의 유지에, 즉 생산자들을 위해 쓰였다.

옥스팜과 페어 트레이드 오가니사티에의 노력으로 유럽 전역에 '월드숍'이 생겨나기 시작했다. 1990년대 초반에는 유럽 전역에 수입업무를 하는 공정무역 단체가 60개로 늘었고 월드숍은 수천 개에 이르렀다. 영국에는 옥스팜 가게만 해도 625개나 되었고 소매 매출이 1994년 기준 1,540만 달러에 이르렀다.[10] 오늘날 세계 공정무역 시스템은 59개국에 있는 746개의 인증 받은 생산자 조직, 공정무역 마크를 사용할 수 있는 라이선스를 취득한 회사 2,700개, 60개국에 있는 소매 판매처들이 함께 꾸려나가고 있다. 2008년, 공정무역 상품의 소매 매출은 전년 대비 22퍼센트 상승하여 29억 유로로 추산된다. 이제 공정무역 인증을 받은 제품은 6,000여 개에 이른다.[11] 이처럼 제품이 비약적으로 다양해졌으나 여전히 공정무역 소매 매출의 대부분(80퍼센트 이상)은 농산물이다. 커피가 공정무역 제품의 선두에 있으며 두 번째가 차다.

차 농장의 현실

스리랑카의 다원은 그 어떤 풍경보다 매력적이다. 자연의 아름다움에 사람의 손이 닿았을 때 이처럼 우아함이 더해지는 경우는 드물다. 발리의 아름다운 계단식 논, 녹색과 붉은색, 황금색이 모자이크 모양을 이루는 투스카니의 들판 풍경 정도를 비견할 수 있을까. 언덕을 따라 광활한 지역을 파릇파릇한 이끼처럼 덮고 있는 다원이 흘러내리는 듯한 가파른 비탈을 따라 올려다보면 고지를 감싸고 있는 안개. 키 큰 그늘나무들이 곳곳에 그늘을 드리우며, 여기저기 농장 건물의 양철지붕이 은빛으로 빛을 반사한다.

스리랑카 차 농장의 풍경은 아름답지만 그 뒤에 감춰진 현실은 비참하다. 차 재배는 부패한 산업이다. 차는 스리랑카의 가장 큰 수출소득원이지만, 한쪽에서는 부를 쌓아올리는 동안 다른 쪽에서는 고질적 빈곤문제가 지속되고 있다. 아름다운 풍경 속에서 일하는 것이 백만 노동자들의 불행에 대한 보상이 될 수는 없다. 플랜테이션 시스템의 문제는 노동자들의 경제적 어려움에만 그치지 않는다. 차의 단일경작으로 토양은 황폐해진다. 수십만 에이커에 이르는 스리랑카 차 재배 지역의 토양에 있던 영양소는 이제 다 쓸려나가고 땅은 화학비료와 살충제에 절어 유지되고 있다. 화학물질을 끊으면 차나무들은 쪼그라들고 약해져서 이를 회복시키려면 농민들이 자연재배로 건강을 되찾을 수 있도록 유기농 퇴비를 줘가며 잘 보살펴야 한다. 유기농이 아닌 기존 농법으로 재배하면 굶어 죽지 않을 정도의 보잘 것 없는 임금을 받는다는 문제뿐만 아니라 유독성 화학물질로 범벅이 된 차나무들 사이에 허리까지 담근 채 일해야 한다는 문제가 더해진다.

2003년의 연구에서 관행농법으로 재배하는 차 농장에서 일하는 노동자들의 혈액과 유기재배 농장 노동자들의 혈액 내 과불화 화합물[PFC] 함량을 비교한 적이 있다.[12] 믿기 힘든 일이지만, 이 연구 전에는 합성 살충제가 노동자에게 미치는 영향에 대한 연구 조사가 없었다. 이 연구의 목적은 비교 대상 집단의 정액 상태를 비교하여 과불화 화합물 축적과의 상관관계를 밝히는 것이었다. 연구 결과, 관행농법으로 재배하는 농장 노동자들의 혈액에서 화학 작용제의 축적 농도가 유기재배 농장 노동자들에 비해 매우 높은 수치인 것으로 나타났다. 정자 모양의 기형 발생빈도 또한 관행농법 차 농장에서 화학물질에 노출된 노동자들이 유의수준 이상의 차이로 더 높았다. 또 다른 연구[13]에서는 종류와 상관없이 농화학제품 축적은 남성의 생식능력에 영향을 미치며 정자 기형 등의 문제로 이어져 신생아 기형을 불러올 수 있다는 것을 발견했다. 요약하면, 스리랑카의 차 재배는 노동자들에겐 독약이라는 것이다. 유기농 농부들의 노력을 제외하면, 차뿐만 아니라 스리랑카 농업 전반에서 화학물질 사용에 대해 아무런 조치가 취해지지 않고 있었다.

소규모유기농민협회

스리랑카에서 유기농 운동은 상대적으로 초기 단계다. 그러나 스리랑카의 유기농 운동은 협동조합이 공정무역과 유기농 운동을 결합하여 농업을 개혁하는 데 중심역할을 할 수 있음을 보여주는 좋은 사례다. 1980년대 초, 칸디 주변의 산악지역에서 스리랑카의 차 재배 산업에 혁명을 불러일으킬 운동이 싹텄다. 사라스 라나위나는 초기 주요 지도자 중 한 명이다. 사라스는 기업가정신, 과학, 유기농과 공정무역 운동에 대한 사명감을 고루 갖춘 열정과 카리스마 넘치는 리더다. 키가 크고 단정한 머리를 하고 있으며 잘생긴 외모에서 힘과 지성이 느껴지는 매력적인 사람이다. 사라스가 자신이 설립한 식품가공 및 유통 회사인 바이오푸드에 있는 사무실에서 유기농 운동가로서 겪은 우여곡절에 대한 이야기를 시작한다. 가파른 제방 위 높은 곳에 있는 바이오푸드 빌딩은 벽돌로 지은 아름다운 건물로, 칸디 시 주변 고지에 있는 다원과 정글이 보인다. 대부분의 공정무역 이야기와 달리 '소규모유기농민협회Small Organic Farmers Association, SOFA'의 이야기는 NGO가 아닌 사기업, 바로 사라스의 바이오푸드 이야기로 시작한다.

사라스가 유기농 운동을 시작하게 된 계기는 오염된 음료수를 마시고 식중독으로 죽을 고비를 넘긴 사건이었다. 건강을 회복하고 나서 사라스는 식품의 화학첨가물 문제에 강박적으로 집착하게 되었고, 첨가물에 대한 공부에 전념했다. 첨가물이 건강과 환경에 미치는 영향과 산업 농업에서 차지하는 역할은 무엇인지, 스리랑카의 농업 관행을 어떻게 바꿀 수 있을 것인지 등. 사라스는 수학과 통계학을 전공한 과학자였다. 새로운 관심사를 더 깊이 공부하기 위해 30대의 나이에 대학으로 돌아가 식품과학 및 기술과 생물통계학 분야에서 두 번째 박사학위를 받았다. 사라스는 소기업들과 농업 노동자들과 함께 일하기 시작했다. 또한 권위 있는 차 연구소에 합류하여 일하면서 스리랑카 최고의 차 전문가로 인정받게 되었다. 한편 또 한 가지 깊이 관심을 가진 문제는 소규모 차 재배 농민들의 삶이었다. 특히 녹차용 나무가 자라는 중산간 지역의 차 재배 농민들에 관심이 깊었다. 그는 소규모 차 생산에 관한 실험을 해보기로 했다. 사라스는 스리랑카 농업의 개혁을 위해서 세 가지 조건이 꼭 필요하다고 보았다. 첫째는 유기농 및 지속가능한 생산방식의 도입이요, 둘째는 소농의 생존이며, 셋째는 공정한 농산물 가격이었다.

사라스는 스리랑카에서 수매한 유기 농산물을 가공하여 세계 시장에 팔기 위해 바이오푸드를 설립했다. 바이오푸드는 믿을 수 있는 농산물 공급처가 되어야 했다. 사라스는 차에 집중하기로 하고 화학제품이 사용된 적이 없는 버려진 땅에서 사업을 시작하기로 했다. 이 땅의 상당 부분은 독립 직후 사회주의 성향의 정부가 집권한 당시 토지재분배의 전성기 때 소농들에게 배분된 땅이었다. 2에이커 이하의 작은 땅떼기여도 소농들이 생계를 유지할 정도는 되었으나 토지 재분배 이후에 이렇다 할 후속조치가 없었다. 토지를 불하받은 사람들은 지원이나 교육 없이 알아서 하도록 방치되어 있었다. 이들 중 상당수가 농사 경험이 없는 사람들이었다. 농사 경험이 없는 다양한 배경의 사람들이 정글 한가운데 있는 땅을 한 떼기 받았는데 돈도 경험도 없었다. 도움받을 수 있는 사회적 또는 경제적 인프라도 갖춰져 있지 않았다. 그 땅에서 가족들이 그때그때 대충 먹고살 이런저런 작물을 재배하고, 먹고 남는 것이 있으면 팔고 없으면 말고, 필요하면 사람을 고용하기도 했다가, 작은 규모의 망하기 십상인 사업을 하기도 했다. 토지의 활용이 전혀 체계적으로 이루어지지 않고 있었다. 이 사람들에게 유기농법을 가르쳐서 그 자그마한 땅에서 차 유기농 재배를 하도록 하는 게 쉬운 일은 아니었다.

사라스는 스리랑카에서 아름답기로 손꼽히는 지역인 누와라엘리야 시 주변 고지대에서 근근이 생계를 이어가고 있는 소농들을 대상으로 집중 교육 프로그램과 조직화 캠페인을 시작했다. 이 지역의 고지대는 대농장이 소유한 다원들로 덮여 있었다. 이 지역에서 소규모의 조직화되지 않은 농민들은 중간상에게 찻잎을 팔고 있었는데 그가격은 가히 약탈이라 할 만큼 헐값이었다. 사라스는 이 소농들에게 유기농 찻잎을 자기 회사에 공급하면 중간상들보다 훨씬 높은 가격을 보장하겠다며 설득했다. 유기농으로 전환하면 땅의 상태가 회복될 뿐 아니라 재배한 작물의 부가가치도 더 높아질 것이다. 가장 어려운 점이 두 가지 있었다. 유기농으로 전환하려면 농민들이 유기농법을 배우고 적용하는 데 시간과 에너지가 많이 든다. 따라서 어떻게 하면 농민들의 신뢰를 얻어 자신들의 시간과 에너지를 투자하도록 설득할 수 있을 것인가가 그중 하나였다. 또 하나는 어떻게 하면 재배, 수매, 품질관리를 체계적으로 운영하여 사업을 위해 필요한 물량을 확보하고 구매자가 원하는 품질기준을 보장할 수 있을 것인가 하는 문제였다. 바이오푸드는 차나무를 제공하고, 유기농법에 대한 교육을 하고, 토양의 질을 개선하는 백운석과 같은 투입물과 각종 도구를 제공했다. 차나무를 심고 나서 찻잎을 수확하기까지는 3년 정도가 걸린다. 차나무가 충분히 자랄 때까지 소득을 보전하기 위해 바이오푸드는 우유를 팔 수 있게 젖소를 보급하고 분변은 유기농 퇴비로 사용할 수 있도록 했다. 이는 자립경제의 기반이 마련되기를 바란 사라스의 의지가 반영된 것이었다.

바이오푸드는 농민들로 구성된 마을 단위의 기본조직을 만들고 이 기본조직으로 구성되는 광역조직을 만들기 위해 협동조합 구조인 소규모유기농민협회SOFA를 설립했다. 1993년부터 시작해 3년 동안 30에서 60명이 유기농으로 전환했다. 다른 농민들은 일단 두고 보자는 태도를 취하고 있었다. 1997년, 참여한 농민들은 유기농 인증을 받았다. 얼마 지나지 않아 이 지역의 유기농 인증 차의 수량이 공장 운영에 충분한 정도가 되었으며, 바이오푸드는 소농들에게서 수매한 찻잎만으로 홍차를 가공하는 아본Avon 차 공장을 세웠다. 협동조합이 소농들과 소속 공동체에 미친 영향은 엄청났다. 유기농 재배와 협동조합의 결합은 그간 생산자와 교역 및 거래 관계에만 집중해온 공정무역의 개념을 한 차원 심화시키는 계기가 되었다.

공정무역 현장을 만나다

푼치반다는 64세로, 깡마르고 거친 외모를 지닌 사람이었다. 얼굴은 주름으로 가득했고 주름 하나하나가 세월을 말해주는 듯했다. 빽빽한 은발에 깎지 않은 수염이 꺼칠했다. 그의 집은 숲이 우거진 산 중턱에 있었고 비포장도로를 지나 다시 좁은 흙길을 따라가야 나왔다. 나는 소규모유기농민협회의 활동이 조합원인 농민들의 삶에 끼친 영향을 직접 보기 위해 사라스와 함께 그의 집을 방문했다.

푼치반다 가족은 1951년 주인 없는 작은 땅을 불하받았다. 그의 아버지가 차 농사를 시작했지만 반 에이커 이상을 경작할 수 없었다. 작물에 투자할 돈과 도구가 없고 교육도 받지 못해 가족들은 근근이 농사로 생계를 이어갔다. 토양의 상태는 나빠지고 있었다. 관리를 받지 않아 토양 침식이 일어나고 있었다. 1998년 소규모유기농민협회에 가입하여 차나무 30그루를 받아 마침내 가족 소유의 토지 전체를 활용할 수 있게 되었다. 차나무를 심고 유기농 재배 교육을 받았으며, 토질을 회복시키는 유기농 비료를 만드는 법을 배우고, 다각화를 위한 권유에 따라 차와 함께 키울 수 있는 다른 상업작물을 심었다. 다각화 작물에는 후추, 마늘, 레몬그라스, 계피, 바닐라, 강황, 베티베르 풀(깔개를 만드는 데 쓰이는 풀-옮긴이), 생강 등이 있었다. 생강, 강황, 후추는 일 년에 두 번 수확해서 소득을 얻을 수 있고, 베티베르 풀은 벌레를 쫓는 천연 방충제 역할을 한다. 푼치반다가 소유하고 있는 1.5에이커에 잘 자라고 있는 5,000그루의 차나무 중에서 1,000그루 남짓이 소규모유기농민협회에서 공급해준 나무다. 푼치반다는 열대의 작은 가족농장을 거닐며 차나무들을 가리키고 손가락으로 찻잎들을 건드렸다.

집에 돌아와서는 조합원 장부를 꺼내 보여주었다. 조합원 장부에는 협동조합과의 거래내역이 기록되어 있었다. 재배하고 있는 차나무 수, 유기농 심사 날짜, 납품한 수량, 지급받은 금액, 예금한 금액 등이 적혀 있었다. 푼치반다는 찻잎 1킬로그램당 바이오푸드가 소규모유기농민협회를 통해 지급하는 1.10달러의 공정무역 프리미엄을(작물

가격에 더해) 받는다. 또한 조합은 작물의 예상 판매가의 60퍼센트까지 선지급한다. 선지급은 공정무역 시스템에서 중요한 부분인데, 선지급금으로 농민들은 납품한 작물의 최종 대금을 받을 때까지 살림을 꾸려나갈 수 있다. 공정무역 프리미엄은 매년 초 소규모유기농민협회 회원들의 희망에 따라 배분된다. 그동안 이 프리미엄 금액은 차나무와 농사에 필요한 재료나 농기구를 구입하거나 공동체 프로젝트를 진행하는 데 쓰였다. 공동체 프로젝트는 이 지역 소규모유기농민협회의 활동에서 핵심적인 부분이다. 그동안 지역공동체에 깨끗한 식수를 공급하기 위한 식수 프로젝트를 진행했고, 수매센터와 세척장 역할을 겸하는 커뮤니티 센터도 건립했다. 또한 소와 염소를 제공하여 조합원들이 우유를 생산하고 분변 퇴비를 활용할 수 있도록 했다. 이 동물들은 공동체의 공동 소유다. 자기 사업을 하고자 하는 조합원에게는 대출도 해주었다. 또 장학금 프로그램도 운영해서 국가시험(5학년, 11학년, 13학년에 실시)을 통과한 학생들에게 교과서와 문구류를 지급했다. 푼치반다의 경우 소규모유기농민협회의 조합원으로 활동하면서 소득이 늘어난 것에 더해 장학금 프로그램도 자녀들을 교육시키는 데 도움이 되었다. 푼치반다 집안에서 학교에 갈 수 있었던 것은 이 아이들이 처음이었다.

공정무역 시스템에서 푼치반다와 같은 차 재배 농민은 킬로그램당 23루피(약 400원)를 받는다. 이 가격은 국제공정무역상표기구Fairtrade Labeling Organization, FLO가 정하며, 차의 공정한 시장가격을 계산하는 공식에 따른다. 그러나 바이오푸드는 실제 시장가격보다 더 높은 가격을 지불한다. 현재 킬로그램당 53루피를 지불한다. 숙련된 차 수확 노동자는 한 시간에 1킬로그램을 수확한다. 하루에 8시간 일한다 치면 4달러를 버는 셈이다. 이중에서 농민은 찻잎을 넘길 때 20루피를 받고, 월말에 23루피를 더 받으며, 10루피는 소규모유기농민협회의 예금계좌에 입금된다. 이는 연말에 조합원들에게 배분되어 조합원들이 저축을 할 수 있도록 한다. 소규모유기농민협회가 있기 전에는 같은 농민이 소규모유기농민협회에서 지급하는 차 가격의 3분의 1 정도만을 받았다.

소규모유기농민협회를 통한 저축은 농민들 중 다수에게 예금이란 것을 해본 첫 경험이었다. 푼치반다는 연필로 적은 내역을 손가락으로 가리켰다. 2008년에 2,000루피를 예금했다. 이것이 선진국 기준으로 볼 때는 보잘 것 없어 보이겠지만, 이런 차이가 바로 선진국의 소비자들과 개발도상국의 생산자들을 가르는 차이인 것이다. 푼치반다와 같은 소농에게 저축을 한다는 건 과거와 비교할 때 혁명적인 변화다. 과거에는 예금 따위는 꿈도 꿀 수 없었기 때문이다.

푼치반다는 마을모임의 회장이다. 그는 바이오푸드가 지불하는 찻잎 가격 인상과 관련하여 30여 명으로 구성된, 소규모유기농민협회의 광역회의에 참가했다. 사라스는 바이오푸드가 소규모유기농민협회를 위해 그동안의 이익을 적립하여 조성한 기금을 어떻게 사용하는 것이 좋을지에 대해서도 얘기하고 싶어 했다. 사라스는 단호하고 자신감 있는 목소리로 이야기했다. 참석한 농민들은 대부분 남성이었지만 여성도 한두 명 있었다. 참석자들은 플라스틱 의자에 꼿꼿하니 앉아 주의 깊게 듣고 있다가는 이야기를 할 때면 조용히 얘기했다. 나는 회의에서 참석자들에게 소규모유기농민협회의 조합원이 된 것의 개인적 의미를 듣고 싶다고 요청했다. 소규모유기농민협회가 그들 삶에 어떤 영향을 끼쳤는지 돌아가면서 이야기했다. 참석자들 모두가 자기 얘기를 나누고 싶어 했고, 이야기는 서로 매우 비슷했다.

농민들은 한 사람씩, 소규모유기농민협회에 가입하기 전에 자기들이 얼마나 가난했는지 이야기했다. 땅의 관리상태는 엉망이었고 토양은 심하게 고갈되어 있었다. 지역의 공장주나 중개상들이 얼마나 착취를 했는지, 열심히 일해서 받은 대가가 얼마나 보잘것없었는지 이야기했다. 그리고 나서 협동조합의 설립과정과 교육 받은 이야기, 나무와 도구를 제공받고 공정무역과 유기농 운동에 참여하여 소득이 늘고 삶의 질이 나아진 이야기를 계속 이어나갔다. 무엇보다도 소규모유기농민협회가 깨끗한 식수, 도로 공사, 학교와 진료소 등의 프로젝트로 공동체에 기여한 것, 그리고 협동의 문화가 공동체에 퍼지기 시작한 것을 들었다. 사람들은 함께 일하는 것의 경제적 이점을 구체적으로 깨닫기 시작했다. 위제틸라카라는 노인이 입을 열었다. "우리 가족은 예전에는 우리 가족끼리만 일을 했소. 소규모유기농민협회는 우리를 바깥세상과 연결시켜주었고 환경에 대해서 가르쳐주었지요. 우리 마을에서 우리는 집단으로 함께 일하기 시작했다오. 함께 일해보고 나서야 우리는 이렇게 함께 노력하면 일부 소수의 사람들만 좋은 게 아니고 전체가 다 같이 좋을 수 있다는 걸 깨달았소."

소규모유기농민협회가 이룬 변화는 공정무역 시스템이 생산자협동조합에서 조합원과 공동체 모두에게 도움이 되는 전형적인 모습이다. 아시아, 아프리카, 라틴아메리카, 세계 곳곳에서 공정무역의 선순환은 농촌 사람들의 삶과 지역공동체에 커다란 변화를 가져왔다. 공정무역 시스템과 연계를 맺은 공동체들이 전례 없는 혜택을 받았다는 데에는 의문의 여지가 없다. 그러나 공정무역 시스템은 급격한 변화를 겪고 있으며 변화 중에는 불안한 것들도 있다.

성공의 유혹

2000년에 국제공정무역 인증표시가 있는 제품의 총 매출액은 2억 2천 유로에 이른다. 이중에서 5천5백만 유로는 생산자에게 직접 지급되었다. 이는 기존 가격 대비 40퍼센트 높은 것이었다.[14] 생산자 가족이 받는 직접적인 혜택은 실질적인 것으로, 노동조건, 임금, 영양, 교육, 건강과 삶의 질 등 측정 가능한 것이었다. 공동체의 복지에 미치는 장기적 혜택 또한 분명했다. 건강과 교육에 관한 지표 향상, 경제 발전 및 사회적 연대와 결속력의 강화 등이 해당된다. 이런 성취는 분명 의미 있는 것이다. 하지만 이것으로 충분할까? 이 의문은 공정무역 운동 진영을 끊임없이 괴롭혔다. 공정무역의 최종 목표가 자본주의 교역체제를 대체하는 대안을 만드는 것이라면, 과연 공정무역이 그 목표를 이룰 역량이 있는가 하는 의문이 제기되었다.

1950년대와 1960년대에 공정무역 운동이 시작되었을 때에는 자본주의 교역체제와 완전히 다른 가치에 기반을 둔 국제교역체제를 구축하겠다는 분명한 전망이 있었다. 시장을 독점하고 약한 자를 착취하여 이윤을 극대화하고 부를 축적하고자 하는 욕구에 도덕경제를 요구하는 목소리로 도전했다. 그러나 도덕경제를 향한 전망은 시장 진입을 위해 초국적 회사들과 협력하는 전략을 취했을 때 우선순위에서 밀리고 말았다. 한편으로는 이해할 만한 일인 것이, 공정무역을 주류 소비자들과 연결시키지 못한다면 공정무역이 국제교역체제에서 차지하는 비중은 미미할 수밖에 없다. 공정무역 표시제도가 성공했는데도 국제무역에서 공정무역이 차지하는 비중은 0.01퍼센트에 지나지 않는다. 이중 80퍼센트가 가공되지 않은 원료 상품이다. 시장을 더 키우지 못하면 매출을 늘리고자 하는 공정무역 생산자들의 기초적인 욕구를 충족할 수 없을 것이다. 현재 핵심 부문들에서 공정무역 채널은 생산자들의 총 생산을 소화할 수 없는 상황이다. 예컨대 공정무역 커피는 공정무역 생산자들이 생산한 물량의 20퍼센트만이 공정무역 시장에서 판매된다. 생산자들이 생산한 상품의 판매를 기존 시장에 의존할 수밖에 없게 되면, 이는 공정무역 시스템 자체에 대한 위협 요인이 된다. 일부 시장에서는 초국적 회사들이 상품의 생산원가를 낮추고자 하는 경쟁이 심해서 공정무역 가격과 일반 시장 가격의 차이가 점점 더 커지고 있다. 가격 차이가 지나치게 크면 공정무역 상품을 사려는 소비자들의 동기에 영향을 미친다.

상품 가격은 또한(커피의 경우와 같이) 신규 공급자의 진입 등의 요인으로 인한 과잉공급 때문에도 하락할 수 있다. 이미 공급량이 포화된 커피 시장에 베트남이 커피 대량 생산국으로 신규 진입했다. 국제통화기금과 세계은행이 개발도상국에 채무 변제를 위한 상품작물 수출을 독려한 것이 문제를 악화시켰다.[15] 이런 요인들이 합쳐진 결과, 상품 가격은 한층 더 하락했다. 대규모 구매자들과 가공업체 입장에서는 이득이었지만 소농들에게는 재앙이었다. 대출을 갚기 위해 단기적 이익을 추구했던 것이 소농들이 살아남아야 하는 시장의 기반을 무너뜨렸다. 국제통화기금이나 세계은행의 설립목적은 표면적으로 사람들을 돕는 것이었으나 자본의 요구에 사람들을 희생시킨 것이다.

이런 절박한 상황이 공정무역 단체들이 대중 소비자 시장에 진입하기 위해 세계적 기업들과 파트너십을 맺게 된 하나의 요인이었다. 그러나 이는 공정무역 시스템에 몇 가지 중요한 위협을 불러왔다. 이는 공정무역 생산자들과 공정무역 단체들의 초국적 기업에 대한 의존도가 높아진다는 것을 의미했다. 공정무역 인증 제품이 초국적 기업의 매출에서 차지하는 비중은 미미하지만 공정무역 인증 제품 시장의 매출에서 가장 큰 부분은 초국적 기업을 통한 매출이다. 이런 관계로, 애초에 공정무역이 생긴 이유를 제공한 초국적 기업의 거래 관행 대부분은 여전히 바뀌지 않고, 공정무역 인증 제품을 일부만 취급하는데도 초국적 기업이 공정무역 인증 제품을 취급함으로써 얻게 되는 긍정적인 이미지의 효과는 지나치게 크다. 또한 이 불균형 상태에 힘입어 초국적 기업들은 공정무역 시스템에서 막대한 영향력을 행사할 수 있었다. 이는 공정무역 표시의 가치를 떨어뜨리는 일이기도 하다.

2003년, 영국의 일부 슈퍼마켓은 자체 공정무역 상품의 가격을 지나치게 높게 매기고 올려 받은 가격 차액을 이익으로 챙겼다는 혐의를 받았다.[16] 범인 중 하나는 테스코였다. 테스코는 영국의 가장 큰 소매업체이며 생산자들에게 제 몫을 주지 않고 지역에서 경쟁자 몰아내기 전략을 취하는 것으로 악명이 높다. 테스코는 공정무역 바나나 가격을 킬로그램당 1달러까지 올려 받았는데, 이는 생산자들에게 가는 가격의 두 배가 넘는다. 그런데도 영국의 페어트레이드 재단은 테스코에 케냐의 공정무역 꽃을 취급할 수 있는 허가를 내주었다.

이런 경향은 지속되고 있다. 최근에 페어트레이드 인터내셔널(구 FLO)은 커피, 차, 그리고 다른 작물을 생산하는 대농장들에게 공정무역 생산자 인증을 해주기로 결정했다.(저자의 설명에 사실과 다른 점이 있다. 대농장의 공정무역 인증 문제는 1994년 협동조합 형태의 생산자 조직이 적었던 차에 국한해서 도입되었으며, 커피와 카카오는 제외되었다. 커피와 카카오 대농장의 공정무역 인증은 여전히 공정무역 업계에서 당위성을 인정받지 못하고 있다.-옮긴이) 대농장들이 인증을 받기 위해서는 노동과 환경 기준을 지켜야 하는 것이 사실이다. 대농장에서 일하는 노동자들 입장에서는 상황이 한 단계 개선되는 것은 분명하다. 그러나 생산자들이 민주적으로 통제한다는 원칙이 훼손된다. 이는 공정무역 시스템의 기반을 흔들 수 있는 위험한 조치다. 이 글을 쓰고 있는 지금, 주요 차 생산자이면서 자기들이 임의로 만든 '윤리적' 브랜드를 사용하고 있는 타타^{TATA}가 임금 인상과 근로조건 개선을 요구하는 노동자들을 감금했다는 소식이 전해졌다.

공정무역 표시가 이와 같은 행위나, 한 회사가 다른 지역에서는 종전과 같은 사업방식을 유지하는 것 등으로 더럽혀진다면, 공정무역 브랜드는 그 힘을 잃을 것이다. 궁극적으로 '반칙' 무역과 '공정' 무역을 구분하는 진정한 기준은 생산자들이 가치사슬에 참여하고 있는가, 자신들의 노동조건과 이익 배분에 대한 통제권을 가지고 있는가에서 찾아야 할 것이다. 공정무역 시스템에 초국적 기업들이 더 많이 관여할수록 생산자 차원에서는 협동조합 구조의 역할이 더 커진다. 협동조합 구조는 공정무역 시스템 상층에서 일어날 수 있는 변질에 대항하여 이를 바로잡을 수 있는 유일한 힘이다. 초국적 기업들의 행위를 보며 잊지 말아야 할 것이 있다면, 그들을 신뢰해서는 안 된다는 점이다. 초국적 기업들은 다른 신을 섬긴다.

초국적 기업들과의 협력은 또한 공정무역 시스템이 기존 주류 시장에 대한 제도적 대안으로서 발전할 수 있는 가능성을 차단하고 기존 시장에 고착화되도록 한다. 공정무역 운동이 초국적 기업이 판매하는 상품 대부분에 대하여 이익을 내는 방식을 근본적으로 바꾸라는 요구를 하지 않고 선량한 기업 시민으로서의 명성을 얻을 수 있는 만큼의 상품 취급 정도만을 요구한다면, 초국적 기업 입장으로서도 손해 볼 것이 없는 장사다. 게다가 현재의 공정무역 표시 및 공정무역 프리미엄 제도는 선진국의 기존 생산과 판매 시스템에 의존한다. 이는 개발도상국이 단순 원재료 상품 교역을 넘어서는 고부가가치 경제로 발전하는 데에는 도움이 되지 않는다.

자원채취에 의존하는 경제와 마찬가지로 원재료 상품에만 의존하는 경제 또한 빈곤이 지속되도록 하는 처방이다. 세계적 기업들은, (현재) 공정무역 상품을 (일부나마) 기꺼이 취급하려고 하는 기업들도 원재료 상품의 원산지 국가에서 고부가가치 가공 산업이 발전하는 것을 원하지 않는다. 독점으로 인한 자신들의 이익이 침해받을 수 있기 때문이다. 그러나 원산지에서 고부가가치 가공 산업이 발전하지 못한다면, 영세 생산자들과 공정무역 시스템은 영원히 막대한 권력을 가진 기업들의 볼모 신세에서 벗어나지 못할 것이다. 개발도상국의 경제가 생산단계에서 가장 단순하고 수익률이 가장 낮은 부문에서 벗어나지 못하도록 하는 전략은 가공제품의 수입에 높은 관세를 매겨 수입이 불가능하도록 만드는 부국들의 통상정책으로 뒷받침되고 있다. 유럽에서는 생두를 수입할 때에는 거의 관세가 없지만, 로스팅한 원두는 30퍼센트의 수입관세를 내야 한다. 가난한 나라들이 제품 수출을 할 때에는 부자 나라들보다 네 배나 높은 무역장벽에 맞닥뜨린다.[17] 부자 나라들이 가난한 나라들에 가하는 무역 제약은 가난한 나라들이 받는 원조금 전체의 세 배 정도 되는 손해를 입힌다.[18] 부자 나라들이 자국 농민들에게 제공하는 보조금은 정치 지도자들이 내거는 '자유무역'이라는 슬로건에 정면으로 모순되는 행태이며 개발도상국의 생산자들에게는 치명적이다. 유럽, 미국, 일본이 자국 농업에 제공하는 보조금의 총합은 사하라 이남 국가들의 소득 총합의 75퍼센트에 이른다.[19] 이런 현실에서 아프리카의 농민들이 세계 시장에서 경쟁한다는 것은 불가능에 가깝다.

더 명백한 신호는 세계은행이, 강제적인 무역규제가 아닌 자발적인 방식을 취하는 공정무역을 기업들이 바람직한 교역 관행을 받아들이도록 하는 수단의 하나로 검토한다는 것이다.[20]

세계은행이 이런 검토를 한다는 것은 공정무역을 기존의 특권은 해치지 않으면서 자본주의를 좀 더 받아들이기 쉽게 포장하는 방편으로 바라본다는 것이다. 초국적 기업이 가지고 있는 독점적 시장권력과 공정무역이 대중시장에 접근하지 못하는 것을 기정사실로 받아들인다면 대체 무엇이 대안이라 할 수 있을까?

원재료 상품을 넘어 : 글로컬 전략

스리랑카의 지구 반대편에 있는 멕시코 야우테펙 지역, 우시리^{UCIRI} 협동조합의 활동은 여러모로 스리랑카 소규모유기농민협회의 활동과 비슷한 점이 많다. 우시리가 처음 설립된 것은 1981년 소규모로 커피 농사를 짓는 원주민들이 예수회 선교사와 이 지역의 빈곤 문제를 어떻게 개선할 것인가를 논의한 회의에서였다. 이 회의에서 이 지역 빈곤 문제의 핵심은 '코요테'라는 별칭으로 불리는 지역의 중간상들이 농민들에게 약탈적인 가격으로 커피를 수매하는 것 때문이라는 결론을 내렸다. 커피 재배 농민들은 국내 또는 국외의 구매자들과 직거래를 트기로 결정했다. 첫 해에 농민들은 공동으로 베라크루스에 있는 국영 커피마케팅위원회에 공동으로 35톤을 판매했다. 1983년, 지역 및 국가 공무원과의 실랑이와 지역 매매상들의 격렬한 반대 끝에 우시리는 다른 지역의 농민들과 뭉쳐서 농업개혁 장관 관할로 법인 자격을 얻었다. 이듬해 우시리는 상품의 고부가가치 가공시설에 집중했다. 벌목장이 있던 라치비아 지역의 창고를 구입하여 커피 열매의 과육을 벗기고(디펄핑) 선별, 기계세척, 포장과 수출 준비를 할 수 있는 가공공장을 세웠다. 협동조합은 익스테펙의 한 마을에 두 번째 공장을 인수하고 이 지역 최초로 직수출을 할 수 있는 수출 면허를 취득한 독립적인 조직이 되었다.²¹

우시리협동조합은 이런 활동에서 얻은 수익으로 이 지역의 긴급한 현안들을 해결할 야심찬 프로그램들을 추진했다. 조합원들은 지역위원회를 조직하여 이후 몇 년 동안 공동 옥수수 방앗간, 건식 화장실,

나무난로 보급, 원주민 문화 보존 및 진흥 등의 일을 했다. 문화적 전통을 되살리자는 다짐은 협동조합이 유기농법에 노력을 기울이게 된 동기와도 연결되어 있다. 유기농법은 이제 협동조합의 농업, 정치, 문화적 측면 모두와 연결된 철학이 되었다. 유기농법에 대한 의지는 조합원들의 역사의식 및 전통의 회복에 뿌리를 두고 있으며 조합원들의 독실한 신심에 바탕을 두고 있다. 우시리의 웹사이트에는 다음과 같이 나와 있다.

우시리협동조합의 조합원인 우리는 환경과의 관계를 회복하여 우리 조상 때와 같은 모습으로 돌아가려 한다. 우리 조상들이 맺었던 것과 같은 환경과의 관계를 오늘날에 적용시켜 우리에게 생명을 주는 환경과 조화롭게 살고자 한다.

우리가 일하고 교육하는 방법으로 유기농법을 도입한 것은 이런 이유에서다. 우리에게 있어 지구는 우리를 먹여주고 강하게 해주는 어머니이기 때문에 우리는 자연스러운 방법으로 대지를 경작하려 한다. 유기농은 우리에게 자연스러운 일이다. 이런 방식으로 어머니 대지가 우리에게 주는 선물이 열매를 맺어 우리에게 생명을 주는 과실과 건강을 주는 작물이 된다. 우리는 대지를 사랑하고 아끼며, 대지를 경작하고, 우리 자손들에게 물려줄 유산으로 대지를 수호한다.

대지가 고통을 겪으면 그 자녀들도 고통을 겪으며 기쁨과 안녕을 잃게 될 것이다. 땅은 사람들의 것이 아니다. 사람들이 땅에 속한 존재라 할 것이다.

우시리협동조합은 이 지역의 독보적인 사회개발 조직이 되었으며 제공하는 사회서비스의 양과 질 면에서 국가를 앞서고 있다. 이 지역의 비포장도로를 달리는 우시리의 운송 트럭이 이 지역 역사상 최초의 대중교통 수단이었다. 1986년에는 중등학교를 설립했으며 유기농법 교육을 위한 교육기관도 세웠다. 산 호세 엘 파라이소 시 인근의 고지대 커피 재배지역에 있는, 유기농과 공동체의 지속가능 발전을 위한 농촌연구소는 도시 밖에 있는 유일한 중등교육 기관이다. 이 학교에서는 기술교육을 하며, 개별 교육생뿐 아니라 공동체 전체를 이롭게 하는 교육철학과 태도를 갖고 있다. 이 학교는 초등학교를 마친 15세에서 18세 사이 가난한 농부의 자녀들을 대상으로 하는데, 고향에 남아 농사를 지으며 공동체에 봉사하고자 하는 의지를 지닌 학생만 다닐 수 있다.[22] 1994년 우시리는 주민 2,780명에 의사가 한 명뿐이던 라치비아 지역에 진료소를 설립했다.[23]

커피가 우시리 설립의 기반이기는 했지만, 1997년에는 활동범위를 넓혀 다각화와 소득증대 사업의 일환으로 유기농 과일과 베리를 마멀레이드로 가공하는 사업을 시작했다. 협동조합은 생산량 확대와 다각화를 꾀했을 뿐 아니라 정부와 은행 및 개발기구들과의 신용 관련 협상을 유리하게 이끌었다. 점차 시간이 지남에 따라 이 기관들은 우시리가 조합원과 공동체의 복지를 위해 헌신하는 믿을 만하고 안정적인 조직이라는 것을 인정하게 되었다. 이것 하나만으로도 소규모 농민들의 조직으로서 대단한 성취라 해야 할 것이다. 이렇게 해서 농민들은 과거 고리대금업자들에게 의존해야 했을 때 빠진 빚의 함정에서 헤어나올 수 있게 되었다. 고리대금업과 중간상을 겸한 이 자들은 농민들이 진 빚을 빌미 삼아 커피를 헐값에 사들여가곤 했다.

스리랑카 소규모유기농민협회나 우시리와 같은 조직들은 공정무역 시스템에서 새로운 움직임을 대표한다. 조직의 구성원들은 자신들의 미래, 그리고 공동체의 미래가 지역경제의 활성화 및 확장에 달려 있다는 것을 이해하게 되었다. 부가가치를 높이는 가공업에 힘을 쏟고 최종 제품을 수출하는 것 등이 이런 경향을 보여주는 중요한 측면이다. 또 하나는 다른 협동조합들과 NGO 및 비즈니스 파트너와 광역 단위의 교역, 생산의 동맹관계를 맺는 것이다. 여러 측면에서 이는 3장에서 이야기한 북부 이탈리아의 협동조합 생산 네트워크와 비슷한 면이 있다. 이탈리아의 제조 네트워크는 이미 존재하고 있던 좀 더 광범위한 협동조합 시스템의 소산이었다. 반면에 개발도상국에서 협동조합 시스템은 착취에 대항하는 방어 수단일 뿐 아니라 선진국의 지식, 전문기술 및 산업 간접자본을 개발도상국에 적용하기 위한 계산된 전략이다. 사회적, 환경적, 문화적 가치를 통합하는 것이 이 전략의 핵심이다.

소규모유기농민협회와 우시리 같은 사례는 드물지 않다. 이들 말고도 단순한 원재료 상품 생산을 넘어서 지역 수준에서 좀 더 복합적이고 지속가능한 경제를 추구하는 생산자협동조합은 꽤 있다. 코스타리카에 코퍼라티바 신 프론테라스Cooperativa Sin Fronteras, CSF라는 협동조합이 있는데, 이 협동조합의 이름은 '국경 없는 협동조합들'이라는 뜻이다. 이 협동조합은 11개국의 21개 조직으로 구성되어 있으며 12,661개의 가정이 이 협동조합연맹의 식구다. 21개의 회원조직 중에서 16개는 협동조합 또는 농민회 조직이며 커피, 코코아, 설탕, 꿀, 과일, 너트와 과라나 등이 이들 회원조직들의 주 생산품목이다. 회원조직 중 2개는 기술지원을 담당하는 비정부기구이며, 다른 2개 조직은 비즈니스 파트너, 나머지 하나는 협동조합 금융 컨소시엄이다.[24] '국경없는협동조합[CSF]' 회원은 작물을 모두 유기농으로 재배해야 한다. 이 협동조합은 비협동조합 조직도 회원으로 가입할 수 있는 조직이기는 하지만 생산자협동조합이 항상 회원의 최대 다수가 되어야 한다. 그리고 민간 비즈니스 파트너 또는 거래 파트너들은 협동조합 연맹의 조직 목표에 명시된 바와 같이 "협동조합 형태의 기업운영을 촉진하는 것을 주목적으로 하는 프로젝트들에 적극적으로 협력하고 홍보에 노력해야 한다".[25] 국경없는협동조합은 기술지원, 금융 및 무역 관련 지원으로 지역의 고부가가치 산업 발전을 지원하며, 동시에 목표를 이루기 위해 협동조합의 확산을 수단으로 삼는다. 전체 시스템은 세계적인 연계, 국제적인 기술을 통해 지역 단위의 협동조합 경제를 일으키는 것을 중심으로 설계되어 있다.

이 농민 조직은 저개발 상태와 농민들이 자급 생존 경제에 의존하는 것을 극복하기 위해 밟아야 할 다음 단계가 경제 다각화라고 본다. 이를 위해서는 새로운 동맹관계와 새로운 기술이 필요하다. 세계 시장과 연계하는 거래선은 물론 지역 내 시장과 연계할 수 있는 거래선도 필요하다. 광역 단위의 가공 및 마케팅, 유통 시스템을 만들기 위해서는 더 높은 수준의 비즈니스 감각, 관리 역량, 생산 효율 및 신용이 필요하다. 신용은 기업들이 부를 창출하는 데 필요한 연료다. 그리고 상품을 마케팅할 수 있어야 한다. 이는 넉넉하고 지속가능한 부를 창출하기 위한 사업적 구성요소다. 모스 더스트가 지적한 바와 같이,

"자급 생존 단계를 넘어 교역과 풍요의 세계에 진입하고자 하는 생산자들이 넘어야 할 도전과제이다."[26]

개발도상국의 생산자들은 기술적, 사업적, 그리고 네트워킹 기술 면에서 질적으로 변화하지 않고서는 공정무역이 제공하는 사다리의 가장 아랫단 이상 오르지 못할 것이다. 목표를 달성하기에 가장 좋은 수단은 협동조합이다. 코스타리카의 협동조합연맹Allianza Co-oeprative은 커피 생산의 75퍼센트를 지역시장에 판매하고 있다. 지역이 소유권을 가지고 이익도 지역 내에서 사용한다는 공정무역 정신에 부합하게 지역시장에 기반을 마련하기 위해 자체적으로 카페를 운영하며 다국적 브랜드 카페들과 경쟁하고 있다. 이퀄 익스체인지Equal Exchange나라 시엠브라La Siembra와 같은 선진국 공정무역 파트너들의 관심사는 평등한 거래관계를 만드는 것뿐 아니라 개발도상국 현지에서 공정무역을 촉매로 하여 협동경제를 일구는 것이다. 특히 유럽 소매협동조합들의 경우, 이런 광역 기반 협동조합 시스템을 수립하는 데에 시간과 돈, 전문성을 동원하여 노력하고 있다. 이탈리아의 거대 소비자협동조합인 코프COOP는 국경없는협동조합CSF의 가장 건실한 후원자 중하나이며, 코스타리카의 생산과 관련한 지원을 할 뿐 아니라 국경없는협동조합의 물품들을 이탈리아에서 판매하고 있다. 영국의 공정무역 소매 매출은 유럽 공정무역 매출의 10퍼센트에 해당한다. 영국의 코옵Co-op 소비자협동조합은 주요 교역 파트너이자 영국 공정무역의 선두주자다. 영국의 소비자협동조합들은 협동조합이 보유한 유통망의 시장 지배력을 이용하여 가치사슬의 한쪽 끝인 소비자들을 반대쪽 끝에 있는 생산자협동조합과 연결시키고 있다. 이런 방식으로 공정무역과 협동의 원칙을 구현하는 대안적 교역 네트워크를 구축하고 있는 것이다. 이런 것이 바로 1950년대와 1960년대에 공정무역 선구자들이 꿈꾸었던 대안적인 교역체제를 잘 구현한 하나의 사례라 할 수 있다. 이 그물망을 구성하는 그물의 실들은 전 세계에 걸쳐 잘 퍼져 있다.

가난한 나라의 소농들과 지역경제의 미래에 있어 지역의 협동조합 시스템을 확장하는 것이 중요한 이유가 또 하나 있다. 바로 피크 오일(석유 생산 정점)이다. 공정무역 시스템 내의 기업들은 초국적 기업들보다 저유가에 대한 의존도가 심하다. 소비자들이 지불하는 프리미엄(추가금액)으로 커피, 차, 바나나를 지구 반대편으로 나르는 데 드는 운송비를 충당하는 현재 구조에서도 공정무역 시스템의 지속성을 간신히 지탱하고 있는 수준인데, 유가 및 물품 운송비가 피크 오일로 인해 치솟을 경우 어떻게 될까?

현재도 공정무역 제품들의 원가는 시장의 기존 경쟁제품보다 높은데, 이 차이를 감당하는 데에도 한계가 있다. 피크 오일이 공정무역에 미칠 충격은 대략 세 가지로 예상된다. 운송비 및 생산비 상승, 제품 가격 상승, 그리고 소비자들의 구매력 감소다. 이런 요소들이 오래 지속된다면 전 지구적 경제위기로도 이어질 수 있다. 석유 고갈이 국제무역에 미칠 영향은 심각할 것이고 또한 오래 지속될 것이다. 선진국에 원재료 상품을 수출하는 것에 의존하는 소규모 경제가 그 첫 번째 희생양이 될 것이다. 협동을 기반으로 하는 공정무역 시스템이 향후 발전방향을 지역 단위 및 광역 단위 경제 시스템의 발전으로 수정하지 않는다면, 현재 구성원들과 그 가족, 공동체에 제공되는 경제·사회적 혜택들은 더 이상 지속될 수 없을 것이다. 그렇게 되면 협동의 역할은 현재보다도 더 중요해질 것이다. 생산자들에게 공정한 제품 가격을 보장하는 것을 넘어서 더 넓은 범위의 경제주체들(다른 협동조합, 공급자, 유통업체, 제조업체, 신용기관) 사이에 광역 단위의 협동을 이루어내는 것이 소농들이 자기들 제품을 판매할 시장을 확보하는 유일하고 실행 가능한 전략이 될 것이다. 피크 오일이 현실화되면 대기업을 제외한 다른 모든 주체들은 국제교역을 할 수 없을 것이다. 이와 같은 협동의 전략은, 소농들의 생존뿐만 아니라 세계 경제의 가장 중요한 자원이 고갈되는 속도를 늦출 수 있는 핵심전략이 될 것이다.

공정무역의 미래

공정무역 표시제도를 통해 더 큰 시장에 접근하는 방법을 찾다 보니 공정무역 시스템의 발전을 결정하는 핵심요소를 놓쳤다. 바로 생산자 조직의 협동 구조다. 주류 시장의 독점을 뚫고 들어가려는 시도를 한 것은 다름 아닌 멕시코의 생산자협동조합이었다. 공정무역이 의도하는 것처럼 공정무역 프리미엄이 공정하고 좀 더 폭넓은 사회적 혜택에 쓰일 수 있는 길은 오직 협동조합의 통제방식을 통해서다. 공정무역 인증 기준에 생산자들의 민주적인 통제가 적혀 있는 것은 바로 이런 이유에서다. 협동조합 모델의 역할은 공정무역 시스템에서 매우 중요하다. 소규모 생산자들의 협동조합이 공정무역 시스템의 근간이며 공정무역이 정말 공정할 수 있도록 보장하는 핵심요소임은 분명하다. 그럼에도 지금까지 널리 알려지지 않고 깊이 검토되지 않아 왔다.

국제교역체제의 변화에 국가들이 행사할 수 있는 영향력은 미미해진 반면, 초국적 기업들은 압도적인 권력을 가지고 있음을 감안하면, 공정무역이 국제교역체제의 대안이 될 수 있을지 심히 의문스럽다. 공정무역 운동 내에서 모든 사람들이 이런 생각을 공유하는 것은 아니다. 많은 사람들이 공정무역은 시장의 작동방식을 개혁하는 것이라고 주장한다. 그리고 그 효과가 있었음은 인정한다. 공정무역의 사례들은 전염성이 높았다. 근본적인 변화가 아닌 이미지 개선 수준일지언정, 기업에게 자기들의 기존 관행을 개선하게끔 압력을 행사하여 성공했다. 공정무역은 자본주의 경제체제에 내재해 있는 착취를 기반으로 한 교역과 불의를 조명해왔다. 공정무역은 세계무역기구나 국제통화기금과 같은 기관들이 착취를 제도화하는 정책을 통해 부자 나라가 가난한 나라를 지속적으로 착취하는 것에 공모하고 있음을 효과적으로 지적했다. 그리고 무엇보다도, 시장에서의 거래 관계에 중점을 둔 공정무역은 소비자들이 양심에 근거한 소비를 할 수 있음을 입증했다. 소비자들은 아침에 마시는 커피 한 잔에 들어 있는 쓰디쓴 진실에 관심을 가졌다. 그들의 참여는 조건부다. 먼저 선진국에서 소비자들이 누리는 즐거움을 위해 개발도상국에서 어떤 대가를 치르고 있는지 알아야 했고, 생산자들과 일정한 관계를 맺을 수 있어야 했다. 이것이 공정무역 표시제도가 이룩한 성취다. 이기적인 소비자라고 하는 기존 개념을 뒤엎는 시장 관계를 만들어낸 것이다. 전 지구적 차원에서 시장의 도덕성에 대한 원칙에 근거한 관계를 이루어낸 것이다.

공정무역은 인간관계의 상업화에 반대하는 도덕경제라는 전제에 기반을 두고 있다. 이런 점에서 공정무역은 19세기, 그리고 그 이전에 제시된 협동조합 공동체 원칙의 확장판이라고 할 수 있다. 산업혁명 시기 유럽에 팽배했던 착취의 조건들이 사회주의와 협동조합 운동 같은 집단 저항운동을 불러일으킨 것처럼, 오늘날 개발도상국에서도 비슷한 대응이 조직되고 있는 것이다.

공정무역은 소비자와 생산자 사이의 권력관계 자체를 바꾸지는 않는다. 이것이 바뀌려면, 공정무역이 소비자와 생산자 사이의 거래 관계를 개선하는 것으로는 충분치 않다. 개발도상국 내의 좀 더 광범위한 권역별 경제가 원자재 의존에서 벗어나는 근본적인 구조개혁을 추구하는 더 큰 계획의 일부가 되어야 한다. 협동조합 시스템은 국제 교역체제에서 재배하고, 수확하고, 운송하는 쪽의 경제를 재창조하는 데 있어 핵심이다. 협동조합 시스템을 구축하기 위해서는 두 가지가 중요하다. 하나는 공정무역이 제공하는 관계망과 추가적인 금융 자원을 지역의 기술과 자원의 축적 및 협동 기반의 상거래 시스템 구축에 써야 한다는 것이다. 다른 하나는 세계 시장에 진입하기 위한 지역 기반 전략을 고안해내야 한다는 것이다. 이 두 가지는 동전의 양면이다.

이를 위해 가장 요긴하게 참고할 만한 사례는 에밀리아로마냐의 협동조합 생산자 네트워크다. 오늘날 이탈리아의 상징인 식료품들은 여전히 협동조합에 기반을 둔 소농들에 의해 생산된다. 소규모 생산자들은 세계 식품시장에서 가장 수익성이 높은 고부가가치 상품에 집중하고 있다. 이들은 광역 단위에서 생산요소를 통합하여 가공, 마케팅, 유통을 국가적 또는 국제적 차원에서 관리할 수 있는 수직통합 시스템을 만들어 작은 규모를 유지하면서도 전 세계를 감당하는 능력을 갖출 수 있게 되었다. 이 모델을 지탱하는 것은 신용, 연구, 훈련 및 시장 정보를 제공하는 특화된 그룹이다. 스리랑카의 소규모유기농민협회와 멕시코의 우시리, 그리고 코스타리카의 국경없는협동조합 같은 조직들이 각자의 우선순위하에서 시도하고 있는 광역 단위 협동조합 개발 모델이 바로 에밀리아로마냐의 경제 모델을 벤치마킹할 수 있는 기반을 꾸준히 만들어나가고 있다. 그러나 더 중요한 것은, 이런 시스템을 구축하는 농민협동조합들이 비슷한 경험을 가진 해외 파트너들과 연대하고 있다는 것이다. 이들은 비슷한 과정을 먼저 거친 선배들의 경험에서 배우고 있다. 스리랑카나 멕시코의 협동조합들은 이탈리아나 영국과 같은 협동조합의 전통은 없지만 신뢰할 수 있는 파트너들이 이들의 노력에 함께하고 있다. 공정무역 시스템의 큰 그림은 연대를 사명으로 한다. 공정무역 네트워크를 통해 협동조합 경제의 기반을 다진 덕분에 더 복잡하고 까다로운 다각화와 지역경제의 활성화를 함께 도모할 수 있게 되었다.

세계 협동조합 운동은 공정무역이 단독으로 할 수 없는 일을 해낼 수 있는 물적 자원을 갖고 있다. 부유한 나라의 신용협동조합과 가난한 나라의 협동조합이 힘을 합쳐 공정무역 개발은행을 만들면 세계은행이나 국제통화기금은 결코 하지 않을 일들을 할 수 있다. 농민조직, NGO, 비즈니스 그룹과 지역공동체가 함께 민주적인 소유와 통제에 바탕을 둔 지역경제를 수립하는 일을 도울 수 있다. 조합원, 선진국의 소비자들과 개발도상국의 농민들로 이루어진 진보적인 이해당사자 그룹으로 구성된 국제 협동조합 개발은행은 이 지역들에서 막 일어나고 있는 고부가가치 개발사업에 힘이 되어줄 것이다. 가장 먼저 해야 할 일은 협동경제에 기반을 둔 개발과정에서 지역의 역할을 담당할 지역 신용조합을 세우는 것이다. 세계신용협동조합협의회World Council of Credit Unions, WCCU와 여러 나라의 국가별 협동조합연맹은 여러 해 동안 개발도상국 지역의 개발에 필요한 간접자본의 기틀을 만들기 위해 노력해왔다. 그러나 늘 그렇듯이, 문제는 규모와 조율이다. 개발에 대한 노력의 수준은 나라마다 다르다. 각 나라의 자원과 전문성이 공동으로 관리되지도 서로 조율되지도 못한다. 신용, 연구, 마케팅과 거래선 연결 등의 분야에서 국제적 수준의 공동 관리와 협동의 조율이 핵심이다.

국제 협력 차원에서 기반을 갖춘 협동조합들이 개발도상국 생산자 집단의 제품들을 밀어줌으로써 생산자 집단과의 연대활동을 확장할 수 있다. 이와 같은 사례는 앞서 여러 번 언급된 바 있지만 그렇게 많은 곳에서 일어나고 있지는 않다. 예컨대 캐나다에서 대서양 지역의 소비자협동조합들은 공정무역 제품을 밀어주고 있지만, 중부와 서부 지역의 소비자협동조합들은 그렇지 않다. 미국과 유럽에서도 소비자 협동조합들은 아직 일관성 있고 진취적인 공정무역 정책을 수립하지 않고 있다. 이러한 협동의 부재는 협동조합과 공정무역 두 운동 간의 역사와 전망, 그리고 문화의 차이 때문이라 할 수 있을 것이다. 그러나 공식적인 연대를 계속 회피한다면 양쪽 모두 장기적인 전망에 해가 될 것이다.

정치적 대응

마지막으로 살펴봐야 할 문제는 무역규제와 관련하여 정부가 아무런 행동도 하지 않는 것에 공정무역 시스템이 어떻게 대응할 것인가 하는가다. 지역 협동조합 경제가 성공적으로 구축되느냐의 여부와 상관없이 불공평한 무역과 관련된 더 큰 문제들은 정치 차원에서 접근해야 한다. 국가의 행동과 개입이 필요하다. 국제 공정무역 조직과 지역 협동조합들은 각국 정부에 더 큰 압력을 행사하기 위해 세계 정의 운동에 힘을 합쳐야 한다. 기반을 갖춘 협동조합들의 역할이 필요한데, 지금까지는 큰 규모의 협동조합들이 이를 외면하고 있다.

개별 국가들이 유권자들의 요구에 대응해야 하는 것과는 달리 국제기구의 경우 압력을 가할 수 있는 유권자 집단이 없기 때문에 국제기구 개혁은 매우 어려운 일이다. 극명한 두 사례가 국제통화기금과 세계무역기구다. 이들은 실질적으로 전 세계 무역 질서를 통제할 권한을 가지고 있으나 미국의 주도로 힘 있는 기업들의 이익을 좇아 운영되고 있다. 국제통화기금의 경우 미국 자본이 차지하는 비중이 가장 크기 때문에 실질적으로 미국이 통제하고 있다. 세계무역기구는 기존 회원들에게는 해당되지 않는 회원가입 장벽을 두어 가난한 나라들을 차별하고 있다. 이 기구들은 심각하게 독재적이며, 전 세계 국가 대부분에 불공평한 방식으로 운영되고 있다. 그러나 무역정책이 회원국들의 실제 이해를 반영해야 한다는 인식이 없기 때문에 이 같은 운영방식이 지속되고 있다. 교역정책이 실제 이해를 반영해야 한다는 원칙이 이 기구들의 권력관계에 깊이 반영되어야 한다.

조지프 스티글리츠가 지적한 바와 같이, 세계화 속에서 무역 불평등 문제의 핵심은 나쁜 거버넌스다. 국제 무역기구들의 거버넌스 구조는 편향되어 있으며 이미 부자인 자들을 위해 가난하고 약한 자들을 희생하는 불공정한 결정이 이루어지는 구조로 설계되어 있다. 국제통화기금과 세계무역기구가 가난한 나라들의 이해를 공정하게 대변하도록 재편되려면, 각 나라들이 통제권을 더 많이 갖는 민주적인 구조를 갖춰야 할 것이다. 국제무역의 규제에 협동조합 모델을 도입하는 것이, 현재 부자들을 부유하게 하듯 가난한 이들을 이롭게 하는 세계화를 꿈꾸어볼 수 있는 유일한 희망이다. 왜냐하면 불공정한 무역의 가장 밑바탕에는 부자 나라와 가난한 나라들의 권력 불균형이 있기 때문이다. 국가별 불균형은 또 개별 국가 안에서의 부자와 가난한 사람 사이의 권력 불균형에 기반을 두고 있다. 세계화 과정은 두 가지 불균형 모두를 심화시킨다. 정치와 규제 차원에서 이러한 불균형에 대응하지 못한다면, 누가 이득을 보고 누가 손해를 볼지 정해져 있는 국제무역의 양상은 지속될 것이고 시장은 더 빠르게 영구적인 착취 시스템으로 변화할 것이다.

국제교역체제의 개혁에서 국가의 개입을 배제하는 것은 엄청난 실수다. 국제 무역제도를 개혁하려면 적어도 각국 정부가 개혁을 요구할 수 있는 공식적인 장치가 필요하다. 시민들과 마찬가지로, 생산자와 소비자 모두 사회적인 목적을 달성하기 위한 경제학을 회복할 것을 요구해야 하며, 정부도 마찬가지다. 언제나처럼 선두에 서서 이끄는 것은 시민이다. 기업을 신뢰할 수 없다면 정부도 마찬가지다. 기업들의 공모자인 선진국 정부나, 부패한 개발도상국 정부나, 경제학과 경제정책을 민주화하는 정치운동이 없다면 지금처럼 소수의 이익만을 추구하는 게임의 법칙은 계속될 것이다. 공정무역은 이 전투의 교두보다. 공정무역은 소비자와 구매자들이 도덕적 시장에서 이해당사자 공동체로 탈바꿈하는 촉매 역할을 한다. 이해당사자 공동체의 구성은 도덕적 기준에 따라 시장을 재구성하는 데 있어 핵심적인 측면이다. 그러나 무역과 경제가 도덕률의 근본원칙 및 사회정의를 구현하는 것이 되어야 한다는 좀 더 광범위한 투쟁은 공정무역의 범위를 넘어서는 것이다.

한편, 같은 목적을 추구하는 협동조합 시스템의 구축이 선진국과 개발도상국에서 각각 진행되고 있다. 정부들이 무슨 일을 하든 상관없이 이 운동은 지속될 것이다. 무역을 인간답게 하는 운동은 점점 성장하고 있으며 선진국 수백만 소비자의 양심에 뿌리를 내리고 있다. 협동과 임파워먼트의 혜택은 점차 분명해지고 있으며 적어도 스리랑카와 코스타리카의 수준 높은 농민들은 이를 잘 알고 있다. 국제통화기금의 복도나 세계무역기구의 악명 높은 그린 룸에서 무슨 일이 벌어지든 상관없이 대안적인 무역체계를 만들어나가기 위한 노력은 더디지만 어려움을 이겨가며 계속되고 있다. 공정무역과 공정무역이 뿌리 내린 협동조합 시스템은 세계 시장에서 이런 대안들을 위한 자리를 만들어가고 있다. 이 노력이 계속되는 한 대기업들이 어떻게 해도, 정부가 해야 할 일을 거부하더라도, 이 자리는 점점 영역을 넓혀갈 것이다. 소비자들은 자신들이 누리는 즐거움을 위해 다른 사람들과 환경이 무엇을 감당해야 하는지를 점차 깨우치고 있다. 소비자들은 다른 선택을 원하며, 소농들은 다른 선택을 제공하는 법을 배워나가고 있다.

스리랑카의 푸른 언덕에서 농사를 짓는 푼치반다와 동료 농민들은 이제 결코 후퇴하지 않을 것이다. 돌아갈 다른 대안이 없기 때문이다. 대기업 자본의 이윤 추구 과정의 원인이면서 동시에 결과인 탐욕과 파괴, 노골적인 허무주의 등 걱정스러운 경향과 기운 빠지는 사건들도 있으나 지금처럼 변화를 추구하기에 좋은 시기도 없었다. 이제 문제는 공정무역이라는 구상과 실제 운영사례를 정부를 대상으로 하는 정치활동과 연결시키는 것이다. 성과를 내기는 정말 어려울 것이다. 정부가 압박을 받지 않고서 스스로 행동하는 일은 없을 것이다. 정부의 행동을 강제하려면 깨어 있는 시민의 도덕적 힘이 필요하다.

09

아르헨티나의 점거, 저항, 생산

삶과 신체적 온전함은 경제적 이익 앞에서
아무런 우월성도 갖지 못한다.
— 브루크만 공장 퇴거 명령 —

2001년 크리스마스 이틀 전, 아르헨티나의 아돌포 로드리게스 사아 대통령이 세계를 향해 자국의 파산을 선언했다. 1,320억 달러에 이르는 국채를 갚을 수 없었기 때문이다. 이는 한 주권국가에서 벌어진 역사상 가장 놀라운 채무 불이행 사건이었다. 로드리게스 사아는 단지 나흘 사이에 교체된 두 명의 대통령에 이어 세 번째 대통령으로 취임선서를 한 직후 빽빽이 들어찬 의회에서 성명을 발표했다. 전직 대통령 페르난도 데 라 루아는 몇 주간 벌어진 격렬한 시위 끝에 사직했다. 데 라 루아가 내놓은 정책과는 달리 새로 취임한 대통령은 치명적인 채무이행보다 국민이 더 중요하다고 공표했다. 그는 데 라 루아의 정책이 아르헨티나의 보통 사람들을 혹사해왔다고 말했다. 대통령은 의회에서 "그 정책은 국민에게 진 빚보다 외채에 대한 지불을 더 우선시했다."고 외쳤고, 의원들은 "아르헨티나!"를 연호하며 응답했다.[1] 하지만 일주일이 지나서 사아 대통령 역시 대통령 직을 사임했다. 정부는 혼란에 빠졌고 아르헨티나는 표류하는 나라가 되었다.

아르헨티나의 2001~2002년 위기는 철저히 기록되고 재검토되었다. 새로운 세기로 들어서며 맞이한 중요한 사건 가운데 하나였기 때문이다. 정치경제학자 대니 로드릭이 말했듯이 "아르헨티나의 붕괴를 설명하는 여러 원인들은 지금껏 충분히 지적되었다."[2] 이는 사실이다. 그리고 그 원인이 무엇인지는 대개 개개인의 정치적 관점에 따라 달라진다. 그러나 아르헨티나 경제를 추락시킨 주요인들은 분명히 꼽을 수 있다. 위기를 불러일으킨 세세한 상황들은 복잡하게 얽혀 있지만 전체적인 그림의 핵심에는 외채문제와 아르헨티나의 지불 무능력이 놓여 있다. 모든 것이 이 외채문제로 모아져 아르헨티나를 벼랑 끝으로 몰고 간 것이다.

여러 지류들이 모여 마침내 온 나라를 휩쓰는 급류로 바뀌었다. 그중 첫째는 수십 년간 쌓인 빚이었다. 아르헨티나는 유럽 시장에 소고기와 곡물을 판매하는 것에 의존하는 약하고 경쟁력 없는 농업경제를 이 외채로 지탱해왔다. 기자이자 《조용한 변화Silent Change》의 저자인 에스테반 마냐니에 따르면, 이 외채의 뿌리는 독재시기로 거슬러 오른다. 1976~1983년까지인 이 시기에 군사정권은 외채를 이용해 기업을 사들였다. 절도에 다름 아니었던 것이다.[3] 둘째 원인은 초인플레이션과 그에 대응하기 위해 국제통화기금에 떠밀려 화폐 가치를 지탱하려 한 정부의 필사적인 노력이었다. 이는 페소화를 미국 달러화의 가치에 연동시킴으로써 이루어졌다. 셋째 원인은 달러 가치의 상승에 따른 이자율 급등이었다. 아르헨티나는 빚을 이용하는 비용이 부풀어 올랐다. 2001~2002년의 세계 경제후퇴가 상황을 악화시켰다. 전례 없고 지속가능하지 않은 빚더미에 오르게 한 국제통화기금은 마침내 아르헨티나에서 손을 떼버렸다.

아르헨티나의 위기는 국제통화기금의 잘못된 관리가 한 국가의 운명을 파국으로 몰고 간 사례로 묘사되어 왔다. 하지만 이는 오해다. 잘못된 관리란 누군가 자신이 한 행동의 결과를 예측하지 못했거나 부주의해서 생긴 실수를 뜻한다. 아르헨티나의 경우엔 그렇지 않았다. 아르헨티나의 붕괴는 몇 해 전에 국제통화기금이 아시아 위기를 불러일으켰던 바로 그 실수의 재현이었다. 그 시기 국제통화기금의 행위는 국지적 통화 위기를 국제적 금융 붕괴로 바꿔버렸다. 국제통화기금은 그로부터 아무런 교훈도 얻지 못한 듯 보였다. 하지만 더 심하게는 국제통화기금이 자신의 정책이 불러올 결과를 알면서도 일부러 그 교훈을 무시했다고 볼 수 있다. 국제통화기금은 곧 닥칠 경제 붕괴가 아르헨티나를 집어 삼키리라는 암울하고도 구체적인 경고를 받아오고 있었다.[4] 아르헨티나의 위기는 오래 전부터 그 나라의 정치·경제적 기초에 금이 가게 만들어온 위험한 와해의 정점이자, 수십 년 전부터 서서히 진척되어 온 과정의 마지막 작용이었던 것이다. 하지만 무르익어 온 비극은 국제통화기금의 정책으로 말미암아 훨씬 더 치명적인 것이 되었다. 국제통화기금은 재정 긴축을 종용하며 자신이 지원해야 할 나라보다는 국제 금융의 이해를 앞세웠던 것이다. 인플레이션 억제에 대한 국제통화기금의 병적인 집착이 그렇지 않아도 힘든 아르헨티나 사람들의 삶을 훨씬 더 심각한 지경에 빠뜨렸다. 실업률이 20퍼센트를 넘어서 치솟았다. 그러나 인플레이션은 국제통화기금과 은행들이 제공한 자본의 가치를 떨어뜨리기 때문에 인플레이션의 억제는 어떤 대가를 치르고서라도 이루어야 할 우선 사항이다. 채권자들은 인플레이션을 몹시 싫어한다. 두 번째 우선 사항은 실제적일 뿐 아니라 이데올로기적인 것으로, 정부 역할의 축소다.

국제통화기금은 막대한 금액의 공공지출 감축과 물·전기·사회보장제도[5] 등 국가자산의 사유화를 강요함으로써 아르헨티나 경제를 위축시켰고 이 때문에 아르헨티나는 급격히 경제침체에 빠져들었다. 이는 국제통화기금이 주권국가의 정부들에게 억지로 밀어붙였던 '구조조정' 정책의 한 가지 사례다.[6] 국제통화기금은 아르헨티나 은행들을 외국자본에 매각하라고 강요하기도 했다. 그리하여 정작 성장을 촉진하기 위해 지역 투자가 절실히 필요할 때에 외국자본이 소유한 은행들은 그것을 거부했다. 오히려 정반대였다. 정부의 자본 통제력을 박탈하는 국제통화기금의 또 다른 처방으로 말미암아 엄청난 금액의 자본이 해외로 유출되었다. 가장 부유한 예금자들과 지배층은 말 그대로 모두가 잠들어 있는 한밤중에 자기 재산을 해외로 빼돌릴 수 있었다. 당시 계산에 따르면 260억 달러로 추산되는 금액이 트럭에 실려 부에노스아이레스 에세이사 공항을 통해 해외로 유출되었다.[7] 2001년 12월 3일 정부가 허둥지둥하며 은행 계좌를 동결했지만 허사였다.[8] 자본을 약탈하는 시티뱅크와 보스턴은행 등의 예측 가능한 불법행위에 대한 국제통화기금의 대응은 은행들이 책임을 면할 수 있게 아르헨티나의 경제파탄법economic subversion law을 폐지하도록 요구하는 것이었다. 당시에 나온 한 보고를 보면 이런 정황을 명확히 알 수 있다.

"미국이 가장 중요한 회원인 국제통화기금은 경제파탄법을 폐지해야 한다고 강력히 주장했다. 이 때문에 아르헨티나 의회는 격심한 논쟁에 빠져들었고 온 나라에서 대중들의 저항이 일어났다. 법의 그런 변화가, 지난 해 말에 막대한 금융자본을 해외로 유출시키는 데 한 몫 했다고 고발당한 기업과 은행들을 구해낸 듯 보인다."9

자본 유출은 아르헨티나를 벼랑 끝으로 밀어낸 마지막 요인이었다. 국제통화기금의 요구에 대한 정부의 굴복, 그리고 국가 주권을 반역적으로 팔아넘긴 것으로 묘사할 수밖에 없는 정치권의 공모가 이 야비한 이야기의 핵심이다. 공공지출을 삭감하고 예금을 동결하자 대중들은 부에노스아이레스 거리에서 분노를 터뜨렸다. 정치인과 지배층이 자행한 매국적 행동과 아르헨티나의 굴욕은 국민들 마음에 큰 상처를 남겼다. 2001년 12월 19일, 주요 도시들의 거리에 사람들이 몰려나왔다. 부에노스아이레스에서는 무단 거주지는 물론이고 중산층 거주지역에서 자발적으로 몰려든 수많은 인파가 마요 광장을 점령하고는 냄비를 두드리며 시위를 하고 현금자동인출기를 부수고 거리에 늘어선 은행의 창문을 깨뜨렸다. 약탈이 벌어지고 계엄이 선포되었다. 이튿날에는 시위가 주변 도시와 지역들로 번지며 격화되었다. 바리케이드 뒤편 시위 지역은 점차 늘어났고, 부를 유출하고 국민을 고통에 빠뜨리며 나라를 팔아먹은 체제와 정치권을 향해 쌓였던 슬픔과 분노가 터져 나왔다. 12월 20일 밤에 데 라 루아 대통령은 달아났다. 가두시위 소리와 따갑고 매캐한 최루 가스가 아래에서부터 퍼져

나가는 가운데 대통령을 태운 공군 헬리콥터 한 대가 대통령궁에서 이륙했다. 그날 모두 26명이 죽었고 그 가운데 5명은 부에노스아이레스의 도로 위에 쓰러져 있었다.

새로운 세상, 낡은 관습

위기가 찾아왔을 때 부에노스아이레스의 모습은 쇠퇴해 있었다. 그 도시가 누렸던 과거의 영광은 그저 현재의 쇠퇴를 두드러지게 할 뿐이었다. 넓은 도로와 커다란 빌딩들의 화려한 외관은 완전히 딴 세상에 온 듯 보였다. 정말로 그랬다. 도시를 장식한 파리와 바르셀로나 풍의 감성은 식민 통치자들의 독특한 기질을 반영하고 있었다. 20세기 초에 통치자들이 마음에 그린 부에노스아이레스의 모습은 라틴아메리카의 어떤 도시와도 달랐다. 그들은 정반대편 세상의 미개한 땅에서 유럽 문명의 영광을 재현하려 했다. 부에노스아이레스는 피정복자들을 말살하고 지배를 합리화하는 정복 신화와 허영심을 위해 꼭 필요한, 웅장한 오페라 무대장치와도 같은 유용한 배경이 될 터였다. 15세기 스페인 정복자들은 이 땅과 원주민들에게 어떤 권리도 인정해주지 않았다. 그들은 식민지 노예와 다를 바 없는 처지가 되었다. 선교의 열정으로 타오르는 성화처럼 신대륙 정복은 앞에 놓인 모든 것을 먹어치웠다.

V. S. 나이폴이 그랬듯이, 아르헨티나는 처음부터 피와 약탈의 땅

302

이었다. 그런 식으로 나라가 세워졌고 2001년 붕괴와 떼려야 뗄 수 없는 특성을 갖게 되었다. 거리의 마초문화와 궁에 상주하는 군인들의 모습에서 보듯 아르헨티나는 언제나 강한 자들의 땅이었다. 그 밑바탕에는 나태와 방탕으로 나라의 부를 빨아들여 소모해버리는 스페인 왕실의 온갖 타락을 보여주는 소수의 지배계급이 도사리고 있었다. 북아메리카의 검소한 정착민과는 달리 이곳의 광대한 토지 소유자들은 아무 일도 하지 않았다. 그들이 받은 무상불하 토지에는 원주민 노예들이 딸려 있었다. 나중에는 유럽 이민자들이 그 땅에서 일하게 되었다. 1860~1870년대에 토지 소유자들은 시골생활과 농사를 경멸했다.[10] 대신에 지배계급으로 태어난 이들에게 알맞은 습성을 체득하기 위해 자신의 자녀들을 이튼학교(상류계급이나 부유층 자제들만 다니는 영국의 명문 사립 중고등학교-옮긴이)에 보냈다. 이 '팜파스의 영주들'은 당시의 친숙한 표현대로 하면 파리와 베를린의 살롱에 거드름을 피우며 나타났다. 그러나 이들은 아메리카인들과는 달리, 북아메리카에서 대량생산 산업양식의 출현을 이끌어낸 투자와 위험을 무릅쓰는 자본주의 기업가정신이라곤 전혀 없는 지주계급이었다. 이 귀족계급은 부를 단지 사치품과 더 많은 땅을 사들이는 데에만 썼다.

이는 대중영합적 독재자를 출현시켰다. 군인계급 출신의 이 독재자는 아르헨티나를 강제적으로 근대 산업시대로 이끌었다. 1943년 군사 쿠데타를 일으킨 사람 가운데 하나인 후안 도밍고 페론 대령은 새롭게 권력을 잡은 정치세력과 노동자 대중, 억눌렸던 중산층의 지도자가 되었다. 이들은 귀족계급과 그들 정당의 그늘 아래에서 처음으로 떠오른 세력이었다.

새롭게 떠오른 사회정치 세력의 주요 원천은 조직된 노동자들이었다. 페론은 노동조합을 준정부기관이 될 정도로 세워냈다. 노동조합은 숙련 노동자들을 비롯한 26만 명가량의 주요 구성원으로 시작하여 페론의 후원 아래 전체 임금 노동자들을 포괄하는 세력으로 성장했다. 페론의 보호 아래 성장한 것은 단지 노동조합만이 아니었다. 협동조합 운동도 페론의 영향력 아래에 들어갔다. 생산을 늘리고, 파편적이고 비효율적인 부분을 합리화하기 위해 농업에 국가가 후원하는 협동조합이 도입되었다. 해외자본에 대한 국가 차원의 대안으로서 인식되었던 신용조합은 소기업과 소농들을 대상으로 하는 대출기관으로서 지원을 받았다. 페론이 구축한 제국 앞에서 크게 당황한 군벌이 1945년에 페론을 물러나게 하려 했으나 이미 때는 늦었다. 하층 노동자들descamisados11이 프롤레타리아의 근육을 움직여 의기양양하게 페론을 다시 권좌에 앉혔다.12 시민사회 전체가 당시 강렬한 포퓰리즘에 휩쓸린 것 같았다. 후안 페론이 포퓰리즘의 왕으로 떠올랐다면 에바 페론은 그의 수호성인이었다. 그 둘은 지금까지도 이어져 내려오는 정치운동을 함께 잉태했다.

페론주의는 그 이념과 실천에서 권위주의적이고 신비감을 자아내지만 노동자 대중의 열망과도 깊게 결합되어 있었다. 페론주의 역시 모든 것을 집어삼켰다. 국가권력에서 비롯되었을지라도 자율적인 모든 개혁운동의 기반을 손상시켰다. 아르헨티나 시민사회의 모든 진보적 흐름은 페론주의에 흡수되었다. 한때 페론주의자들은 아르헨티나 소비자단체연합Federation of Argentina Consumer Societies의 회장을 몰아내고 자신들의 관리를 심어 넣으며 총회를 장악했다. 노동운동과 협동조합 운동이라는 두 가지 커다란 부문은 페론주의 정당 기구의 일부가 되었고, 오늘날 아르헨티나 노동계급의 문화는 페론주의 영향력 아래 놓여 있다. 노동운동과 협동조합 운동에는 오늘날까지도 분열이 남아 있다. 두 운동은 페론주의 정당과 연계되어 있는 집단과 그와 독립된 집단으로 나뉘어 있다. 페론주의 정당 기구의 유해한 영향력은 사회에 깊이 스며들어 있고, 사람들이 독립된 행위자로서 조직을 만들려고 하는 경우에도 그 유해한 힘을 발휘한다. 이는 2001년 위기로 말미암아 문을 닫은 공장들에서 일어난 노동자 기업회복운동recovered factory movement에도 영향을 미쳤다.

점거, 저항, 생산

이 충격적인 시기에 저항과 회복의 이야기가 등장한다. 이 시기에 기업회복운동만큼 우리 마음을 사로잡은 일은 없다. 그로부터 10년이 지난 현재까지 노동자들이 300개의 공장을 접수하여 협동조합으로 전환했다. 세상이 산산조각 나는 것 같은 위기가 진행되는 동안 노동자들의 이런 행동은 과감한 저항과 희망이 강하게 결합된 형태로 매우 생생하고도 상징적으로 다가왔다. 당시에 공장 점거자들의 행위는 정치적으로 자극받은 것이 아니었다. 대부분이 절망에서 나온 단순한 행동이었다. 위기가 절정으로 치달을 때 부에노스아이레스에서만 3,900개 공장이 파산을 선언하고 소유자들이 공장을 버렸다.[13] 일거리도 임금도 받지 못한 채 남아 있던 노동자들은 잃을 것이 아무것도 없었다. 가족의 생계를 부양해야 했던 그들의 상황은 한계점으로 치달았다. 권력과 권위에 복종하던 태도는 순식간에 사라져버렸다. 노동자들을 사로잡고 있던, 계급을 둘러싼 낡은 신비감이 작업장 안팎에서 사라지고 있었다. 사장이 꼭 있어야만 하는 건 아니었다. 당시에는 이 사실이 그렇게 뚜렷한 것은 아니었지만 공장에서 회복되고 있던 것은 점거자들이 일과 '생산수단'보다 훨씬 큰 존재라는 점이었다. 사람들은 자신에 대해, 그리고 사회에 대해 무언가 근본적인 것을 되찾고 있었다.

당시의 투쟁을 상징하는 이름이 둘 있는데, 바로 사논^{Zanon}과 브루크만^{Brukman}이다. 내력과 특징이 서로 완전히 딴판인 이 두 공장은 변화의 물결에 휘말려들었다. 그 변화 가운데 하나는 사회의 뿌리 깊은 타락과 부패였고, 또 하나는 반대로 연대와 협동이라는 단순한 행동 안에 담긴 전환의 회복력이었다.

사논

루이지 사논은 2차 세계대전이 끝나자 행운을 찾아 아르헨티나로 이민한 이탈리아 한 서민의 아들이다. 사논은 1981년 네우켄 서부 지역에서 세라믹 공장을 세웠다. 그는 지방과 중앙 정부의 공채와 보조금을 받아 공유지에 공장을 세웠는데, 그 자금은 상환되지 않았다.

1990년대에 사논의 공장은 정기적으로 정부 공채를 투입해 첨단시설을 갖추고 꾸준히 성장해 아르헨티나에서 가장 큰 세라믹 공장이 되었다. 루이지 사논은 카를로스 메넴 전 대통령과 가까운 친구 사이였다. 메넴 대통령은 1990년대에 아르헨티나가 신자유주의에 깊게 빠져들 때 큰 인기를 누리던 사람이다. 아르헨티나의 국제통화기금 인사로, 노동기준을 더욱 '유연'하고 '투자' 친화적으로 만들라는 국제통화기금의 요구를 실현한 사람이다. 다른 많은 사람들과 마찬가지로 사논은 새롭게 조성된 유연화 정책을 발 빠르게 이용했다. 사논은 부패한 노조 지도자들과 결탁하여 일반 조합원들의 임금을 서서히 내리고 노동조건을 악화시켰다. 물론 노조 지도자들은 그 대가를 받았다. 그 대가는 노조 간부들에 대한 초과 급여와 노조를 순종하게 만들려는 현금 지급 등이었다. 1990년대에 걸쳐 사논의 공장은 많은 돈을 벌어들였다. 평균 4,500~5,000만 달러, 1996년에는 6,700만 달러의 이윤을 거둬들였다. 하지만 임금과 노동조건은 계속 나빠졌고, 노동자에 대한 위협이 일상화되었다. 당시 한 젊은 노동자였던 레이날도 히메네스는 이렇게 말했다.

"그들은 원료와 자재를 줄이기 시작했고 작업량도 반으로 감축했습니다. 모두 노조와 공모해서 이루어진 일이지요. 사논은 매우 부정직한 사람이었습니다. 일 년에 몇 차례 찾아와 공장을 돌면서 관리자들의 등을 토닥이며 그들을 구슬렸습니다. 그러면 관리자들은 사논에게 이렇게 말했어요. '우리는 사장님을 좋아하지 않는 사람들을 알아볼 수 있습니다.' 그러고는 보통 이런 방법을 씁니다. 5명의 노동자를 해고하려면 해고자 20명을 발표합니다. 그럼 노조가 개입해서 싸우며 협상합니다. 그러다가 이렇게 말하며 협상을 끝내죠. '잘됐어, 우리가 15명의 해고를 취소시켰어.' 이렇게 해서 해고하고 싶은 노동자 5명을 잘라버리는 거죠."14

노동자들은 노조를 거부하기로 결정했다. 국내노조위원회 지부 담당자 리스타 마론의 도움을 얻어 노조 지도자들을 교체하기 위해 조직을 하기 시작했다. 이런 움직임은 사논과는 물론 회사 경영에도 심한 마찰을 불러일으켰다. 상황은 점점 악화되었다. 해고가 늘어나고 노조 활동가들에게 보복의 칼날이 겨누어졌다. 공장 안에서 조직을 하기 불가능한 분위기가 조성되었다. 그래서 마치 할리우드 영화의 한 장면처럼 노동자들은 공장 밖에서 축구 리그를 결성하자는 구상을 떠올렸다. 9만6천 평방야드에 이르는 면적에 공장이 22에이커를 차지하고 있었고 이는 14개 구역으로 나뉘어 있었다. 노동자들은 각각의 구역마다 팀을 하나씩 조직하고 리그 회의에 참석할 대의원을 뽑았다. 노동자들은 이 회의에서 은밀히 소통하고, 조직하고, 자료를 취합하고, 계산을 했다. 얼마 지나지 않아 사측이 위기라고 투덜거렸던 것이 거짓이었음이 밝혀졌다. 한 노동자는 이렇게 말했다. "날마다 트럭 20대분이 출하되어 국내 시장의 25퍼센트를 차지하고 얼마나 많은 나라로 수출되는지 알 수 없을 정도인데 무슨 위기라는 거죠? 지방세, 대출, 그리고 온갖 종류의 혜택을 받고 있다는 걸 뻔히 아는데 무슨 위기라는 거죠? 무엇보다도 사논은 소비치의 그림자였는데 말이에요." 페론주의 대통령 카를로스 메넴과 결탁된 우익 정치인인 호르헤 오마르 소비치는 네우켄의 주지사였다.

2000년 무렵에 이 회사는 임금 지불을 위해 정부에서 자금을 받았는데도 임금을 체불하고 있었다. 정부자금을 착복했던 것이다.[15] 2000년 6월, 22세의 다니엘 페라스가 응급조치 기구 안에 산소가 없어서 공장에서 심폐정지로 사망하자 폭발 직전의 상황이 되었다. 응급차도 의사도 없었다. 분노한 노동자들은 응급차와 간호사를 요구하며 8일 동안 생산을 중지했고 끝내는 그 요구를 관철시켰다. 그해 12월, 노동자들은 노조 지도자들을 몰아냈고 이에 루이지 사논은 대량해고로 맞섰다. 사논은 330명의 노동자를 단 60명으로 줄일 것을 제안했고 노동자들은 이를 노조 '청소'라고 받아들였다. 노동자들은 파업을 했다. 부에노스아이레스의 대통령궁 근처로 몰려가 해고 통지서를 불태우며 해고를 거부했다. 회사 정문에 5개월 동안 농성 텐트를 치고는 홍보선전 활동을 하면서 지역사회의 지지를 호소했다. 사논은 이미 공장을 포기한 상태였다.

이 무렵에 아르헨티나는 정치적으로도 경제적으로도 통제 불능의 정세로 빠져들고 있었다. 아르헨티나 전역에서, 특히 부에노스아이레스에서 마을회의neighborhood assembly가 확산되는 추세였다. 실업 노동자 대중들은 피케테로piquetero(거리의 요지를 점거하고 시위하는 사람들을 지칭하는 스페인어-옮긴이)가 되어 바리케이드를 치고 개혁을 요구했다. 그들은 서로 협력하여 인근 지역에 시위와 자조 프로그램을 조직하고, 야외에서 즉석 토론회를 열어 악화되는 국가 위기에 대해서 토론했다. 마을회의들은 기업회복운동의 정치적 방화벽이 되었다. 노동자들의 파업에, 그리고 마침내는 더 큰 힘에 맞서 공장을 접수하려는 결정에 대중이 결정적 방어와 도덕적 지지로 뒷받침을 해준 것이다. 폼페야 회의는 부에노스아이레스의 한 인쇄공장인 칠라베르트 아르테스 그라피카스를 지원하였다. 카라파체이 회의는 E. I. 아카리테 사를 지원하였고, 누에바 에스페란차, 바우엔 호텔과 다른 기업의 노동자들도 각각 여러 회의의 지원을 받았다.[16]

2002년 3월 사논 공장의 노동자 330명 가운데 220명이 공장을 점거하고 노동자 통제 아래 생산을 재개하기로 결정했다. 그들은 회의를 거쳐 모두 같은 급여를 받고 판매, 관리, 보안, 지출, 생산, 계획, 안전, 위생과 홍보에 관한 위원회를 만들기로 결정했다. 그때까지 사논 공장에게 착취당해왔던 마푸체 원주민들은 자신들의 점토 채굴장을 노동자들이 이용할 수 있도록 허락했다. 2002년 4월 5일에 2만 평방미터 분량의 타일이 처음 생산되어 공장에서 출하되었다. 3개월 뒤에는 12만 평방미터 분량이 생산되었는데, 이는 이전 소유주 체제하에서 생산되던 양의 절반이었다.[17] 노동자들은 코마후에와 부에노스아이레스 대학교들의 도움을 받아 생산과정을 현대화하고 2년 안에 30만 달러를 투자하여 설비를 향상시켰다. 그 결과 이전 소유주 체제하에서는 한 해에 300건의 사고가 일어났는데 그 수가 33건으로 떨어졌다. 또한 한 달에 평균 한 명이 사망했지만 이제 사망사고는 한 건도 일어나지 않았다.[18] 마침내 공장 이름을 파신팟[FaSinPat](사장이 없는 공장이라는 스페인어 Fábrica Sin Patron의 준말)으로 바꾸었고 회사 형태를 협동조합 법인으로 하는 눈부신 행동이 이어졌다. 이 회사 이름은 무산계급의 위용을 보여주는 것이었다.

협동조합과 공동체

사논 노동자들과 주변 공동체 사이에 강한 연대가 형성되지 않았다면 공장이 회생하여 유지되지 못했을 것이다. 노동자들이 처음 맞닥뜨린 것은 공장을 폐쇄하고 남은 자산을 해체하여 매각하려는 사장의 주도면밀한 움직임이었다. 그 다음엔 들이닥치는 경찰의 침탈에 맞서 싸워야 했다. 노동자들을 구한 것은 경찰이 들이닥칠 때마다 우르르 몰려온 공동체 구성원들의 자발적 지원이었다. 한시라도 감시의 눈길을 거두지 않았고 경찰이 침탈할 낌새라도 있으면 그 소식이 곧바로 지역에 퍼졌다. 수많은 사람들이 몰려와 경찰과 대치하고는 노동자들을 보호하기 위해 밤새 농성을 벌였다. 주민 가운데 더 단호한 이들은 공장의 창가와 지붕에서 노동자들과 함께 최루탄과 고무탄에 맞서 새총으로 구슬을 쏘아 보냈다.

2003년 4월 8일에 경찰이 노동자들을 몰아내려고 했을 때에는 주민 수천 명이 공장을 둘러싸고 경찰을 막아섰다. 경찰이 제지당하며 물러나자 주민 9,000명이 공장 안으로 몰려들어 록 콘서트를 열어 불안한 승리와 노동자들과의 연대를 축하했다. 긴장을 늦출 수 없는 이런 대치를 반복하면서 9년이란 세월이 흘렀다. 때로는 법원의 명령이나 정치적 압력으로 한시적이나마 유예의 시간을 얻어내 한시름 놓기도 했지만, 부패하고 자의적인 사법적·정치적 제도 속에서 협동조합의 생산할 권리를 법적으로 인정받는 승리를 이끌어내는 일이란 끝이 보이지 않는 지난한 작업이었다. 그 와중에도 공장에서는 타일이 생산되어 출하되었다. 정부의 지원과 자본투자가 부족한 상황에서도 노동자를 더 많이 고용했고 4년이 채 지나지 않아 한 달 생산량이 1만 5천 평방미터에서 40만 평방미터로 늘어났다.

협동조합은 공동체의 삶과 한데 어우러졌다. 노동자들이 디자인을 맡게 되자 변화가 일어났다. 중세 이탈리아풍의 고풍스러운 디자인 대신에 마푸체 공동체의 도움을 받아 창조된 마푸체 양식의 타일이 생산된 것이다. 이는 정말로 필요한 때에 자신들의 점토를 사용할 수 있게 해준 이들의 소외된 문화를 되살리기 위한 것이기도 했다. 협동조합은 지역에서 끊임없이 기부를 이어나갔다. 병원과 학교, 양로원, 무료급식소에 물품과 현금, 노동을 기부했다. 또한 토착집단과 장애인들을 도왔고 소방관과 네우켄 적십자를 지원했다. 가장 중요하고 상징적인 기부는 누에바에스파냐의 가난한 공동체를 위해 의료센터를 지어준 것이다. 2005년에 파신팟 구성원들은 40년 동안 응급센터를 운영해온 400가정의 후견에 힘입어 물품을 기부하고 진료소를 만들어주었다. 이 공동체는 40년 동안 지방정부가 진료소를 만들어주길 기다리고 있던 차였다.[19]

암울했던 투쟁 기간에 회복기업들이 받은 도움의 정도를 조사해보니, 지역사회에 대한 그들의 행위와 그들이 받은 정치적 지원 사이에 직접적인 상관관계가 있음이 드러났다. 다시 말해 그들은 서로 연대를 구축했던 것이다. 힘이 없을 때 공동체와 유대를 맺은 이들 회복기업은 강해졌을 때 보답할 의무를 느낀 것이다.[20] 이는 파신팟의 경우에도 마찬가지였다. 파신팟이 위기를 겪으면서, 노동자와 공동체 주민들은 작업장이 자본주의적 통념에서처럼 원자화되고 고립된 실체가 결코 아님을 깨달을 수 있었다. 작업장은 사회적 유기체다. 작업장은 상당 부분 학교와 도로와 법률과 더욱 빈번히는 자본의 사회적 투자에 의해 유지된다. 노동자들이 공장을 접수하고 지역공동체에게서 폭넓은 지지를 받은 사실은 사적 소유의 우월성이라는 관념을 뒤흔들어 놓았다. 기업회복운동은 기본적으로 노동의 도덕적 권리이자 대중의 관심사가 되었다.

파신팟 내의 직장생활에도 변화가 일었다. 인간화된 것이다. 예전에 한 노동자는 이렇게 말했다. "우리는 자리를 비우거나 화장실 가는 것도 허용되지 않았습니다. 통로는 여러 색으로 표시되어 있었습니다. 빨간색은 자동기계가 있는 곳을 가리킵니다. 그곳에서는 주의하며 움직여야 합니다. 파란색은 이동할 수 있는 장소입니다. 가마 기술자들은 빨간 옷, 전기 기술자들은 녹색 옷을 입어야 하는 식이었습니다. 이렇게 해서 다른 작업장에 있어야 할 노동자가 자리를 이탈한 것을 알아챌 수 있었습니다. 꼭 감옥 같았지요."21

이 회사의 관리자와 노조 고위 간부들은 교도소와 마찬가지로 높은 층 사무실에서 공장 내부를 내려다보며 노동자를 감시했다. 하급 간부들은 작업장에서 노동자를 통제했다. 일주일 내내, 하루 24시간 이런 식이었다. 노동자들은 공장을 접수한 뒤 이런 억압적이고 모욕적인 관리방식을 없애버렸다. 대신에 각 작업 구역마다 노동자 회의를 조직하고 이 회의에서 생산공정을 관리하는 조정자를 정했고 이들이 다른 구역의 조정자들과 의사소통했다. 파신팟에는 36개의 구역이 있었고 각 구역 조정자들은 몇 달에 한 번씩 교체되어 모든 노동자가 이 역할을 맡았다. 조정자 역할을 맡는 동안에는 책임을 더 많이 졌지만 급여는 다른 노동자들과 같은 수준을 유지했다.

파신팟의 한 노동자는 이렇게 이야기했다. "월요일마다 조정자 회의가 열렸고 이 회의에서 각 교대조에게 필요한 것이 무엇인지, 어떤 문제가 있는지 파악해 해결했고, 만약 해결하지 못하는 문제가 있다면 교대조 전체회의를 열어 의논했습니다. 그러나 시장으로 나가는 최종 생산물은 담당자뿐 아니라 모든 노동자들에게 책임이 있었습니다. 왜냐면 점토 공급에서부터 세라믹 제품 제작, 시장 출하까지 우린 모두 동등한 위치에서 함께 일하기 때문입니다."[22]

한 달에 한 번씩 노동자 총회가 열렸다. 협동조합의 운영회의였고 이 회의에서 생산목표를 비롯해 지역사회에 대한 기여, 복장 문제까지 공장에서 이루어지는 일과 관련한 모든 논의가 이루어졌다. 이는 노력이 많이 필요한, 치열하고 이상주의적인 일이었지만 잘 이루어졌다. 공장 운영과 재정은 완전히 투명하게 이루어졌다. 노동자들은 저마다 작업장 안에서 호혜의 문화를 만들기 위해 노력했고, 이는 협동조합이 성공하는 데 바탕이 되었다.

이런 변화가 이루어지면서 지역공동체와 굳게 맺었던 유대가 더욱 강화되었다. 공장 안에서 일어난 변화는 더 큰 변화를 불러와, 공장 생활과 지역공동체 생활이 서로 연결되어 있고 한 사람의 운명이 다른 사람들의 운명과 직결되어 있다는 인식 변화로 이어졌다. 헌신과 협력이 더 활발해지고 호혜성을 띠게 되었으며, 자본의 계급적 속박 가운데 노동자들을 고립시켰던 벽이 무너져 내렸다.

브루크만

브루크만 의류공장은 노동자들이 가장 먼저 접수한 공장이다. 2001년 12월 경제위기가 정점에 이르렀을 때 12년 된 이 부에노스아이레스의 공장은 심각한 곤경에 빠졌다. 브루크만 사는 노조에 가입되어 있지 않은 노동자들 수준으로 임금을 삭감하고 있었다. 1주일에 100페소(100달러 상당의 금액)였던 임금이 5개월 동안 2페소로 줄어들었다. 일터로 가는 버스요금을 내기에도 부족한 액수였다. 노동자들은 침울하게 상황을 감내하고 있었다. 당시에 아르헨티나의 실업률은 22퍼센트에 이르렀다. 사람들은 실업 때문에 극도로 빈곤한 상태에 빠졌고, 쓰레기통에서 음식을 구하거나 구걸을 해야 했다. 정부가 이미 국제통화기금의 요구에 따라 사회복지를 축소했기 때문에 인구의 58퍼센트가 빈곤선 아래로 추락한 상태였다. 사람들은 불안해하면서도 이런 현실에 순응하고 있었다. 버스요금 아래로 내려간 임금은 대부분이 중년 여성인 노동자들을 인내의 한계 밖으로 밀어냈다. 그들은 3주 동안 임금을 받지 못한 상태였다. 시민들이 거리로 쏟아져 나오기 하루 전인 12월 18일, 노동자들은 공장의 기계를 멈추고는 체불임금을 받기 전에는 꼼짝도 하지 않겠다고 버텼다. 공장주들은 돈을 갖고 올 테니 기다리라고 했다. 그러나 그들은 끝내 돌아오지 않았다. 이에 하코보 브루크만은 임금 대신에 한 사람당 정장을 두 벌씩 주겠다고 제안했다. 노동자들은 거부했다.

숙련 재봉사인 마틸데 아도르노는 그때의 상황을 이렇게 회상했다. "그때 우리가 공장을 접수하지 않았으면 공장주들이 공장 문을 닫

앉을 거예요. 우린 아침마다 회의를 했습니다. 모두 신경이 곤두서 있었지요. 공장주들이 돌아오지 않아서 우린 기다리기로 했어요. 우리가 처음 회의를 한 날 저녁에 23명이 공장 안에서 밤새 농성을 했어요. 이튿날 아침 내가 갔을 때 사람들은 항의 현수막을 공장 곳곳에 걸어놓았더군요. 우리는 앞으로 어떤 일이 닥칠지 모른 채 결정을 내렸습니다."[23]

이튿날 저녁에 노동자들은 공식적으로 점거를 시작했다.

"우리는 모두 두려움을 느끼며 공장 안 바닥에 누웠습니다. 아무도 안을 들여다보지 못하도록 창에 판지를 붙이고 불을 껐습니다. 그때 밖에서 소리가 들려왔어요. 사방에서 들려오던 소리는 점점 커졌지요. 우리는 경찰일 거라고 생각했어요. 어디로 도망쳐야 할지 몰랐지요. 그때 한 사람이 창문을 열고 밖을 바라보며 이렇게 외쳤어요. '시위대다!'"[24]

숟가락으로 냄비를 두드리던 무리가 대규모 군중시위로 불어나자 에두아르도 데 라 루아 대통령은 헬리콥터를 타고 도망쳐버렸다. 공장 안에는 긴장감이 휘돌았다. 노동자들은 아직 사장 없이 공장을 가동할 생각을 하지 못했다. "우린 공장 설비를 성스럽게 생각했어요." 아도르노가 말했다. 노동자들이 두려움을 떨쳐버리는 데에는 한 달이라는 시간이 걸렸다. 어느 순간 알지 못하는 사이에 노동자들에게 익숙했던 두려움이 잦아들었다. 사람들은 일을 하기 시작했다. 재단사들은 옷감에 본을 그리기 시작했고, 여성들은 재봉틀에 앉았고, 또 어떤 이들은 스스로 판매처를 찾아 나섰다. 단지 사장만 없을 뿐이었다. 서쪽으로 수천 마일 떨어진 사논과 마찬가지로 경찰이 침탈을 시작했다. 3월에 경찰 100명이 진압장비를 갖추고 '운동권과 범죄자들'을 색출한다며 새벽에 공장에 들이닥쳤다. 하지만 그들이 찾아낸 것은 고작 노동자 세 명과 아이 하나였다. 경찰은 공장을 샅샅이 뒤졌고, 이에 지역 주민들이 공장을 둘러싸자 경찰은 물러나는 듯했다. 하지만 곧 되돌아와 한밤중에 노동자들을 몰아내고 공장을 기관총과 개들로 무장한 진지로 만들어버렸다. 다시 수많은 주민들이 몰려왔다. 이때 상황은 에비 루이스와 나오미 클라인이 만든 영화 〈더 테이크 The Take〉에 생생하게 묘사되어 있다.

공장으로 들어가지 못해 주문받은 3천 벌의 정장바지를 만들지 못하고 있던 노동자들이 많은 지지자들을 몰고 와 이제 일을 할 시간이라고 선언했다. 오후 5시에 작업복 차림을 한 중년 여성 재봉사들이 경찰 저지선으로 걸어갔다. 누군가 밀어붙이자 경찰 벽이 무너졌고 이 여성들은 서로 팔짱을 낀 채 맨몸으로 천천히 행진했다.

몇 발을 떼기 무섭게 경찰이 최루탄과 물대포, 고무탄에 이어 납탄을 퍼부었다. 경찰은 심지어 '실종된' 아이들의 이름을 수놓은 하얀 스카프를 머리에 쓴 '5월 광장 어머니회Mothers of the Plaza de Mayo,'까지 밀어붙였다. 시위자들은 열 명 넘게 부상을 당했고 경찰은 병원에까지 최루탄을 쏘아댔다.[25]

아르헨티나에서 벌어진 경찰 폭력의 역사에 대해 잘 알지 못하는 사람은 이런 사실에 놀랐을 것이다. 클라인이 5월 광장 어머니회에 대한 공격을 묘사한 것은 매우 의미심장하다. 경찰제도 안에 새겨진 억압성이 지속되고 있음을 부각시키고 있기 때문이다. 이는 1976년의 군사 쿠데타 직후에 벌어진 '더러운 전쟁dirty war'에서 행사된 물리력과 같은 것이었다. 국가가 벌인 이 테러에서 3만 명이 국가의 적으로 간주되어 유괴, 고문, '실종'되었다. 이들 가운데는 포악한 독재정권이 정리대상 명단으로 뽑은 노동 조직가들, 학자들, 기자들, 인권 운동가들이 포함되어 있다. 이들은 백주대낮에 거리에서 납치되어 얼마 후 플라야 강에서 떠오르거나 거리에 버려졌다. 국가의 적이 된 이들의 아이들 역시 사라지는 불행을 겪는다. 일단 그 아이들의 부모가 투옥되거나 살해당하면 아이들은 곧 이념적으로 더욱 경직된 가족에게 맡겨져 군부정권에 어울리는 도덕률에 따른 가치를 교육받게 된다.

놀랍게도 공장에 대한 경찰의 행위는 계속되었지만 결정적이지는 않았다. 상황을 되돌리는 데 성공하지 못한 것이다. 기업회복운동은 지속되었다. 그들이 받은 폭넓은 대중적 지지는 노동자들에게 도덕적 정당성을 부여했고, 국가의 지원과 합법화를 호소하는 데에 정치적 영향력을 강화했다. 굴복한 소수의 사람들은 경찰의 협박이나 폭력 때문에 그랬던 것이 아니다. 오히려 사업을 성공적으로 해나가는 것이 거의 불가능에 가까운 제약 때문이었다. 그런 제약 가운데 투자의 부재에서 비롯된 자본 부족이 가장 큰 어려움으로 닥쳤다. 그러나 공장들이 노동자 통제하에서 수익을 내기 시작하자, 공장을 파산시키고 내버린 바로 그 소유주들이 공장을 돌려달라고 요구했다. 파신팟의 경우가 그랬다.

영화 〈더 테이크〉에서는 루이지 사논이 공장에 대한 권리를 주장하는 장면이 눈길을 끈다. 사논은 과거 피고용자들과 지역 주민들에게서 자신이 예전에 한 행동에 대한 불만 가득한 이야기를 들었을 때도, 부당했던 자신의 행동에 대해 어떤 거리낌도 없이 자신만만한 태도를 취했다. 화려한 안락의자에 앉아 마치 아이들을 대하듯 거만하게 웃으며 공장을 돌려받을 것을 확신하고 있었다. "누가 공장을 당신에게 돌려줄까요?" 기자가 물었다. "정부가 나에게 돌려줄 거요." 사논이 대답했다. 마치 국가의 비극적 현실을 온몸으로 감내하고 있다는 듯 스스로 자신에게 자격을 부여하면서 만족스러워하는 태도를 보였다.

깨우침

파신팟의 성공은 다른 여러 회복기업들과 더불어 아르헨티나 내에서는 물론 해외에서도 놀라운 일로 받아들여졌다. 애초에 과거의 소유주가 운영에 실패한 공장을 노동자들이 접수하고 관리해 성공할 수 있다는 생각은 과거 소유주나 '전문가', 통치계급에게 완전히 비웃음을 샀다. 관리 경험은 물론 자본투자의 가망도 없기에 기업회복은 실패할 것이라 예상되었다. 모든 상황이 실패를 재촉했다. 공장을 버린 소유주들이 할 수 없었던 일이라면 아무도 할 수 없을 것이라 여겨졌다. 무엇보다도 소유권이라는 침해할 수 없는 신성한 개념은 도전받아서는 안 되었다. 이 공장들이 수년 동안 공적자금을 지원받고 면세와 공유자산 이용의 혜택을 받으며 표류했다는 사실은 문제 삼지 않았다. 공정한 임금을 받을 노동자들의 권리를 박탈하고 열악한 노동조건을 강요한 사실도 마찬가지다. 자본의 권리와는 달리 노동권은 별로 중요한 것이 못 되었다. 노동자들에게 공장을 관리할 수 있는 타고난 능력이 있는지에 대해서는 그렇게 의심을 하면서 왜 기업을 파산시킨 소유주나 정책 전문가들에 대해서는 그 의심이 공평하게 똑같이 제기되지 않는가라는 점은 대단히 흥미롭다.

1990년대에 걸쳐 실행된 국제통화기금의 '전략적 구조조정 정책' 관점 아래에서 카를로스 메넴 행정부는 해외투자 증대와 실업 완화를 구실로 아르헨티나의 노동조건을 더욱 '유연'하게 만드는 데 동의했다. 국제통화기금 총재 미셸 캉드시가 방문할 때마다, 그리고 '기술파견단'이 매달 부에노스아이레스를 방문해 아르헨티나를 이 방향으로 몰고 갔다.[26] 그 결과는 재앙이었다. 실업이 세 배로 뛰었을 뿐 아니라 노동자들의 상황은 곤두박질쳤다. 단체협약은 누더기가 되었다. 사회보장과 보건정책은 폐지되었다. 사기업은 물론이고 학교와 병원에서도 노동시간이 늘어나고 초과근무 수당은 폐기되었다.[27] 수많은 일자리가 임시직이 되었다. 1997년에 노동부에서 발표한 노동지표조사 결과를 보면 노동관련 입법조치들이 결국 어떤 결과를 낳았는지 분명하게 드러난다. 1996년에 만들어진 일자리의 80퍼센트가 기한부 고용이거나 견습직이었다. 1996년 1월에서 1997년 1월 사이에 "정규직 계약 임금노동자 수는 5.9퍼센트가 하락했다. 반면에 임시직이나 견습직 고용형태의 노동자 수는 3.2배 증가했다." 비도시 지역에서의 비등록 노동자 수의 증가에 미친 영향은 예상을 뛰어넘는다. 노동부 통계에 따르면 1996년에 농업에 1백만 명이 고용되어 있었는데, 이들 가운데 연금수급권이 있는 노동자는 단 11명이었다.[28] '혹독한' 노동 조건에 아주 적은 임금으로만 고용주에게 재고용될 수 있는 종속적이 고 불안정하고 보호받지 못하는 노동자 집단이 대규모로 형성되었다. 또 다른 결과는 전통적 노동계급 일자리에서 중간계급인 화이트칼라 의 일자리까지 퍼진 노동 불안정성이었다. 고용주들이 이런 형태의 노동계약을 남용하는 것이 널리 퍼져 일상화되었다.

이 모든 것은 자본에 대한 보조금 지급을 법제화하고, 노동과 사회 전체의 부와 자원이 지배계급으로 대거 이전하는 것으로 이어졌다. 심지어는 1995년의 파산법으로 말미암아 단체협약을 통해 파산절차 에 개입할 수 없게 되었다. 이에 따라 노동자들이 자신들에게 돌아갈 자산 몫을 거의 받지 못하게 되었다. 고용주들은 이 법을 이용해 파산 을 꾸며내어 노동자를 해고하고 회사 자산을 매각하며 파산절차를 순 조롭게 이어갈 수 있었다.[29] 사기 파산이 합법적이 되었고, 이는 공장 을 폐쇄한 후 포기하도록 하는 주요한 빌미가 되었다. 마냐니가 언급 했듯이 이는 산업 실패의 범위를 훌쩍 뛰어넘는 것이었다.[30] 메넴 정 부가 진행한 이 정책들은 한 나라의 산업을 쇠퇴시키는 본보기가 되 었다. 국제통화기금과 아르헨티나의 지배계급은 정부와 결탁하여 온 나라를 약탈하고 아르헨티나 제조업의 토대를 무너뜨리는 데 열을 올 렸다. 오늘날까지 국제통화기금은 공장주들의 행동에 대해 책임을 묻 는 것을 가로막고 있다.

공장들에 일자리를 의지하는 노동자들과 지역사회의 입장에서 뼈 아픈 깨우침이 일어났다. 그들은 굴종과 순응의 세월을 보낸 끝에 이 른바 소유권이라는 것이 사회적 통념과 조작이 한데 어우러져 생겨난

산물임을 깨닫게 되었다. 자본의 권리는 보호되는 반면 노동과 공적 권리, 더 넓게는 사회적 권리는 완전히 무시되었던 것이다. 자본의 관점, 즉 공장주와 사적 자본에 유리한 법적 특권의 관점에서 이루어지는 공적 투자가 이들 공장이 성공하는 데에 핵심이었다. 사논 공장이 성장하는 데에는 공적자금 9천만 페소가 투입되었다. 이 투자금이 탕진된 채로 상환되지 않은 상황에 이르자 사람들은 이 기업이 갖게 된 공익적 특성이 인정되고 제도화되어야 한다고 요구했다. 자본이 가져다준 혜택이 보상되어야 한다면 왜 노동과 대중이 준 혜택은 보상되지 않는가?[31]

아르헨티나 전체에 걸쳐 국가경제가 위기에 빠져들자, 중산층과 노동계급 사이에서는 정치집단이 한통속으로 나라를 배신했다는 전에 없던 자각이 일어났다. 문제가 되는 것은 더 이상 개별 정부나 정책이 아니었다. 정치체제는 물론 오랫동안 그 체제의 일부를 이루어 온 준국가기관 모두를 거부했다. 이전 체제의 붕괴에 따른 정당성 공백 역시 페론주의 시대부터 뿌리 깊게 형성된 사회적, 정치적, 심리적 계급구조를 청산해야 한다는 요구를 불러일으켰다. 수평적 권력관계가 이루어질 가능성이 더욱 커졌다. 또한 새로운 형태의 조직 논리가 확립되었는데, 이 논리는 페론 시대와 그 전부터 아르헨티나에 강요되어 온 권위주의 체제와 1970년대의 독재, 1990년대의 개인주의적 신자유주의에 급진적으로 반대하는 것이었다. 이 구조는 모두 시민의식과 산업에서의 협동정신을 억압해왔다.

약 200개에 이르는 회복기업들은 새로운 의식이 가장 구체적으로 구현된 것이다. 이들 기업은 공장 노동자와 지역사회 구성원, 생산직 노동자인 여성 재봉사와 중산층 주부 사이에 연대의식이 생기게 하였고, 가장 근본적으로는 사적 소유권에 맞서고 이를 뛰어넘어 사회적 권리에 대한 인식을 확산시켰다. 또한 더 나아가 이 가치들이 구현된 대안적 조직 형태가 제대로 작동할 수 있음을 확실히 보여주었다. 공장뿐만이 아니었다. 호텔과 병원, 학교, 보육시설, 인쇄소, 공공 서비스에서도 노동자협동조합은 일자리를 보호하고 작업장에서 민주주의와 호혜성을 적용함으로써, 노동을 인간적으로 바꾸고 일 자체의 성격을 새롭게 변화시켰다. 사논에서 일하던 한 노동자의 말에 따르면 이렇다. "우리가 배운 것은 사업에서 참여 민주주의가 더욱 효과가 있다는 점입니다. 투표를 자주 하면 이기는 것뿐만 아니라 지는 것에도 익숙해집니다. 그러면서 다수의 결정에 따르는 법을 배우게 되죠."[32]

그러나 일부 논평자들의 장밋빛 해석과는 반대로, 그 과정은 힘들었고 여전히 어려운 과제를 남기고 있다. 이 운동이 발전하는 데 핵심 요소는 기존 권위에 대한 저항과 거부의 정신이었지만 그에 반하는 움직임도 나타났다. 이 운동은 갑작스럽게 떠오른 것이기에, 긴 세월 내면화되어온 태도의 영향력을 없앨 수는 없었다. 오랜 관습은 쉽게 사라지지 않는다. 일부 공장들에서 평등과 연대를 향한 욕구의 분출에 제동이 걸렸다. 위기가 누그러들기 시작하면서 몸에 밴 개인주의와 권위에 대한 복종의 태도가 다시 나타났다. 새로운 파벌이 등장했고 때때로 그들은 과거의 노동조합과 손을 잡았다. 이는 공장의 통제권을 탈환하려는 옛 소유주들과 타협하려는 움직임으로 이어졌다.

과거의 노동조합은 당시에 기득권을 갖고 있었다. 권력에 기대고 있었기 때문이다. 점거가 시작될 때도 그들은 거의 도움을 주지 않았다. 소유주와 정부가 결탁한 구조에서 기득권을 가지고 있었을 뿐 아니라 오랫동안 수동적으로 살아왔기에 운동에 나서는 것이 당황스러웠기 때문이다. 칠라베르트 인쇄공장 점거 당시의 인쇄노동자 보나 크렌디연합, 브루크먼 공장의 직물공조합, 그리시노폴리의 식품산업 노동자조합 모두가 자기 조합원들을 나 몰라라 했다. 그리고 노동자들이 공장을 점거하기로 결정하자 그들의 변호사들을 철수시켜 버렸다.[33] 이런 사례는 많았다. 노동자들은 도움을 약속받았지만 실제로 그들은 아무런 도움도 주지 않았다. 설령 도움을 주었다 하더라도 음식 꾸러미를 건넨다든가 협상해서 해고자 수라도 줄여보라고 충고하는 식이었다. 아니면 더 나은 퇴직 조건이나 빚 삭감을 조건으로 협상하라는 충고였다.[34] 확실히 주류 조합들은 노동조합 조직이 지배 논리인 하향식 권력을 분명히 거부하는, 완전히 새로운 형태의 기업을 설립하는 것에는 별다른 관심도 의식도 없었다.

협동조합 운동에도 뿌리 깊게 이어져오는 문제가 있었다. 역사적으로 아르헨티나 협동조합 운동은 그 기원이 1900년대 초까지 거슬러 오른다. 당시에 많은 이탈리아 초기 이민자들은 협동조합과 사회주의 이념을 함께 가져왔다. 유대인을 포함한 다른 이민자 집단 역시 협동조합 전통을 함께 들여왔다. 그리고 다른 많은 곳과 마찬가지로 협동조합 운동은 초기에 자국의 농업경제에 뿌리를 두고 있었다.

오늘날 600개가 넘는 협동조합이 유통과 가공 사업을 벌이고 있으며 아르헨티나 차 산업의 45퍼센트와 국내 곡물시장, 유제품 가공, 목화 생산의 35퍼센트를 취급하고 있다. 또한 협동조합들이 쌀 생산의 30퍼센트, 포도주 생산의 20퍼센트를 차지하고 있다. 다른 주요 분야는 예금과 신용, 통신(350개 협동조합들이 시장의 약 8퍼센트를 점유), 그리고 건강, 교육, 주택과 여행 산업이다. 통틀어 12,670개 협동조합들에 930만 명이 넘는 조합원이 가입해 있고 87,400명 이상이 직접 고용되어 있다. 이 조합원 수는 전체 인구의 약 23.5퍼센트에 가깝다. 아르헨티나의 협동조합 운동은 안정적이고 풍부한 전통을 이어받았다.

하지만 이 전통 있는 운동의 일부 지도자들은 기업회복 현상에 대해 의구심을 품고 있었다. 이 지도자들은 급격하게 떠오른 노동자협동조합과 관계가 형성되어 있지 않았다. 그들은 이들 공장에서 형성된 협동조합 사상과 조직이 매우 허약하다고 생각했다. 대부분의 공장들에서 협동조합 형태를 채택한 것은 처음에는 편의적 발상에서 이루어진 것이기 때문이다. 공장에서 노동자를 통제할 수 있는 법적 틀이 필요했고 협동조합 구조가 그 틀을 제공했다. 하지만 대부분은 협동조합을 세우려면 진정 무엇이 필요한지 제대로 알지 못했다. 그들은 정상적인 의미에서 협동조합에 가입하거나 협동조합을 조직하는 결정을 뒷받침하는 문화와 역사 또는 태도와 연결되어 있지 않았다. 노동자들은 단지 공장을 점거한 것일 뿐 진정한 협동조합 사상을 바탕으로 행동에 나선 것은 아니었다. 협동조합이 그들에게 닥친 곤경의 결과로서 홀연히 나타났던 것이다.

첫 번째 점거 물결에서는 협동조합 형태가, 노동자가 통제하는 산업 조직이어서만이 아니라 새롭게 급진화된 민중들이 투쟁을 통해 실현하고자 한 가치와 사상이 반영된 것으로서 확실한 선택이란 점을 알고 있는 사람들이 분명 있었다. 하지만 전통적 협동조합 운동의 관점에서 보면 실로 양면성을 띠고 있었다. 이 협동조합들은 얼마나 '참된' 것일까? 진정으로 누가 통제하는 것일까? 정말 노동자들이 지배하게 되었을까? 그들 가운데 어느 누구라도 협동조합을 운영해본 사람이 있을까? 더 본질적으로 그들은 어떤 사람들일까?

매우 합당한 질문이었다. 하지만 주류 협동조합 운동은 그런 질문을 하고 대답을 기다리면서 새로운 물결을 인도하지 못하고 그 뒤꽁무니를 쫓게 되었다. 일부 몇몇 협동조합들은 작은 지원이나마 하면서 눈앞에서 벌어지는 일들의 의미를 인정했다. 법적 충고와 조직적 지원, 정신적 후원의 손길을 내밀었다. 그러나 협동조합 운동 진영은 대체로 수수방관하는 태도를 보였다.

협동조합 운동 진영이 지도적 역할을 하는 데 방해로 작용한 또 다른 요인들도 있다. 진실을 말하자면 협동조합 운동 대부분은 정치적으로 타협을 했다. 노동조합과 마찬가지로 아르헨티나 협동조합 운동의 일부는 그때까지 페론주의 권력구조와 연결되어 있었다. 그들 가운데 다수가 이름만 협동조합이었다. 내가 생생히 겪은 일을 떠올리면 마음이 무거워지지만 이는 분명한 사실이다. 2005년 겨울에 나는 부에노스아이레스에 머무르면서 회복기업을 가까이서 지켜보았다.

파타고니아 주의 페론주의 주지사 네스토르 키르치네르(얼마 후 그는 대통령으로 선출되었다)를 지지하는 협동조합 집회가 열린 때였다. 전임 대통령 카를로스 메넴에 대항하는 선거운동을 하던 중 그는 회복기업을 지원하겠다고 공표했다. 이 돌출 행위는 절실히 필요했던 미디어 노출을 의도한 것이었다. 장소는 대도시 교외 공업지대에서 흔히 볼 수 있는 황량한 공터였다. 투박한 건물들이 한적한 도로를 따라 사방으로 단조롭게 줄지어 늘어서 있었다. 경기장 근처로 버스들이 다가와 서더니 사람들이 우르르 내렸다. 수많은 인파가 경기장 안으로 들어가 가득 메웠는데도 버스는 계속해서 도착했다. 강철 대들보 위로 카스트로, 체게바라, 브라질 룰라 대통령과 나란히 키르치네르가 나온 긴 현수막이 펼쳐졌다. 그 반대편에는 10피트짜리 에바 페론 초상화가 펄럭거리고 있었다. 또 다른 곳에는 키르치네르를 협동조합의 구원자라 홍보하는 표지판이 걸려 있었다.

사람들이 계속 밀려들었다. 이들 대부분은 이곳저곳에서 동원된 가난한 시골사람들이었다. 경기장을 가득 메운 그들은 키르치네르를 기다리며 환호하고 있었다. 연주단이 여기저기 다니며 귀청이 터질 듯 북을 치기 시작했다. 한곳에 모여 자리 잡은 협동조합인들은 휴대용 푯말을 일제히 들었다 내리기를 반복했다. 밖에 키르치네르가 탄 헬리콥터가 착륙했다. 열기가 한껏 달아오르고 소란스러움이 절정에 오르는 가운데 키르치네르가 수행단과 함께 연단에 올랐다. 카메라가 분주히 돌아갔다.

그때 나는 성인교육 분야의 작은 협동조합 동료들과 함께 있었다. 그들은 이 광경에 대해 아르헨티나 협동조합 운동의 불미스러운 면이라고 설명했다. 그들과 뜻을 함께하는 협동조합인들은 이런 면과 아무런 관련이 없었다. 키르치네르에게 열광하는 이들 협동조합 '회원'들은 대가를 받고 동원된 사람들이었다. 그 대가란 점심 샌드위치와 콜라 한 병, 그리고 그들을 동원해온 페론주의 조직책들의 선심이었다. 선거 시기에 표를 그러모으기 위해 활용되는 것과 같은 수법이었다. 그들 가운데 협동조합에서 가장 중요한 것이 무엇인지 아는 사람이 있다고 누가 장담할 수 있을까.

이런 정치 조류와 협동조합 운동 부문들의 결탁은 불편함을 부른다. 그러나 훨씬 우려스러운 것은 이런 집회의 취지였다. 여기서는 군중들의 확신에 찬 태도가 발산되었다. 거칠고 경박한 포퓰리즘이자 페론에 의해 완성된 영웅숭배 말이다. 그것이 페론과 그 부인이 구축해 놓았던 정치기구에 의해 요 몇 년 사이에 되살아났던 것이다. 이 불쾌한 선동은 그 정신과 실천에서 모두 협동조합 운동을 대표하는 것과 반대되는 것이었다. 하지만 이 집회에 참가한 수많은 사람들을 설득하기란 불가능한 일이었을 것이다. 이런 과시적이고 타성에 젖은 집회는 돈이 오가는 타락한 것이자 어느 때고 나올 수 있는 것이지만, 평범한 아르헨티나인 다수를 사로잡고 있던 태도와 심리가 표출된 것이었다. 만약 경제 파탄이 가라앉는 한 배에 탄 빈자와 부자를 결속시키는 순간을 불러온다면, 대중적 저항의 초기 국면이 지닌 특성인 연대와 개혁의 정신이 당면한 위기를 견디게 할 수 있을까? 거기에는 아르헨티나 경제와 사회 제도를 재구성할 만한 저력이 있을까? 새로 등장한 협동과 참여의 정신이 널리 퍼질 수 있을까?

부분적으로는, 그 집회에서 펼쳐진 것과 같은 무분별한 권위주의에 대한 대응이자, 중앙집권화된 통제에 대항하는 자립과 열렬한 저항정신이 회복기업들 안에서 피어올랐다. 그러나 권위에 맞서 자립하려는 저항은 무모한 행위를 불러일으키기도 했다. 기업회복운동이 직접적인 물질적 관심을 넘어선 영향력을 행사하기 위해서는 수준 높은 조정 노력과 조직화가 필요했다. 공장들은 내부의 취약함 때문에 다른 공장과의 연대와 지원이 필요했다. 그들을 한데 묶은 것은 주요하게는 두려움이었다. 하지만 공장 협동조합들은 그것을 넘어 정보와 전술, 경험과 교훈을 서로 공유하거나 좀 더 튼튼히 자리 잡은 협동조합들에게 배우는 것이 필요했다. 그들은 조직 운영에 관한 전문성을 키우고 까다로운 민주적 관리 방법을 체득하고 중앙집권적 조직 형태에서 벗어나기 위해 필요한 많은 것들을 배우고 훈련해야 했다. 그런 구조를 갖추지 않고는 정치적으로 정보와 전략과 대중의 동원을 순조롭게 이루어낼 수 없을뿐더러 협동조합 운동이 취약해지게 된다.[35] 수십 년, 수 세대 동안 억압체제를 겪은 끝에 새로운 힘을 손에 쥔 많은 노동자들은 중앙집권적 권위야말로 부패의 원천임을 제대로 알게 되었다. 공장들 사이에서 확산된 노동자 자치권과 자유는 자부심을 불러일으켰다. 하지만 그것은 많은 배신으로 말미암은 불신 속에서 만들어진 제한된 자유였다. 아직은 신뢰에서 잉태된 자유가 아니었다.

이는 이상은 드높았지만 복잡한 기업 운영에 필요한 실천적 기술은 부족했다는 뜻이다. 축적된 기술과 계획, 자원을 공유할 수 있는 체계가 갖춰지지 않았기 때문에 에너지와 시간이 많이 허비되었다. 부기, 회계, 재고관리, 그리고 마케팅에 대해 협동조합들끼리 서로 배워야 했다. 가장 큰 어려움은 경영전문가가 없다는 점이었다. 첫발을 내딛는 취약한 기업에 경영전문가가 없다는 사실은 회사의 존속에 큰 어려움을 주는 문제다.

권위주의가 사회에 남긴 정치적 유산이, 한편으로는 부패이고 또 한편으로는 노동조합과 협동조합, 문화단체 등의 시민사회 조직에서 선거를 통한 운영조직의 새로운 구성이라는 과제였다면, 공장 안에서는 통제에 익숙한 심리적 타성이 개인의 이해와 노동자 공동체의 집단적 이해 사이에서 균형을 잡아주는 호혜성을 확립하는 데 주요한 장애요인으로 남아 있었다. 몸에 밴 이기주의는 물론 관리자들에게 순응하는 성향도 떨쳐버려야 했다. 사장이 없는 작업장에서 개인 책임과 상호 책임을 새롭게 체득해야 했다. 사장이 없다는 것은 간단히 말해 노동에 관한 모든 것을 바꿔야 함을 뜻했다. 노동자들은 더 이상 지시만 기다릴 수 없었고, 월말이 되면 급여를 받을 수 있다는 보장도 없었다. 이제 모든 것이 스스로에게 달려 있었다. 의존과 순종에서 민주적 소유와 통제로 전환하는 것은 노동의 수행방식뿐만 아니라 의미에까지 영향을 주는 것이었다.[36] 노동자들은 새로운 작업방식과 관계를 만들어내야 했고, 그렇게 하면서 전에는 경험하지 못한 새로운 차원의 인격을 형성하게 되었다. 다른 사람이 되어야 했고 작업은 매우 사회적인 의미를 갖게 되었다.

당시 아르헨티나 환경에서는 단순히 협동조합을 만들고 운영하는 행위마저도 매우 큰 변화의 힘이었고 모두에게 영향을 주었다. 이 크나큰 영향은 현실에서 고스란히 나타났다.[37] 아마도 이것이 기업회복운동이 미친 가장 혁명적이고 지대한 영향일 것이다. 영화 〈더 테이크〉에 나온 자동차 부품공장인 포르하 산 마르틴의 한 노동자가 한 말에서도 이 점을 확인할 수 있다. "우리가 지금 이곳에서 하고 있는 일이 이겁니다. 이 협동조합주의는 새로운 세상을 만드는 우리 방식입니다. 낡은 것은 쓸어버리고요."

가야 할 길

2004~2008년, 아르헨티나는 회복세를 탔다. 2001년 바닥을 치고 나서 정부가 채무불이행을 선언한 뒤에 국가경제가 회복되기 시작했다. 네스토르 키르치네르 행정부는 국제통화기금의 해로운 정책과 채무이행의 짐에서 벗어나 국가경제를 재건하는 데 초점을 맞추었다. 곧 경제는 다시 해마다 9~10퍼센트 규모로 성장했다. 이런 추세는 2008년 미국 금융위기가 세계 경제를 덮치기 전까지 계속되었다. 그러나 아르헨티나는 이 위기를 다른 대부분의 나라들보다 잘 견디어냈다. 대부분의 국가경제를 덫에 빠뜨린 세계 금융구조에 더는 얽혀 있지 않았기 때문이다. 2001년부터 작용하고 있던 채무불이행이 가져다준 예상하지 못한 행운이었다. 게다가 전 대통령의 부인이자 현 대통령인 크리스티나 페르난데스 데 키르치네르 행정부는 아르헨티나를 다시 국제통화기금에 결부시키려는 강력한 시도에 저항했다. 국제통화기금에게 아니라고 말하는 것이 대중에게 환영받는 정책이다. 2001년 붕괴를 초래한 국제통화기금의 잘못을 쉽게 잊거나 용서하지 않을 조짐이다. 다른 나라 정부들은 지금도 이를 교훈으로 삼고 있다. 적어도 아르헨티나의 이야기는 북반구 은행과 그들의 도구인 국제통화기금과 종속적인 관계를 맺고 있는 경제에 큰 교훈으로 남아 있다.

세계 최빈국 경제가 짊어진 막대한 부채라는 무거운 짐은 당연하게도 제3세계 빈곤에 대처하는 방법을 숙고하는 데 핵심이었다. 그러나 이 종속의 고르디아스 매듭을 어떻게 풀 것인지에 대해 채무국들 사이에서 아직도 연대의 움직임은 활발하지 않다. 채무불이행을 하나의 해결책으로 고려하는 것은 아르헨티나처럼 경제 붕괴의 극단적 상황에서만 나타날 뿐이다. 가난한 나라들은 지금도 영구적 빈곤에서 탈출할 전략으로서 채무불이행을 고려하지 않는다. 일반적으로 그런 행위는 끔찍한 결과를 불러올 것이라고 생각한다. 그러나 국민들은 안중에도 없는 독재자가 만들어낸 채무가 국민 전체를 극빈 상태에 빠뜨리는 곳에서 지금의 절망스런 상황보다 더 나빠질 것이 무얼까? 해외자본이 끊긴다고 해서, 외채로 말미암아 국부가 파괴되고 국민 대다수가 가난해질 뿐만 아니라 참된 개혁 전망을 더욱 불투명하게 만드는 기생적인 지배계급이 존속하는 지금의 상황보다 더 나빠질 게 있을까?

결국, 이 문제와 관련해서는 두 가지 선택만이 있을 뿐이다. 하나는 채무면제로, 기본적으로 북반구에서 보내는 원조 형태가 될 것이다. 다른 하나는 채무불이행이다. 둘 모두 경제 붕괴의 결과이거나 가난한 나라들 스스로가 취하는 회복 전략일 것이다. 최빈국들이 이 하나의 주제를 두고 협력하여, 채권국들에게 채무면제 계획을 수립하지 않을 경우 더 이상 선의에 기대기를 멈추고 직접 나서서 자국민들에 대한 도의적 의무로서 채무불이행을 하겠다는 최후통첩을 한다면 얼마나 흥미로울지 생각해보자.

오늘날 아르헨티나에서 기업회복운동은 2001~2002년 위기 때에는 생각지도 못한 힘과 회복력을 유지하고 있다. 여러 장애물이 있었는데도 노동자들은 현재 300개가 넘는 공장을 협동조합으로 바꾸어냈다. 그 협동조합들은 약 15,000명을 고용하고 있다. 2008년 하반기에는 파산을 선언한 33개 공장을 피고용자들이 접수했다. 가장 주목할 만한 점은 그 협동조합들이 지금과 같은 경제침체에도 고용을 유지하며 계속 생산을 하고 있다는 것이다. 노동자들은 같은 시기의 다른 공장들에서와는 달리 해고되지 않았다. 임금이 일시적으로 줄거나 노동시간이 짧아졌겠지만 그 고통은 분담되었다. 이는 경기침체가 노동자들과 그 가족과 공동체에 미치는 충격을 최소화하는 데 커다란 역할을 했다. 나아가 이 운동은 다른 나라들에도 비슷한 행동을 하도록 촉발했다. 우루과이, 니카라과, 볼리비아에서 파산한 공장을 노동자들이 접수하는 일이 일상적이 되었다. 볼리비아에서는 수십 년 동안 말 그대로 노예처럼 일해 온 많은 원주민 광산 노동자들이 작업장을 접수했다. 볼리비아 광업협동조합은 현재 6만 명을 고용하고 있다.

회복기업들은 거의 대부분 실패하지 않았다. 첫 번째 접수의 물결 속에서 전환된 초기 공장 200개 가운데 단 2개만이 문을 닫았다.[38] 과거 공장주와 정치인 그리고 끊임없이 이어진 '전문가'들의 음울한 실패 예언은 억측으로 드러났다. 연이은 파산 속에서 이 공장들이 생산을 이어가며 살아남자 노동자들 스스로도 놀라움을 금치 못했다. 기업 모델로서, 그리고 폭넓은 경제 정책 차원의 처방으로서 이 협동조합 기업들은 현실적 대안의 생생한 증거가 되었다. 경기불황의 격랑 속에서 잘 버텨낼 힘이 있었을 뿐 아니라 지속가능하고 평등한 기초 위에서 국가경제의 산업 기반을 다시 세우는 수단이 된 것이다.

그러나 공장 안에서의 태도 변화는 어렵고 더디게 진행되었다. 권위주의 문화의 통제에 길들여진 심리뿐 아니라 자본주의 체제에서 굳어진 산업 노동자들의 뿌리 깊은 사고방식 역시 극복되어야 했다. 이 두 가지는 지시와 통제라는 공통의 논리를 공유하고 있다. 많은 노동

자들이 보인 무기력, 수동적 태도는 산업 노동자에서 기업의 공동소
유자로 전환되는 데 주요한 장애요소였다. 노동자 대부분은 협동조합
기업가로서의 사고방식을 체득하지 못했다. 에밀리아로마냐처럼 성
공을 거둔 산업 협동조합 체제의 경험이 보여준 대로, 이런 사고방식
을 지니려면 오랜 노력이 필요하다. 순종적 개인주의에서 책임성 있
는 공동체주의로, 또한 자기 공장만의 안위를 걱정하는 것에서 협동
하는 문화를 이루어내는 것으로 내적인 인식의 변화가 이루어져야 한
다. 많은 노동자들이 아직도 하루하루 살아가는 데 만족하고 있다. 장
기적인 경영전략이 필요하다는 사실에 아랑곳하지 않는다. 이런 사고
방식은 자신이 속한 공장의 운명이 불확실하다는 생각 때문에 더욱
강화된다. 아직도 퇴거의 망령에 사로잡혀 있는 것이다.

그러나 희망의 근거는 있다. 회복기업 가운데 50퍼센트 이상이 법
적 권리를 인정받았다. 이는 보통 과거 소유주의 결정과 정부의 지불
책임, 그리고 협동조합으로부터 비용을 회수하는 오랜 시간이 필요하
다. 이제는 개혁운동에 회복기업의 경험이 받아들여지고 친숙하게 여
겨지게 되었다. 회복기업들의 생존은 법과 정치제도를 비롯한 사회
전체에 진보적인 영향을 끼치고 있다. 법원은 노동자들이 협동조합
방식으로 공장을 운영하는 데에 신뢰를 보이고 있다. 변호사들은 법
적 틀 안에서 공장 접수와 소유권 이전을 처리하는 방법에 대한 전문
적 식견을 쌓게 되었다. 정치가들은 협동조합법을 비롯해 시대에 역
행하는 법률을 개정하는 등 법제도를 통해 효과적인 지원을 할 수 있
는 준비를 갖추었다. 가장 중요한 점은 노동자 접수와 소유권 이전,
협동조합 전환이 노동자와 그들이 속한 공동체의 의식에 깊이 새겨졌

다는 것이다. 이제 공장이 파산하면 노동자가 소유하는 것이 자연스럽게 문제를 해결하는 한 방편으로 떠올랐다. 이제 거의 모두가 노동자협동조합에 참여하고 있거나 참여하고 있는 누군가를 알고 있거나 회복기업을 하나라도 알고 있다. 이 운동의 긍정적 효과는 거부할 수 없는 현실이 되었다.

그러나 더 큰 틀에서 보면, 2001~2002년 개혁의 추동력은 페론주의 정당이 다시 득세하면서 그 힘을 잃었다. 페론주의 정당은 풀뿌리 운동의 정치적 흐름을 흡수하고는 그것을 경제사회 정책에 있어 판에 박힌 신케인스주의 처방으로 방향을 돌리는 데 성공했다. 이렇게 우익의 부활과 의회 선거의 패배에 맞닥뜨린 정부는 급진적으로 변화할 수밖에 없었다. 정부가 좌경화되지 않을 경우 2011년 선거에서 승리할 가망이 없음을 키르치네르가 이해한 듯하다.[39] 아르헨티나의 정치제도가 본질적으로 변하지 않았기 때문이다. 개혁운동의 급진주의가 애초에 지녔던 이념은 아직 유효했지만 그것을 아르헨티나의 폭넓은 사회정치구조 안에서 표출할 방법을 그때까지 찾아내지 못하고 있었다. 아마도 이는 2001년 아르헨티나 경제위기가 드러냈던 경고이자 역사가 주기적으로 보여준 교훈일 것이다. 기본적 경제안정에 대한 위협은 저항을 촉발하고 분열된 이해관계를 통합시키기에 충분하다. 그러나 위기를 넘어 개혁으로 나아가고자 하는 사회적 욕구를 충족하기 위해서는 변화를 추구하는 이념을 현실화함으로써 사회관계와 경제제도를 변화시켜야 한다.

2009년 8월 14일, 네우켄 주 의회는 사논 사를 수용하고 협동조합의 법적 지배를 인정하는 투표를 진행했다. 결과는 찬성 26표, 반대 9표였다. 네우켄 주는 사논의 주요 채권자들에게 2천2백만 페소(약 7백만 달러)를 지불하는 것에도 동의했다. 최대 채권자는 세계은행이었다. 루이지 사논이 회사를 창업하면서 세계은행에서 상당한 자금을 융자받았기 때문이다. 사논협동조합은 이를 지불하라는 것에 저항하고 있다. 채권자들이 부정한 수단을 써서 파산을 공모했음은 물론 루이지 사논 역시 이 채무에 책임이 있기 때문이다. 사논은 빌린 돈으로 회사가 아니라 개인의 배만 채웠을 뿐이다. 투쟁은 계속된다.

10

공동체의 위기

사회는 없다,
오직 개인과 가족만 있을 뿐이다.
― 마거릿 대처 ―

헬리콥터의 굉음이 요란하게 울리는 가운데, 비디오 영상은 지붕 위에 서 있는 흑인 세 명을 보여주었다. 한 명은 선홍색 수건이 매달린 긴 장대를 머리 위로 반원을 그리며 천천히 흔들고 있었다. 그 옆에는 여자 두 명이 "우리 좀 도와주세요."라고 손으로 쓴 표지판을 치켜들고 있었다. 홍수로 지붕 언저리까지 불어난 물이 그들을 에워싸고 찰랑댔다.

위성사진으로 볼 때, 접근 중인 폭풍은 플로리다 남부 해안 조금 떨어진 곳에서 성운처럼 느리게 나선운동을 하는 적황색의 난폭한 소용돌이로 보였다. 기상학자들은 이 폭풍이 지난 30년간 보아온 것들과는 다르다고 며칠 전부터 계속 경고했다. 2005년 8월 29일 상륙할 때쯤 이 폭풍은 5등급으로 격상되었다. 플로리다 주를 가로질러 나아가며 엄청난 힘을 축적한 폭풍이 멕시코 만 연안의 루이지애나와 미시시피를 강타한 것이다. 허리케인 카트리나는 미국 역사상 가장 끔찍한 자연재해를 남기며 사나운 기세를 소진했다. 50만 가구가 파괴되었고 피해액은 1조 달러로 추정되었다.

하지만 사실 폭풍은 운 좋게도 뉴올리언스를 스치고 지나갔을 뿐이었다. 그럼에도 뉴올리언스가 파괴된 것은 전적으로 인간 탓이었다. 부실한 설계와 공사 때문에 도시의 제방 시스템이 제대로 작동하지 않아서 생긴 재앙이었다. 이는 부시 행정부뿐만 아니라 정부 자체에 대한 대중의 인식에서 중대한 분기점이 되며 정치적 후유증을 남겼다. 좀 더 깊이 들어가자면 카트리나는 현대 미국 사회의 표면 아래에 존재하는 충격적인 기능장애를 정지화면처럼 고스란히 보여주었다. 지붕 위에 고립되었던 사람들의 절망에 빠진 모습은 미국인들의 집단의식에 또 하나의 이미지로 깊이 새겨졌다.

카트리나의 여파로 뉴올리언스에서 일어났던 일은 위험에 맞닥뜨린 한 사회가 어떻게 붕괴하는지를 섬뜩하고도 생생하게 보여준다. 뉴올리언스에서 나고 자랐으며, 이 도시를 누구보다 자랑스러워하는 윈튼 마살리스는 이렇게 말했다. "지금 이 순간 우리에게 얼마나 많은 문제가 있는지 보고 있다. 충격적인 순간이다. … 마치 거울 앞에 선 채 외면하지 못하고 자신을 바라보고 있는 것 같다. 우리는 그렇게 우리에게 무슨 문제가 있는지 낱낱이 보고 있다."[1]

그렇게 충격적인 모습에서 미국인들은 무엇을 보았을까? 바로 사회의 붕괴다. 만인의 만인에 대한 투쟁이라는 원시상태로의 추락, 자국민에 대한 정부의 유기, 절망과 자포자기, 야만적 개인주의의 도래. 폭풍이 잦아들기가 무섭게 범죄와 폭력의 물결이 온 도시를 휩쓸었다. 이 도시의 경찰관 대다수는 자기 가족에게 닥친 재난을 수습하기에 급급했고, 따라서 법 집행력은 순식간에 무너지고 말았다. 시내에 거주하는 사람들은 흑인 백인 가릴 것 없이 약탈에 동참하기 시작했다. 식량에만 국한되지 않았다. 마약을 찾는 무장괴한들이 약국을 싹쓸이해 갔다. 총포상도 남김없이 털어갔다. 값비싼 스니커즈나 텔레비전을 양팔 가득 안고 상점을 나오는 장면은 누구라도 보았을 것이다. 아무도 그들을 제지하지 않았다. 근무를 하던 몇 안 되는 경찰마저도 부호들의 재산을 보호하는 데 급파되곤 했다. 폭풍에 난타당하고 오도 가도 못하게 된 많은 생존자들은 자신의 생명과 재산을 어떤 도움도 없이 홀로 지켜야만 했다. 경찰관들이 근무지를 이탈해 약탈을 자행했다는 보고도 있었다. 운동경기장에 피신한 약 25,000명이 물과 음식 없이 외부와의 연락도 단절된 채 발이 묶여 있던 당시, 강간과 살인에 관한 소문이 나돌며 지칠 대로 지친 불안한 군중들 사이에 극심한 공포가 확산되었다. 그중에서 가장 오싹했던 것은 툴레인 대학병원과 그 근처 '채리티 병원'[2]에서 위독한 중증 환자들을 대피시키기 위해 고군분투하는 의사, 간호사, 구조대원에게 발포하는 저격병이 있다는 보고가 사실로 확인된 것이었다.

충격에 빠진 국민들이 공동체 전체가 붕괴할 뿐만 아니라 도움을 줘야 하는 정부마저 완전히 무기력에 빠진 모습을 지켜보는 가운데, 도시의 사회구조가 산산이 무너져 내렸다. 미국인들은 자신들이 목격하는 것이 멀리 떨어진 제3세계에서 벌어진 참사가 아니라는 사실을 믿기 힘들었다. 하지만 사실이었다. 그들은 제3세계 미국third world America에 관한 비참한 진실을 바로 자기 나라에서 시청하고 있었다. 미국인들은 당시 자기들이 살고 있는 사회가 어떤 곳인지 커다란 충격 속에서 대면하고 있었다.

사실 언론 매체가 서로 도움을 주고받은 사례는 무시한 채 거의 전적으로 끔찍한 영상과 사건에만 집중하기는 했다. 그렇다 해도 카트리나로 말미암아 사회가 붕괴되었다는 암울한 현실이 달라지지는 않는다.

카트리나가 닥치기 전에도 뉴올리언스는 하나의 도시가 아니라 두 개의 도시였다. 계층과 인종이라는 단층선을 따라서 둘로 갈라져 있었는데, 그 한쪽은 프렌치쿼터 지구를 중심으로 한 작고 풍요로운 도시로 주민이 거의 모두 백인이다. 하지만 뉴올리언스는 주민의 3분의 2가 흑인이다. 뉴올리언스 지도를 펼쳐놓고 흑인이 거주하는 지역을 가장 가난한 지역 위에 포개면 두 개의 지도가 거의 완벽하게 일치할 것이다. 또 이곳은 저지대 중에서도 가장 낮은 곳으로, 홍수가 날 확률이 가장 높은 곳이기도 하다. 도시의 흑인 구역은 판자로 폐쇄한 건물들, 깨진 보도, 저층 상점가가 어수선하게 퍼져 있고 폭력이 난무하는 곳이다. 뉴올리언스는 연평균 200건의 살인이 발생하고 연간 검거율이 인구 485,000명에 대해 100,000명이나 되는, 미국 살인사건의 중심지다.[3] 그리고 미국에서 빈곤한 대도시 중 6위를 차지하고 있다. 홍수가 휩쓸고 가버린, 거주민이 거의 전부 흑인인 로어 나인스 워드 지역에서 대학 학위가 있는 주민은 고작 6퍼센트다. 미국 전국 평균은 22퍼센트다.[4] 이 지역의 연평균 가계소득은 전국 평균인 44,000달러에 비해 27,499달러에 그친다. 로어 나인스 지역 가구의 4분의 1 이상이 일 년에 1만 달러 미만의 돈으로 생계를 유지해왔다.

카트리나에 뒤이은 무법천지가 지역 내 빈곤이나 대참사를 둘러싸고 많은 사람들을 유기한 시스템의 부당함에 분노한 때문이라고 일축하기 쉽다. 하지만 가난과 분노만으로는 이웃에 조금도 공감하지 못한 점을, 또한 다른 사람의 역경을 보면서 도덕적 의무를 전혀 느끼지 못한 점을 설명할 수 없다. 어쩌면 이 비극적 참상의 가장 충격적인 면은 도덕적 의무감이 무너졌다는 사실일지도 모른다. 카트리나로 말미암아 드러난 것처럼 보이는 것, 그것이 바로 미국 사회의 근본 상태였다. 언제나 한 사회의 가장 본연의 성격이 드러나는 것은 위기가 닥쳤을 때다. 카트리나가 지나는 길목에 있었던 수천 명의 불행한 삶에 끼친 심각한 피해보다, 이 폭풍이 사회 심리적인 차원에 남긴 유산이 훨씬 더 깊고 고통스럽다.

그러나 그렇게까지 되어야 했을까? 그러한 재해에 반드시 수반되는 물질의 파괴와 엄청난 개인적 고통은 피할 수가 없다. 하지만 공동체 자체가 붕괴되는 것은 완전히 다른 문제다. 이 점을 강조하기 위해 카트리나의 여파와 2004년 12월 스리랑카의 쓰나미가 몰고 온 초토화 이후를 비교해보자. 차이가 드러날 것이다.

수십 년간 민족 분쟁과 전쟁이 계속되었지만, 이 작은 섬나라는 복구활동에 놀랄 만한 힘을 모아 현대 역사상 가장 큰 자연 재해가 남긴 피해의 상당 부분을 신속하게 복구할 수 있었다. 당시 동남아시아 전역에서 25만 명이 넘는 사람들이 사망했고, 스리랑카는 상대적으로 가장 심각한 피해를 입었다. 2004년 12월 26일 불과 서너 시간 만에

(카트리나와 달리) 사전 경고도 없이 35,000명의 스리랑카인들이 죽음을 당했다. 그런 재난을 미리 알아챌 수 있는 치명적 징조에 익숙하지 않았기 때문에, 곧 대참사를 몰고 올 바닷물이 기분 나쁠 정도로 고요하게 해안에서 물러날 때, 호기심 많은 스리랑카인들은 노출된 해저면 위를 돌아다녔다. 일부는 이리저리 즐겁게 뛰어다니면서 물가에 남겨진 물고기를 모으기도 했다. 해일이 들이닥쳤을 때, 영향권에 든 해안의 반 마일 이내에 있던 모든 것들이 완전히 사라져버렸다. 해일의 기세는 너무도 강력해서 남부 해안가를 끼고 달리는 주요 열차인 '바다의 여왕'은 위로 솟구쳤다가 장난감처럼 사방으로 내동댕이쳐졌다. 1,500명이 사망했고, 이는 역사상 최악의 열차사고가 되었다. 페랄리야라는 조그만 연안 마을에서는 아직도 찢기고 뒤틀린 열차의 잔해가 발견되어 암울했던 그날의 기억을 떠올리게 한다.

인구 2천만 명에 1인당 연간소득이 1,000달러인 작은 개발도상국에게 당시 참사는 끔찍한 충격이었다. 정부는 해일 직후에 심한 혼란에 빠져버렸다. 사회질서가 와해되고 집 잃은 사람들 사이에 전염병이 확산되리라는 우려스러운 예측이 돌았다. 그러나 실제 상황은 다르게 전개되었다. 피해를 입은 지역의 공동체들이 모두 하나로 결속된 것이다. 쓰나미가 덮친 지 몇 시간도 채 지나지 않아 지역 단체들이 인근 가정, 학교, 사원에 신속히 피난처를 마련했다. 구호활동을 조직하기 시작한 최초의 단체들 중에는 긴밀한 조직체계를 갖춘 사나사SANASA 신용조합이 있었다. 이들은 피해 지역의 회원을 모두 집결시켰다.[5] 민간 구호물품 또한 전국에서 쏟아지기 시작했다. 생존자들에게 식품, 식수, 피난처가 제공되었고, 다수의 자원봉사자들이 수천 구의 부패한 시체가 건강을 위협하지 않도록 미리 처리하기 위해 피해지역을 샅샅이 수색하였다.(이와 대조적으로 뉴올리언스에서는 폭풍이 지나가고 7개월 뒤에도 판자로 폐쇄한 집들에서 시체가 여전히 발견되고 있었다.) 가장 눈에 띄는 점은 약탈, 폭력, 노략질 같은 무법이 판치는 사건이 아주 적었다는 것이다. 쓰나미가 강타하고 꼭 10일이 지난 뒤 광범위한 시민사회단체들이 활동을 조정하고 사용 가능한 자원을 최대한 효율적으로 사용하기 위해 공식 모임을 가졌다. 복구 및 재건을 위한 포괄적인 실행계획이 수립되고 시민단체를 대표하여 정부에 전달되었으며, 불과 수주일 후인 2005년 1월에 개최된 제2차 유엔재난회의 UN Conference of Disasters에 상세한 보고서가 제출되었다. 2월 20일 무렵에는 해일로 뜯겨나갔던 100마일 이상의 철로가 100명의 철도 직원, 군부대, 무수한 마을 자원봉사자들의 노력으로 복구되고 재개통되었다. 지난 100년간의 철도 개발 역사에서 가장 큰 규모였던 이 공사는 겨우 57일 만에 완료되었다.

특히 쓰나미가 스리랑카 사회에 끼친 직접적인 영향은 그 이전에도 존재했던 사회적 연대를 강화시켰다는 점이다. 참사 직후 몇 주 동안 타밀족, 이슬람교도, 불교도가 구조 활동에 동참하면서, 타밀 타이거스 반군과 스리랑카 국군이 벌였던 민족 간의 교전도 잠시 중단되었다. 이렇게 카트리나와 쓰나미가 사회에 미친 파장에서 나타난 커다란 차이는 어디서 오는 걸까? 이 장에서는 이 질문에 대한 답, 그리고 이 답과 협동 조직들의 존재와 그 사회적 역할이 갖는 관계를 집중해서 다룰 것이다. 이를 위해서는 사회의 기능장애에 대해 겉으로 드러나는 징후뿐만 아니라 소비문화가 이 정도로 발전한 단계에서 개인의 내면에 미치는 엄청난 영향까지도 살펴봐야 한다. 그래서 사회 이론 및 심리학 이론을 간략하게 살펴보고자 한다.

사회 자본의 쇠퇴

21세기가 시작될 무렵, 미국인들은 도시생활과 관련한 다양한 불안감을 공유하고 있었다. 카트리나가 불러온 극심한 무법행위는 이런 불안감을 더욱 증폭시킨 혼란스러운 광경이었다. 이 불안감은 꽤 오랜 시간 동안 쌓여온 것이다. 로버트 퍼트넘은 미국 공동체의 쇠퇴에 관해 연구한 내용을 담은 책 《나 홀로 볼링Bowling Alone》(페이퍼로드, 2016)에서 미국인들이 자신들의 공동체에서 고립되고 이탈하는 추세가 늘고 있으며, 이로 인해 개인과 사회가 엄청난 대가를 치르고 있다며 반박할 수 없는 증거를 제시한다. 쇠퇴 징후는 수십 년 동안 늘어왔다. 투표 참여에서 종교단체 참여에 이르기까지, 사교 클럽에 가입하는 것에서 저녁 파티를 열고 친구를 초대하는 것에 이르기까지, 미국은 시민 참여와 관련된 모든 지표상에서 공동체의 적극적인 구성원이 되려는 개인의 자발성이 파국을 불러올 만큼 줄어드는 것을 경험하고 있다.[6]

정치 참여는 여기에 꼭 들어맞는 사례다. 미국의 투표참여율은 지난 30년 동안 크게 감소하여 1960년 케네디-닉슨 대통령 선거 때는 62.8퍼센트였지만 1992년 클린턴-도일 대통령 선거 때는 48.9퍼센트로 떨어졌다. 퍼트넘은 연구에서 시민생활의 '공동화(空洞化)'가 1960년에 시작되어 지금까지 꾸준히 진행되었다는 것을 입증했다. 1945년부터 1960년 사이에 시민 참여가 최고조에 달했던 것으로 밝혀졌다. 이 시기는 1910년 직후에 태어나 대공황 시기에 유년기를 보내고 2차 세계대전에 참전했던 세대가 미국 인구의 대부분을 차지했던 때이다. 미국에서 공동체 생활의 쇠퇴가 유행처럼 번진 것은 그 다음 세대인 베이비붐 세대, 그리고 1965년에서 1980년 사이에 태어난 X세대부터였다. 이 세대들과 이전 세대를 구분 짓는 한 가지 사실은 바로 주류 정치와 제도에 대한 거부와 불신이다. 퍼트넘이 지적한 바와 같이, 그들은 "좋아하고 행동하는 것보다는 좋아하지 않고 행동하지 않는 것"으로 더 많이 정의된다.[7]

베이비붐 세대는 '자유의 행위자free agents'가 되었다. 그들은 무엇에도 얽매이지 않고, 개별적이고, 권위에 순종하지 않았으며, 친구와 가족이라는 비교적 좁은 범위를 넘어서는 적극적인 관계를 맺지 않았다. 이 세대는 그들의 부모나 조부모가 했던 것보다 자발적인 봉사나 자선단체 기부도 덜했다. 그들은 물질적 실리주의에 더욱 경도되었다. 이런 추세는 X세대에서 크게 늘어났다. 1975년 '좋은 삶the good life'의 요소란 무엇인가를 주제로 실행한 로퍼 여론조사에서는 성인의 38퍼센트가 '많은 돈'을 선택했고 또 다른 38퍼센트는 '사회복지에 기여하는 일자리'라고 답했다. 1996년 즈음에는 사회에 대한 기여를 원하는 사람들이 32퍼센트로 떨어진 반면 '많은 돈'을 벌기를 열망하는 사람들은 63퍼센트로 늘었다.[8] 게다가 X세대는 극단적으로 개별적이며 개인주의적인 정치관을 취했다. X세대는 공적이고 집단적인 것보다 사적이고 개인적인 것을 강조한다. 그들은 정치나 시민 참여에 깔린 숭고한 목적이라는 집단의식을 조금도 공유하지 않는다. 그들은 협소하고 특정한 부분에서만 정치참여를 하며, 또 그들에게 사적으로 영향을 미치는 일회성 문제에만 주로 관심을 갖는다.

이러한 커다란 변화가 미국의 사회구조에 어떤 영향을 주었을까? 우선, 미국 사회는 더욱 원자화되었다. 사교 클럽, 종교단체와 같은 시민단체의 약화는 이질적인 사람들을 서로 관계 맺어주던 시민사회 구조가 더 이상 제 역할을 하지 못함을 의미하기도 했다. 그 결과 전반적으로 신뢰가 줄어들게 되었다.[9] 이는 결국 개인들 간의 사회적 고립을 심화시켰다. 미국의 전반적 공동체 쇠퇴가 개인에게 끼친 영향은 매우 심각했다.

1940년부터, 후세대로 갈수록 우울증이 더 어린 나이에 더 많은 사람들에게서 나타났고 오늘날의 젊은이들은 매우 우려스러운 수준에 이르게 되었다. 지난 두 세대에 걸쳐 우울증은 10배가 증가했다.[10] 1950에서 1995년 사이 15~19세 청소년 자살률은 4배 이상 증가했다. 1910년 직후 태어나 공동체에 강한 연대감을 느끼며 깊숙이 참여했던 세대의 자살률은 정확하게 정반대의 경향을 보였다. 게다가 X세대의 자살률 증가는 미국과 캐나다(인구 10만 명당 11.1명 대 11.4명)는 물론이고 서구 사회 전반에서도 뚜렷이 나타난다. 불편한 사실은 노르웨이, 스웨덴, 덴마크의 자살률이 전반적으로 훨씬 더 높다는 것이다. 이들은 일종의 현대 복지국가의 유토피아라고 상상하는 것을 이미 이룬 나라다. 이들 국가의 자살률은 인구 10만 명당 각각 11.7, 13.6, 13.7명에 이른다.[11]

지난 수십 년 동안 맞게 된 공동체 생활의 위기는 개인적 불안, 불안정, 고립, 불행 증가와 관련 있어 보인다. 그런데 왜 이렇게 되었을까? 처참한 수준으로 쇠퇴하게 된 원인이 무엇일까? 퍼트넘은 주요 원인으로 두 가지를 지적한다. TV와 같이 고립을 불러오는 과학기술의 도래와 무관심하고 냉소적인 세대의 등장이다. 이 세대는 퍼트넘이 21세기 전반의 '오랜 시민활동 세대long civic generation'라고 칭했고 지금은 서서히 사라져가는 세대를 대체했다. 그 결과는 사회적 자본의 손실, 시민생활과 건강한 공동체를 가능하게 했던 상호이익과 신뢰라는 규범의 손실로 이어졌다. 이런 추세를 분명히 드러내 보이려는 듯 뉴올리언스는 쇠퇴의 끝을 보여주었다. 하지만 이러한 쇠퇴는 도시에만 국한되지 않고 어디에나 만연해 있다. 사회경제 시스템의 부작용이 분명한데, 이제 이 시스템은 특히 미국을 비롯한 서구 문화뿐 아니라 점차 세계 문화를 규정하고 있다. 그렇지만 의문은 남는다. 이 세대의 이반과 불만은 어디서 비롯된 것인가? 미국뿐만 아니라 전 세계가 마찬가지다. 퍼트넘은 그 답을 제공하지는 않는다.

이 문제는 이 책의 핵심 주제와 맞닿아 있다. 즉, 특히 2차 세계대전 이후부터 인간의 진정한 삶의 요건, 즉 인간적인 사회 속에서 그와 어울리는 경제가 존재하는 삶의 형태와 자본주의 경제 규범 사이에 불화가 심화된 것을 되짚어보게 한다. 협동 경제와 사회적 관계가 어떤 식으로 현재 우리 경제 시스템의 상처를 치유하는 데 도움이 될 수 있을까? 이 문제는 이 장의 끝부분에서 다루어보겠다.

퍼트넘은 '오랜 시민활동 세대' 뒤를 이어 등장하여 지금은 미국인의 삶을 주도하고 있는 세대를 설명하면서 가장 중요한 두 가지 특징을 밝히고 있다. 바로 개인주의 의식의 심화와 물질주의에 대한 몰입이다. 이는 전혀 새로운 사고방식이 아니다. 물욕적 개인주의라고 하는 것이 더 적절할 수도 있는 소유욕 강한 개인주의는 이 특이한 피조물의 결정적인 특징이고, 많은 사상가들이 이를 탈근대적 개성의 상징으로 보았다. 사회학자 앤서니 엘리엇과 찰스 레머트는 그들의 저서《새로운 개인주의:세계화의 정서적 비용The New Individualism: The Emotional Costs of Globalization》에서 세계화의 영향과 개인의 정체성 변화 사이의 상관관계를 입증하려고 한다. 또 그들은 소비자 인격consumer personality으로서 삶의 선택을 좌우하는 심리적 토대로 물욕적 개인주의에 초점을 맞춘다. 다른 많은 학자들처럼, 이러한 초개인주의는 세계 경제 질서의 영향을 받아 등장했다고 밝힌다. 그들은 이에 대해 다음과 같이 적나라하게 기술한다. "오늘날 개인주의는 본질적으로 개인화된 세계의 성장과 관련되어 있다. 개인중심주의의 영향으로 자아는 깊은 무의식의 차원에서 더 넓은 관계로의 연결을 거부당한다. 또한 매일매일 하는 행동의 차원에서 보면 그런 '새로운 개인주의'는 심각한 고통, 불안, 두려움, 실망, 공포라는 독특한 문화가 펼쳐질 무대를 마련해준다."12

엘리엇과 레머트에 따르면, 이는 공동의 이상이 최후의 막을 내렸다거나 공적 영역이 죽음을 맞이했다는 의미는 아니다. 오히려 사회문제들을 점점 더 개인주의 방식으로 인식하고 반응한다는 뜻이다. 이 새로운 현실은 개인과 사회의 역사적인 관계가 근본적으로 붕괴되고 있다는 신호이다. C. 라이트 밀스가 1950년대에 지적했듯이 사회문제에 개인적인 해결책은 있을 수 없다. 하지만 대부분의 서구 사회가 그러할 수 있다는 착각에 사로잡혀 지난 30년 동안 고생해왔다. 그 사이 '잃어버린 세대lost generation'라는 지금의 집단이 성장하였다. 이 시기는 시장의 힘이 다름 아닌 국가에 의해 신격화되었던 시기이며, 대처가 앞장서고 이어서 레이건이 길을 연 민영화의 황금기였다. 중요한 개념으로서의 '공공성'이 쇠퇴함에 따라 우리는 비싼 대가를 치러야 했고, 이는 정치적 측면에 국한되지 않는다. 더 근본적으로는 이로인해 개인은 자신이 살고 있는 사회의 유기적인 부분이라는 의식을 완전히 벗어던져 버렸다. 결국 개인과 사회 모두가 대가를 치러야 할 것이다. 한편으로는, 철저하게 이기적이거나 실용적인 관심사를 넘어서는 더 넓은 사회와의 상식적인 관계가 손상되었다. 그리고 이로 인해 사회는 시민들에게 중요한 가치가 있는 안정성과 안전과 같은 사회적 선을 제공하기 힘들어졌다. 다른 한편으로는, 개인은 점점 더 어찌해야 할지 모른 채 운명의 힘에 쉽게 공격받으며, 반드시 뒤따르는 두려움과 불안 속에 고립되었다고 느낀다.

하지만 정부가 사회·정치적 가치로서 공공성이라는 개념을 지켜내지 못한 것보다 훨씬 더 많은 일들이 여기에 작용하고 있다. 사회와 관련된 모든 것이 쇠퇴한 것은 좋은 삶을 성취하는 열쇠로서 개인이 등장한 것과 때를 같이한다. 이 책의 도입부에서 요약한 바와 같이, 이것은 자유주의만큼이나 오래된 개념이다. 엘리엇과 레머트가 논의했던 이 '새로운 개인주의'는 15세기에 시작되어 전개되어오던 인간심리학상의 진화가 급진적으로 확장된 것일 뿐이다. 그러나 그렇다 하더라도 지난 50년 동안 무엇인가 달라졌다. 20세기 중반 어느지점에 탈근대화의 특성이 명확한 형태를 띠기 시작했고, 이는 순전히 상업적인 힘이 인간 행동에 결정적인 영향을 미치기 시작한 지점이었다. 세계적으로 저명한 사회학자인 지그문트 바우만은 이런 전환이 이루어진 때가 인간이 생산자에서 소비자로 변한 시점이라고 파악한다.[13] 이런 전환은 자본주의 사회가 진화하면서 돌연변이가 나타난 시점을 보여준다고 할 수 있다. 자본주의의 주요 환상, 다시 말해 자율적인 개인을 만들어낸다는 신화는 이제 어떻게든 꾸며서라도 대중이 사실이라고 믿게 해야 하는 것이자 비인격적 기업권력이 무한한 확장을 꾀하는 수단이 되었다. 최고의 역설은, 자율적인 개인이라는 이상이 개인의 가치를 포함한 다른 모든 것보다 시장의 가치를 지키는 마지막 참호를 안전하게 보호하는 주요한 도구가 되었다는 것이다.

우리는 심각한 곤경에 처한 한 사회의 암울한 초상으로 이 장을 열었고, 카트리나가 쓸고 간 뉴올리언스가 받은 정신적 충격은 이를 잘 보여주었다. 하지만 공동체의 파괴와 관련해 미묘하고 역시나 충격적인 다른 측면이 있다. 개인적인 일화가 이 점을 설명하는 데 도움이 될 것이다.

참된 것의 종말

애리조나 주 북부에 있는 작은 마을 세도나는 소노라 사막의 바닥에서 솟아 오른 적색 돌기둥으로 둘러싸여 있다. 이는 미국 전역에서 가장 매혹적인 풍경으로 꼽힌다. 수없이 많은 서부영화가 이곳에서 촬영되었다. 존 포드와 지미 스튜어트. 제인 그레이와 존 웨인. 붉은 먼지 구름 속에서 사막을 가로질러 달리던 델마와 루이스. 이곳은 미국 서부개척 시대의 전형적인 배경이다.[14] 세도나 마을은 그 덕분에 전성기를 맞았고, 경관의 아름다움을 발판 삼아 엄청난 수익을 거둬들이며 번영하였다. 관광 여행은 세도나의 생명선이다. 이곳은 뉴에이지New Age(기존의 서구식 가치와 문화를 배척하고 동양적 사고방식을 끌어들여 종교, 의학, 철학, 환경, 음악 등의 분야에서 전체론적holistic 접근을 꾀하는 운동. 1980년대 미국에서 시작되었으며 신세대 운동이라고도 한다.-옮긴이) 정신주의의 메카가 되었고, 영적이고 '치유'를 위한 여러 길들이 만나는 교차로다. 이 길들의 원천은 샤머니즘이나 요가의 영성처럼 다양하다. 또 헌납과 함께 실행하는 최신 자가치료법 '세도나 방식'(영구적인 행복, 성공, 평화, 정서적 안녕을 위한 당신의 열쇠!)이나 자연경관 그대로가 강력한 영적 장소로 통하는 '세도나 소용돌이Sedona Vortexes'라고 불리는 곳을 둘러보는 가이드 투어처럼 급조된 것들도 있다. 이곳에는 스파, 골프 코스, 미술관, 고급 쇼핑 등 더 많은 쾌락을 추구하는 것들이 늘어나고 있다.

나처럼 속기 쉬운 방문자에게 이 전설적인 아름다움은 의문을 제기할 그 어떤 이유도 없는 곳이다. 그러나 문제는 공항 렌터카 사무실에 도착한 순간부터 시작되었다. 아내인 캐트린과 나는 두 명이 그 지역을 둘러보기에 충분한 중간 크기의 차량을 예약해두었다. 그런데 접수처 대여 직원이 더 큰 차량의 매력에 대해 이야기하기 시작했다. 비용을 조금만 올리면 더 안락해질 것이라고 했다. 우리는 사양했다. 중간 크기면 충분했다. 그는 다른 기능, 더 좋은 음향 시스템, 더 큰 엔진 등을 계속 이야기했다. 우리는 넘어가지 않았다. 아니오, 괜찮습니다. 놀랍게도 이 남자는 계속 권했고, 마침내는 목소리를 터무니없을 정도로 높이면서 우리에게 거의 애원하다시피 했다. 그곳 지형은 보기와 달리 위험하다는 둥, 우리가 어쨌든 사막으로 가는 것 아니냐는 둥, 더 크고 더 강한 차 없이 여행하는 것은 어리석다는 둥 온갖 이야기를 늘어놓았다. 이것은 우리의 사적인 안전 문제였다. 우리는 기가 막혔고, 이런 막무가내 고집 때문에 다소 혼란에 빠졌다. 하지만 우리는 거절했다. 20분에 걸친 용맹한 전투 끝에 그는 정말 마지못해서 다소 씁쓸해하며 우리에게 자동차를 넘겨주었다.

이 어이없는 에피소드는 우리를 내내 따라다녔다. 우리는 그에 대해 깊이 생각하고 이야기를 나누었다. 이해하기 힘든 일이었다. 하지만 그 남자는 맡은 임무를 수행하는 듯 보였고, 이미 그 전에 실패했으며 혼이 날 것이 분명했다.

일단 세도나에 있으면 더 황홀한 장소를 상상하기 어렵다. 색채 팔레트와도 같은 건물들에서 음식과 옷에 이르기까지 모든 것이 자연환경의 연장이자 보완으로 보였다. 그 지방 사람들은 모두 부유하고 건강하게 빛나는 듯 보였다. 우리는 카페와 부티크가 즐비한 공원 같은 곳에서 우연히 아주 매력적이고 세련된 건물들을 발견했다. 입구로 가는 길 근처에 있던 젊은 여성이 둘러보라며 우리를 불렀다. 부담 없이 둘러보세요. 그녀의 쾌활한 매력에 솔깃해 우리는 이리저리 거닐었지만 곧 깨달았다. 물건을 사라는 강한 설득을 마주하고서 우리는 그 자리를 뜰 수밖에 없었다.

거리로 되돌아와서야 그곳에서 겪은 일이 이해가 되었다. 이제는 조금이나마 분별력이 생겼다고 생각한 순간 우리는 잘 차려입은 중년 남자와 대화를 나누고 있었다. 그는 우리가 카페에 앉아 있을 때 너무나도 스스럼없이 우리 이야기에 끼어들었다. 그 역시 우리에게 뭔가를 판매하는 데 여념이 없다는 것을 곧 알게 되었다. 계속 그런 식이었다. 세도나에 머무르는 동안 우리에게 뭔가를 팔려는 의도를 갖고 행동하지 않는 주민을 단 한 명도 만나지 못했다. 관광지 마을에서는 그럴 수밖에 없다거나 우리가 유독 구미 당기는 풋내기 관광객처럼 보였을 거라고 할 수도 있다. 그러나 정말 당황스러운 것은 이런 우연한 만남이 도처에서 일어나는 것처럼 보였다는 것이다. 상점처럼 뻔한 장소뿐만 아니라 거리에서도 마찬가지였다. 게다가 그들은 위장을 하고 있었고, 은밀했다. 타지에서 영리 행위와 마주치게 될 거라는 예상은 우리가 어디에 있고, 어떤 상황에 처해 있느냐에 따라 결정된다. 노점상이나 가게가 그런 곳이다. 그런데 여기는 순수한 사회적 배경에서의 사회적 만남이란 관념이 와해되어 있었다. 어디서든 어떤 우연한 만남도 누군가 당신에게서 수익을 얻으려는 단순한 계략일 수 있다. 우리는 완전히 무르익은 마거릿 대처의 세계와 우연히 만났던 것이다. 세도나는 상상 속의 자본주의 유토피아, 모든 만남에 가격이 딸려 있는 평행우주의 종점이었다. 어떤 만남도 액면 그대로 신뢰할 수 없을 것이다. 이로 인한 근본적인 신뢰의 붕괴는 그것이 친구 사이든 낯선 사이든 결국은 공동체라는 중요한 개념에 반드시 종말을 가져오게 될 것이다.

그러한 곳에서 개인들 간의 모든 관계가 순전히 상업적이라는 말을 하려는 것은 분명 아니다. 만약 그랬다면 세도나는 사회 공동체로서 절대 존속할 수 없었을 것이다. 내가 말하고자 하는 것은 시장 윤리, 즉 개인의 이익을 위해 물건(과 사람들)을 도구로 이용하는 것이 모든 영역에 침투하여 인간의 상호작용에 있어서 두드러진 표준이 되었다는 점이다. 그래서 일반적으로 사회적 환경이라고 생각하는 것 안에서 인간이 관계 맺는 전통적인 방식을 망가뜨릴 뿐만 아니라 대체하기도 했다. 미국 문화는 사회적인 것과 상업적인 것을 더 이상 구분하지 않는 사고방식을 만들어냈다. 이것은 별로 새로운 이야기가 아닌 것처럼 보일 수도 있다. 수십 년 동안 우리와 함께해온 쇼핑몰이 이런 사실을 드러내는 한 가지 예일 것이다. 한때는 공공재였던 것의 사유화 역시 마찬가지다. 쇼핑몰은 사회적 환경 내에 있는 확실히 상업적인 공간이다. 그러나 흔히 쇼핑몰에 산책로, 정원, 가로등 같은 공동체의 양식을 차용하는데, 이는 쇼핑을 사회화하기 위한 시도이다. 세도나에서 내가 경험한 것은 뭔가 다른 것이다. 세도나에서는 사회적인 것, 나아가 자연적인 것을 단지 이익 추구를 위한 도구로서만 이용했다. 그 자체의 가치로 남아 있는 것은 아무것도 없었다. 모든 것은 도구화되고 득실 계산에 끼워 맞춰졌다. 그러나 사회적이고 공적인 공간이 시장 논리에 오염되고 왜곡되는 것은 개인에게 심각한 영향을 끼친다. 이는 결국 개인의 인식과 대인관계, 또 개인으로서 우리의 정체성을 식민화하고 개조하는 것을 수반한다. 그 모든 것이 마침내 다른 어떤 목적을 위한 수단이 되어버린다.

이렇게 개인의 정체성을 개조하는 것에 대해 포스트모던 시대에 많은 글들이 쏟아졌다. 이 주제는 대체로 현대 사상과 문화연구에서 엄청난 힘을 얻었다. 예술과 예술가들이 개인의 정체성 문제에 얼마나 매달렸는지 알고 싶다면 현대 미술 전시회만 찾아가 봐도 된다. 확실히 엄청난 수의 현대 미술이 예술가들 자신의 정체성이라는 주제에 초점을 맞추고 있다. 이것은 예술가들의 작업실 너머 사회의 현실을 완벽하게 반영하는 나르시시즘의 자기도취다. 내부로의 선회와 자기 매혹은 우리 시대의 전형적인 특징이다. 이것은 우리의 삶을 결정하고 우리 선택의 동기가 되었던 막강한 시장의 힘이 미치는 영향력과 밀접한 관련이 있다. 새로운 천년이 시작되는 지금 우리는 초개인주의라는 완전히 낯선 지역에서 헤매고 있고, 그래서 우리 자신을 재구성할 새로운 방법을 찾고 있다. 이는 성공, 혹은 개인적 행복 혹은 '자기실현'이라는 이루기 힘든 이상을 찾기 위해서였지만 이런 이상은 신기루처럼 우리를 더욱 끌어당겨 우리 자신만의 고독한 사막으로 몰아간다. 그리고 이 지점에서도 세도나는 시대의 상징이다. 이 목가적인 사막에서 그렇게 환영받으며 자리 잡았던 뉴에이지 정신주의는 그저 소비자 문화의 진수인 자기 숭배의 이면에 지나지 않는다.

생산사회에서 소비사회로 전환됨에 따라 자본주의는 스스로를 재생산하는 방식을 변화시켰다. 여기서 그 과정 전부를 설명하기는 힘들다. 그렇지만 지금 진행 중인 변화의 가장 중요한 측면 한 가지와, 그것이 우리 개개인과 우리 사회에 미치는 영향에 관해서는 이야기해야겠다. 즉, 자본주의는 소비자 행동을 통제하는 주요 수단인 개인의 정체성 조작을 통해 스스로를 재생산하고 있다는 것이다. 결핍에서 탈결핍으로 접어든 것, 실은 후기 산업경제로 들어서는 문턱을 넘어선 것은 아마도 자본주의 문화의 결정적인 특징일 것이다. 인간 역사상 최초로 개인들은 자기가 어떤 사람이 될지 마음대로 선택할 수 있게 되었다. 이전의 결핍경제에서처럼, 타고난 신분이나 계급의 정체성에 속박되지 않는다. 생존의 문제에서 벗어난 탈결핍 사회에서는 유동적인 정체성을 확립하는 것이 과제가 된다. 왜냐하면 정체성의 유연화가 전략이 되어 개인에게 새로운 의미를 가져다주는 메커니즘이 작동되면서 또 다른 만족을 느끼도록 해야 하기 때문이다.[15] 이런 과정을 성공적으로 통제하는 것이 광고가 얻고자 하는 성배, 즉 궁극적인 목적이다.

기업 광고는 상업적 유혹의 기술을 발전시키며 계속 진화해 왔다. 그러나 2차 세계대전 후에, 특히 1960년대와 그 뒤 수십 년에 걸쳐 급격한 변화가 일어났다. 광고는 상품 판매에서 생활방식 판매 쪽으로 초점이 바뀌었다. 이런 점에서 광고에서 가장 중요한 도구, 다시 말해 상업적 메시지에 깔려 있는 의미를 전달하는 최고의 매개체는 상품이 아니라 상품을 구매하는 소비자의 심리가 투영된 페르소나였다. 이는 광고 초창기와는 아주 다르다. 그때는 자동차의 안정성이든 세제의 세정력이든 상품의 품질 자체가 판매를 위한 강조점이 되었다. 현재 텔레비전에서 볼 수 있는 대박을 터뜨린 광고에서 예를 들어보면, 멋진 남자들은 애플사의 맥Mac을 구매하며, 늘씬한 몸매에 청바지와 캐주얼한 갭Gap 스타일의 스웨터를 입고 있다. 한편 선의를 지니고 있지만 아무것도 모르는 멍청한 남자는 아이비엠IBM의 피시PC를 구매하며, 뚱뚱하고 얼간이에다 볼품없는 옷과 안경을 쓰고 있다. 이 광고는 맥이나 피시에 대해서는 하나도 말하지 않는다. 누가 그 제품을 사는지가 모든 것을 말해준다. 똑같은 전략이 청바지, 자동차, 휴가 여행에 적용될 수 있다.

따라서 제품에 이미지를 부여하는 브랜딩은 이 과정에서 핵심요소다. 제품에 브랜드를 확실히 못 박지 않는다면 그 제품을 구매하는 소비자에게 브랜드의 인상을 남길 수 없다. 따라서 어떤 제품의 미리 정해진 속성을 각인시키는 수단인 브랜딩 프로세스는 상업적 정체성의 형성 및 조작과 밀접하게 연관되어 있으며, 사실 이 정체성이 그 상품의 소비자인 여러분에게 판매되는 것이다. 그 비결은 어떤 브랜드를 선택하는 구매자의 정체성에 항상 초점을 맞추는 것이다. 정체성의 형성과 조작은 이제 선진 자본주의가 심혈을 기울이는 가장 중요한 일이 되었다. 그런 성공전략과 소비사회가 자본주의의 바퀴를 계속 움직일 수 있으려면 정체성의 개념이 유연해야 한다. 다시 말해 언제나 진화해야 하고, 절대로 충족되어서는 안 되며, 그 다음 구입을 갈망하는 상태로 남아 있어야 한다. 오늘날 상업광고에서 가장 정교한 기법은 광고에 나오는 매력적인 페르소나를 자신의 삶에서 직접 재창조하려는 욕망을 사람들 마음속에 심는 것이다. 일단 이렇게 되면, 대중매체에 의해 조작되어 전달되는 과정을 통해 현실 세계에서 개개인의 행동에 영향을 주는 상업적 대리인을 조작하기만 하면 된다. 요약하면 이것이 당대의 브랜드 마케팅 이론과 실천이다. 그것은 아바타가 거꾸로 현실화되는 것으로, 아마도 디지털 시대의 진정한 의미일지 모른다. 실제로 판매되고 있는 브랜드는 끊임없이 변화하는, 인격화된 버전이다.

소비자를 조종하기 위해서는 그릇된 개인주의를 아름답게 꾸밀 필요가 있겠지만, 그러면 사람들이 지닌 진심으로 관계를 맺고 공동체와 함께하려는 성향이 약화되어버린다. 즉, 인간과 사회적 관계의 고유한 가치를 그 자체로 이해하고 평가하는 것이 아니라 자신의 이익이나 다른 목적을 이루기 위한 수단으로 삼게 되는 것이다. 자본주의가 경험의 고유한 가치를 전혀 살려내지 못하고 있는 까닭은 바로 그 경험에 시장 가격을 매기고 있기 때문이다. 어떤 것이 일단 시장 가치를 가지게 되면, 그 본래의 가치는 0으로 떨어질 수 있다. '인적자본'이라는 용어가 그토록 비인간적 느낌을 풍기는 이유도 여기에 있다. 사람들이 상업주의에 물들지 않은 '진짜 경험'을 찾아서 지구 끝까지 여행하는 것도 이 때문이다. 하지만 점점 더 그런 경험을 찾기가 힘들어지는 것은 '진짜'가 상업적 가치를 띠는 것으로 흡수되었기 때문이다. 참됨 그 자체도 이제는 요리에서부터 문화에 이르기까지 수많은 상품에 부착된 주요 제품특성에 지나지 않게 되었다.

이제 이야기의 초점을 이런 과정이 사람들의 내적 삶에서 어떤 의미를 지니는지, 또 사람들이 주변 세상을 어떻게 이해하고 상호작용하는지에 맞춰보도록 하자. 비관론자와 음모론자들은 이 기법이 수백만 소비자들의 인식과 선택을 쉽게 조종할 수 있음을 지적하면서 이 주제를 두고 목소리를 높인다. 그들이 보내는 경고를 인정하는 것은 어렵지 않다. 정치인의 선출과 정책홍보에서부터 정치 메시지의 틀 짜기나 뉴스와 대중매체의 조작에 이르기까지 정치 메커니즘의 작동 역시 바로 고도로 발달한 대중적 상업광고의 기법을 이용해 이루어지기 때문이다. 다른 한편으로는, '브랜딩 반발branding backlash(우리 생활의 모든 시공간을 과도하게 브랜드화하는 것에 대해 소비자들이 반발하는 현상-옮긴이)'을 지적하는 것, 또 점점 더 많은 사람들이 상업적 강요에 매우 예민해지고 있으며, 이런 기법이 구현하는 숨겨진 통제 메커니즘이 여러 방법으로 손쉽게 간파되었던 점을 지적하는 것 역시 그리 어렵지 않다.

이 두 가지 현실 모두 사실이지만 그 정도는 매우 다르다. 많은 사람들이 이런 이미지 게임의 실상을 알고 있으며 자신들의 삶에 미칠 영향에 단호하게 저항한다. 이들은 상대적으로 매우 소수이지만(적어도 서구에서는) 점차 증가하고 있는 소수라 할 수 있다. 그럼에도 상업적 기법으로서의 정체성 조작의 효과는 부인할 수 없다. 오늘날 유명인사 숭배와 그 영향력을 전달하는 무궁무진한 잡지, 타블로이드 신문, TV쇼, 영화는 그 파장을 무한히 확대한다. 대부분의 사람들은 그 마력의 영향을 받을 뿐만 아니라 그들의 행동이 얼마나 상업적 모델을 모방하고 있는지 알지 못한다. 정보화 시대에 정체성은 미디어, 주로 텔레비전이 제시하는 이미지들이 모여 구성된다. 개인은 점점 더 실재가 아닌, 신중하게 관리되는 실재의 이미지와 상호작용하고 있다. 개인의 삶은 그들이 상업적 의도에 길들여진 만큼 허위와 모방으로 이루어진 현실이라는 특징을 띤다. 어떻게 그렇지 않을 수 있겠는가? 텔레비전 시대가 승리를 거머쥔 이후로, 우리는 태어나서부터 계속 이런 환상의 세계에 푹 빠져 있었다.

그림자의 땅

플라톤은 인간이 신조로 삼고 살던 속임수를 설명하기 위해 동굴의 우화를 들곤 했다. 그의 이야기에서 인간은 족쇄를 찬 혈거인과 같아서 벽에 드리운 그림자를 보고 그것을 실재라고 여긴다. 플라톤이 이상적 형상이라 칭했던 실제 형상은 그들 뒤쪽에, 동굴 입구의 거대한 모닥불 너머 그들의 눈길이 미치지 않는 곳에 있다. 동굴 벽에 그림자를 드리운 것은 그들의 움직임이다. 현대의 소비자들도 비슷한 처지에 빠져 있다. 다른 점이 있다면 우리가 동굴 벽 위의 그림자가 되었고 이상적 형상은 가치관, 생활방식, 사고방식을 제공하는 날조된 정체성이며, 그것을 우리 삶의 모델로 삼는다는 것이다. 그 과정에서 우리는 우리 자신에게, 또한 서로에게 낯선 사람이 되었다. 요컨대, 우리는 망상 속에 살고 있고, 우리 경제 시스템은 이 망상을 영속시키는 것에 의존하고 있다. 우리가 이런 그림자놀이에서 깨어날 때 자본주의는 곤경에 빠진다.

자본주의만이 이런 종류의 정체성 조작에 관여한다고 이야기하는 것은 아니다. 모든 이데올로기들이 본질적으로 똑같은 목적을 위해, 즉 대중의 행동을 통제하기 위해 정체성 조작에 의지하고 있다. 하지만 개인 정체성의 문제는 각각의 세계관마다 다르게 나타난다. 국가 사회주의의 파시즘적 세계관은 본질적으로 인종 논리를 띠고 있고, 이것은 개인의 정체성을 인종 정체성 안으로 흡수해버렸다. 이들이 주목하는 것은 개인이 아니라 혈통과 통치 영토를 가진 신화화된 종족이다. 국가 공산주의도 마찬가지였다. 인종을 계급으로 대체했을 뿐이다. 두 경우 모두 이상적이고 가치 있는 존재로서의 개인을 실질적으로 없애버려 심각한 사회적 결과를 불러왔다. 이 과정에서 벌어지는 영혼의 파괴가 개인이나 사회관계에 어떤 영향을 미쳤는지 알고 싶다면 체코 소설가 밀란 쿤데라의 글을 읽어보면 된다. 자본주의에서 정체성 조작의 기법은 광고라는 어두운 예술을 통해 완성되었지만 완전히 다른 목적을 위해 사용되었다. 소비를 촉진하는 주요 메커니즘으로서 개인의 자기과시가 그것이다.

(비관론자와 낙관론자 모두) 거의 보편적으로 인정한 것 하나는 이런 과정이 자신에 대한 병적 집착을 불러왔다는 사실이다. 이런저런 제품을 구매하는 것이 자신의 이미지를 끊임없이 변화시키기 위해 착용하는 액세서리든 혹은 완벽한 몸매를 얻기 위한 것이든, 요가를 통해 자기실현을 추구하는 것이든, 탈근대적 인간은 강박적으로 자신에게 집중한다. 자극이 끝없이 주어지고 새로운 요구와 욕망이 부단히 생겨난다. 이런 욕망에 대한 각성은 우리의 자아를 끊임없이 개조할 수 있는 연료가 된다. 하지만 그런 욕망이 지닌 내적 논리는 그 욕망이 절대로 질릴 수 없다는 것이다. 소비는 중독이다. 적절한 불교 용어를 빌자면, 우리는 '아귀'가 되었다.[16] 게다가 소비와 관련된 정체성을 형성하기 위해 취할 수 있는 유일한 전략은 가기기만이다. 정체성을 형성하기 위해 소비하는 재화는 필연적으로 대량생산된 재화일 수밖에 없기 때문이다. 이것은 참된 정체성이 새겨진 의식을 형성하는 것과는 상반된다. 이런 식으로 개인들 사이에서 형성되는 정체성의 차이는 거짓된 것일 뿐이다. 소비문화에서 정체성 형성은 경쟁을 통해 이루어진다. 소비 그 자체가 진정한 의미를 얻는 데에는 쓸모없기에 사람들은 타인 깎아내리기가 주는 만족을 통해 자신의 정체성을 형성하는 방향으로 나아간다. 나는 중요하고 가치 있는 정체성을 가졌지만 상대방은 그렇지 않다는 식이다. 이것은 우리 삶에 우리 자신을 넘어

서는 더 큰 의미를 부여하지 못함으로써 찾아오는 결과이다.

인간에 대한 가치와 관점에서 벌어지는 이런 변질은 무기력한 인간이라는 매우 심각한 측면과 결부되어 있다. 사람들이 자신의 슬픔과 불만이 어디서 비롯되는지 알아차리고 그에 대처하는 능력이 그어느 때보다도 떨어지는 시점에 이르렀다. 종교라는 단 하나의 예외를 논외로 친다면, 경쟁하는 다른 세계관과 가치 체계를 모두 몰아내버림으로써 개인들은 자기 삶의 선택이 갖는 진가를 측정할 수 있는 가치의 준거를 잃어버렸다.[17] 그리고 대안을 상상할 수 있는 수단을 잃어버렸다. 바로 이 지점에서 사회를 완전히 탈바꿈시키는 변화의 가장 중요한 차원이 효과를 발휘할 수 있게 된다.

지금까지 이야기한 것에 비추어보면 수십 년간 고삐 풀린 소비지상주의 온실에서 자란 세대들이 왜 그다지도 내향적인지, 왜 자신이 속한 공동체에 그토록 관심이 없는지, 왜 그렇게 불행한지 알 수 있지 않을까? 전례 없이 풍요로운 선택과 물질적 안락함을 누리는데도 자기 삶에 대해 어느 누구보다도 만족하지 못하는 것이 분명하다는 사실이 이상하지 않은가? 행복은 다른 사람과 맺는 관계와 밀접하게 연결되어 있다. 소득 수준이나 물질적 부와는 별로 관계가 없다.[18] 이는 주목을 받는 새 연구 분야인 행복경제학에서 경제학자들이 면밀하게 연구하여 입증하고 있는 아주 오래된 진실이다. 이 연구에 따르면, 지대한 영향을 끼칠 고무적인 결론 중 하나는 사회 자본과 광범위한 상호이익의 실천은 개인의 행복뿐만 아니라 더 폭넓은 사회·경제적 행복에도 필수라는 점이다. 이것이 왜 고무적인가? 더 나은 세상을 위해 우리가 취할 수 있는 행동이 있기 때문이다.

상호성과 회복

사회 자본은 건강하고 활기찬 공동체의 핵심이다. 이런 사실은 공동체가 위기에 대응할 때 두드러지게 나타난다. 앞서 살펴본 것으로 돌아가서 카트리나 같은 대참사 후에 사회가 어떻게 회복하는가는 주로 사회 자본의 기능에 달려 있다. 물론 이것이 유일한 요인은 아니다. 정부의 역할 역시 중요하다. 하지만 정부가 공익을 위한 다양한 요구에 얼마나 효과적으로 대응하고 있는가는 사회에 존재하는 사회 자본의 힘과 밀접한 관련이 있다. 이 점은 이탈리아 지방정부의 업무 수행에 관한 로버트 퍼트넘의 흥미진진한 연구에서 많은 부분 입증되었다. 사회 자본 및 튼튼한 시민사회와 정직하고 유능한 정부 사이의 직접적인 상관관계가 이 획기적인 연구의 가장 의미심장한 결론이다. 또 다른 중요하고 유사한 결론으로 사회 자본과 경제적 성과 사이의 상관관계를 들 수 있다. (투표참여율, 사교 클럽의 수, 노동조합 가입률, 협동조합의 수와 같은 척도에서 나타난 것처럼) 사회 자본의 표출방식이 차고 넘쳤던 그 지방은 경제 실적 또한 최고를 기록했다.[19]

사회 자본의 회복력은 재난 연구에서 중심 주제가 되었다. 공동체가 재난에 맞닥뜨렸을 때 그 복원력을 결정하는 것은 그 공동체의 물질적 조건과 상대적 번영이 아니라는 증거는 이미 경험 속에서 나와 있다. 오히려 형세를 뒤집는 것은 상호 신뢰라는 관계에 바탕을 둔 촘촘한 사회관계망이다. 그 전형적인 사례가 바로 쓰나미 발생 후 몇 시간, 몇 주, 몇 달 만에 사나사 협동조합과 시민사회가 주요하게 했던 일들이다. 하지만 공식적이든 비공식적이든 시민사회 조직들의 존재는 공동체가 위기에서 회복하는 역량뿐만 아니라 위기를 전후하여 공동체의 전반적인 삶의 질을 나타내는 주요한 지표이다. 그런 조직들이 만들어내는 산물 가운데 하나인 사회 자본은 이외에도 개인 차원에서의 삶의 질, 즉 개개인의 행복과도 관련이 있다.

오늘날 공동체의 위기를 해결하기 위한 열쇠는 사회 자본을 다시 사회 안에 축적시키는 것이다. 다시 말해 사회 자본을 개발하는 조직과 기관을 세우고, 공동체가 의존할 호혜 관계와 보편화된 신뢰를 구축하는 것이다. 협동조합은 이러한 전략에서 핵심이 된다. 호혜의 원칙에 따라 운영되는 다른 형태의 조직이 중요하지 않다는 말은 아니다(자선단체, 자원봉사단체, 사교 클럽 등). 그러나 이 책에서 내내 이야기한 것처럼 협동조합에는 공동체 의식을 이끌어내는 것과 더불어 경제구조의 문제를 파헤치고 개선할 수 있는 고유한 역량이 있다. 경제구조가 사회를 와해시키는 원인인 경우가 너무 많다. 영리를 목적으로 인간의 감정과 사고과정을 고의적으로 조작(현대 광고의 핵심)하는 기업권력의 사악한 노력과 사회 자본이 동떨어져 있기 때문에, 자본주의 기업은 본질상 사회 자본을 보존하지 않고 소비해버린다.

여느 사업체들처럼 자본주의 기업도 신뢰를 제대로 쌓는 것이 필요하다. 은행과 주식시장처럼 그들을 떠받치는 기관도 마찬가지다. 일단 신뢰를 잃어버리고 나면 사업은 불가능해지고 주식시장은 폭락한다. 계약을 신뢰할 수 없다면 사업은 교착상태에 빠진다. 불신이 불러오는 경제적 파동을 확인하려면 부패가 만연한 사회의 무역과 경제발전이 얼마나 곤란한 상태에 처해 있는지 보면 된다.[20] 현대 자본주의는 약탈적 경쟁과 이윤 극대화라는 이데올로기에 이끌려간다. 물질적이든 심리적이든 어떤 대가를 치르더라도 개의치 않는다. 이 시스템의 논리를 억제하지 않으면 조만간 사회에 축적된 사회 자본을 물이나 목재, 석유와 마찬가지로 고갈시키고 말 것이다. 자본주의와 자본주의가 낳은 소비문화는 환경적으로 지속불가능한 건 물론이고 사회적으로나 심리적으로도 지속가능하지 않다. 사회적 빈곤과 개인의 불행은 소비지상주의가 숨겨놓은 비용이다.

반면에 협동조합은 자신을 지속시키기 위해 사회 자본을 이용할 때도 그것을 새롭게 창출한다. 호혜관계는 협동조합의 구성원과 주변 사회 모두에게 신뢰가 되살아나고 서로가 보답 받는다는 의미이다. 사회적 교환의 기준으로서 신뢰를 많이 활용할수록 신뢰는 더욱 견고해진다.[21] 협동조합을 비롯해 사회적경제 조직은 사람들을 하나로 연결하고, 상호 신뢰의 관계망을 구축하며, 같은 목표를 향해 집단행동을 하도록 이끈다. 마치 사회 역량을 재충전하는 배터리와 같다. 요컨대, 건강한 사회처럼 행동하기 위해서는 건강하게 행동해야만 한다.[22]

협동조합은 다른 방식으로도 사회 자본을 보완한다. 협동조합원은 (다른 사회단체 구성원들처럼) 다른 조직을 구성하는 데 자원해서 나설 가능성이 더 높다. 그때는 자신이 속한 협동조합에서 얻은 기술을 발휘한다. 종종 협동조합 구성원과 자원봉사자들은 자신들이 몸담은 협동조합을 세우고 운영하는 과정에서 시민의 기량을 먼저 배우기도 했다. 목표를 분명히 하는 방법, 지지자를 확인하고 모집하는 방법, 필요한 기술과 자원을 모으는 방법을 배웠다. 회의를 기획하고 주관하는 방법과 기금을 모으는 방법도 배워야 했다. 공동의 목표를 중심으로 사람들을 결집시키고, 갈등을 해결하고, 민주적 타협의 여지를 두는 여러 가지 복합적인 조직구조를 세우고 운영하는 방법을 배워야 했다. 이것은 협동조합 조직이 성공하는 기초가 된다. 협동조합 조직을 운영하는 데 기초가 되는 관계 중심의 구조는 다른 사람들과 함께 일하는 방법뿐만 아니라 더 친밀한 수준에서 자신들의 관심사 및 행복과 타인의 그것을 동일시하는 법을 개인들에게 알려준다. 협동조합은 개인주의를 없애지 않으면서 개인을 사회화한다. 개인주의가 걷잡을 수 없이 횡행하는 가운데, 사회의 변화를 이루어낼 이상적인 사회 모형이 있다면 그것은 바로 협동조합이다.

노동의 의미

우리는 아르헨티나의 회복기업에서 노동자들이 처음으로 협동조합원이 되는 법을 배워야 했을 때 그들이 경험한 변화가 얼마나 큰 영향력을 발휘했는지 보았다. 협동조합 기업을 만든 경험 덕분에 그들은 자신과 다른 사람들과의 관계를 두 가지 면에서 근본적으로 다시 이해하게 되었다. 첫째, 상호이익의 유대 속에서 다른 사람들과 결속되어 있음을 깨달았다. 둘째, 개인의 힘과 가치에 대해 더 큰 의미를 느낄 수 있었다. 즉 자신들이 단순히 다른 사람들의 처분에 맡겨진 도구가 아니라 자신의 운명을 스스로 통제할 수 있는 존재라는 점을 깨달았다. 이를 가능케 한 것은 다른 무엇도 아닌 협동을 통한 집단적 힘의 자각이었다. 소나가치의 성노동자들과 스리랑카의 소농들도 마찬가지였다. 협동 조직에 참여함으로써 평범한 사람들이 자신의 삶을 되찾고 근본적으로 변화시키는 것은 물론이고, 이 변화의 힘을 사회 속에서 펼치기 위해 필요한 사회적 구조를 발견할 수 있었다. 그들이 몸담은 조직이 노동자들에게 그렇게 할 수 있는 수단을 마련해주었다.

노동의 세계에서 협동의 힘은 한 명의 노동자가 다른 노동자들과 결합하는 그 이상으로 강력하다. 또한 개인에게 노동이란 급여 이상의 것이며, 다른 어떤 목적을 위한 디딤돌이라는 견고한 의식을 심어줄 수도 있다. 현대사회에서 노동이 얼마나 불안정하게 변했는지는 누구나 아는 이야기다. 계속 흘러내리는 모래 같은 노동시장에서 유연함을 유지하고, 지속적으로 기량을 '향상시키고', 상품이 그러하듯 시장성을 잃지 않는 능력은 스스로 쌓아온 역량을 내보이는 일종의 자기표현 방식이다. 그러나 아무리 전문적인 일자리라 해도 인건비가 더 저렴한 해외로 언제든지 이전될 수 있다. 이것이 세계화의 가장 치명적인 결과 중 하나이며, 미국 제조업 몰락의 상징이 되어버린 북부 러스트 벨트rust belt의 공업도시에서부터 값싼 노동력을 이용하는 멕시코 마킬라도라의 자유무역 단지에 이르기까지 전 세계 사람들이 겪는 불안의 주요 원인이다.[23] 우리가 고용된 곳이 우리 소유가 아니기 때문에 벌어지는 일이다. 일터가 단지 부의 창출을 위한 체제로 남아 있는 한, 노동이 자본의 도구로 존재하는 한, 이는 변하지 않을 것이다. 자본이 경제의 더욱더 많은 차원으로 지배권을 확장하면서 더 악화되기만 할 뿐이다.

아르헨티나의 공공부문 민영화와 일자리 비정규직화는 어디에서

나 노동 안정성에 대한 의식이 약화된 과정을 연구하기 위한 대상이 되었다. 그러나 이제는 수많은 사람들의 노동생활이 단편적이고 일시적이라는 특성을 띠게 되었기 때문에 직업이 자신들에게 어떤 의미를 지니는지에 관해 일관된 견해를 갖기는 힘들다. 또한 노동의 경험을 의미 있는 자아상으로 통합하는 것도 무리다. 몇 년에 한 번씩 일자리가 바뀐다면 노동의 경험이 얼마나 의미가 있겠는가? 어떤 일자리가 해외로 이전될 위협을 끊임없이 받는다면 누가 그 일에 헌신하겠는가? 오랫동안 마르크스주의가 언급해왔던 노동소외 개념은 마르크스가 상상했던 것보다도 더 심각하고 폭넓게 확장되었다.

그러나 일반기업이 일자리를 유지할 수 없어서가 아니라 주주들이 요구하는 터무니없는 수준의 배당금을 만들어내지 못해서 일자리를 희생해야 하는 상황에서도, 노동자협동조합은 고용을 유지함으로써 노동이 의미를 갖도록 한다.[24] 또한 협동조합은 노동자 조합원들이 노동에 자신의 정체성을 부여하고 공동소유와 자주관리라는 체제를 통해 노동을 자기 자신의 확장으로 이해하도록 이끈다. 어떤 일터라도, 통제력이 미치지 않는 이익 창출을 위한 체제에서 벗어나 자신의 내재적 가치가 실현되는 공동체로 전환하는 경우 뜻 깊고 중대한 변화를 겪을 수 있다. 이것이 아마도 협동조합과 자본주의 기업의 전형적인 차이일 것이다. 협동조합은 공동체 형성을 통해 모든 사람이 자신을 실현하는 수단이 된다. 자본주의 기업은 다른 사람들을 종속시키는 일부 사람들이 자신을 실현하는 수단이다. 그런데 왜 이토록 단순하고 자명한 진리가 우리 문화에서는 그렇게 낯설게 보이는지 이상한 일이다.

기본적으로 인간 행동에는 협동이 내재되어 있다. 그렇지 않다면 인간 사회가 존속할 수 없다. 하지만 경쟁, 의존, 또는 권위에 대한 복종이 사회관계의 표준이 되는 사회에서 그 본능은 발현되지 않고 위축된다. 게다가 아르헨티나 같은 사회에서는 필요한 재화와 서비스의 조달이 윗사람들이 아랫사람들에게 선심을 베푸는 식으로 이루어지는 경우가 많은데, 이것은 우두머리 정치 권력구조의 전형적인 특징이다. 그런 사회에서는 사람들 사이에 동등한 수평적 협동이 이루어지기 어렵고 윗사람들에 의해 적극적으로 훼손된다. 그래서 그런 사회에서는 어떤 종류의 협동이라도 공격과 조롱의 대상이 되며, 한편으로는 지배계층에게 위협이 된다. 구소련 체제에서 민간에서 이루어지는 모든 형태의 협동은 국가가 말 그대로 무력으로 파괴했다. 현대 자본주의의 정교한 경제구조에서는 그런 거친 조치가 필요 없다. 자본주의 체제에서 최전선은 심리적 태도라는 훨씬 더 매끄러운 지형으로 옮겨갔다. 그리고 그 태도 속에 문제가 있으리라는 점을 미처 깨닫지 못한다.

우리는 개인의 정체성과 대인관계 형성에 중요한 역할을 하는 유기적 사회구조에 주의를 기울여야 한다. 아리스토텔레스에서 토크빌에 이르는 사상가들이 지적한 것처럼, 민주적인 시민생활의 아주 커다란 장점 중 하나는 사람들에게 시민이 되는 법을 알려준다는 것이다. 이것은 개방적이고 통합된 사회의 정치적 특질이다. 개인 차원에서 보자면, 사람들 사이의 이해관계를 조정하는 조직의 특성은 개인이 자신에 대해, 그리고 자신과 다른 사람들과의 관계에 대해 이해하는 방식에 결정적인 영향을 끼친다. 이기심, 개인주의, 경쟁, 권위에 대한 의존을 조장하는 제도는 당연하게도 사람들을 고립시키는 동시에 자신감을 잃게 한다. 이는 지금 우리 사회에서 폭넓고 분명하게 나타난다. 한편, 사람들의 상호 이익을 파악하고 강화하는 사회제도, 공동의 문제에 대해 공동의 해결책을 찾아나가도록 하는 사회제도, 또 개인의 실천을 다른 사람의 지지와 협력에 결합시키는 사회제도는 건강한 사회를 이루는 사고방식을 갖도록 한다.

아마도 이것이 올이 다 드러나도록 낡아버린 사회구조를 다시 세우기 위한 유일한 길일 것이며, 가장 해볼 만하지만 어려운 길임에 분명하다. 이것을 특히 어렵게 만드는 것은 협동이 가장 필요한 바로 그 시기에 가장 협동이 안 된다는 것이다. 우리가 지금 이런 곤경에 처해 있다. 왜냐하면 협동하는 본능, 다른 사람과 관계 맺는 본능이 너무 약화되었기 때문이다. 사람들의 이기심이 굳게 자리 잡으면, 모두에게 더 나은 사회를 만들기 위해 공동의 길을 여행하는 동료로 여기는 사고방식이 아니라, 개인이 원하는 대로 할 수 있는 유토피아를 실현하는 경주에서의 경쟁자로 보는 태도가 커진다. 그런데 마지막 장에서 다루겠지만, 이와 같은 일은 지금 당장 할 수 있는 과제의 일부분일 뿐이다. 퍼트넘이 지적한 것처럼 사회 자본을 축적하고 그것을 유지하는 데 기여하는 시민단체를 보완하는 것이 효과적인 공공정책을 대신할 수는 없다. 하지만 공공정책을 위한 전제조건이자 어느 정도는 그 결과이기도 하다. 따라서 효과적인 정치활동이야말로 우리가 완성해야 할 퍼즐의 한 부분이다.

11

경제 인간화하기
: 자본 시대의 협동조합

좋은 생각은 전염된다.

- 스테파노 자마니 -

2009년 1월 20일, 미국 대통령 버락 오바마가 취임선서를 하던 날, 그 찬란히 빛나던 잠깐 동안은 미국이 이룰 수 있는 최고의 이상을 복원한 것처럼 보였다. 부시 시대의 어이없는 실정이, 다시 말해 엄청난 낭비와 방종이 마침내 척결된 것처럼 보였다. 몹시 길고도 암울한 꿈에서 깨어나는 것 같았다.

그로부터 18개월이 지난 뒤, 이 시대 경제의 틀을 만드는 형판에 일대 대변혁은 고사하고 조금이라도 개혁하려는 정치활동조차 커다란 도전에 직면하고 있으며, 미국인들은 계속해서 그 도전과 타협하고 있다. 도를 넘어선 월스트리트의 무절제함을 규제하는 것에서부터 부도덕한 의료체계에서 미미하게나마 개혁의지를 짜내는 것에 이르기까지, 모든 영역에서 미국의 기업권력은 변함없이 비협조적이고 확고부동한 세력으로 남아 있다. 2008년 여름과 가을에 일어난 금융 붕괴의 시기에 자본주의 체제가 감내했던 악평과 신뢰 위기는, '회복'될 거라는 낙관적인 뉴스 보도가 이어졌음에도 긴 그림자를 계속 드리우고 있다.[1] 금융 부문의 대규모 구제금융이 모두가 두려워한 주가의 대폭락은 막은 것처럼 보인다. 하지만 이것은 향후 수십 년간 미국 경제를 불구로 만들 부채라는 참담한 유산을 남겨주었다.

미국과 세계 많은 나라의 경제적 운명을 금융 사기꾼들의 투기에 위탁했던 시스템을 통제할 법이 의회에서 마침내 통과되기는 했다. 하지만 금융 산업계의 대대적인 저항과 공화당 내 그들 대리인의 길고 긴 의사진행 방해가 있고 난 뒤였다. 게다가 통과된 법은 정작 필요한 수준에는 턱없이 못 미쳤다. 은행은 워싱턴으로부터 긴급 구제금융으로 받은 자금 중 일부를 선거 캠페인 후원금으로 기부해 정치인들을 매수하는 데 사용했다. 그래서 위기가 되풀이되는 것을 막을 수도 있었던 보호조치들이 제 역할을 하지 못하도록 가로막아 버렸다. 은행이 무너지는 데 주요한 원인이었던 신용부도 스와프credit-default swaps(부도가 나서 채권이나 대출 원리금을 돌려받지 못할 위험에 대비하는 신용파생상품-옮긴이)는 여전히 거래되고 있을지도 모른다. 그리고 은행이 예금자의 돈을 투기에 사용하지 못하게 막아주는 방화벽도 없다.

미국과 그 경제체제를 벼랑으로 몰고 간 금융기관의 문화, 더 폭넓게는 기업국가 미국의 문화 어디에서도 변화는 전혀 일어나지 않았다. 금융위기가 한창일 때 심한 반발을 샀던 터무니없이 과도한 보너스, 인센티브, 임금정책은 여전히 시행되고 있다. 지금은 상황이 호전되고 있고 은행은 다시 돈을 벌기 시작했으니 유능한 전문가는 정당한 보수를 받아야 한다는 것이 그 이유다. 현장 상황은 아주 다르게 느껴진다. 연방 구제금융 자금은 정작 절실히 필요한 사람들에게는 돌아가지 않았다. 무수히 많은 지역사회에서, 담보물 압류가 13초에 한 번꼴로 계속 집행되면서 주민들은 깡그리 약탈당하고 있다.[2] (긍정적으로 보면, 기대에 찬 주택 구매자들은 플로리다 케이프코랄 같은 곳에서 압류 주택을 둘러보는 버스 관광을 할 수 있고, 싼 물건을 찾아낼 목적으로 직접 들러 살펴볼 수도 있다.[3])

미국 경제뿐만 아니라 전 세계 경제에 재앙에 가까운 붕괴가 일어날 것이며, 이는 아주 긴급하게 필요한 변화를 촉발할 것이라는 전망이 있었다. 그렇지만 그런 변화가 일어난다 해도 이는 법에 따른 선별적 지원에 그치고 말 것이다. 그런 변화는 시장이 사회에서 이탈되는 치명적인 불치병에 걸린 시스템에서 나타나는 위급한 증상에 대한 대처이긴 하지만 이 증상을 해결하기 위해서는 법률 이상의 것이 필요하다. 지금 필요한 것은 경제 패러다임의 재구성이다. 이런 질문을 해봐야 한다. 2009년 미국 중간선거 결과에 걸었던 변화에 대한 강렬한 희망은 대중들의 자기기만이 아니었던가? 이는 수사학적 질문이 아니라 우리 시대가 안고 있는 본질적인 모순을 나타낸다. 미국 의회에서 벌어진 싸움에서 어렵게 이겼지만, 우리는 여전히 미국의 핵심을 이루지만 통제에서 벗어나 있는 기업체제에 대해 이야기하고 있다. 그래도 가슴 뭉클해지고 설득력이 있으며 부정할 수 없는 어떤 것, 더 나은 어떤 것에 대한 희망의 의지, 강렬한 바람은 여전히 남아 있다. 미국은 중대한 어떤 일이 벌어질 임계점에 와 있는 것 같다. 희망이 인정받고 개혁을 위한 더 많은 추진력을 얻을 수 있을지, 아니면 희망이 부정되고 쓰라림과 환멸을 맛보게 될지 기로에 서 있다.

오바마의 승리에 걸었던 희망이 공허한 것으로 판가름이 난다면, 다시 말해 그 성취에 힘입어 경제와 사회적 가치 사이에 난 근본적인 분열을 바로잡는 개혁에 착수하지 않는다면, 끔찍한 일이 미국에 들이닥칠 것이다. 이것이 실패한다면 허약한 개혁운동이 끝장날 것이라 해도 지나친 말이 아니다. 개혁운동은 이미 스스로 불신을 키워가고 있고, 심각하게 손상된 미국 정치제도 안에서 승리할 수 있다는 확신을 잃었기 때문이다. 보수적인 반동의 30년이 지나고 나서 변화에 대한 열망(더 정확히는 믿음)은 너무나 갑작스럽게 타올랐고, 그 때문에 불꽃은 그만큼 빨리 꺼져버렸다. 이보다 더 현상유지에 힘을 실어주는 것은 없을 것이다. 변화에 반대하는 세력은 이런 사실을 잘 알고 있다. 미국과 세계 많은 나라가 암흑시대로 떨어지는 것을 막을 수 있는, 근래 들어 가장 가망 있는 기회는 사라지고 말 것이다. 대중의 전폭적인 지지를 받는 카리스마 있고 지적인 지도자는 미국의 역사를 고쳐 쓸 수 있는 절호의 기회를 잃어버리고 말 것이다.

'암흑시대'라는 표현을 가벼이 쓰고 있지는 않다. 나는 사회의 번영과 안녕에 꼭 필요한 가치관이 빛을 잃어버리는 시대에 관해 말하고 있다. 누군가는 그런 가치관을 형성하는 요소를 놓고 이의를 제기할지도 모른다. 내가 말하는 가치관에는 최소한의 지적·정치적 자유, (하나를 희생하여 다른 하나를 격상시키는 것이 아니라) 개인과 공동체 모두를 위한 가치, 공정함과 경제적 기회, 개방적이고 민주적인 사회의 시민권이라는 개념이 포함된다. 하지만 더 중요하게는 이런 가치관을 구현하고 높이는 사회·경제적 제도에 대해서 언급하고 있다.

지금까지 이 책에서 우리의 경제생활을 이루고 있는 것이 우리 사회의 성격을 특징 짓는 것은 물론이고 인격을 형성하고 다른 사람들과 관계 맺는 일에서 얼마나 중요한지에 관해 이야기했다. 온전히 인간적인 삶이란 무엇인지, 진실로 인간적인 사회란 어떤 것인지 정의하는 요소들을 간과한다면, 아무리 물질적으로 넉넉하다고 해도 그것으로 대신할 수는 없을 것이다. 바로 앞 장에서 이야기한 것처럼, 우리의 소외감과 욕구불만은 물질적인 가치관이 우리의 사회적 가치관을 대체하는 것에 비례하여 커진다. 서구의 민주국가들이 이런 점에서 심하게 기울어져 있다. 게다가 훨씬 더 골치 아픈 것은 소비 이데올로기의 악영향이 중국처럼 굳건한 반민주적 국가들로도 옮겨 갔다는 것이다. 그리고 중국의 경제생활이 민주화될 전망은 서구보다 훨씬 더 희박하다. 단 하나의 세계관이 인간의 마음과 생각을 지배하는 곳이라면 언제 어느 곳이든 암흑시대이게 마련이다. 이런 유형의 이데올로기는 어김없이 사람들과 사회의 가치를 장기간 권력을 유지하는 소수 엘리트에게 봉사하는 작고 협소한 수단으로 축소시킨다. 이데올로기는 항상 권력을 섬긴다. 공산주의 러시아도 그랬고 이슬람 근본주의 신정국가도 여기에 해당되며, 서구에서 구체화되고 이제는 세계화를 통해 전염병처럼 확산되고 있는 기업 자본주의도 마찬가지다.

여러분도 알다시피, 짧은 기간 자유로운 지성과 정신이 꽃을 피웠던 서구의 고전시대가 오랫동안 그 빛을 잃어왔다. 그 정신은 오랜 기간 반대 의견을 일체 용납하지 않은 절대적 종교기관이 뒷받침하는 전체주의적 기독교 교리에 의해 빛을 잃어버렸다. 유럽은 긴 망각의 잠 속으로 빠져들었다. 잠에서 깨어나거나 비교적 개방적이고 새로운 발견을 했던 기간도 있었지만 어쩌다가 한번이었고 그 시기 전체에 걸쳐 있던 침체 상태를 바꿀 만큼 강하지 않았다. 14세기에 고전시대의 지식, 특히 아리스토텔레스의 저작을 재발견하고 나서야 유럽은 그 무감각 상태에서 회복되었다. 잃어버린 시대의 사상이 마침내 되살아난 것은 스페인, 모로코, 알렉산드리아, 바그다드에 있는 이슬람의 지식시설에 보존되어 있던 고전시대 저작물에 대한 연구가 이루어진 덕분이다. 그뿐만 아니라 그 저작물로부터 영향을 받은 아비센나, 아베로에스 같은 이슬람 사상가들의 철학적이고 과학적인 저작물 덕분이기도 하다. 유럽의 수도원에서도 그때까지 남아 있던 그 저작물들이 가치 있는 것이라고 믿었던 동안에는 신중하게 보관했고 또 수도승들이 부지런히 필사본을 만들어냈다. 그러는 동안에 이 저작물들은 문화와 과학이 성취할 수 있는 지평을 넓혀주었을 뿐만 아니라, 기독교에 대한 이해와 수행의 질을 높여주고 심화시키기도 했다. 그 결과 아벨라르, 존 둔스 스코투스, 오컴의 윌리엄 수사, 토마스 아퀴나스 같은 사상가들이 고전시대의 철학과 가톨릭 신앙을 융합시킴으로써 신학에서의 혁명으로 이어지게 되었다.

종교시대 교회의 전능함과 우리 시대 기업이 지닌 그에 버금가는 영향력 사이엔 비교해볼 만한 유사점이 있다. 둘 모두 전제적 이데올로기의 요구에 따라 사회적, 문화적, 심리적 양식들을 만들어내며 스스로를 유지했다. 이는 공적 생활뿐만 아니라 더 중요하게는 개인의 내면적 삶에서도 마찬가지였다. 이 시스템들 각각의 내외적 측면들은 이전에도 그랬지만 지금도 서로를 강화하고 있다. 하지만 아주 비슷한 두 세계 사이에는 엄청난 차이가 있다. 그것은 두 세계가 전형적으로 보여주는 인간에 대한 개념이 완전히 다르다는 것이다. 그 개념은 서로 정반대인 것 같다. 기독교는 믿음과 복종이라는 종교적 속성이 우세하고, 그래서 개인을 신성한 교회라는 영적 신체 안으로 통합시키면서 불변의 계급구조 내부에 고정시킨다. 이상적인 기독교는 사회적이면서 동시에 영적인 하나의 우주이다. 그래서 봉사, 희생, 궁극적으로는 믿음이 지닌 구원의 힘이라는 인간적 특성을 끌어내어 구현한다. 또 기독교는 대단히 보수적이고 반민주적이며 권위적이기도 하다. 자본주의를 지배하는 것은 물질주의와 개인적 욕망 충족이다. 소비지상주의 이데올로기에서는 믿음이 아니라 탐욕이 추진력이 된다. 결국 이상적 인격은 개인주의적이고, 이기적이며, 경쟁심이 강한 데다 반사회적인 특성을 띠고 있다. 우리가 살고 있는 자본주의 시대의 이상은 사유화 천국이다. 이것은 기대하고 바라던 사후세계 어딘가가 아니라 바로 이 세상에서 우리 육체의 욕망을 만족시킴으로써 실현되는 천국이다. 개인의 자유는 이기적인 목표를 추구하는 것이라고 정의하는 자유주의 관념은 좋은 삶에 대한 이런 기묘한 전망과 밀접한 관계가 있다. 언뜻 보면 자유주의 관념은 영원히 계속되는 변화의 시스템, 다시 말해 파괴와 재창조가 끊임없이 계속되는 과정으로 보이지만 실제로는 그 역시도 독재적인 목적에 봉사한다.

두 시스템에서 보이는 이런 이상화는 지나치게 단순하고 일방적임을 쉽게 알 수 있다. 하지만 그런 점이 바로 두 시스템을 이상화된 것으로 만들어주는 것이다. 다시 말해, 그들은 설명하려 하지 않고 규정하려고 한다. 두 시스템은 우리의 이상을 구체화하고 우리가 그것을 실현할 수 있게 이끄는 상징적 표현이다. 이런 점에서 볼 때, 현대에 들어 인간이 추구하는 이상이 과거에 추구했던 것보다 더 우월하다고 자신 있게 말할 수 있을까? 경제적 성과 및 개인과 정치의 자유라는 관점에서 보면 확실히 그렇다. 하지만 인격을 개별화하고 세속화한 탓에 우리를 사회적, 정신적인 토대로부터 차단시키기도 했다.[4] 우리 시대의 과제는 바로 이 토대를 되찾되, 현대성과 함께 주어진 물질적 풍요와 인간의 자유에서 거둔 엄청난 성과를 희생하지 않는 것이다. 경제를 인간화해야 한다. 이것은 자본의 시대에 협동이 맡은 가장 중요한 역할이다.

웨이드 로우랜드는《탐욕 주식회사Greed, Inc.》에서 현대의 기업을 지구를 점령한 외계 생명체에 비유한다.[5] 이는 두 가지 이유에서 좋은 비유라 할 수 있다. 첫째, 우리 시대의 가장 강력한 조직의 반인간적, 반사회적인 속성을 포착하고 있다. 둘째, 사회기관으로서 현대 기업이 지닌 본질적인 비정상성을 부각시킨다. 웨이드는 기업을 출현하게 한 지적 선례들을 추적하여 앞서 우리가 살펴본 공리주의 사상과 합리주의 철학으로 연결시켰다. 합리주의 철학의 선구자인 토머스 홉스와 르네 데카르트 같은 사상가들은 사회는 비인격적이고 기계적인 자연법칙을 그대로 모방한 구조물이라고 이해했다. 경제학은 이런 세계관을 완벽하게 반영하는 것이었고 시장이든 경제주체인 사람들의 행위든 그 작용에서 도덕이나 윤리적 원칙을 완전히 없애버렸다. 기업은 이런 사상을 구현하고 영속화하는 도구로서 나타났다. 이는 그 이전 시대에 교회가 종교적 가치관을 구현했던 것과 마찬가지다.

로우랜드가 기업을 외계 생명체에 빗댄 것은 제법 괜찮은 비유 정도에 그치지 않는다. 바로 법인격이라는 실체적 개념은 법적 의제ª legal fiction(擬制, 본질은 같지 않지만 법률에서 다룰 때는 동일한 것으로 처리하여 동일한 효과를 주는 일, 회사를 인격화하여 법인으로 삼는 경우 등-옮긴이)에 생명을 불어넣었다. 이 법적 의제의 원래 의도는 사회적으로 공인된 단체들이 계약이나 상업에 필요한 일들을 수월하게 하려는 것이었다. 오늘날 인간적 특성을 띠며 보호를 받는 것이 정당하다는 전제를 부여받은 법인은 자본의 힘이 인간의 권한과 자유를 희생시키면서 최종적으로 완성된 형태이다. 원래 해방된 노예의 권리를 보호하기 위한 것이었던 미국 연방 수정헌법 제14조를 1886년부터 미국 대법원이 기업체에 적용했다. 기업에 인격이라는 개념을 부여한 것이다. 그럼으로써 기업의 권력을 확장하기 위해 보통은 인간에게 부여되는 모든 권리와 보호를 당연한 것이라고 가정하면서 그 개념을 계속 남용해왔다.[6] 가장 최근의 사례로는 2010년 1월 21일 대법원 결정으로 기업의 정치자금 조달에 대한 정부 제한을 폐지한 것을 들 수 있다. 이런 제한은 헌법이 보장하는 언론 자유의 권리를 침해한다는 것이 그 구실이었다. 모든 판례를 뒤집으면서 자본이 정치 과정을 장악하는 것이 단번에 정당화되었을 뿐만 아니라 그 지배력이 확대되고 영속화되었다. 신성한 왕권과 재산권에 저항하여 큰 희생을 치르고 쟁취한 인간해방과 민주적 권리는 심술궂은 운명의 장난으로 우리 시대에 와서 퇴색해버렸다. 기업의 형태를 띤 소유에까지 이런 인권을 적용하게 되면서 말이다.

기업과 소비사회의 출현은 인간 본성에 따른 피할 수 없는 산물이라거나, 정점에 이른 사회의 필연적 산물이라는 관점을 지닌 사람들이 말하는 것처럼 그렇게 자연스럽거나 법칙에 따른 과정은 결코 아니다. 소비사회는 소수 특권층의 부단한 노력으로 탄생한 가공품이다. 광고에 지출되는 막대한 돈만 보아도 그런 시스템의 비정상성을 알 수 있다. 소비사회에서는 필요도 없는 물건들을 쌓아놓고 소비하며 사는 것이 행복의 지름길이라고 제안하고, 이를 위해 사람들이 그들의 시간과 돈을 쏟아 붓고 또 인생의 전성기를 바쳐야 한다고 주장한다. 바로 이런 관념을 사람들에게 팔아먹기 위해 소비사회는 어마어마한 노력과 특화된 산업이 필요한 것이다. 그런 망상을 지속시키려면 반드시 엄청난 비용이 들게 마련이다.

서구에서, 특히 미국에서 물질의 번영은 지난 20세기 후반에 사회자본, 즉 사회적 유대감이 꼭 그만큼 약화되는 것을 동반하며 이루어졌다. 그 결과 물질적 부에는 사회적 빈곤이 그림자처럼 계속 따라붙었다. 하지만 꼭 그렇게 되어야 할 필요는 없었다. 경제 번영이 반드시 도덕적, 사회적 가치를 배제할 필요는 없다. 칼 폴라니를 비롯한 여러 학자들의 발자취를 좇으면서 나는 경제의 목적에서 사회의 목적을 분리한 것이 사회에 재앙을 불러왔다고 강조해왔다. 이 분리는 인간의 본성과 인간 사회를 형편없이 잘못 이해한 데에서 비롯되었다. 그리고 그런 최초의 망상을 바로잡기 어렵게 만드는 제도를 만들어냈다. 뿐만 아니라 의미심장하게도 우리 자신과 사회에 대한 왜곡된 인식은 그런 문제 자체를 인식할 수 있는 우리의 능력마저 덮어 가리면서 최고조에 달했다. 결국 우리가 떠안게 된 것은 개인적으로는 좀처럼 사그라들지 않는 우울함과 좌절된 욕구이고, 사회적으로는 점점 커져가는 불평등이었다. 이 두 가지 모두 비인간적인 체제가 낳은 필연적인 결과다. 또한 이 체제에서 개인과 사회가 치러야 하는 희생이 더는 무시할 수 없는 지점을 넘어서고 있는 지금도 세계화는 도를 넘어 최악의 무절제함을 확장하고 또 복제하고 있는 중이다.

협동조합 사상의 미래

호혜의 가치가 무시되고 약화된 것은 고전경제학 이론에 그 뿌리를 두고 있다.[7] 그런데 신자유주의 이데올로기의 출현과 함께 등장한 사회, 정치, 경제 제도는 그간 축적되어온 힘과 탄력을 통해 스스로 생명을 얻게 되었다. 일단 한 번 성립된 제도는 생물학적 유기체처럼 실제 유용성이나 가치, 사회에 미치는 영향과는 무관하게 자기 보존을 위한 탁월한 본능을 발휘한다.

오늘날 세계무역기구나 월스트리트의 은행 같은 기관들 때문에 생긴 피해에 대한 비판은 차고 넘친다. 그런데 대부분은 핵심에서 벗어나 있다. 그런 기관들은 자신들이 섬기는 거대 기업들처럼 주변의 요구와 압력에 적응할 것이다. 하지만 그들의 존재 이유를 바꾸지 않을 것이며, 단언컨대 자멸하지도 않을 것이다. 그들이 지닌 생존본능의 핵심조건은 자신의 힘에 도전하는 관점이나 실천은 무엇이든지 서서히 약화시키는 것이다. 가장 효과적인 전략은 대안적 세계관을 조롱하거나 악마로 만들어버리는 것이다. 그것도 현실에서 입증할 수 있는 근거를 통해서가 아니라 이데올로기의 수준에서 실행한다. 끝도 없이 늘어놓는 궤변 가운데 으뜸은 인간의 진보가 정점에 오름에 따라 자본주의가 불가피하다는 것이다. 자본주의 방식의 기업이 다른 어떤 대안들보다 우수하다고 보는 것 역시 이런 궤변 가운데 하나일 뿐이다.

자본주의를 이런 식으로 옹호하는 사례 가운데 영향력이 큰 것 한 가지는 사회적 가치와 경제 효율성이 서로 모순 관계에 놓일 수밖에 없다는 것이다. 이것은 거의 두 세기 동안 자유주의 경제이론의 주요 주제였다. 하지만 궤변일 뿐이다. 경제 효율성을 위해 사회적 가치를 배제할 필요는 없다. 정치 스펙트럼의 다른 한쪽 끝에서는 공평을 위해 개인의 자유를 배제해야 한다고 하는데, 공산주의 이데올로기의 밑바탕에 깔려 있는 이 궤변 역시 사실이 아니다. 사회의 가치와 개인의 가치는 모두 하나의 경제 패러다임 안에서 구현될 수 있는데, 이는 사회와 개인의 호혜관계를 기반으로 한다. 이런 요소들을 결합하는 한 가지 방법이 협동조합 기업이다. 하지만 협동조합은 그 이상의 역할을 한다. 시장이 민주적으로 작동하게 하고, 일터의 형태와 기능을 비롯해 경제조직을 민주화하는 수단을 제공한다. 협동조합은 민주적 공간을 확대한다. 이 책의 중심 주제로 돌아가 보자. 독재정권을 민주주의 체제로 교체한 것이 정치를 인간화한 핵심이었다. 그와 마찬가지로 경제의 독재주의를 민주적 가치관으로 대체하는 것이 경제 인간화의 핵심이다.

하지만 분명히 말해둘 것이 있는데, 모든 경제조직을 협동조합으로 바꿔야 한다거나 개인 사업체에 반드시 협동조합 형식을 도입해야 한다고 주장하는 것은 아니다. 그렇게 하는 것은 자기모순에 빠지는 어리석은 짓이다. 협동조합의 민주적이고 인간적인 가치를 스스로 부정하는 셈이다. 그렇게 되면 협동조합 모델을 또 하나의 통제 이데올로기로 삼게 될 것이며, 그래서 협동을 권위주의적 도그마로 변질시킬 것이다. 나의 제안은 호혜라는 원칙에 기반을 둔 협동조합 사상과 협동의 경제제도를 촉진, 확장, 연구, 교육, 재창조해야 한다는 것이다. 공공정책의 문제로뿐만 아니라 협동조합 운동 내에서도 정치적으로 아주 중요한 우선순위의 문제로 삼아야 한다. 협동조합 운동으로 협동조합이라는 모델이 좀 더 활발하게 조성되지 않는다면, 현재의 자본주의를 대신할 대안으로서 협동조합의 역할은 앞으로도 지금과 같이 여전히 미약하고 보잘것없게 될 것이다.

그렇다면 자본의 시대에 협동조합의 미래란 어떤 것일까?

협동조합이 발전하려면 한 사회 안에 다수의 경제원리를 포함하고 있어야 한다는 것, 또한 그 원리들은 사회의 다양한 측면들 하나하나에 제각각 조응해야 한다는 사실을 인정하는 것부터 시작하자. 이러한 원리들로는 자원의 낭비를 최소화하는 효율성, 경제정의와 사회정의의 토대가 되는 공평, 사람들 사이의 연대에 기초가 되는 호혜를 들 수 있다. 이 원리들은 각각 아주 다른 경제 조직에서 최고로 발전된 형태로 나타났다. 경제 효율성의 원리는 전통적인 자본주의 기업에서 가장 잘 구현된다. 공평은 정부 정책이나 정부기관에서 구현되고, 호혜는 협동조합을 비롯해 사회적경제 조직에서 가장 발전된 모습을 보인다. 하지만 어떤 것 하나가 다른 나머지보다 우위를 차지해야 한다거나 시장이 가장 독점적인 영역이 되어야 한다고 결론지을 수 있는 근거는 어디에도 없다. 어떤 하나의 패러다임이 패권을 쥐려고 하는 강박이야말로 지극히 의미 없는 낭비와 고통의 원천이었다. 그러한 상황을 불러오는 진짜 핵심은 이데올로기로 규정된 맹목적 믿음에 있다. 즉 어느 한쪽으로 치우쳐 이상화된 인간의 가치관(어떤 경우에는 공평, 어떤 경우에는 효율성)이 본질적으로 다른 가치관보다 더 우월하다고 믿게 되는 것이다. 실제로 모든 사회에는 이 가치들 각각이 부분으로서 혼합되어 있다. 어떤 하나가 강제로 다른 가치관을 지배하게 되면 이는 기능장애뿐만 아니라 독재정치마저 불러오게 된다. 바로 그런 강요 자체가 타고난 인간성에 위배된다.

그렇다고 특정 경제체제 안에 인간의 모든 속성이 포함되어 있다고 해서 인간적인 사회를 꾸려나가거나 충만한 인간의 삶을 실현하는 데 그 속성 모두가 똑같이 유익할 거라는 의미는 아니다. 자본주의의 토대가 되었던 개인의 탐욕을 미화하는 것이나 공산주의의 특징이었던 개인의 자유를 훼손하면서 순응주의를 높이 사는 것도 인격을, 더 나아가 인간 사회를 왜곡하고 타락시킨다. 이와 달리 특정 가치관에 의해 억압된 각각의 가치관들은 저마다 인간 개성의 여러 경제적 측면을 표출하게 하는 특별한 공간을 열어준다. 모든 사람이 협동을 원하는 것은 아니다. 위험을 무릅쓰는 타고난 기업가의 개인주의는 독창성과 자본주의에서 비롯되는 부의 창출에 절대적으로 중요하며, 자본주의는 이런 기업가적 충동에 자유를 준다. 이런 개인의 진취성에 대한 인정과 장려가 가져다주는 이점을 누가 거부할 수 있겠는가? 하지만 이런 충동을 그냥 내버려둘 때 생겨나는 어두운 면에 대해서는 앞에서도 언급한 바 있다. 또한 경제이론이 단순화시켰던 것과는 달리 모든 사람이 개인주의적 목표에 의해서만 동기를 부여받는 것은 아니다. 많은 이들이 봉사를 하거나 다른 사람을 도울 때, 또는 공동으로 노력할 때 진정한 기쁨과 보람을 느낀다. 사람들이 인격의 이런 근본적인 면을 표출할 수 있는 공간은 어디일까?

서구 대부분의 사회는 경제 패러다임을 중심으로 구성되었고, 효율성과 공평 가운데 하나가 가장 중요한 원칙이 되었다. 하지만 호혜의 원칙이 경제체제의 기반이 된 적은 근대에 들어서 아직 한 번도 없었다.[8] 가장 최근에 나타난 이와 비슷한 것으로 이탈리아 북부 에밀리아로마냐의 협동조합 경제가 있다. 하지만 큰 영향을 주긴 했지만 거기에서도 협동조합 시스템은 역동적인 혼합경제의 한 차원에 지나지 않는다. 오늘날 필요한 것은 앞서 말한 세 가지 원리가 균형을 이루는 패러다임이다. 세 원리가 모두 제자리를 찾고 배제되지 않는 경제 모델 말이다. 이를 위해서 호혜의 패러다임을 발전시키고 정착시켜야 한다.

협동조합은 호혜를 제도화하는 데 도움이 되기 때문에 매우 중요하다. 협동조합은 공공정책이나 정부 또는 기업의 실제 운영과는 무관하게 본질적으로 사회에서 호혜를 가능하게 하고 또 재생산해낸다. 협동조합은 사회적으로 긴밀한 연대를 이루고자 하는 매우 고유한 인간 본능의 구현이자 경제적 표현이다. 무엇보다도 새천년에 인류가 맞닥뜨린 실로 전례 없이 어려운 문제에 효과적으로 대응하려면 협동으로 만들어낸 호혜가 없어서는 안 될 것이다. 하지만 이것이 실제로 가능해지는 상황이 제시되지 않는다면 이런 주장은 아무런 의미가 없다. 협동조합이 경제를 인간화하는 하나의 수단으로서 제 역할을 할 수 있는 현실적인 전망은 무엇인가?

스테파노 자마니가 주장했듯이, 세 가지의 가능성이 있다. 첫째는 협동조합 모델이 지금처럼 대안 형태의 기업으로 계속되리라는 것이다. 하지만 시장의 제한된 영역이나 좁은 지역에서 운영되는 모델은 자본주의라는 바다에 떠 있는 섬들이 모여 협력하는 군도와 비슷하다. 자본주의의 운명이 부침을 겪는 것과 마찬가지로 어떤 때는 확장하다가 또 어떤 때는 후퇴하기도 할 것이다. 둘째로, 협동조합이 결국에는 사라지게 될 것이라는 전망이다. 이런 관점에서는 협동조합이 고유한 비효율성과 예외성 때문에 자본주의 체제에 의해 완전히 압도당할 때까지 경제생활 주변부로 점점 더 밀려나게 될 것이라 본다. 그래서 자본주의를 성공적으로 대체할 수 있는 대안으로서의 협동조합 운동은 종말을 맞게 된다는 것이다. 셋째는 가장 논란이 많은 가능성으로, 머지않아 협동조합 모델이 그 힘과 영향력을 키워 결국 경제활동의 주요 동력인 자본주의 기업을 대체하게 된다는 것이다. 협동조합 군도는 서로 연결되어 광활한 대륙과 비슷해질 것이며 자본주의의 바다는 이제 우위를 차지한 협동조합 경제체제에 둘러싸인 작은 연못, 호수, 하천들이 모인 형국이 될 것이다.

과연 이런 낙관적인 전망을 뒷받침할 수 있는 근거는 무엇일까? 협동경제학에 관한 세계에서 가장 중요한 이론가 중 한 명인 자마니가 흔들림 없는 낙관주의로 많은 의견을 제시하고 있다. 그는 우리가 변화할 수 있고, 위기에 대처할 수 있으며, 우리 자신과 제도를 행복과 더 인도적인 이상에 이바지하도록 바꿔낼 수 있으리라는, 인간의 능력에 대한 진심 어린 믿음을 가지고 있다. 이런 낙관론은 감상적인 것도 이상주의자의 것도 아니다. 그것은 경제의 역사와 자본주의 사회의 동향에 대한 아주 꼼꼼한 분석을 바탕으로 한다. 자마니가 유일한 낙관주의자는 아니다. 2009년 노벨 경제학상을 받은 엘리너 오스트롬은 다른 방향에서 접근했는데, 즉 지구 생태계라는 자원 공유지를 관리하는 우리의 방식을 재구성해야 한다는 절대 명령에 초점을 맞춘다. 자연환경의 붕괴가 임박했다고 냉혹하게 전망한 그녀의 연구를 통합적으로 분석하면서 나는 다음과 같은 결론에 이르게 되었다. 협동이라는 방침에 따라 기존 경제 질서를 다시 짜는 것이 이제는 사회적 가치관과 인간 존엄의 문제일 뿐만 아니라 인간 생존의 문제라는 것이다.

행복이 중요하다

협동조합 모델이 점차 우세해지는 경우는 적어도 세 가지 요인에 달려 있다. 첫째는 선진 자본주의 사회의 본질이 변화하고 결핍경제에서 탈결핍경제로 전환되는 것이다. 둘째는 환경의 질적 저하와 자원 고갈로 대표되는 위기의 가속화다. 셋째는 세계 정의를 위한 운동의 성장과, 공정함을 제도화하는 경제 모델의 추구를 꼽을 수 있다.

20세기 후반에 결핍경제에서 탈결핍경제로 전환된 것은 인간의 발전에서 결정적인 분기점을 의미한다. '탈결핍'이라는 말이 빈곤에서 완전히 벗어났음을 뜻하지는 않는다. 바로 앞 장에서 이야기했듯이, 빈곤은 점차 커져가는 부의 불균형과 함께 선진 자본주의 사회에 여전히 문제로 남아 있다. 결핍 사회에서 빈곤은 경제체제가 인구 전체의 생존에 필요한 기본 욕구를 충족할 만큼의 부를 창출할 수 있는지의 여부에 주요하게 영향을 받는다. 우리도 알다시피 이런 사회에서도 소수의 사람들은 기본 욕구를 채우는 데 필요한, 혹은 필요 이상의 자원을 늘 쌓아놓고 살 것이다. 탈결핍 사회에서는 빈곤의 주요 원인이 경제체제의 생산력이 아니다. 오히려 빈곤은 부의 불공평한 분배가 낳은 결과인데, 이는 결국 경제 패러다임과 이를 지탱하는 정치체제 양쪽에서 싹튼 불평등에서 비롯된다. 더구나 탈결핍 사회에서는 가난한 사람들조차 기본적인 생존을 훨씬 웃도는 수준에서 살고 있다.

대부분의 서구 사회에서는 생존에 필요한 기본 욕구를 전체 구성원 차원에서 해결함으로써 완전히 새로운 문명을 낳았다. 인류 역사상 처음으로 생존과 무관한 목적을 달성하기 위해 사회가 조직될 수 있었기 때문이다. 그 목적은 과거처럼 소수 특권층뿐만 아니라 모든 사람을 위한 것이기도 했다. 앞서 언급한 것처럼, 이것은 개인 정체성이란 개념에, 개인의 자유라는 전망에, 또 의미 있는 삶의 목표를 추구하는 것에 획기적인 영향을 끼쳤다. 탈결핍은 행복 추구를 특권을 지닌 개인들뿐 아니라 사회 전체가 성취할 수 있는 목표로 만들었다.[9]

결핍이 해결되면서 인간의 에너지와 능력은 그 제약에서 크게 벗어났다. 하지만 이제는 그 에너지와 능력을 개인의 행복 실현과 상반되는 목표를 추구하는 데 쓰고 있을 뿐만 아니라 사회문화적으로 실

388

현 가능한 행복의 사회 기반마저 무너뜨리는 데 쓰고 있다. 탈결핍 사회를 맞아 비로소 사회 전체의 행복을 구상하고 실현할 수 있게 되었지만, 동시에 그것을 실현하기 위한 사회 기반을 훼손할 수도 있게 되었다. 이런 역설적 상황을 해결하기 위해서는 호혜를 기반으로 하며 또 활성화하는 제도를 운용해 사회 자본을 복원해야 한다. 서구 자본주의가 스스로 만들어낸 사회적 빈곤이라는 덫은 학문, 정치, 문화, 사회라는 각기 다른 차원에서 인지되고 있으며, 사회에서 개인 소외가 늘어나고 사회적 연대가 약화되면서 주목을 받고 있다. 개인들은 물질 소비가 아닌 다른 어떤 것에 대한 갈증이 심해지고 있고, 협동조합은 상업문화가 고갈시키는 사회적, 관계적 가치를 제공하는 방법으로 여겨지고 있다. 유럽과 북미 전역에서 새로운 협동조합들이 발전하는 가운데 개인 맞춤형 서비스를 제공하는 협동조합 부문이 급성장하고 있는데, 이는 협동조합 운동 내부에 새로운 흐름이 생기고 있음을 보여준다. 협동조합은 관계형 상품의 이용도를 증가시키는데 이는 행복의 창출에 중요한 역할을 한다. 노인건강보험, 신체장애인을 위한 서비스, 공공의료서비스 어느 영역에서든 협동조합은 사회적 가치가 무너져가는 것에 대한 대중의 우려에 대처하고 있다. 하지만 이러한 탈결핍이라는 새로운 현실에는 더 뿌리 깊고, 훨씬 사적인 차원이 있다.

탈결핍경제에서 개인 정체성이 소비문화의 발원지였다면, 협동조합은 이 시대에 절실하게 요구되는 경제행위상의 근본 변화에 대한 의식은 물론이고 개인 정체성을 그런 변화에 발맞추어 의미 있게 깨닫게 하는 수단을 제공한다. 특성상 개인에게 사회 정체성을 불어넣는 협동조합이 표피적 이해타산이나 소비 추구를 대신하여 의미 있는 목적을 깨닫는 계기가 되기 때문이다.

탈결핍경제에서 가장 중요한 문제는 "삶의 만족도를 높일 수 있는 정체성을 어떻게 만들까?"이다. 3만~4만 달러의 생존 기준선^{survival} threshold을 넘어선 경우에 이 질문은 수입과는 아무런 관련이 없게 된다.[10] 그리고 소비문화와 이를 뒷받침하는 경제조직이 기본적인 감정인 삶의 만족과 안녕을 안겨줄 수 없다면, 인간은 개인의 행복에 꼭 필요한 사회적 유대를 원하게 되고 그것을 제공해줄 수 있는 기관으로 향하게 된다. 협동조합은 이런 점에서 단연 으뜸이다. 사람들은 협동조합을 통해 진정 의미 있는 개인 정체성의 일부인 복합적 사회관계를 만들어내는 역량을 키울 수 있으며 그럼으로써 만족감을 높일 수 있다. 종교 단체도 이런 요구를 만족시키는 나름의 방법을 제공한다. 하지만 협동조합과 시민사회 내의 다른 조직들이 사회관계의 구축이 시급하다는 것을 분명히 인식하지 않는다면, 또 그들의 역할을 정확히 인식하고 대처하지 않는다면, 다소 부정적인 다른 형태의 소속감이 이런 공백상태를 메우기 위해 생겨날 수밖에 없는 위험이 있다. 예를 들면 파시즘이나 민족주의 운동에 내재된 동족주의는 이런 상황을 자양분으로 삼는다. 정체성을 조작하는 완벽해진 기술의 힘이 가장 원시적인 수준의 인간 심리인 일반적인 사회적 불만 및 불안정함과 결합되면 정말 무시무시한 가능성을 지니게 된다. 현대 정치와 종교 프로파간다에서 보이는 이런 조짐에 경각심을 갖지 않을 수 없다. 지금 미국의 정치문화를 망가뜨리고 있는 극단적 대중주의가 하나의 사례다. 많은 것들이 위험에 처해 있기에 소비에 사로잡힌 우리

문화가 불러일으킨 역기능을 바로잡는 데 기여할 수 있는 사회제도의 역할이 절실히 필요한 상황이다.

또한 탈결핍경제는 개인들이 기본적 필요 충족을 넘어서 가치관을 드러내는 경제적 선택을 할 수 있음을 뜻하기도 한다. 공정무역에 관한 장에서 살펴보았듯이 소비자의 경제적 선택을 그들 개인의 가치관에 맞추자는 소비자운동이 성장하고 있다. 이는 소비와 연결된 정체성 형성이 지닐 수 있는 긍정적 측면이다. 하지만 소비와 관련한 윤리적 선택은 사회적 차원에서 이루어진다. 소비자는 자신의 선택에 다른 사람들과의 사회적 유대를 반영하는 방향으로 나아간다. 사회가 생존이라는 기본적인 문제를 해결했으므로 협동조합은 생산자뿐만 아니라 소비자들이 사회적 가치들을 고려하게 함으로써 시장을 인간화하도록 이끈다. 이런 관점에서 협동조합은 사회적으로 관리되는 기업으로서의 성격을 띠고 있어, 점점 요구치가 높아질 미래 기업의 윤리적 기준에 아주 잘 들어맞는다. 이런 주장이 타당함은 오늘날 자본주의 기업의 행태만 보더라도 수긍이 갈 것이다. 기업들이 전반적으로 사회적 책임을 향하여 움직이는 모습은 소비자의 마음에서 시장윤리의 중요성이 점점 부각되고 있는 것에 대한 전략적 대응이다. 협동조합은 이런 점에서 기업들에 지대한 영향을 끼쳤다.

사회를 생각하는 기업으로서 협동조합이 시장에서 보인 태도는 전파력이 있다. 마이크로소프트와 같은 기업의 경우 직원들이 지역사회를 위해 일하는 것을 장려하고 그렇게 하는 직원들에게 보상을 한다. 이러한 것을 보면 무언가 변화가 일어난 것이 확실하다. BP 같은 석유회사가 환경기업으로 자신들의 브랜드 이미지를 쇄신한 경우도 마찬가지다. 기업은 자신들의 이미지는 물론 때로는 행위를 좀 더 인간적으로 만들려고 시도하고 있다. 그렇긴 해도 윤리적 소비의 시대에 협동조합이야말로 타고난 이점을 지니고 있다. 기능장애에 빠진 경제 모델에서 판매를 위해서 또는 지구의 생존을 위해서 윤리와 사회적 책임이 점점 더 중요해질수록, 더 많은 기업이 본질적으로는 아니어도 표면적으로는 협동조합 모델의 겉모습을 취할 수밖에 없을 것이다.

이렇게 되면 적어도 기업 행위에 사회적 책임이라는 개념이 조금은 더해지게 된다. 그렇지만 이것으로는 충분하지 않다. 기업 구조에 내재된, 겉모습과 실제 사이의 간극은 얼마 지나지 않아 뚜렷이 드러난다. 이는 브랜드 이미지를 쇄신했던 BP의 사례에서 확실히 드러났다. 이 글을 쓰는 동안, 미국 역사상 가장 큰 환경재앙이 멕시코 만에서 벌어졌다. 두 달 동안 매일 5만 배럴이 넘는 원유가 멕시코 만으로 쏟아져 나왔고, 루이지애나, 앨라배마, 미시시피, 플로리다의 해안선을 오염시키고 멕시코 만의 어업뿐만 아니라 전반적인 생계수단마저도 위태롭게 만들었다. 2010년 6월 말까지 정화비용이 20억 달러를 넘어섰다. 이는 예측 가능한 재앙이었고, 2008년 월스트리트의 금융시장 붕괴를 불러올 수밖에 없었던 그 시스템과 이데올로기의 실패를 환경 차원에서 고스란히 반영하고 있다. 찬란한 햇빛과 나뭇잎이 무성한 환경 친화적인 새 로고 이면에 숨은 BP의 실체가 이제 적나라하게 드러나고 있다. 환경의식이 있는 회사로 이미지를 쇄신했음에도 이 석유 재벌은 영업 행위상의 안전을 위해 겨우 자사 수익의 0.03퍼센트를 쓴 것으로 드러났다. 아무리 왜곡된 정보를 흘리고 마케팅 조작을 한다 해도 사회적 가치와 기업 행위에 대한 사회적 통제, 그리고 어떤 대가를 치르고서라도 이윤을 벌어들이고자 하는 부도덕한 욕망 사이의 골 깊은 간극을 숨길 수는 없을 것이다. 그 간극을 좁히기 위해서는 BP가 수행하고 있는 주요 사업 모델을 민주적 원칙에 따라 다시 구조를 세워야 한다. 주주 이외의 누구에게라도 진실로 책임을 지려면 말이다. 기업의 사회적 책임이라는 겉모습은 머잖아 사라지고 실체가 드러나게 마련이다.

상식, 공유의 비극을 넘어

1968년, 생태학자 개럿 하딘이 영향력 있는 논문을 발표했는데 이는 이기심과 공익 사이의 딜레마에 관한 고전적 설명으로 자리매김했다. 논문의 제목은 "공유지의 비극The Tragedy of the Commons"[11]인데, 하딘은 이 논문에서 다음과 같은 시나리오를 설정했다. 여러 목축업자 각자가 자신의 가축을 아무 제한 없이 마음껏 방목할 수 있는 공유지가 있다고 생각해보자. 이 목축업자들은 살아가기 위해 공동의 목초지에 의존한다. 하지만 그들의 본성을 고려하면 목축업자들은 각자 '합리적인' 이용자처럼 행동할 것이다. 따라서 자신의 수익을 최대로 거두기 위해 다른 목축업자들에게 미치는 영향에는 개의치 않고 자원을 이용할 것이다. 공유지의 '합리적인' 이용자는 예상 수익이 개인이 들인 비용을 넘어설 때까지 자원을 요구할 것이라고 하딘은 주장한다. 필연적으로 뒤따르는 결과는 그 자원이 완전히 손실될 때까지 과도하게 풀을 뜯게 하는 비극이다. 하딘이 해결책으로 제안한 것은 국가에 의한 외부 통제의 도입[12] 또는 자원의 사유화였다.

그 이후, '공유지의 비극'이라는 표현은 일반사전에 등재되었고, 누군가 공공재를 관리하는 데 협동의 방식을 제시할 때마다 들먹이는 말이 되었다. 사람들이 지닌 이기심은 어쩔 수 없는 것이며 조절하기 힘들다는 생각이 당연시되었던 것이다. 하지만 이런 의견을 뒷받침하기 위해 제시된 증거가 얼마나 적은지 믿기 힘들 정도다. 이 주장의 근거가 되는 기본적인 가정을 애써 검증하려 드는 사람은 거의 없었다. 오히려 이 은유는 18세기 이후로 고전경제학을 뒷받침했던 인간 본성에 관한 관점을 재구성하고 강화하기만 했다. 하딘은 공적 자원의 이용자들이 언제나 그 자원을 파괴하는 식으로 행동할 거라는 점을 입증하지 않았다. 그리고 합리적인 경제적 선택은 이기적으로 행동하는 것이라고 가정하고 그 비극적인 결과를 보여주는 순환 논법을 사용한다.[13]

인간 본성에 관한 하딘의 비관적인 관점은 그 이후 계속해서 정책 입안자들과 학자들에 의해 활용되었다. 중앙집권적인 정부가 공적 자원을 통제하는 것을 합리화하거나, 혹은 더 최근에는 공공재를 보호하기 위해서는 사유화가 필수라는 주장을 정당화하는 데 이용되었다. 이용자가 통제할 수 없기에 실패할 수밖에 없다는 인간의 처지를 이렇게 극명하고 비관적이며 무력하게 묘사한 것은 지역 자원을 외부의 해법을 도입하여 관리하게 하는 기반이 되었다. 기본 전제는 여러 사람이 관련된 조직 활동이 혼란과 무정부 상태로 빠지는 것을 막기 위해서는 엄격하게 감독을 받아야 한다는 것이었다. 또다시 홉스의 유령이 논쟁의 틀을 정하는 순간이다. 하지만 이런 관점이 타당한 것인지 애써 검증하는 사람은 거의 없었다.

하지만 2009년에 노벨 경제학상을 받은 엘리너 오스트롬은 그 타당성을 검증했다. 그녀는 공유지와 관련하여 사람들의 실제 행동에 관심을 갖게 되었고 하딘의 가정을 경험에 의거해 조사함으로써 검증해보기로 했다. 이 책을 여기까지 읽은 독자들에게는 놀랄 일도 아니겠지만 그녀가 발견한 것은 하딘이 틀렸다는 것이다. 오스트롬은 전 세계 문화에서 많은 집단이 하딘이 묘사한 장애물을 극복하기 위한 방법, 즉 상호이익을 위해 협동할 수 있게 하는 계약, 합의, 인센티브, 규약, 신호, 매개물 등을 찾아냈다는 점을 알게 되었다. 캘리포니아 농부들의 수자원 관리에서 몽골의 가축 방목, 네팔의 관개 시스템 공유에 이르기까지 오스트롬은 사람들이 공적 자원을 관리하기 위해 스스로를 어떻게 조직해왔는지, 또 그 자원을 장기간 지속가능하게 통제할 수 있는 효과적인 제도를 어떻게 고안했는지 보여주었다. 오스트롬의 연구는 공공재를 관리하는 방법으로서 협동을 강화하고 활용하는 데 밑바탕이 된 일련의 조건들을 밝혀냈다.[14]

그는 지역사회들을 비교하면서, 자신들의 행동을 잘 조직하고 관리하는 집단은 몇 가지 기본 원칙을 공통으로 갖고 있다는 점도 알아냈다. 즉, '이용자는 자원을 관리하는 방식에 발언권을 가진다.' '이용자들이 자원을 감시한다.' '범법자에 대해서는 제재를 가한다.' '집단의 경계를 분명히 정한다.' '공동체 구성원들이 갈등을 해결하기 위한 저비용의 메커니즘을 활용한다.' 등이다. 게다가 더 큰 시스템의 일부인 자원에 대해서는 진행되고 있는 사업의 여러 방면에서 통제와 감시 활동이 조직된다. 요약하면, 오스트롬의 연구가 보여준 것은 보려고만 했다면 누구라도 분명히 확인할 수 있었던 것이다. 즉, 사람들은 사실 수세기 동안 공적 자원을 협동하여 관리해왔다는 말이다. 사람들은 자기들이 통제할 수 없는 조건에 갇히는 것이 아니라 스스로 게임의 규칙을 바꿀 수 있다. 사람들은 협동하기로 동의할 수 있고, 협동 행위를 표준으로 만드는 사회적 메커니즘을 만들 수 있다.

다음에 소개할 두 가지 최근 사례는 이런 점을 잘 보여준다.

일본 어업협동조합의 공유어장 관리

히메시마는 일본 남서부 세토 내해의 서쪽 지역에 있는 약 2.5평방마일의 작은 섬이다. 일본의 주요 섬들 중 가장 남쪽에 있는 규슈 섬의 북동쪽 해안에서 약 3마일 정도 떨어진 곳에 있다. 이 섬의 인구는 작은 촌락을 중심으로 함께 모여 살고 있는 주민 3,200명이다. 먼 옛날부터 이 공동체는 어업으로 생계를 이어왔다. 현재는 약 300명의 어부가 있고, 모두 히메시마 어업협동조합의 조합원이다. 항구에 정박한 채 파도에 오르내리는 작은 어선들은 모두 6톤 미만으로 일본의 전형적인 소규모 어업 공동체 촌락의 특징을 잘 보여준다. 다양한 낚싯바늘과 낚싯줄, 땅주낙과 걸그물, 배끌그물, 어항과 덫 등 어구는 전부 전통적인 것들로, 이 지역의 전형적인 복수어구 어업을 잘 보여준다. 이 섬 주변의 근해에서는 기계화된 저인망 어업은 절대 허용되지 않는다. 어선의 수 역시 모든 주민의 동의하에 엄격하게 관리된다.

일본은 역량이 뛰어난 세계적인 어업국가다. 1인당 기준으로 일본 국민은 단연코 세계 최대의 생선 소비자이며 일본의 수산업은 세계 최대 규모로 손꼽힌다. 잘 알려지지 않은 사실이지만, 일본의 어업은 전적으로 협동조합을 기반으로 조직되어 있으며 히메시마의 협동조합과 같은 어업협동조합 2,500개 이상이 일본 해안을 따라 도처에서 행해지는 수산업을 관리하고 있다. 일본의 어업협동조합은 법에 따라 세심하게 경계가 정해지고 특정 마을과 연결된 지역 근해에서 어업을 할 수 있는 독점권을 부여받는다. 협동조합 조합원은 그 마을에 살고 있는 어부로 제한되고 그 어업권은 양도될 수 없지만 아마도 상속은 될 것이다. 어업의 협동 관리는 봉건시대 이전부터 계속되어온 일본 촌락사회의 전통적인 특징이다. 그 시대에 황제는 강이 호수로 흘러들어가거나 나오는 곳에 있는 지역의 공동체에 배타적인 어업권을 주었다. 이렇게 지역을 기반으로 한 협동은 이후 확대되어 일본 연안 해역의 어업 전체에 적용되었다.

오늘날 일본의 어업협동조합은 수산업의 근간을 이룬다. 어업협동조합은 어업의 모든 면을 관리하는 책임을 지고 있으며 은행업무와 신용거래 지원, 어구, 연료, 얼음, 식량 및 기타 일상적인 필수품의 공급과 판매, 상호보험과 복지, 수송, 도매 영업과 가공처리, 어류 및 어류가공품의 저장과 판매도 담당한다. 하지만 가장 중요한 역할은 수산자원 관리와 관련된 행위를 감시하고 규제하는 것이다. 이런 규제의 일환으로 네 가지 기본 원칙이 제정되었다. 자원 보존, 모든 조업의 조화로운 실행, 관리 범위의 틀 안에서 최고의 경제적 수익 보장, 어촌 공동체 구성원 모두의 공평한 이익분배다.

이렇게 지역이 관리하는 시스템은 공평과 공동의 책임이라는 한 쌍의 원칙에 기반을 두고 있는데, 이는 공유어장을 협동으로 관리하는 방법에 있어 세계적으로 탁월한 사례가 되었다. 세계 어업의 대부분이 과도한 포획으로 고갈되고 있는 가운데 일본의 어업은 여전히 안정적이고 지속가능한 상태다. 기계화된 저인망어선의 조업은 금지되었다. 조업은 수산자원을 보호하기 위해 포획하는 종을 다양화하는 것으로 조정되었다. 자신이 속한 협동조합을 통해 자원을 관리하는 임무를 맡은 현지 어부들은 불법행위에 대한 단속을 철저히 했고, 정부 당국과 긴밀히 협력하여 어업 방침과 관례를 만들어냈다. 이런 복합적이고 자율적인 협력체계가 거둔 성과는 공유지의 비극이라는 하딘의 시나리오에 강한 영향을 받은 많은 전문가들에게 놀라움을 안겨주었다. 오히려 다른 국가에서도 지속가능한 어업관리를 위해 이처럼 지역에 기반을 둔 협동의 방식을 채택하라고 권하는 연구가 점점 더 많아지고 있다.[15]

오존층 보호를 위한 국제 협력

1970년대와 1980년대에는 오존층 파괴가 기후변화 문제로 떠올랐다. 1970년대 초기에 오존층 파괴가 입증된 이후 오존층 보존을 위한 두 개의 국제조약이 유엔환경계획^{UNEP}의 후원을 받아 성사되었다. 바로 비엔나 협약과 몬트리올 의정서로, 각각 1985년과 1987년에 체결되었다. 특히 몬트리올 의정서는 오존파괴물질로 알려진 산업용 화학물질 사용 때문에 파괴되는 오존층을 보호하는 것을 목표로 했다. 몬트리올 의정서는 지구환경 문제를 해결하는 방법에 관해 전 세계가 합의를 이룬 첫 번째 다자간 협정이었다. 1986년과 2004년 사이에 비엔나 협약과 더불어 이 의정서의 영향으로 오존층을 파괴하는 물질의 생산과 소비가 90퍼센트 이상 줄어들게 되었다. 게다가 몬트리올 의정서에 따라 개발도상국이 다자간 협정이 정한 최종 기한까지 오존파괴물질의 사용을 단계적으로 중단할 수 있도록 도울 기금을 조성했다. 1991년과 2006년 4월 사이에 오존 기금$^{Ozone\ Fund}$은 개발도상국 139개국의 5,250개 프로젝트에 미화 20억 달러를 제공했다.

몬트리올 의정서가 체결된 뒤로 의정서 조항은 성공적으로 이행되었고, 선진국에서 대부분의 산업과 상업의 주요 관심사는 그 조약으로 금지된 물질의 대체물이었다. 그 결과 대기 중 유해물질 농도는 안정되거나 심지어 감소하기도 했다. 남극대륙 상공에 생긴 오존층 구멍은 더 커지지는 않는 것 같다. 이런 활동의 결과로 오존층은 2050년 이후로는 정상 수준으로 돌아가리라 예상된다.

몬트리올 의정서는 국제 협력이 실제로 성공한 사례로서 널리 받아들여지고 있다. 정부, 학계, 업계, NGO, 그리고 포괄적인 목표를 추구하는 폭넓은 대중들의 협력을 어렵게 얻어낸 주목할 만한 성과라고 여겨진다. 대기오염이라는 공동의 문제에 대해 지구 전체가 함께 대응하여 성공을 거둔 것은 이제 기후변화에 대처하는 모델로서 자리 잡았다. 2009년 9월 16일 동티모르 민주공화국은 몬트리올 의정서를 승인한 196번째 국가가 되었다.

지역주의의 세계화

8천 년 전 농업이 출현한 이후 문명의 긴 궤적을 살펴보는 한 가지 방법은 자원을 관리하는 방식으로서 협동이 어떻게 점진적으로 진화했는지 보는 것이다. 다시 말하면, 집단행동을 촉진하는 제도를 마련하여 승자와 패자의 제로섬 게임을 상호 이득을 보는 게임으로 전환시키는 사회적 역량의 발전을 살피는 것이다. 과거에는 이런 전략이 작고 유대가 긴밀한 지역사회에 제한되는 경우가 많았다. 그런 공동체에서는 얼굴을 맞대는 관계 속에서 평판을 기초로 한 신뢰를 통해 호혜를 촉진했다. 하지만 오늘날에는 다음과 같은 의문이 떠오른다. 지구 전체가 자원고갈과 환경파괴를 겪고 있는 상황에서도 그런 협력이 효과적일 수 있는가? 네팔이나 발리에서 보여준 관개 운영의 교훈을 세계 대양의 관리나 공기정화 같은 정말 만만치 않은 과제에도 적용할 수 있는가? 위에서 언급한 사례들은 우리가 할 수 있다는 것을 보여준다. 그런 문제의 답을 찾는 또 다른 방법은 질문을 하나 더 하는 것이다. 다른 대안은 없는가?

협동조합 모델이 앞으로 왜 중요한 역할을 할 운명인지 그 모든 이유 중에서 가장 큰 것은 인간이 자연환경을 파괴해 우리 공동의 생존이 위협받고 있기 때문이다. 바로 그런 의미에서 공유지의 비극을 보여주는 실로 세계적인 사례가 어쩌면 세상의 종말을 불러올지도 모른 채 지금 펼쳐지고 있다. 어류 남획, 열대우림 파괴, 온실가스 배출이 불러오는 돌이킬 수 없는 영향은 의문의 여지가 없다. 그런 비협력적인 행태가 지역 수준에서 벌어질 때는 제한적인 비극을 불러올 뿐이지만, 세계화는 모든 것을 바꿔놓는다. 기업이 훨씬 더 큰 폭으로 이기심을 발동할 때 그 파장은 세계 전체에 미치기 때문에 피해가 커져서 결국에는 대재앙을 맞게 된다. 한 지역에서 발생한 온실가스는 모든 곳에서 지구 온난화를 초래한다. 이것은 단지 피해를 안겨주는 다국적기업 때문만은 아니다. 정부의 무능함과 우유부단함 때문에 빚어진 문제를 지구를 순환하는 교역이 악화시키기도 한다. 중국의 식용 가금류 생산에 대한 느슨한 기준 혹은 정부의 관리감독 실패가 그 원인이었던 조류 인플루엔자는 결국 전 세계 사람들을 감염시키는 결과를 불러왔다. 개개인의 입장에서 보면 자제할 줄 모르는 각자의 과도한 소비가 이 지구의 생명을 불안정하게 만든다.

하지만 국가들은 더 세계적으로 통합되었던 것처럼 더욱 상호 의존적이 되었다. 지구 온난화를 해결하기 위해서는 모두의 동의와 협력이 필요하다. 월스트리트의 은행이 무너지기 시작하면서 전 세계로 퍼진 경제위기에는 지구 전체가 대응해야 했다. 하지만 이런 차원의 협력은 규범에 따르기보다는 산발적으로 이루어지거나 반발을 불러오는 경우가 많다. 경제행위를 규제하는 것과 관련된 분야, 예를 들면 국제무역, 자본 흐름의 감시와 규제, 국제 채무 관리, 세금 정책 분야에서 특히 그렇다. 간단히 말하면 자본과 관련한 어떤 제재도 반발을 산다는 것이다. 세계 차원에서 발휘되는 경제력이 이것을 관리하는 정치제도의 역량을 넘어섰기 때문이다. 뿐만 아니라 우리의 정치제도가 바로 이런 기업체제의 지배하에 들어갔기 때문이다. 깨끗한 공기와 건강한 해양과 같은 지구 공공재의 관리에 관해서는, 기업의 특권 및 이익과 자원의 지속가능한 관리를 위한 협력적 해결책을 채택하는 것 사이에 지역적이든 세계적이든 구조적인 갈등이 있다.

누군가는 자원을 지속가능하게 관리하는 것이 기업에게도 이익이 된다고 주장할지도 모른다. 또 세계의 석유나 숲이 고갈된다면 이 자원에 의존하는 기업들은 사업을 접어야 한다고 말할 것이다. 기업도 자신을 보호하는 데는 장기적으로 관심을 가지고 있다. 하지만 기업의 행위를 결정하는 것은 단기 이익, 시장 경쟁, 분기별 주식가치라는 긴급한 과제다. 눈앞의 이익과 최종 결과는 완전히 분리되어 있다. 만약 하딘이 기술한 공유지의 비극과 아주 비슷한 현실세계가 있다면 그것은 천연자원에 대한 기업의 태도다. 하지만 기업들 스스로 벗어나기 힘든 구조적 특성이 있음을 고려할 때, 기업이 다른 방식으로 행동하길 기대할 수 있겠는가?

이런 상황에 어떠한 변화라도 가져오려면 정치적 해결책을 마련해야 한다. 다시 말해, 눈앞의 경제적 이익만을 추구하는 것에 우선하여 사회적 이익을 추구하도록, 그러니까 인간이라는 종이 어떻게 해야 살아남을 수 있는지를 인식하고 널리 공유하며, 하루 빨리 그러한 방향으로 나아갈 수 있도록 정치력을 발휘해야 한다. 이런 의미에서, 산업혁명이 싹트던 시기에 경제 현실과 사회 현실이 분리됨으로써 생겨났던 문제들이 여전히 그대로 벌어지고 있다고 할 수 있다. 다만 이제는 그 범위가 전 세계로 확대되었다는 점만이 다를 뿐이다. 빅토리아 시대 맨체스터 공장 노동자의 빈곤함과 고통은 이제 멕시코와 필리핀의 공장 빈민가에서 그대로 재현되고 있다. 18세기의 거침없는 자본주의가 드러낸 파괴적인 위력을 담아낼 새로운 정치제도가 필요했던 것처럼, 21세기의 국제사회 역시 기업 자본에 대해 그와 비슷한 통제수단을 강구해야 한다. 서구의 민주주의가 평등과 경제적 복지의 향상으로 이어졌던 데 비해, 민주주의가 자리 잡지 못한 세계적인 경쟁의 장에서는 수십억 명에 대한 불평등과 경제적 불안정이 심화되었다.

세계은행의 수석 경제학자이자 노벨상 수상자인 조지프 스티글리츠는 그의 책《인간의 얼굴을 한 세계화*Making Globalization Work*》(21세기북스, 2008)에서 오늘날 전개되고 있는 세계화의 다양한 문제를 진단한다. 이 책은 널리 읽힌 그의 책《세계화와 그 불만*Globalization and its Discontents*》(세종연구원, 2002)의 후속 작품이다. 전작에서 그는 특히 국제통화기금 같은 세계 경제기구들이 최근에 자행한 경제적 관행의 수많은 죄악을 폭로했다. 스티글리츠는 한때 내부자로서 경험하면서 그 조직들에 대해 알게 된 것을 깊이 있게 조명하면서 내막을 샅샅이 파헤친다. 스티글리츠는 이 조직의 주요 실패 원인을 관리의 실패라고 정확히 지적했다.[16] 이 조직들은 지배 이권을 가진 나라들, 대개는 미국의 금융 재무부 출신의 기술 관료들에 의해 관리되고 있다. 그리고 이런 정부 부서는 다국적기업들에게 신세를 지고 있다. 스티글리츠는 자신이 '민주주의의 결핍'이라고 부르는 것에 대처함으로써 가난한 국가의 이익을 더 잘 반영하기 위한 해결책으로서 국제통화기금, 세계무역기구, 세계은행과 같은 기구들을 개혁할 것을 제안한다.

물론 스티글리츠의 지적은 옳다. 이 기구들의 민주주의 결핍이 해결되지 않으면 개발도상국의 가난과 착취라는 더 큰 문제를 효과적으로 처리할 희망은 거의 없다. 그뿐 아니라 이 기구들이 민주화되지 않는다면, 전 세계 인간사회가 맞닥뜨린 심각한 환경문제가 해결되리라는 희망 또한 없다. 두 위기 모두 그 근원은 같다. 경제를 움직이는 구조에 민주주의가 부재하다는 것이다. 그래서 경제적 기능장애를 해결하는 방편으로 정치개혁에만 초점을 맞추는 전략은 어떤 것이라도 실패할 가능성이 높다. 이 기구들의 정치구조는 그들을 지배하는 기업권력의 독재적인 본질을 반영할 뿐이다. 그래서 기업구조 내부의 책임감 부족은 모른 체하고 말로만 '지속가능성' 운운하는 것 역시 핵심에서 벗어난 것이다. 세계화를 개혁하기 위한 스티글리츠의 제안이 반토막짜리 이야기에 지나지 않는 이유가 여기에 있다. 기업이 여전히 경제력의 지배적 형태로 남아 있는 한, 한편에 있는 사회적 이익과 다른 한편에 있는 이윤추구 동기 사이에 갈등은 여전히 남을 것이다. 더구나 비민주적인 기관이 민주적인 목적에 봉사하겠다는 것을 무턱대고 믿을 수는 없다. 경제영역은 경제기구의 민주화를 이룸으로써 스스로 인간적으로 변해야 한다.

특히 과거에 교회와 군주의 절대권력이 축소되었듯이 기업의 세력과 규모 역시 축소되어야 한다. 또한 소수의 행복과 특권이 다수의 희생과 불행으로 유지되어서는 절대 안 된다. 이에 대한 해결책은 권력을 민주적으로 분산시킴으로써 사회적 가치를 보호하는 것이었다. 지금도 마찬가지다. 동시에 좀 더 인간적인 사회적 가치를 구현하고 촉진하는, 대안으로서의 경제적 삶을 찾아내야 하고 또 권장해야 한다. 이것이 정치와 공공정책의 역할이기도 하다.

그러한 처방에 따르는 것이 얼마나 어려운 일인지 몰라서 이런 이야기를 하는 것은 아니다. 적어도 정치의 가장 기본적인 법칙을 잊지 않고 있어서다. 권력은 일단 얻고 나면 양보하지 않는다. 그저 제거될 수 있을 뿐이다. 우리가 논의해온 제도화된 권력은 전례 없는 규모로 집중되고 확장되어 있으며 교묘하기까지 하다. 또 한편으로는 인간의 행복과 복지에 대한 위협도 전례 없기는 마찬가지다. 행복하고자 하는 인간의 바람은 이제 소비문화 속에서 왜곡되고 망가지고 있는 것이다. 하지만 또 다른 면도 있다. 좀 더 좋은 세상을 만들고자 하는 사람들이 마음대로 쓸 수 있는 지식과 도구 또한 전례 없이 발전되었다. 이것 역시 우리가 살아가는 세계화 시대의 산물이다.

우리는 이제 민주주의가 어떤 모습인지 알고 있다. 민주적인 욕망은 겨우 200년 전에 그랬던 것처럼 조롱받거나 무시당하는 새로운 것이 아니다. 심지어 가장 극악한 독재정권도 민주적 원칙에 호소하여 자신들의 권력을 정당화해야 한다고 생각한다. 권력을 위한 권력은 부끄러운 일이다. 하지만 오늘날 모두가 가짜와 진짜의 차이를 안다. 아무도 속지 않는다. 민주주의라는 사회적 기술은 전 세계 인간사회 곳곳에 퍼져 있다. 세계 한 지역에 사는 동물들 사이에서 학습된 행동은 다른 지역의 같은 종들 사이에서 반복된다는 경우와 같이, 이제 민주주의는 일종의 사회적 본능이 되었다. 이것은 이전 시대에는 없던,

진보의 전제조건이다.

기업 자본주의는 세계의 가장 가난한 나라에서 여전히 초기 산업 시대의 착취를 일삼는 상황을 되풀이하고 있다. 하지만 이런 나라 국민들은 19세기 영국에서 차티스트(영국에서 1830년대에서 1840년대에 걸쳐 노동자의 정치적 권리를 얻고자 싸운 참정권 운동가-옮긴이)와 노동조합원이 했던 것처럼 민주적인 제도를 만들기 위해 맨 처음부터 시작할 필요는 없다. 오언과 엥겔스 같은 선지자들이 사상의 힘에 크게 의지했다는 사실을 떠올려보자. 그들의 꿈은 아직 실현되지 않았다. 오늘날 그 생각, 즉 민주주의 제도와 실천은 아직 모든 나라에서 실현되지는 않았다 해도 당연하게 받아들여지고 있다. 무엇보다 민주적인 경제 모델은 거의 모든 곳에 존재한다. 노동조합과 협동조합은 대부분의 나라에서 이미 오랜 역사를 가지고 있으며, 억압을 견뎌내 가장 보수적인 정권보다도 오래 살아남았다.

세계화 시대의 과제는 세 가지다. 첫째, 세계화 과정이 진행되고 있는 상황에서 기존의 지식, 조직 역량, 자원을 동원하기. 둘째, 호혜와 협동의 원칙과 형태를 지역적으로 또 세계적으로 확장하기. 셋째, 당면한 정치개혁 작업에 협동조합 운동의 사상, 경험, 자원을 연결시키기. 이는 협동조합 운동을 위해 훨씬 더 명확한 정치적 전망이 필요하며, 세계 정의를 실현하려는 투쟁의 최전선에서 이 운동이 사회·정치적 추세로 이어지도록 해야 한다는 의미다. 그런데 세계 경제기구가 민주화하려면 이 기구를 지배하는 나라에서 정치적 변화가 이루어져야 한다는 점은 분명하다. 그런 변화에 박차를 가하기 위한 환경은 거의 나아지지 않았다. 하지만 지금 맞이한 변화의 기회가 기업권력에 고삐를 매기 시작한 개혁을 완수하기에 충분할 만큼 오래 지속될 지는 두고 볼 일이다.

이와 무관하게, 협동을 근간으로 하는 경제조직을 직접 만들어냄으로써 경제민주화를 이루려는 노력은 앞으로도 계속될 것이다. 이를 위한 환경 역시 긍정적이다. 자본주의 패러다임이 안고 있는 문제는 그대로 이어질 것이다. 이 패러다임이 겪고 있는 정당성의 위기는 경제 회복만으로는 해결될 수 없기 때문이다.

이 위기는 존재론적인 것이다. 현대 자본주의가 사회나 개인에게 요구하는 것은 인간 본성에 위배되는 것들이다. 그리고 인간 문화의 사회·경제적 측면이 세계화 시대에 맞는 새로운 패러다임으로 조정되지 않는다면 그 위기는 심화될 것이며, 그 피해는 머지 않아 돌이킬 수 없는 지경에 이를 것이다.

문명의 발전을 조망할 수 있는 또 다른 방법은 인류에게 본질적인 상호연결 상태를 얼마나 실현하고 증진할 수 있었는지를 살펴보는 것이다. 부족에서 도시국가로, 도시국가에서 민족국가로, 또 다수정부 연방국가multi-state federations로 정치제도가 발달한 것은 이런 과정을 반영한다. 결함은 있지만 유엔과 유럽연합의 출범은 현실에서 구현되었다. 그것은 더 높은 수준의 통합을 이루고 공동의 이익을 중심으로 조직화하는 인간의 역량이 강화되었음을 보여주는 것이다. 이 기구들에서 볼 수 있는 기능장애의 대부분은 바로 부조화가 원인이다. 이 부조화는 그 기구들의 목적인 공동선과, 그 기구들이 협력의 주체로서 행동하는 것을 방해하는 이질적이고 특이한 이해관계 사이에서 생겨난 것이다. 이 기구들의 구조를 원래 목적을 온전히 구현할 수 있는 방식으로 바꾼다는 것은, 호혜를 중심에 두는 조직들이 지닌 원칙들을 받아들이는 것을 의미한다. 공동의 이해가 반영되도록 하려면 그 이해의 영향권에 있는 모든 사람들을 포용해야 한다. 점차 그렇게 되고 있다. 2008년의 경제위기는 G7에 최소한 인도 같은 경제신흥국이 포함되도록 개편하는 과제를 남겼고, 이제는 G20이 되었다. 머지않아 이역시 다른 국가들을 포함하는 것으로 확대될 것이다. 마찬가지로 국제통화기금 같은 세계 경제기구는 그들의 최대 투자자뿐만 아니라 모든 이해당사자들의 이익도 고려하는 경우에만 효과적으로 기능할 것이다.

각 회원국이 동등한 투표권을 가지는 협력의 원칙에 따라 구조조정된 세계은행, 세계무역기구, 국제통화기금을 다시 그려볼 수 있다. 기구를 이렇게 구성하면 국가들이 정부 대표뿐만 아니라 시민사회의 대표도 참여시킬 수 있을 것이다. 이렇게 바로잡는다면 마침내 최소한 원리상으로는 세계 경제체제의 관리에 사회·정치적 이해를 통합하는 지구 공동체 거버넌스 구조가 갖춰질 거라고 장담할 수 있다. 아무리 못해도 지금 이 기구들이 보여주고 있는 무능함, 부실경영, 강대국의 이익을 위해 약소국의 상황을 악화시키는 것보다는 덜 해가 될 것이다. 이는 전 세계 각지에서 다양한 혁신에 힘써 협력을 이루어내면서 세계적인 것과 지역적인 것을 연결시키는 정치활동의 한 영역이다. 그리고 그런 꿈같은 제안에 의심의 눈초리를 보내는 사람들에게는 다음과 같이 말하고 싶다. 이 같은 일이 일어나지 않는다면, 머잖아 이 기구들은 신뢰가 완전히 바닥에 떨어지면서 무용지물이 될 것이다. 그들이 살아남기를 바란다면, 지배구조를 민주화하는 것이 궁극적으로 그들에게 득이 될 것이다. 지금과 같은 경제·사회적 결과를 감당해야 하는 수백만 명에게 민주화는 그들의 물질적 복지에 일상적으로 큰 영향을 주는 시스템으로서 절대 필요할 뿐만 아니라 점점 더 정치적 권리로 간주되고 있다. 아르헨티나와 국제통화기금의 현재 진행형 이야기를 경고로서 받아들여야 한다. 지역과 국가에 가해지는 정치적 압력 때문에 정부들이 어쩔 수 없이 지구 온난화 같은 환경문제에 대해 공동으로 고심하게 되는 것처럼, 세계 경제의 관리구조를 근본적으로 개혁하기 위해 개별 국가들에게 더 큰 압력이 가해질 수도 있다.

인간적인 경제는 건강한 생태계와 아주 비슷하다. 그런 경제를 만드는 것은 인간사회의 다양한 필요에 응답하고 그 사회를 구성하는 광범위한 인간의 욕구와 재능에 기회와 자유를 주는 다양한 경제조직을 계속해서 창조해나갈 수 있는가에 달려 있다. 어떤 한 종이 다른 모든 종을 없애버리고 지배하는 경우 생태계가 파괴되는 것과 마찬가지로, 국가에도 다양한 경제조직이 존재해야 한다. 부를 모으고 창출하는 크고 작은 자본주의 기업, 부를 재분배하고 공평성을 높이는 공공기관과 국가기관, 호혜를 실제로 실행함으로써 사회적 연대를 이루어내는 협동조합 기업이 그것이다. 그 밖에 다른 형태도 있다. 이타주의 실천을 촉진하는 자선단체와 자원봉사단체, 사회적 이익을 증진하기 위해 시장을 이용하는 사회적기업, 그리고 새로운 방식과 다양한 목적으로 상품과 서비스를 생산하기 위해 서로 다른 형태가 지닌 독특한 장점을 하나로 묶는 혼합된 형태를 들 수 있다. 무엇보다 중요한 것은, 이러할 때 어떤 특정 모델이 불러올 치명적인 결과를 방지할 수 있다는 점이다. 그런 모델은 언제나 지배를 정당화하고, 대안을 상상하는 우리의 능력을 저해하는 이데올로기를 동반한다.

하지만 대안이 없는 것은 아니다. 우리 중 일부는 언제나 실현 가능한 모든 세계 중에서도 최상을 바라고 또 그것을 위해 일할 것이다. 많은 사람들이 그렇게 하고 있다. 자신의 공장을 구하기 위한 투쟁의 최전선에 서 있든, 아니면 수확한 농작물에 대한 공정한 수익을 얻기 위해 작은 계획을 실행하든, 또는 성매매 업소의 어두운 복도에 있는 누이에게 조용히 용기를 주든, 수많은 사람들이 협력의 힘을 통해 자신들의 삶을 다시 꾸리고 사회를 개혁하고 있다. 시대는 변하고, 인도적이고 배려있는 사회를 만들어가는 길에 맞닥뜨리는 장애물 역시 변한다. 반면에 지식은 쓸모없어지기 쉬우며 영원하지 않다. 과거로부터 물려받은 지켜야 할 중요한 지적 유산 하나는 우리가 이룰 수 있는 세계가 단 하나가 아니라는 것이다.

협동조합이 궁극적으로 우리 경제체제를 조직하는 표준으로서 우위를 점할 것인지는 중요하지 않다. 중요한 것은 협동조합이 살아남는 것이다. 암흑시대에 절대 없어서는 안 될 한 가지 가치는 대안에 관한 지식이기 때문이다. 이것을 잃게 되면, 모든 것을 잃게 된다. 협동조합은 우리가 살아가는 또 다른 방식을 보여주는 불후의 증거다. 중세의 수도원이 고대 그리스와 로마시대의 이상과 지식을 그 이후 시대에도 계속 불타오르게 했던 것처럼, 협동조합은 세계 어디서나 사회·경제적 삶에 대한 인간의 전망을 지켜낸다. 협동조합이 존재하는 한 그 승리 여부와 관계없이 협동조합은 인간의 경제체제에 대해 또 다른 방식으로 이해할 수 있게 해주며 사람들이 공동의 목표를 추구하면서 함께 살 수 있는 방법을 인식할 수 있게 해준다. 협동조합을 통해 우리는 인간이라는 직물이 개인이라는 실로 구성되어 있다는 점을 알게 된다. 다시 말해 각 개인은 저마다 별개의 존재이며 전체에 없어서는 안 되는 부분이지만 결국 그 전체는 우리 개인들을 떠받치고 또 우리가 누구인지 규정한다는 점을 다시 한 번 깨닫게 된다. 로치데일의 직공들이 암울한 겨울 저녁 작은 협동조합 가게를 만들기 위해 함께 모였을 때, 그들은 아주 원대한 꿈을 꾸고 있었다. 직공 하나하나의 꿈, 그것은 전혀 환상이 아니었다.

'협동조합의, 협동조합에 의한, 협동조합을 위한' 출판번역 프로젝
트가 시작된 건 2016년 여름이었다. 협동조합 착한책가게 전광철 이
사장이 협동조합에 관한 좋은 책을 번역협동조합에서 번역하자는 제
안을 내놓은 것이다. 번역협동조합 사무국은 내용이 방대한 책인 만
큼 한 명이 책임지기는 무리라고 판단하고, 번역을 나누어 맡을 조합
원을 찾았다. 우선 '아름다운커피' 활동으로 공정무역과 협동조합에
관해 풍부한 경험이 있는 김진환 조합원이 참여했다. 제안자이자 번
역협동조합 조합원이기도 한 전광철 이사장도 직접 번역을 맡기로 했
고, 영어 국제회의통역사로 일하며 번역협동조합 이사를 맡고 있는
나까지 세 명으로 팀이 구성되었다. 모두 협동조합, 사회적경제, 경영
등의 분야에서 출판번역 경험을 가지고 있어 선택할 수 있는 방법이
었다.

조합원 세 명의 공동번역은 생각처럼 쉽지 않았다. 각자의 일정이
있다 보니 번역을 마친 기간이 달랐고, 파일을 모으고 수정하는 과정

에서 작업 순서가 꼬이지 않도록 조심해야 했다. 까다로운 조율 과정에서는 착한책가게 이성숙 이사가 편집자로서 큰 역할을 해주었다. 특히 모두가 전체 번역을 함께 검토하고 용어를 통일하는 과정은 편집자가 아니었으면 불가능했을 것이다. 또한 올해 창립 4주년을 맞은 번역협동조합이 스스로 콘텐츠를 만들어내는 프로젝트로 이 책의 번역을 시작할 수 있었던 것은 최재직 사무국장의 추진력 덕분이었다.

번역이 막바지에 이른 7월 초, 국제 뉴스를 장식한 것은 독일 함부르크에서 열린 G20 정상회의와 이를 격렬히 '환영'하는 시위 소식이었다. 나는 자연스럽게 1999년 미국 시애틀 WTO 반대시위를 묘사하며 시작하는 이 책의 머리말을 떠올렸다. 이처럼 1999년부터 2017년까지 계속되는 거대한 운동은 '경제에서 민주주의란 어떤 의미인가'라는 질문을 던진다고 말할 수 있을 것이다. 저자는 이 질문에 대한 답을 가장 실천적으로 구현하는 모델이 협동조합이라고 주장하면서, 10여 년에 걸친 연구로 이를 뒷받침한다. 협동조합의 역사적, 철학적 배경은 물론 지금까지 국내에 소개되지 않은 세계 각지의 사례를 총망라한 이 책은 독자들이 협동조합, 나아가 경제 전체를 새롭게 이해하는 데 큰 도움이 될 것이다. 또한 세계의 모든 협동조합이 그렇듯 '완벽하지는 않아도 끊임없이 진화하는' 번역협동조합과 착한책가게가 기억될 수 있다면 더 이상 바랄 게 없다.

옮긴이들을 대신하여
이세현

머리말

1. 다른 설명이 없다면 이 책에서 자유시장(free market)이라는 표현은 경제의 운영에 있어 자본 및 주식회사의 우위를 강조하고 정부와 같이 기업이 아닌 주체의 권력을 제한해야 한다고 주장하는 현대 신자유주의 경향을 말한다. 자유시장의 더 적절한 역사적 의미는 1장에서 상세히 논의할 것이다.

2. 특히 다음을 참조. E. P. 톰슨,《영국 노동계급의 형성The Making of the English Working Class》, Knopf, 1963.

3. 종교 일반, 특히 감리교가 노동계급을 사회의 노예적 하층계급이라는 위치에 붙잡아두는 반동적 역할을 한다는 사실을 간과하는 것은 아니다. 고통과 착취가 수반되더라도 노동의 수행과 권위에 대한 복종을 도덕적 의무로 보는 감리교의 기본 교리는 자본가 계급의 입장에서 다루기 쉬운 노동계급을 만드는 강력한 환경적 요인이었다. E. P. 톰슨은 산업혁명의 태동기 수십 년간 이와 같이 종교가 수행한 반동적 역할을 구체적으로 해부했다.

1장

1. 기분 좋은 예외가 한 명 있다면 영국 노동당의 토니 벤(Tony Benn) 의원이다. 그는 BBC 인터뷰에서 '개인이 소유한 은행들이 금융시장을 통제하는 것을 애초에 왜 허용해야 하느냐'는 날카로운 질문을 던졌다.

2. 결과가 한 쪽으로 완전히 기울지 않았다는 점은 그나마 위안이 된다. 유권자들

은 보수당에 승리를 안겼지만 완전히 신뢰하지는 않았고, 다른 정당들에 표를 어느 정도 나누어줬다. 보수당은 제1당이지만 과반 의석을 얻지 못했다.

3. 2009년 3월, AIG에 투입된 공적자금 1,700억 달러 중 530억 달러가 고객들이 청구한 보험금 지급에 사용되었다는 사실이 드러났다. 고객들은 바로 서브프라임 모기지에 대한 자신의 무책임한 투자로 돈을 날린 기관들이었다. 또한 AIG는 이들의 악성자산을 구입한 다음 정부가 운영하는 기관에 넘겨 향후 악성자산의 가치 폭락 리스크를 납세자들에게 전가하기도 했다. "AIG 공적자금 일부, 은행으로 넘어갔다Banks got part of AIG rescue fund", 〈인터내셔널헤럴드트리뷴International Herald Tribune〉, 2009년 3월 17일.

4. 특히 이해하기 어려운 것은 수십, 수백억 달러의 공적자금을 받은 은행들이 법의 원래 취지에 따라 대출을 실시하도록 강제할 조항은 없다는 것이 정부의 공식 입장이었다는 사실이다. 공적자금은 은행의 자체 판단에 따라 어디든 사용될 수 있었다. 은행들은 자금을 그냥 쌓아두거나 인수합병에 사용했고, 신용위기는 계속되었다.

5. 이와 같은 규제완화 광풍의 핵심은 상업은행과 고위험 투자은행을 분리하기 위해 1933년에 제정된 글라스 스티걸법(Glass-Steagall Act)의 폐지였다. 2008년 서브프라임 모기지 시장의 붕괴에 이어 발생한 신용위기는 바로 이와 같은 안전장치를 파괴한 결과였다. 의회 다수를 차지한 공화당과 민주당 의원들은 이처럼 금융시장을 감독하는 법을 폐지하기 위해 강력하게 힘을 모았다. 대통령의 거부권 행사가 아예 불가능했다는 사실은 많은 것을 시사한다. 문제는 자유시장에 대한 맹신이었다. 민주당 행정부를 이끈 빌 클린턴 대통령은 공화당이 제출한 글라스 스티걸법 폐지안에 1999년 11월 12일 서명했다.

6. 협동조합은행과 신용협동조합은 거의 모든 측면에서 영업활동을 확대했을 뿐만 아니라(자산, 예금, 대출규모, 조합원 증가, 좋은 금리, 자기자본-지급불능채무 비율 기준 지속가능성 개선) 투자 손실도 거의 입지 않았다. 따라서 정부의 지원은 필요 없었다. 더욱 중요한 것은 협동조합형 금융기관들이 조합원에 대한 신용대출을 동결하지 않았다는 사실이다. 미국 내 신용협동조합의 대출은 2007년 5,390억 달러에서 2008년 5,750억 달러로 증가했다. 반면 미국 내 은행 8,300여 개의 대출 잔액은 같은 기간 총 7조 9,070억 달러에서 7조 8,760억 달러로 310억 달러 감소했다. 다른 국가에서도 똑같은 패턴이 나타났다. 존

스턴 버챌(Johnston Birchall)과 루 해먼드 케틸슨(Lou-Hammond Ketilson), 《위기 상황에서 협동조합 사업 모델의 회복력Resilience of the Cooperative Business Model in Times of Crisis》, International Labour Organization, 2009, 19쪽.

7. 칼 폴라니, 《거대한 전환The Great Transformation》(길, 2009), Rinehart, 1944, 155쪽. 이 절의 상당 부분은 산업혁명에 대한 칼 폴라니의 선구적 연구를 바탕으로 한다.

8. 연말 무렵 금융 시스템 구제와 미국 및 유럽경제 '활성화'에 투입된 비용은 3조 달러를 넘어섰다. 아이슬란드는 파산했고, 세계 경제는 침체에 빠졌으며, 중국의 성장률은 8퍼센트 밑으로 떨어지며 대중적 불만을 예고했다. 캐나다는 계속 자신만의 독특한 길을 걸었다. 경제위기 속에서 하퍼 행정부는 연방정부 공무원의 파업 금지와 연방정부의 정당 보조금 삭감 등을 포함한 대책을 수립했다. 이는 보수당의 기회주의와 정치에 대한 냉소를 적나라하게 드러냈고, 의회의 반발과 헌법적 위기를 불렀다. 결국 하퍼 행정부가 추진한 법안은 의회를 통과하지 못했다.

9. 이런 관점을 생생히 설명한 책으로는 다음을 참조. 토마스 프랭크(Thomas Frank), 《하느님 아래 하나의 시장:극단적 자본주의, 시장 포퓰리즘, 경제민주주의의 종말One Market Under God: Extreme Capitalism, Market Populism, and the End of Economic Democracy》, Doubleday, 2001.

10. 프랜시스 후쿠야마(Francis Fukuyama), 《역사의 종말The End of History and the Last Man》(한마음사, 1997), Free Press, 1990.

11. 에르네스토 스크레판티와 스테파노 자마니, 《경제사상사 개론An Outline of the History of Economic Thought》, Oxford Press, 2001.

12. 토머스 홉스, 《리바이어던Leviathan》(서해문집 외, 2007), Penguin Classic, 1982.

13. 미소를 머금은 벤담의 얼굴은 아쉽지만 밀랍 모형이다. 그의 실제 얼굴은 안전을 위해 다른 곳에 보관되어 있다. 벤담 본인이 미리 알았다면 시신을 보존하는 것을 재고할 법한 목적으로 학생들이 반복해서 얼굴을 훔쳐갔기 때문이다.

14. 칼 폴라니, 앞의 책.

15. 예를 들어 다음을 참조. 존 스튜어트 밀(John Stuart Mill), 《정치경제학 원리 Principles of Political Economy, 제3권》(나남출판, 2010), Longmans, Green and Co., 1848.

16. 윌리엄 리치(William R. Leach), 《욕망의 땅 : 상인, 권력, 새로운 미국 문화의 탄생Land of Desire: Merchants, Power, and the Rise of a New American Culture》, Pantheon, 1993.

17. 칼 폴라니, 앞의 책, 76쪽 이하.

18. E. P. 톰슨, 앞의 책, 64쪽.

19. 위의 책.

20. 위의 책, 57쪽.

21. 이리스 오리고(Iris Origo), 《프라토의 중세 상인 : 이탈리아 상인 프란체스코 다티니가 남긴 위대한 유산The Merchant of Prato: Daily Life in a Medieval Italian City》, Octagon Books, 1979.

22. 맬서스의 철학은 가난하고 곤궁한 이들을 어떤 식으로든 돕는 것이 사실 기아와 결핍으로 인구의 과잉을 교정하는 자연 질서를 교란하는 잘못된 행위라는 사고를 바탕으로 했다. 가난한 사람은 계속 가난하게 살아야 한다는 것이다.

23. 랭커셔의 공장들을 돌아본 유어는 아동노동에 대해 다음과 같이 유쾌하게 서술했다. "나는 몇 달 동안 맨체스터와 주변 지역의 여러 공장을 방문했는데, 아이를 교수형에 처하는 사례는 한 번도 볼 수 없었다. 아이들은 근육을 사용하는 것을 즐겼고, 언제나 밝고 명랑한 모습이었다. 이렇게 생기 넘치는 꼬마 요정들의 노동은 스포츠와 비슷하다. 아이들은 자신의 기술을 처음 보는 사람에게도 기분 좋게 보여주곤 했다. 일과가 끝난 후에도 지친 기색은 전혀 없었다. 앤드류 유어, 《제조업자의 철학The Philosophy of Manufactures》, Cass, 1967.

24. 사라 베이크웰(Sarah Bakewell), "소생술사The Reanimators," 〈포르티언 타임스 Fortean Times〉, 2000년 10월호.

25. 위의 글.

26. 무엇보다도 유어는 사형수의 시신에 전극을 꽂아 다시 움직이게 만드는 등 대중 앞에서 스펙터클한 장면을 연출하는 것을 좋아했다. 1819년 글래스고에서는 그가 교수형을 당한 살인범 매튜 클라이즈데일의 시신을 가져다가 좌측 횡격신경에 전극을 연결하자 시신의 횡격막이 움직이며 사람이 숨을 쉬는 것과 똑같은 모습이 연출되었다. 이마의 안와상신경과 발뒤꿈치를 연결하자 "세상에서 가장 기이하게 일그러진 얼굴"이 나타났다. "살인범의 얼굴에는

분노, 공포, 절망, 비탄, 섬뜩한 미소가 끔찍하게 뒤섞여 있었다." 이처럼 전기를 이용한 퍼포먼스는 메리 셸리의 상상력을 자극한 것으로 보인다. 사라 베이크웰, 앞의 기사.

27. 칼 폴라니, 앞의 책, 44~45쪽.

28. 공산당의 탄압이 잘 알려진 1930년 이후에도 칼 폴라니가 소비에트 러시아의 주장에 의문을 제기하지 않았다는 비판도 있다. 폴라니의 저작에 대한 비판을 요약한 것으로는 뉴월드백과사전(newworldencyclopedia.org/entry/Karl_Polanyi) 및 다음을 참조. 데니스 서시(Dennis R. Searcy), "시장사회의 자기조절시장을 넘어: 폴라니의 국가론 비판Beyond the Self-Regulating Market in Market Society: A Critique of Polanyi's Theory of the State," 〈사회적경제 평론Review of Social Economy〉, Vol. 51, 1993.

29. 칼 폴라니, 앞의 책, 136쪽 이하.

30. 이 절에서 다룬 주제들을 정리하는 데 도움을 준 브렛 페어베언 교수에게 감사드린다.

31. 사실 나는 이것이 정말 실수인지, 아니면 사실을 잘 알면서 의도적으로 거짓말을 하는 것인지 의문이 들 때가 있다.

32. 칼 폴라니, 앞의 책, 136쪽 이하.

33. 위의 책, 233쪽. 또한 다음을 참조. 하워드 진(Howard Zinn), 《미국민중사A People's History of the United States》(이후, 2008), Harper & Row, 1980; 리처드 보이어(Richard O. Boyer)와 허버트 모레이스(Herbert Morais), 《알려지지 않은 미국 노동운동 이야기Labor's Untold Story》(책갈피, 1996), United Electrical, Radio and Machine Workers of America, 1979.

34. 스테파노 자마니, "인문주의 경영의 관점에서 비교한 자본주의 기업과 협동조합Comparing Capitalistic and Co-operative Firms on the Ground of Humanistic Management," 미발표 원고, 2009.

35. 프란체스코회는 복식부기를 개발하는 등 상업과 관련해 대단히 뛰어난 능력을 가지고 있었던 것 같다.

36. 이스털린(Easterlin)의 "행복의 역설"과 같이 행복의 경제학을 다루는 새로운 분야가 등장하면서 최근 이에 관한 문헌이 급증하고 있다. 리처드 이스털린(Richard A. Easterlin), "경제성장은 인간의 삶을 개선하는가?Does Economic

Growth Improve the Human Lot?", 폴 데이비드(Paul A. David) 와 멜빈 레더 (Melvin W. Reder), eds., 《경제성장 속의 국가와 가계: 모지스 애브라모비츠 추 모 에세이Nations and Households in Economic Growth: Essays in Honor of Moses Abramovitz》, Academic Press, 1974.

37. 윌리엄 리치, 《욕망의 땅: 상인, 권력, 새로운 미국 문화의 탄생Land of Desire: Merchants, Power, and the Rise of a New American Culture》(동문선, 2006), Vintage, 1994. 15쪽 이하.

38. 칼 폴라니, 앞의 책, 242쪽.

2장

1. 오언은 《사회에 관한 새로운 의견A New View of Society》(지만지, 2008)에서 당시 인구법에 따라 작성된 통계를 인용해 잉글랜드와 아일랜드의 빈곤층 및 노동계급이 전체 인구의 4분의 3에 가까운 1,500만 명 이상이라고 주장했다. 이에 관해서는 다음을 참조. 로버트 오언, 《사회에 관한 새로운 의견》, Cadell and Davies, 1817. 엥겔스는 《1844년 영국 노동계급의 상황The Conditions of the Working Class in England in 1844》에서 맨체스터와 리버풀 등 도시지역의 천연두, 홍역, 성홍열, 백일해 사망률이 주변 농촌에 비해 4배나 높았다고 밝혔다. 맨체스터와 리버풀의 사망률(32.72명당 1명, 31.90명당 1명, 심지어 29.90명당 1명)은 전국 평균(45~46명 중 1명)에 비해 크게 높았다. 공업도시 칼라일의 사망률 증가는 흥미로운 사례다. 원래 5세 미만 아동 사망률은 1만 명당 4,408명이었으나 공장이 건설된 후 1만 명당 4,738명으로 증가했다. 39세 미만 성인 사망률은 공장 건설 전 1만 명당 1,006명에서 건설 후 1,261명으로 증가했다. 다음을 참조. 프리드리히 엥겔스, 《1844년 영국 노동계급의 상황》, Penguin Classics, 1987.

2. 정부가 오언의 제안을 거부한 것은 결과적으로 보면 축복이었다. 당시 정부 내의 지배적 태도와 제도적 틀을 고려하면(사실 뒤의 다른 사례에서 보듯 어느 시대든 비슷하겠지만) 정부가 협동마을을 받아들일 경우 오언이 구상한 협동적 공동체가 아니라 분명 구빈원에 가까운 형태로 운영되었을 것이다. 또한 그가 이후 계

속해서 전파한 협동조합의 이상은 세상의 빛을 보지도 못했을 것이다.

3. 교육에 대한 적대적 태도도 존재했다. 엄격한 성품의 감리교 설립자 존 웨슬리는 일요학교의 글쓰기 교육을 금지했다. 세속적 능력을 추구하는 경향이 많고 안식일에 어긋난다는 이유였다. 반면 읽기 교육은 성경의 가르침을 받아들이기 위해 필요하다는 이유로 허용되었다.

4. 리즈의 스미스 박사가 제시한 사례, "가난한 이의 벗Poor Man's Advocate," 1832년 5월 5일. E. P. 톰슨, 앞의 책, 328쪽에서 인용.

5. E. P. 톰슨, 앞의 책, 783쪽.

6. 윌리엄 톰슨의 다른 저작으로는 1825년 발표된 안나 휠러(Anna Wheeler)와의 공저《인류의 절반, 여성의 호소: 여성을 정치적 노예, 그리하여 시민적 노예이자 가정의 노예 상태에 묶어두려는 나머지 절반, 남성의 허식에 대하여 *An Appeal of One-Half of the Human Race, Women, Against the Pretensions of the Other Half, Men, to retain them in Political and Thence in Civil and Domestic Slavery*》가 있다. 여성해방을 주장한 역사적 책으로, 매우 길고 도덕적 교훈을 드러내는 제목을 선호한 조지시대의 특성을 잘 보여준다.

7. "협동조합매거진," London, 1827년 11월. 옥스퍼드영어사전에서 인용.

8. E. P. 톰슨, 앞의 책, 781쪽.

9. 이러한 방향에서 협동조합들에게 상당한 도움을 준 것은 협동조합의 법적 인정을 위해 의회에서 싸웠던 기독교 사회주의자들이었다. 이들은 영국 국교회의 작은 일파였으며, 존 스튜어트 밀도 그중 하나였다. 밀은 협동조합을 대변하기 위해 하원에서 많은 노력을 기울였다. 1852년, 1862년에 제정된 산업공제조합법(The Industrial and Provident Societies' Act)은 바로 기독교 사회주의자들의 성과였다. 다음을 참조. 조지프 클레이튼(Joseph Clayton),《협동Co-operation》, T. C. and E. C. Jack, 1911, 15~18쪽.

10. E. P. 톰슨, 앞의 책, 804쪽.

11. 조지 제이콥 홀리요크,《로치데일공정선구자협동조합: 역사와 사람들*Self-Help by the People: The History of the Rochdale Pioneers*》(그물코, 2013), General Books, 2009.

12. 두 운동은 모두 영국의 개혁운동을 이끌었다. 차티스트 운동은 보통선거권 도입 운동의 중심이었고, 10시간 노동제 운동은 노동권 투쟁의 선두에 섰다.

13. 이 시기 직공들에 대한 자세한 설명으로는 E. P. 톰슨의《영국 노동계급의 형성》중 해당 주제를 다룬 장을 참조.

14. 당시 직공들이 장인/노동자 계급으로서 얼마나 큰 의미가 있었는지 밝혀둔다. 1820년경 수직기 직공의 수는 약 24만 명으로, 농업노동자, 가사노동자에 이어 영국에서 세 번째로 큰 노동자 집단이었다. 산업혁명기 직공들의 집단적 경험은 노동자계급의 조직화, 정치화, 계급의식에 커다란 정치적, 사회적 영향을 끼쳤다. 닐 스멜서(Neil J. Smelser),《산업혁명기의 사회변화Social Change in the Industrial Revolution》, University of Chicago Press, 1959, 137, 148, 149, 207쪽.

15. E. P. 톰슨, 앞의 책, 295쪽.

16. 플라톤은 민주주의자가 아니었으며 평생 아테네 민주주의를 비판했다. 플라톤의 유토피아 구상의 원천은 고대 스파르타의 군사주의 사회였다. 플라톤은 분명 뛰어난 인물이었지만 스파르타 혹은 자신이 꿈꾼 '국가'에서 과연 자신과 같은 철학자가 나타날 수 있을지 생각해보지는 못한 듯하다. 사회에 대한 비판과 자유로운 사고는 권위주의 사회가 아니라 민주주의 사회의 본질적 특성이다. 아테네 민주주의는 철학과 플라톤을 낳았지만 스파르타의 권위주의 사회는 군사력 외에 내세울 것이 없었다. 이는 우연이 아니라 자명한 이치다.

17. 당시 일부 레둑시온이 세워진 곳은 오늘날 아르헨티나의 미시오네스와 코리엔테스, 브라질의 히우그란지두술 등에 해당한다.

18. "파라과이의 레둑시온Reductions of Paraguay,"《가톨릭대사전The Catholic Encyclopedia》, The Encyclopedia Press, 2008.

19. 에르네스토 스크레판티와 스테파노 자마니,《경제사상사 개론》, Oxford University Press, 1993, 120쪽.

20. 칼 폴라니, 앞의 책, 129쪽.

21. 역사가 종착점에 다다랐다는 프랜시스 후쿠야마의 주장과 상당히 유사하다.

22. 칼 폴라니, 앞의 책, 158쪽.

23. 당시 모스크바의 아파트에서 발생한 화재 중 60퍼센트 이상은 텔레비전 세트의 폭발 때문이라는 추정도 있다. 러시아산 텔레비전 수신장치의 폭발 가능성과 대중의 걱정은 소비에트 러시아의 독특한 일상을 보여주는 단면이었다. 사실 수신장치가 폭발하는 것과 폭발하지 않는 것 중에서 한 쪽이 낫다고 말

하기는 어렵다. 후자의 경우 "사회주의적 모방의 승리자," "제12차 5개년 계획의 건설현장" 등의 프로그램을 시청해야 했기 때문이다. "소련의 텔레비전 세트 생산Soviet TV Set Production," GlobalSecurity.org. 2010년 6월 28일 인용.

24. 베른슈타인, 《점진적 사회주의 : 협동조합의 경제적 역량Evolutionary Socialism: The Economic Capacity of Co-operative Associations》, The Independent Labor Party, 1907.

25. 위의 책.

26. 협동조합 운동의 발전 단계에 관한 이 절의 내용은 상당 부분 서스캐처원대학교 브렛 페어베언 교수의 이론을 바탕으로 한다.

3장

1. 고대 로마에서 군단이 하루에 행군할 수 있는 거리는 30킬로미터였다. 에밀리아 대로에는 30킬로미터마다 주둔지 주위로 마을이 생겨났고, 나중에 도시로 발전했다.

2. 나는 협동을 지역경제 전체의 발전과 운영을 위한 전략이자 조직화의 원리로 삼는 에밀리아로마냐의 경제체제를 지칭하기 위해 비공식적이고 느슨한 의미에서 '협동경제(cooperative economy)'라는 표현을 사용했다.

3. 파올로 빌리(Paolo Billi), 〈사크미 기업개요SACMI Company Profile〉, 미발표 원고, 2003.

4. 베라 자마니, 〈이탈리아의 협동조합 : 주변부에서 성공으로Italy's Co-operatives: From Marginality to Success〉, 미발표 원고, 2006.

5. 사회문화 및 정치문화와 경제발전의 관계에 대한 매우 흥미로운 논의로는 다음을 참조. 로버트 퍼트넘(Robert D. Putnam), 《사회적 자본과 민주주의Making Democracy Work: Civic Traditions in Modern Italy》(박영사, 2006), Princeton University Press, 1994.

6. 베라 자마니, "이탈리아 협동조합 운동의 역사History of The Co-operative Movement in Italy," 대중강연, 볼로냐대학교 하계 협동조합연구과정, Bologna,

2003.

7. 폴 긴스버그(Paul Ginsborg), 《현대 이탈리아의 역사: 1943~1988년의 사회와 정치A History of Contemporary Italy: Society and Politics, 1943-1988》, Palgrave Macmillan, 2003. 23~28쪽.

8. 앤서니 카르도자(Anthony L. Cardoza), "상업형 농업과 지주권력의 위기: 1880~1930년의 볼로냐Commercial Agriculture an the Crisis of Landed Power: Bologna 1880-1930", 마틴 블링크혼(Martin Blinkhorn)과 랄프 깁슨(Ralph Gibson) 편, 《현대 유럽의 토지소유와 권력Landownership and Power in Modern Europe》, HarperCollins Academic, 1991, 181쪽.

9. "마르케세 루이지 타나리 위원 보고서Relazione del commissario Marchese Luigi Tanari," 《농업 및 농민계급 실태조사에 관한 위원회의 조치Atti de la Giunta per la inchiesta agraria e sulle condizioni della classe agricola》, Vol. 11, Rome, 1881, 224쪽.

10. 이러한 생활방식의 종말에 대한 날카로운 논의로는 루키노 비스콘티(Luchino Visconti)의 명화 〈레오파드The Leopard〉를 참조.

11. 앤서니 카르도자, 앞의 글.

12. 폴 긴스버그, 앞의 책, 106쪽.

13. 파시즘 역사와 오늘날 이탈리아의 관계에 대한 흥미로운 논의로는 다음을 참조. 필립 모건(Philip Morgan), 《무솔리니의 몰락: 이탈리아, 이탈리아인, 2차 세계대전The Fall of Mussolini: Italy, the Italians, and the Second World War》, Oxford University Press, 2007.

14. 존 폴라드(John F. Pollard), 《이탈리아의 파시즘 경험The Fascist Experience in Italy》, Routledge, 1998, 31쪽.

15. 위의 책.

16. 이탈리아 우익은 1920년대와 2차 세계대전 사이 파시스트 세력 이후에도 협동조합 운동을 방해하고 조종하려는 시도를 멈추지 않았다. 실비오 베를루스코니 행정부는 첫 출범부터 협동조합에 불리한 정책을 지속적으로 실행했다. 2004년 5월 유니코프(Unicoop)라고 불리는 새로운 우익 협동조합연맹을 인정한 것도 그 일환이었다. 1993년 창당된 베를루스코니의 포르차이탈리아(Forza Italia)는 이탈리아 역사상 처음으로 협동조합 운동과 아무런 연계가 없는 정

당이다.

17. 필립 모건, 앞의 책.

18. 예를 들어 독일이 우크라이나에서 저지른 일에 대한 안토니 비버(Antony Beevor)의 기록을 참조. 안토니 비버, 《베를린 함락*The Fall of Berlin*》, Viking, 1945.

19. 또 다른 이유는 이몰라에 거주하는 이탈리아인만 조합원 가입이 가능하다는 점이다. 설령 조합원 범위를 확장하고 싶어도 주민이 아닌 사람을 받아들이는 것은 법적으로 불가능하다.

20. 이 정도의 비용은 에밀리아로마냐의 대규모 노동자협동조합에서 전혀 드문 일이 아니다. 이몰라에서 가장 역사가 긴 세라믹협동조합의 경우 조합원으로 가입하려면 사크미와 비슷한 37만 달러가 필요하다.

21. 베라 자마니, 앞의 책.

22. 위의 책.

23. 위의 책.

24. 베라 자마니, 바틸라니(P. Battilani), 카살리(A. Casali), 《이탈리아 소비부문의 협동 : 소비자협동조합 150년La cooperazione di consumo in Italia : Centocinquant'anni ella coop consumatori》, Bologna, 2004. 또한 다음을 참조. 바틸라니, "협동조합 정체성의 상실 없이 경쟁에서 이기는 방법 : 이탈리아 소비자협동조합의 사례How to beat competition without losing co-operative identity : The case of the Italian consumer Co-operatives," 《소비자운동 대 자본주의? 국제적 비교로 바라본 협동조합*Consumerism versus Capitalism? Cooperatives Seen from an International Comparative Perspective*》, Amsab-Institute of Social History, 2005.

25. 베라 자마니, 앞의 책.

26. 원래는 상한이 없었으나 베를루스코니 행정부는 2003년 법률을 개정해 협동조합의 면세 상한을 도입했다. 2003년 기준으로 대규모 협동조합 및 중견 협동조합 이익의 87%는 여전히 비분할 적립금으로 적립되었고, 현금상환은 4.9%, 조합원 배당은 4.1%에 불과했다.

4장

1. 브루스코(S. Brusco), "에밀리아 모델 : 생산적 탈집중화와 사회적 통합The Emilian Model : Productive Decentralisation and Social Integration," *Cambridge Journal of Economics*, 6,167-184, 1982. 95

2. 베라 자마니, "산업지구The Industrial Districts," 강연, 볼로냐대학교 하계 협동조합연구과정에서(2006)

3. 바르디(A. Bardi)와 베르티니(S. Bertini), 《지리적 역학과 새로운 지역산업 네트워크*Dinamiche territoriali e nuova industria dal distretti allefiliere*》, V Rapporto Della Fondazione Istituto per il Lavoro, 2005.

4. 오늘날 에르벳은 ASTER와 Democentre 연구소에만 관여하고 있다. 지원센터들은 민영화되어 해당 부문의 기업들에 의해 운영되고 있다.

5. 이 이야기는 에밀리아로마냐 주정부의 고위 관계자에게서 전해들은 것이다.

6. 리처드 워커(Richard Walker)와 마이클 스토퍼(Michael Storper), 《자본주의의 원칙 : 지역, 기술, 그리고 산업의 성장The Capitalist Imperative: Territory, Technology, and Industrial Growth》, Basil Blackwell, 1989, 133쪽; 몽포르(M. J. Montfort)와 두타이(J. C. Dutailly), "생산사슬Les filieres de production," *Archives and Documents*, no.67, INSEE, 1983.

7. 9세기부터 중세 전반에 걸쳐 보복(rappresaglie-복수의 이탈리아어)의 관습은 관행으로 정착되었다. 흥미롭게도 대사나 볼로냐에서 온 순례 학생들과 같이 그런 복수에서 면제되는 특권이 있는 다양한 부류의 사람들이 있었다. 오리고, 《프라토의 중세 상인》, 40쪽.

8. 리날디(A. Rinaldi), "에밀리아 모델 : 20년 후The Emilian Model Revisited : Twenty Years After," 《정치경제학부 토론문Materiali di discussione del Dipartimento di Economia politica》, 417, Modena, 2002년 9월.

9. 아민(A. Amin), "에밀리아 모델 : 제도적인 어려움The Emilian Model : Institutional Challenges," 《유럽 행정학European Planning Studies》, 7, 389-405, 1999.

10. 1998년 바사니니 법은 중앙정부에서 지방정부로의 권한이양 과정을 가능하게 했다.

11. 리날디, 《에밀리아 모델》.

12. 위의 책.

13. 바르디와 베르티니, 앞의 책

14. 위의 책.

5장

1. 조지프 스티글리츠, 《인간의 얼굴을 한 세계화*Making Globalization Work*》 W. W. Norton, 2006년; 《세계화와 그 불만*Globalization and its Discontents*》, W. W. Norton, 2004년.

2. 존 스티븐스(John D. Stephens), 《선진자본주의사회의 민주화와 사회정책 발전*Democratization and Social Policy Development in Advanced Capitalist Societies*》, 유엔사회개발연구소, 2005년.

3. 스티글리츠, 《세계화와 그 불만》

4. 위의 책.

5. 위의 책.

6. 위의 책; 마우리치오 페레라(Maurizio Ferrera), 《남유럽의 민주화와 사회정책 : 확대에서 재조정으로*Democratization and Social Policy in Southern Europe:From Expansion to "Recalibration*》, 유엔사회개발연구소, 2005.

7. 캐나다의 경우, GDP가 성장하고 12개년 연속 연방정부 재정이 흑자인데도, 빈곤, 노숙자, 기아 문제는 개선의 조짐이 보이지 않는다. 2005년, 매달 80만 명이 푸드뱅크를 이용하였으며, 이는 1989년 이래 118퍼센트 증가한 수치이다. 전반적인 사회·경제적 상황의 강력한 지표인 아동빈곤율은 지난 20년 간 변함이 없다. 다음 문헌 참고. 《조치를 취할 시간 : 2005년 기아 수치*Time for Action: Hunger Count 2005*》, 캐나다 푸드뱅크연합(Canadian Association of Food Banks), 2005년.

8. 플라톤의 이상국가에 관한 가장 발전된 관념에 관해서는 플라톤의 《국가론*The Republic*》 참조, Hackett Publishing, 1992년.

9. 아리스토텔레스, 《정치학*Politics*》

10. 예로 체코슬로바키아 벨벳혁명에서 생명을 불어넣는 세력으로서 시민사회의

중심적 역할과 관련해서는 다음 문헌 참고: 로빈 셰퍼드(Robin E. H. Shepherd), 《체코슬로바키아: 벨벳혁명 너머*Czechoslovakia: The Velvet Revolution and Beyond*》, Palgrave Macmillan, 2000; 애덤 로버츠(Adam Roberts)와 티모시 가튼 애시(Timothy Garton Ash) 편, 《시민저항과 권력정치: 간디부터 오늘날까지 비폭력 행동의 경험*Civil Resistance and Power Politics: The Experience of Non-Violent Action from Gandhi to the Present Day*》, Oxford University Press, 2009.

11. 바츨라프 하벨의 연설, 바츨라프 하벨 시민사회 심포지엄에서, "바츨라프의 생각과 그의 시민사회 구상Vaclav Havel's Ideas and his Civil Society Conception" Macalester College, 1999년 4월 26일.

12. 토머스 페인(Thomas Paine), 《인간의 권리*The Rights of Man*》, Dover, 1999.

13. 알렉시스 드 토크빌(Alex de Tocqueville), 《미국의 민주주의*Democracy in America*》(한길사, 2002), Penguin Classic, 2003.

14. 캐나다 통계, 《공동체의 초석: 비영리조직 및 자발적 결사체에 대한 2003년 국가 설문조사의 하이라이트*Cornerstones of Community: Highlights from the National Survey of Nonprofit and Voluntary Organizations*》, 2003. statcan.gc.ca, 2010년 6월 28일 인용

15. 마거릿 멘델(Marguerite Mendell), "퀘백의 사회적경제The Social Economy in Quebec," 국가와 행정 개혁에 관한 8차 CLAD 국제회의 발표논문, 파나마, 2003년 10월 28일-31일. *CLAD(Centro Latinoamericano de Administraci n para el Desarrollo): 라틴아메리카 발전행정센터

16. 최근 사회 자본에 대한 글이 많이 있지만 특히 다음 문헌 참고. 로버트 퍼트넘, 《사회적 자본과 민주주의》, Princeton University Press, 1993년; 《나 홀로 볼링: 사회적 커뮤니티의 붕괴와 소생*Bowling Alone: The Collapse and Revival of American Community*》, Simon & Schuster, 2000.

17. 민간(자본주의)부문에서 조직을 정의하는 경제원칙은 상업적 이익을 위해 합의된 가치에 기초한 재화와 서비스의 교환이다(등가교환). 조직의 주요 목적은 주주의 투자수익 극대화이며, 자본주의 기업에서는 자본이 노동자를 통제한다. 공공부문의 운영을 정의하는 경제원칙은 정부에 의한 부의 재분배다. 공공부문의 주요 목적은 공공재를 제공하는 것이며, 재분배의 목표는 평등이다.

18. Cooperative per Attivite e Prodotti Sociale. Cooperative per Attivite e Prodotti Sociale(사회적 활동과 상품을 위한 협동조합)

19. 보르자가(C. Borzaga)와 토르티아(E. Tortia), "공공·비영리 사회서비스의 근로자 동기부여, 직무만족도, 충성도Worker Motivations, Job Satisfaction, and Loyalty in Public and Nonprofit Social Services" 분기별 비영리조직 및 자발적 결사체 섹터, 35: 225-248쪽, 2006.

20. 울라너(C. J. Uhlaner), "관계재와 참여: 사회성을 합리적 행동이론에 통합시키기Relational Goods and Participation: Incorporating Sociability into a Theory of Rational Action" 〈공공 선택Public Choice〉, 62호, 1989, 253-285쪽 참고.

21. 바키에가(Alberto Bacchiega)와 보르자가(Carlo Borzaga), "제3섹터의 경제: 더 포괄적인 접근법으로The Economics of the Third Sector: Toward a More Comprehensive Approach"《비영리기업의 연구: 접근법과 이론The Study of the Nonprofit Enterprise: Theories and Approaches》, 헬무트 아나이어(Helmut Anheier)와 아브너 베너(Avner Ben-Ner) 편, Kluwer Academic and Plenum, 2003년.

22. 닐 길버트(Neil Gilbert)와 폴 테렐(Paul Terrell), 《사회복지 정책론: 분석 틀과 선택의 차원Dimensions of Social Welfare Policy》(나눔의 집, 2007), Allyn and Bacon, 2005년.

23. 2009년, 밀라노의 전통적 주식시장과 별개로 이런 종류의 사회적 증권거래소 모델이 수립되었다.

6장

1. 셀던(M.Selden), "잊혀진 학살: 미국의 폭격 전략, 일본 도시들의 파괴와 2차 세계대전에서 이라크에 이르기까지 미국의 전쟁 수행방식A Forgotten Holocaust: US Bombing Strategy, the Destruction ofJapanese Cities and the American Way of War from World War II to Iraq" 〈아시아 태평양 저널: 일본 포커스TheAsia-Pacific Journal: Japan Focus〉, japanfocus.org/-Mark-Selden/2414. Cited November 2009.

2. 위의 글.

3. "1945년 봄과 여름 동안 일본에 대한 미국의 공습은 희생된 인명의 수를 봤을 때 그 어떤 작전보다도 가혹했다. 미국의 국가주의가 인종차별주의와 결합하여 민간인의 학살과 관련한 도덕과 정치적 양심의 가책의 마비로 이어졌다." 마크 셀던, 《미국의 국가주의와 아시아의 전쟁들American Nationalism and Asian Wars》.

4. 이것이 권위주의 정부 치하에서 협동조합(또는 유사하게 민주주의를 지향하는 조직들)의 운명이다. 무솔리니의 이탈리아, 히틀러의 독일, 프랑코의 스페인, 스탈린 치하 러시아에서도 이와 비슷한 탄압이 있었다.

5. 일본의 협동조합들은 1950, 60년대 반핵운동에 앞장섰으며, 오늘날까지도 중국, 대만, 한국, 일본에 있는 조직들과의 사회·문화적 파트너십 및 거래관계를 맺어 국제적인 평화운동을 벌이고 있다.

6. 데이비드 톰슨(David Thomson), "일본 : 협동조합의 나라"〈협동조합 상점Co-operative Grocer〉, 135호, 2008년 3-4월

7. 위의 글.

8. 앤드루 고든(Andrew Gordon), 《현대 일본의 역사 : 도쿠가와 시대에서 현대까지 A Modern History of Japan : From Tokugawa Times to thePresent》(이산, 2015), 옥스퍼드대학 출판부, 2003. 본문에서 협동조합 운동이 일어난 맥락을 이해하기 위해 사용하는 역사적 흐름 중 대부분이 이 책에 의존하고 있다.

9. 〈스타트랙 : 넥스트 제너레이션Star Trek: The Next Generation〉의 "두 세계의 최선The Best of Both Worlds" 에피소드를 보면 미국의 집단적 편집증, 자유의지, 그리고 순응의 매력에 대한 성찰을 볼 수 있다. 다른 하나로 "신체 탈취자들의 침략Invasion of the Body Snatchers"편이 있다.

10. 앤드루 고든, 《현대 일본의 역사》, 7쪽

11. 위의 책, 서문 xxii 쪽

12. 이것이 일본이 독일 모델을 받아들인 유일한 사례는 아니다. 일본의 군대 또한 비스마르크의 군사체계를 모델로 했으며, 독일의 자문위원이 일본의 근대 군사제도를 설계하고 훈련시켜주었다.

13. "조합원 참여를 다시 생각한다 : 반 그룹 다음은 어떻게 할 것인가?" 일본 소비생활협동조합연구소, 2007.

14. 협동적인 물대기 모임인 수박(또는 사박sabak)과 관련해서는 상당히 많은 문헌이 축적되어 있으며, 의식과 공동체 생활을 주관하는 발리의 협동적인 마을 조직인 반자(Banjars)에 대한 문헌도 많다. 좀 더 깊이 있는 정보를 원하는 경우, 스티븐 랜싱(Stephen Lansing)의 책《완전한 질서: 발리의 복잡성을 인식하며Perfect Order: Recognizing Complexity in Bali》프린스턴대학 출판부, 2006 참고.

15. 이 시기 일본 군부의 광신주의가 어느 정도로 심했는지 가늠해보고 싶다면, 태평양 전쟁이 끝나갈 무렵 도나리구미들이 불명예스러운 항복을 하기보다 미군의 공격을 방어하는 자살행위나 다름없는 임무를 맡았다는 점을 생각해보라.

16. 도나리구미 제도는 일본이 점령한 지역에서도 실시된 바 있다. 만주국, 몽강 연합자치정부, 그리고 왕징웨이 정부, 나중에는 동남아시아에서도 같은 목적으로 시행되었다. 디어(C.B. Dear) 편,《옥스퍼드 2차 세계대전 개설The Oxford Companion to World War II》, 옥스퍼드대학 출판부, 2002년

17. 2차 세계대전 후 일본에서 맥아더 군정의 핵심 자문관 중 한 명은 미국에서 가장 큰 농업협동조합인 팜랜드(Farmland)의 전직 임원이었다. 이 자문관은 미국 협동조합의 성공사례를 일본에 재현할 것을 적극 주장하여 관철시켰다. 톰슨(Thompson),《협동조합의 땅Land of Co-operatives》

18. 허미다(J. Hermida), "생활클럽 소비생활협동조합: 일본의 독특한 생산자와 소비자 관계The Seikatsu Club Consumers Cooperative: A Unique Producer-Consumer Relationship in Japan,"《소농친화 교역에 대한 이니셔티브Initiatives on Pro-Small Farmer Trade》, 지속가능한 농촌 발전을 위한 아시아 농민협회, 2006.

19. 생활클럽 웹사이트, iisd.org/50comm/commdb/desc/d08. Cited June, 2010.

20. 위 문서.

21. 리처드 이바노프(Richard Evanoff),《일본의 생활클럽 소비생활협동조합 관찰A Look Inside Japan's Seikatsu Club Consumers' Cooperative》, library.nothingness.org/articles/all/en/display/247. Cited June, 2010.

22. 톰슨,《협동조합의 땅》

23. 위의 책.

24. 허미다, "생활클럽Seikatsu Club"

25. 구리모토,《회원 참여Member Participation》

26. 카(A. Carr),《긍정의 심리학Positive Psychology》, Routledge, 2004년 참고, "사회적 지원 네트워크 및 네트워크 구성원들과 강한 사회적 유대관계를 맺고 있는 사람들은 신체적, 정신적으로 건강하며, 질병의 발병빈도도 낮고, 우울증에 걸리는 경우도 적으며, 신체적 질병이나 정신적인 문제를 겪은 이후 더 빨리 회복하고, 사망률도 더 낮다."

27. 밥 마샬(Bob Marshall), "21세기 일본의 노동자협동조합 운동Japan's Worker Co-operative Movement into the 21st Century", 〈아시아 태평양 저널, 일본 포커스〉, apanfocus.org/articles/print_article/ 1704. 2010년 6월 접속

28. 위의 글.

29. 월트 크롤리(Walt Crowley),《최대 다수에 대한 서비스 제공 : 퓨젯 사운드 그룹헬스협동조합의 역사To Serve the Greatest Number: A History of Group Health Cooperative of Puget Sound》, 워싱턴대학교 출판부, 1996.

7장

1. '콜카타'가 행정구역상 올바른 지명이라는 걸 알면서도 옛 지명인 '캘커타'를 사용했다. 나는 민족주의자들이 아무런 근거 없이 콜카타라는 명칭을 고안했고, 이런 민족주의자의 비위를 맞추려고 어처구니없이 지명을 바꿨다고 생각하는 다수의 인도인과 같은 관점을 취한다.

2. '데바다시'로 알려진 신전 창기는 인도에서 오랜 역사를 가지고 있다. 사원에 정착한 여성들은 사제의 보호를 받았고, 이중 어린 여성들은 종종 부유한 후원자와 사원에 방문하는 순례자에게 성관계를 제공하는 매춘부가 되도록 종용받았다. 사제는 성관계를 알선하고 수익을 챙겼다. 이 여성 중 대부분은 과부였다. 과부에게 '매춘'은 종교활동의 일부였고, 그 기원은 칼리가트 등의 지역에 존재했던 신전 창기로 거슬러 올라간다. 인도에는 4,500만 명의 과부가 있고 (여성 인구의 11퍼센트) 이중 상당수가 성매매를 하고 있다.

3. 차녹은 도시를 구상하는 데는 별로 재능이 없었지만, 대단히 흥미로운 인물이자 전형적인 영국 괴짜였다. 그는 인도에 삶을 바쳤고 인도인들에게 깊은 애정

을 품고 있었다. 그는 과부였던(원래 힌두교 관습에 따르면 죽은 남편과 같이 화장
되어야 했던) 인도 여성과 결혼했다. 이는 그 당시에 영국인과 벵골인 모두에게
생각도 할 수 없던 일이었다.

4. 캘커타에서는 소음이 끊이지 않으며, 대부분의 소음은 운전자들이 끊임없이
요란하게 울려대는 차량의 경적 소리다. 운전자들은 차량을 추월할 때, 보행자
에게 접근할 때, 차량·수레·자전거 등 다른 운송수단에 특정 거리(정확한 수치
는 미지수) 이내로 가까이 갈 때 등 생각할 수 있는 모든 경우에 경적을 울린다.
수백 대의 차량이 움직일 때 얼마만큼의 소음이 발생하는지 상상도 못 할 것이
다. 경적이 잠시 멈추는 시간은 가스를 아끼기 위해 신호가 바뀔 때까지 모든
차가 엔진을 끄는 정지신호 때뿐이다.

5. 바스키(P. Baksi), 《인도 서벵골 주 캘커타 시 소나가치 지역 성관계와 성매매
의 재구성된 역사에 대한 기록A Note on the Reconstruction of the Herstory of
Sexuality and Sex Work inSonagachi, Calcutta, West Bengal, India》, 더르바르,
2005년.

6. 《카마수트라Kama Sutra》(2/1/10-31)

7. 바스키, 앞의 책.

8. 자나(S. Jana), 《소나가치:꿈의 시작Sonagachi:The Beginning of a Dream》, 더르
바르, 2004년, 3쪽.

9. 위의 책 6쪽.

10. 위의 책.

11. 또 다른 사례는 협동조합 관리자와 조합원들에게 '협동조합 교육'을 제공하기
위해 모든 협동조합은 수입의 5퍼센트를 정부에 내야 한다는 법 조항이다. 이
조항은 아직도 유효하다. 이 조항을 보고 로치데일협동조합 원칙을 떠올리는
독자들도 있을 것이다. 하지만 로치데일 원칙에서 원래 의도한 바와 달리, 인
도에서는 교육 제공의 주체가 협동조합이 아닌 정부로 되어 있다. 정부는 도
와주는 척하며 협동조합에 영향력을 행사하려고 한 것이다. 협동조합은 교육
프로그램 이용 여부와 무관하게 정부에 수입의 5퍼센트를 바쳐야 한다.

12. 인신매매는 성매매에 관련된 가장 소름 끼치는 일 중 하나이나, 인신매매와
성매매를 구분할 필요가 있다. 인신매매의 범위는 성매매보다 훨씬 넓다. 아
이들은 무수히 많은 영역에서 이용되고 학대받고 있다. 아이들은 바라나시에

서 실크 사리를 만들거나 카슈미르에서 카펫을 제작하기도 하며 사우디아라비아와 두바이에서 낙타 기수로 일하기도 한다. 그리고 모든 성노동자가 인신매매를 당한 것은 아니다. 오히려 대부분은 인신매매를 당하지 않았다. 인신매매와 성매매의 조합은 지나치게 단순화된 것이고 이는 성노동자들 사이에서도 격렬히 논의되는 문제이다. 성노동자들은 성매매 처벌을 통해 인신매매를 중단시키려는 잘못된 시도로 가장 많이 고통받는 집단이다. 다음 문헌 참고. 디트모어(M. Ditmore), "인신매매와 성매매 : 문제가 많은 조합Trafficking and Sex Work: A problematicConflation" 논문, 뉴욕시립대학교 대학원센터, 2002년.

13. 자료 출처: 소나가치 프로젝트 기초조사Data from Sonagachi Project Baseline Survey(1992년), 후속조사(1995년, 1998년, 2001년, 2005년).

14. 이 수치는 수정된 간행물의 수치를 사용하였다, 〈더르바르 : 간단한 조직 소개 Durbar :A Brief Profile〉, DSMC, 2009년

8장

1. 최근 몇 십 년간의 정세 변화 중 가장 맥 빠지는 것이 바로 이것이다. 불교 교단과 정부 여당의 결탁을 보여주는 최악의 순간은 스리랑카 불교의 최고 기구인 마하 상가가 내전 종식의 기쁨에 라자팍세 수상과 그 형제인 국방부 장관, 그리고 육해공 3군의 참모총장들 및 백만여 경찰의 수장에게 '구국의 영웅'이라고 하는 전례 없이 영예로운 칭호를 수여했을 때였다. 승려들은 이 모든 자들이, 특히 국방부 장관의 경우, 전쟁 기간 중 전쟁 범죄와 인권 침해, 그리고 시민들에 대한 탄압 혐의로 기소당해 있는 상태라는 것은 전혀 상관도 하지 않았다. 혐의 내용에는 타밀족에 대한 납치, 고문, 전쟁 말기에 무력한 난민들에게 포격을 가한 것이 포함되어 있다. 역사적으로 부처님의 계율을 수호할 의무를 지니고 있는 도덕적 리더십이 이처럼 타락하고 손상된 것은 어떤 징조인가? 소수 인종인 타밀에 대한 탄압과 전쟁이 대중의 지지를 얻게 된 것은 이 나라의 정신에 대한 공격이자 평화의 종교인 불교에 지워지지 않는 오점을 남기는 것이다.

2. "스리랑카 : 학살의 이면, 아쇽 쿠마르와의 인터뷰Sri Lanka: Behind the Massacre,

Interview with Ashok Kumar" *Against the Current*, 2009년 7-8월호

3. 데보라 윈슬로(Deborah Winslow), "스리랑카에서의 협동조합 포섭Co-opting cooperation in Sri Lanka", *Human Organization*, 61호, 2002년

4. 얄궂게도 그 점에 있어서 스리랑카 협동조합들은 같은 시기에 일본의 소비생활협동조합들과 비슷한 역할을 했다.

5. 개빈 프리델(Gavin Fridell), 《공정무역 커피 : 시장이 이끄는 사회정의의 전망과 함정*Fair Trade Coffee: The Prospects and Pitfalls of Market-Driven Social Justice*》, 토론대학 출판부, 2007년, 101-118쪽, 이 책에서 커피와 공정무역 시스템의 등장에 대한 부분은 프리델의 책에 많이 의존했다.

6. 락쉬만(W. D. Lakshman)과 티스데일(C. A. Tisdale), 《독립 이후 스리랑카의 발전 : 사회 경제적 측면과 분석*Sri Lanka's Development Since Independence:Socio-Economic Perspectives and Analyses*》, 노바사이언스 출판사, 2000년

7. 벨린다 쿠트(Belinda Coote), 《무역의 함정*The Trade Trap*》, 옥스팜 출판, 1992. 5쪽

8. 모스 더스트(Mose Durst), 《원칙 있는 경제학에 관한 에세이 모음*Essays Toward a Principled Economics*》, 원칙 있는 경제연구소(Principled Economics Institute), 1995년

9. 2002년, OECD의 가장 부유한 나라들에서 평균 기대수명은 78.3세이며 1인당 국민소득은 2만9천 달러이다. 개발도상국에서 평균 기대수명은 64.6세이며 1인당 국민소득은 4,054달러이다. 사하라 이남 아프리카에서 기대수명은 46.3세이며, 1인당 국민소득 평균은 1,790달러이며, 이는 부유한 나라의 국민소득 대비 6퍼센트에 불과하다. 한편 엘살바도르, 가나, 르완다, 모잠비크의 경우, 1990~2002년의 빈곤 기준선이었던 1달러 미만으로 생활하는 비율이 30~45퍼센트였다. 유엔개발계획 인간발전보고서, 2004년, 142쪽.

10. 프리델, 《공정무역 커피》, 41쪽.

11. 국제공정무역상표기구(FLO), 《연차보고서, 2008~2009년》

12. "과불화 화합물과 정액 상태:파일럿 조사 결과Perfluorinated Compounds and Semen Quality: Results of a Pilot Study" 23회 연차발표회 발표기록, 생물학연구소, 스리랑카, 2003년

13. 위제란타(S. Wijeranta) 외, "스리랑카 유기농법, 관행농법 차 농장 및 도시 거주 인구의 정액 상태Semen quality of men in organic and conventional tea

plantations and in an urban population of Sri Lanka" 생물학연구소, 스리랑카, 2003년

14. 프리델,《공정무역 커피》, 201쪽.

15. 존 탈봇(John M. Talbot),《합의를 위한 근거 : 커피 상품사슬의 정치 경제 *Grounds for Agreement: The Political Economy of the Coffee*》, Rowman & Littlefield, 2004년, p.75-7, 127-8 *Grounds(근거)의 어휘 선택은 분쇄 커피(Grounds)와 의 중의적 의미를 감안하여 사용됨-옮긴이

16. 데이비드 랜섬(David Ransom),《공정한 무역, 가능한 일인가?*The No-Nonsense Guide to Fair Trade*》(이후, 2007), New Internationalist Publications, 2001년, 124쪽

17. 스티글리츠,《세계화와 그 불만》, 59-64쪽

18. 조지프 스티글리츠와 앤드루 찰턴(J. E. Charlton),《모두에게 공정한 무역*Fair Trade for All*》(지식의 숲, 2007), 옥스퍼드대학 출판부, 2005년

19. 스티글리츠,《인간의 얼굴을 한 세계화》, 85쪽.

20. 프리델,《공정무역 커피》, 76쪽; 스티븐 글로브(Stephen S. Golub), "사회적 덤핑을 막기 위해 국제 노동규범이 필요한가?Are International Labor Standards Needed to Prevent Social Dumping?"〈재무와 개발*Finance and Development*〉, 34, 1997

21. 프리델, 201쪽.

22. 위의 책, 42쪽.

23. 로르 웨리델(Laure Waridel),《즐거운 커피 : 저스트 자바와 세계무역*Coffee with Pleasure: Just Java and World Trade*》, Black RoseBooks, 2002.

24. 내용 출처는 CSF 웹사이트임. cooperativasinfronteras.net 2009년 11월 접속

25. 위와 같음, CSF 회원 원칙

26. 더스트,《원칙 있는 경제학》

9장

1. 앤드루 케이브(Andrew Cave),〈텔리그래프*The Telegraph*〉, 2001. 12. 24

2. 대니 로드릭(Dani Rodrik), "아르헨티나 개혁, 장면 2. 무역 궤멸Reform in

Argentina, Take Two. Trade Rout,"〈새로운 공화국*The New Republic*〉, 2002. 2. 2.

3. 2009년 11월 17일에 한 에스테반 마냐니(Esteban Magnani)와의 저자 인터뷰. 마냐 니에 따르면 이 시기에 취한 정부의 행동은 막대한 규모의 절도와 연루되었다.

4. 예를 들면 로드릭의 "무역 궤멸"참조

5. 아르헨티나 사회보장 시스템의 사유화로 말미암은 국고 손실만으로도 거의 국 채와 맞먹는 수준이었다.

6. 조지프 스티글리츠는《인간의 얼굴을 한 세계화》에서 이 상황을 다음처럼 묘 사했다. "경제를 깊은 침체에 빠뜨리는 정책을 쓰면서 경제의 활력을, 달리 말 하면 신뢰를 회복할 수는 없다. IMF는 모순된 정책을 강요한 것에 대해 깊은 죄책감을 느끼고 있다."

7. 조사된 은행들 가운데는 미국 소유의 시티뱅크와 보스턴은행, 그리고 HSBC가 있었다. 경찰은 자금 세탁과 관련된 증거를 찾기 위해 아메리칸 항공 사무실을 불시에 단속했다. "아르헨티나 경찰이 자본 도피를 수사하다Argentine Police Probe Capital Flight" BBC, 2002. 1. 18.

8. 마르셀라 발렌테(Marcela Valente), "또다시 자본 도피Capital Flight: Again," IPS 통신사, 2009. 8. 7. 아르헨티나의 자본 유출 문제는 아직 남아 있다. 그동 안 아르헨티나 상황을 조사해온 컨설팅 회사 에코라티나(Ecolatina)에 따르면, 2007~2008년 동안 페소화를 달러화로 바꿔 해외 계좌로 송금한 탓에 아르헨 티나 경제에서 증발된 금액이 무려 440억이 넘는다.

9. "아르헨티나 대통령이 IMF와 은행들에 굴복하다Argentine President bows to IMF and Banks," networkideas.org/featart/ jun2002/print/prnt040602_ Argentina_President. 2009년 11월에 인용됨.

10. 앨런 비티(Alan Beattie), "아르헨티나: 결코 존재한 적 없는 초강대국Argentina: The superpower that never was,"〈파이낸셜 타임스*Financial Times*〉, 2009. 5. 23.

11. '셔츠를 입지 않은 사람들'이란 뜻으로 자신의 추종자들을 부르기 위해 에파 페론이 처음으로 사용한 표현.

12. 버트 코크런(Bert Cochrane), "페론주의란 무엇인가?What is Peronism?"〈미국 사회주의자*American Socialist*〉, 1958년 2월호.

13. 이디 로자(Yeidy Rosa), "아르헨티나에서의 새로운 저항, 노동자들이 '회복기 업'을 방어한다The New Resistance in Argentina, Workers Defend 'Recovered

Factories'," 〈제4차 세계대전 리포트*World War 4 Report*〉, 2005. 7. 10. ww4report.com/node/756. 2009년 11월에 인용.

14. "사논에서 파신팟까지Zanon to FaSinPat," 인포숍 뉴스Infoshop News, news. infoshop.org/article. 2009년 11월에 인용.

15. 라울 지베치(Raul Zibechi), "다른 세상은 가능하다: 사논 세라믹 공장Another World is Possible: The Ceramics of Zanon," 〈미주 행동계획*Americas Program*〉, 2006년 1월, americas.irc-online.org/am/3078. 2009년 11월에 인용.

16. 에스테반 마냐니, 《조용한 변화: 아르헨티나의 회복기업들*Silent Change: Recovered Businesses in Argentina*》, Editorial Tesco, 2009, 9쪽. 나는 이 중요한 시기에 회복기업들의 경험을 기록하는 획기적인 작업을 실행한 에스테반 마냐니에게 크게 빚지고 있다. 마냐니는 현재 회복기업들에 긴급 자본을 제공하는 매우 드문 조직 가운데 하나인 노동세상(Working World)의 관리자다.

17. 위의 책.

18. 위의 책.

19. 위의 책.

20. 위의 책.

21. 지베치, "다른 세상Another World."

22. 위의 글.

23. 이반 브리스코(Ivan Briscoe), 마틸드 아도르노(Mathilde Adorno)와의 인터뷰, "아르헨티나의 노동자들이 폐쇄된 기업들을 접수하고 있고 또 승리하고 있다." 〈신 국제주의자*New Internationalist*〉 352호, 2002년 12월.

24. 위와 같음.

25. 나오미 클라인(Naomi Klein), "국가에 대한 짧은 묘사Snapshot of a Nation," 〈가디언*The Guardian*〉, 2003. 4. 28.

26. 아르헨티나가 채무 재앙으로 빠져들던 1997년 11월에 아르헨티나 정부는 IMF와 금융 지원의 확대를 놓고 협상할 의도의 문서를 작성했다. IMF가 아르헨티나 정부에 요구한 조건 가운데 하나는 1998년 6월까지 노동 유연성을 촉진하는 법안을 통과시키는 것이었다.

27. 소매업 부문, 특히 다국적 슈퍼마켓에서 조건이 매우 열악했다. "1997년 3월 23일에 한 텔레비전 프로그램(언론인 호르헤 라나타가 선보인 D데이)이 월급

300~400달러에 초과수당도 없이 하루 18시간을 일하는 등의 착취를 받는 종업원을 소개했다. 그 가운데는 초과수당 없이 24시간, 심지어는 32시간을 계속 일했던 종업원들도 있었다. 이런 노동조건 속에서 노동자들은 화장실에 가는 것마저 엄격히 통제되었을 뿐 아니라 혹시라도 샌드위치를 먹는 것이 아닌지를 확인하기 위한 몸수색까지 받아야 했다. 노동자들은 퇴근할 때도 몸수색을 당했다. 세면장에 TV 모니터가 설치되어 있어서 화장실을 이용할 때마저 감시당했다." 아르헨티나 해방당(Liberation Party), "'더 큰 노동 유연성'이란 이름하의 아르헨티나 노동자계급 착취의 새로운 형태" wpb.be/icm/98en/98en09.html. 2009년 12월에 인용.

28. 마냐니, 저자 인터뷰.

29. 위와 같음.

30. 마냐니, 《조용한 변화》.

31. 당시에 정부는 실업급여로 한 해에 단지 2억 달러밖에는 지출하지 않았다. 이는 공장 폐쇄를 당한 노동자들의 단 10퍼센트만이 혜택을 받을 수 있는 금액이었다. 이와 달리 1997년 정부는 대외채무를 갚는 데 150억 달러에 가까운 금액을 지출했다. 그 가운데 5억2,330만 달러는 이자고 9억5,870억 달러가 원금 상환이었다.

32. 에비 루이스(Avi Lewis), 감독/제작자, 나오미 클라인, 작가/제작자, 〈테이크*The Take*〉, 클라인 루이스 제작, 이카루스 영화사, 2005.

33. 마냐니, 《조용한 변화》.

34. 위의 책.

35. 최근에 회복기업들 상호간에 또한 노동자협동조합 운동과 연결하려는 새로운 노력이 진행되어왔다. 그 주체는 부에노스아이레스에 있는 회복기업인 바우엔 호텔 노동자들이었다. 노동자 자주관리 협동조합 아르헨티나 연맹(FACTA)은 설립 초기 단계이지만 그 목적은 정확히 지금의 한계를 넘어 운동의 힘과 영향력을 확장하는 데 필요한 연대와 협력의 분야를 구축하는 것으로 설정되었다. 특히 국가수용법(national expropriation law)의 통과와 회복기업을 지원하기 위한 자금 조성에 큰 무게를 두고 있다.

36. 마냐니, 《조용한 변화》.

37. "공장을 접수한 노동자들에게 가장 중요한 것 가운데 하나는 스스로에 대한

자존감이다. 그들은 스스로 새로운 사람으로 변모하기 위해 필사적으로 노력한다. 스스로를 죽인다고 말해도 될 정도다." 위의 책.

38. 마냐니, 저자 인터뷰.

39. 키르치네르 정부는 최근에 좌익 당들의 지원을 받아 신대중매체법 같은 매우 진보적인 법안을 통과시켰다. 이 법안은 매체를 독점하던 이들에게 매우 큰 증오심을 불러일으켰다. 또한 사회로부터 보호를 받지 못하는 18세 이하의 모든 청소년들에게 180달러의 보편수당을 지급하는 법을 통과시켰다.

10장

1. 〈제방이 무너질 때When the Levees Broke〉, 스파이크 리 감독, HBO Home Video, 2006.

2. 일단 미연방 재난관리청 FEMA나 다른 어떤 정부기관에서도 도움을 얻을 수 없다는 것이 분명해지자 툴레인 병원 의료진들은 방문자 주차 빌딩 상단의 신호등을 잘라버리고 대피를 위한 헬리콥터 이착륙장을 임시변통으로 만들었다. "환자들을 툴레인의 주차장으로 가는 보행자 전용 고가보도를 가로질러 이송하기 위해서는 병원 안에 있는 수많은 계단을 내려가야 했습니다. 방문객 주차장은 구급차가 들어갈 수 있을 만큼의 여유 공간이 없었기 때문에 병원 직원들 개인이 소유한 플랫 베드 트럭에 환자를 싣고 주차장 옥상까지 운전해 갔습니다. … '채리티 병원'(MCLNO)에서 환자를 대피시키는 것은 두 차례에 걸쳐 사격 공격을 받은 후 목요일에 중단해야 했습니다. 또 무장한 약탈자들이 의료진을 위협하고 보트 중 하나를 전복시켰습니다." "허리케인 카트리나가 툴레인 대학병원에 끼친 영향 Hurricane Katrina's Impact on Tulane's Teaching Hospitals," 이언 테일러 의학박사(Ian L. Taylor, MD), 미국 임상 및 기후학 협회(American Clinical and Climatological Association), Vol. 118, 2007.

3. 로버트 스털링워스(Robert A. Stellingworth), 뉴올리언스 치안 및 정의 재단 위원회(New Orleans Police and Justice Foundation Committee) 회장 겸 CEO, 2007년 7월 20일, 의회 증언, 미국상원사법위원회, 청문회 및 회의, judiciary.senate.gov/hearings/testimony.cfm?id=2825&wit_id=6544. 2009년 11월 접속.

4. 그레이터 뉴올리언스 데이터 센터. Gnocdc.org. 2010년 1월 인용.

5. 쓰나미 발생 후, 사나사는 여전히 복구활동의 선도자로 남아서, 섬의 피해 지역으로 자금, 직업 및 생계 훈련, 주택 및 기간시설 보수가 집중되게 했다.

6. 1987년 인터뷰에 응한 베이비붐 세대의 53퍼센트는 그들의 부모세대가 "의식 있는 시민이었고, 공동체의 다른 사람들을 돕는 데 참여했다는 점에서" 더 낫다고 생각했다, 그에 비해 21퍼센트의 응답자는 자기 세대가 더 낫다고 생각했다. 단지 77퍼센트만 "공동체 활동에 참여도가 더 낮아졌기" 때문에 이 나라의 사정이 더 나빠졌다고 생각했다. 1992년, 미국 노동인구의 4분의 3이 '공동체의 붕괴'와 '이기심'이 미국의 '심각한 문제'라고 말했다. 지난 10년간 시민의 특성이 약해졌다고 말하는 미국인들이 강화되었다는 사람들보다 80퍼센트 대 12퍼센트로 압도적이었다. 로버트 퍼트넘, 《나 홀로 볼링:사회적 커뮤니티의 붕괴와 소생》, Simon & Schuster, 2000, 25쪽.

7. 위의 책, 259쪽.

8. 위의 책, 273쪽.

9. 퍼트넘은 신뢰가 약화되고 그 자리를 대신한 것은 변호사의 수와 그들에 대한 효용이 증가한 것과 상응한다고 입증한다. 일반적인 신뢰가 약화되면서 점점 더 많은 사람들이 법적인 수단에 의지하게 되었고, 이전에는 당연한 것으로 기대했을 것들을 "문서로 작성하기 시작"한다.

10. 마틴 E.P. 셀리그먼(Martin E. P. Seligman), "베이비붐 세대의 우울증Boomer Blues", 〈사이콜로지 투데이Psychology Today〉, 10월호, 1988

11. 세계보건기구, "10만 명당 연간 자살률", 2008. who.int/mental_health/prevention/suicide/suiciderates. 2009년 11월 인용.

12. 앤서니 엘리엇(Anthony Elliott)과 찰스 레머트(Charles Lemert), 《새로운 개인주의:세계화의 정서적 비용The New Individualism: The Emotional Costs of Globalization》, Routledge, 2006, 9쪽.

13. 지그문트 바우만(Zygmunt Bauman), 《포스트모더니티와 불만Postmodernity and its Discontents》, Polity Press, 1997; 《방황하는 개인들의 사회The Individualized Society》(봄아필, 2003), Polity Press, 2001

14. 윌리엄 샤트너 주연의 〈거미 왕국Kingdom of the Spiders〉(1977) 역시 여기서 촬영되었다. 하지만 이 영화는 완전히 다른 이야기다.

15. 이 주제에 대한 나의 머리말은 밀란 대학의 피에르 루이지 사코(Pier Luigi Sacco)의 강의에 영향을 받았다.

16. 불교적 관점의 정체성 형성에 관한 이 문제에 관해서라면 책 한 권을 쓸 수도 있을 것이다. 이 관점에서 개인의 정체성 혹은 '자아'라는 바로 그 개념은 처음부터 환상이다. '아귀'와 관련해서 티벳 불교에서는 이 존재를 때때로 이렇게 묘사한다. 모양은 눈물방울처럼 생겼는데 자그마한 머리와 바늘 구멍만 한 입, 태산 같은 위장을 가졌다. 환상에 불과한 물질적 욕망을 채우려고 하지만 실패하고 마는 존재에 대한 대단히 놀라운 은유다.

17. 소비주의 이데올로기가 개인의 내면세계에 미치는 제국주의 지배의 논리는 오늘날 양극화 사회의 근본적인 측면이다. 이 양극화는 서구 민주주의 국가 내부에서, 특히 미국의 종교적 근본주의자와 '세속주의자' 사이의 뿌리 깊은 양분에서 특히 분명히 드러난다. 뿐만 아니라 전통적인 무슬림 신앙 공동체와 서구 사회 간의 전 지구적인 충돌에서도 그렇다.

18. 존 헬리웰(John Helliwell)의 연구에 따르면 연간 소득 수준이 대략 3만~4만 달러가 넘으면 행복지수가 떨어지기 시작한다. 마찬가지로 눈에 띄는 것은 직장에서 맺는 사회적 관계의 가치다. 그의 연구에 따르면 직장에서의 신뢰는 매우 중요해서, 대략 115,000달러의 소득 증가가 가져다주는 행복에 맞먹는다. 헬리웰의 수치는 직업 만족도가 사람들에게 정말 중요하다는 점 역시 보여준다. 일반적인 직업 만족도를 10점 등급으로 할 때 1점 더 높은 직장 순위는 행복지수를 10점 등급에서 0.175정도 상승시킨다. 이것은 연간 약 30,000달러의 소득 증가에 상응한다. 다음을 참고하라. 존 헬리웰과 하이팡 헝(Haifang Hung), "직업은 어떻습니까? 행복과 직장에서의 사회적 자본How's the Job? Well-Being and Social Capital in the Workplace," 미국경제연구소(National Bureau of Economic Research), 조사보고서 No.11759, 2005년 11월; John Helliwell, 2001. "사회적 자본, 경제, 행복Social Capital, the Economy and Well-being," *The Review of Economic Performance and Social Progress 2001: The Longest Decade: Canada in the 1990s*, Centre for the Study of Living Standards, 2001; 스티븐 낵(Stephen Knack)과 필립 키퍼(Philip Keefer), "사회적 자본은 경제적 이득을 보는가? 크로스 컨트리 조사 Does Social Capital Have an Economic Payoff? A Cross-Country Investigation", *The Quarterly Journal*

of *Economics*, MIT Press, vol. 112(4), November, 1997, pp.1251-88.

19. 로버트 퍼트넘,《사회적 자본과 민주주의》

20. 비극적이지만, '저개발' 지역의 심각한 빈곤과 고통의 진짜 근원은 사회의 역기능이다. 다시 말해 기업 자본의 세계화가 가져온 결과에 의해 원조 받고 교사된 역기능이다.

21. 협동의 생물학적, 사회적 역학에 관한 의미심장한 연구는 다음을 참고하라. 리 듀거킨(Lee Dugatkin),《동물들의 사회생활*Cheating Monkeys and Citizen Bees: The Nature of Cooperation in Animals and Humans*》(지호, 2002), The Free Press, 1999.

22. 사회 자본의 유익한 효과는 활기 넘치는 사회 네트워크와 학업성취 개선, 낮은 범죄율, 공중보건 개선, 정치부패 감소, 시장실적 향상 등과 같은 결과 사이의 상관관계를 입증했던 많은 분석가들이 논평을 해왔다. 사회 자본의 예를 들어, 이탈리아에서 발표된 최근의 계량경제학 연구에 따르면 그 이론이 예측했던 바로 그대로 사회 자본이 더 많은 곳은 자본과 노동 시장이 더 효율적이었다고 한다. 이것은 훌륭한 정부, 경제적 성과, 시민의 참여라는 사례에 관한 퍼트넘의 획기적인 연구를 견고하게 보강했다. 퍼트넘,《사회적 자본과 민주주의》참고.

23. 지난 수십 년 동안 미국의 산업 기반을 잃어버린 것은 대재앙이었다. 2001년, 중국의 세계무역기구 가입과 때를 같이하여 그 후부터 미국은 42,400개의 공장을 잃었고, 여기에는 1,000명 이상 노동자를 고용한 공장의 36퍼센트, 고용인이 500~999명 사이인 공장의 38퍼센트가 포함되었다. 추가로 90,000개의 제조회사는 지금 폐업 위기에 처해 있다. GDP 대비 제조업은 1956년 27퍼센트까지 올랐던 것이 2007년 13퍼센트로 급락했다. 이런 감소는 미국 기업의 경쟁력과는 아무런 관련이 없다. 그들은 전 세계에서 가장 경쟁력 있는 회사들이다. 이는 제조업 및 기술 산업을 중국과 같은 비용이 저렴한 지역으로 이전한 결과이며, 미국의 건강한 경제와 수백만 명의 납세자와 퇴직자보다는 지정학적인 국제적 이해관계를 우선시하는 정부 정책이 불러온 것이다. 리처드 맥코믹(Richard McCormick), "미국 제조업의 고난The Plight of American Manufacturing", *The American Prospect*, 2010년 1월호 참고.

24. 연구에 따르면 대중의 믿음과는 달리 협동조합의 생존율은 자본주의 기업

에 비해 두 배에 이른다. 경제가 어려운 시기 내구력 또한 이제 기록으로 확인된 사실이다. 퀘벡 상공부(Quebec Ministry of Industry and Commerce)·협동조합 사무국 공저, 《퀘벡의 협동조합 생존률*The Survival Rate of Co-operatives in Quebec*》 2008

11장

1. 뉴욕타임스 비즈니스 섹션에 실린 기사 하나가 미국 의료 시스템을 움직이는 기본적인 논리에 대해 의도적이지는 않지만 가장 흥미로운 참고문헌을 제공해주었다. 시장이 반등한 것은 다시 회복할 거라는 애널리스트들의 낙관적인 보고서 때문이라고 기술하면서, 제안된 의료개혁의 일부분으로 산업에 부과된 새로운 세금을 의회가 통과시키지 않고 지연시킨 후 의료보험 주식이 급등했다고 보도했다. 인디애나주 사우스 밴드에 있는 퍼스트 소스 투자자문(1st Source Investment Advisors)에 근무하는 한 포트폴리오 매니저는 조금도 비꼬는 기색 없이 다음과 같이 말했다고 전한다. "그 법이 물타기되어 논점이 흐려지고, 일이 더 어렵게 진행될 때마다, 의료 관련 주가는 반등하였다. 그럴수록 그들의 수익에 발생할 손실은 더 줄어들 것이기 때문이다." "블룸버그 뉴스, 낙관적 애널리스트의 지원으로 시장 반등," 뉴욕타임스, 2009년 12월 21일.
2. 반면에, 의회가 파산선고 재판관에게 주택 소유주의 주택담보 대출에 대한 원금을 감가상각할 수 있는 권한을 주는 조치를 승인하기 위해 의회가 최근 쏟았던 노력은 금융 로비로 인해 물거품이 되었다. "지속적인 미국 주택 대란의 속도를 알려주는 압류," 뉴욕타임스, 2009년 10월 8일
3. 피터 S. 굿맨(Peter S. Goodman), "왼쪽 편을 보시면 파산의 또 다른 유물이 있습니다," 뉴욕타임스, 2010년 1월 3일. 자세한 것은 foreclosuresRUs.com을 방문해보라.
4. 종교적 가치관(spiritual values)을 내가 바로 앞에서 비난했던 광적인 신앙심과 동일시하고 있다고 누군가는 반대할지도 모르겠다. 그런 것을 의도한 것은 아니다. 종교적 차원(spiritual dimension)은 아무리 한정한다 해도 인간의 본질적인 속성이라는 점을 지적하고자 할 뿐이다. 어떤 특정한 종교적 관습(spiritual

practice)을 믿든 아니든 상관없이 그렇다는 것이다. 이것을 경험할 수 없는 것은 말할 것도 없이, 인정할 수 없는 사회를 만든다는 것은 과거 이런 시도가 있었던 모든 사례에서 알 수 있듯이 더할 수 없이 어리석은 짓이다.

5. 웨이드 로우랜드(Wade Rowland), 《탐욕, 주식회사 : 왜 기업이 우리 세계를 지배하는가, 그리고 우리는 두고만 보았는가Greed, Inc.: Why Corporations Rule our World and How We Let It Happen》, 토머스 앨런(Thomas Allen), 2005

6. 미국 대법원 기업법 소송, 산타 클라라 카운티(Santa Clara County) 대 서던퍼시픽철도(Southern Pacific Railroad,) 118 U.S. 394(1886). 믿기지 않는 일이지만 자연인의 권리가 기업에게 부여된 것은 결코 이 법원에서 결정한 것이 아니었다. 재판의 구두변론이 시작되기도 전에 대법원장 모리슨 웨이트가 이 소송의 당사자들에게 공표한 것에 불과했다. "주 정부의 관할권에 속하는 모든 사람에게서 법에 따라 평등하게 보호받을 권리를 박탈하는 것을 금한다는 헌법 수정 조항 제14조의 규정이 기업들에게도 적용되는지 여부를 대한 논쟁(변론)을 이 법정에서 듣고 싶지 않습니다. 우리는 모두 적용된다고 생각합니다." 이것은 사실이 아니었다. 그리고 모든 판사가 인격이 기업에게 확장된다고 생각하지 않았다(사무엘 F. 밀러 판사는 그 후 그 생각에 대해 길게 반박하는 글을 썼다). 그렇지만 이 말은 이 소송의 공식 의사록에 기록되었고 따라서 대법원이 헌법을 해석한 판례가 되어 법인이라는 개념과 용어를 확립하게 되었다. 변론이 시작되기도 전에 공표된 이 의견은 어떤 설명도 없이 미합중국의 법이 되었다. 어떤 대법원도 기업이 인격권을 주장하는 것을 놓고 직접적으로 판결을 내린 적이 없다. 이것이 바로 가장 설득력 없는 판례를 근거로 지금 당연하다고 주장하는 권리다. 이제 이 개념은 북미자유무역협정(NAFTA)를 포함한 모든 국제무역협정과 세계무역기구의 규정에서 표준 요소다. 이 글을 쓰는 지금, 캐나다 브리티시컬럼비아 주의 주 입법부는 지방자치단체 선거에서 기업에게 투표권을 승인함으로써 시민권을 부여하려고 시도하고 있다.

7. 이 부분은 전체적으로 스테파노 자마니와 피에르 루이지 사코(Pier Luigi Sacco)의 연구에 큰 빚을 지고 있다. 두 사람 모두 내가 이 시대에 협동조합의 역할이란 무엇인지 틀을 잡는 데 결정적인 영향을 주었다.

8. 폴라니가 보여주었고 이 책의 도입부에서 살펴본 것처럼, 상호이익은 근대 이전 사회에서 중요한 특징이었다.

9. 지금 세계 어느 한 곳의 풍족함은 다른 한 곳의 부족함을 전제로 하고 있다는 것은 물론 사실이다. 산업혁명 시대도 포함하여, 그 이전의 시대에는 한 나라의 국경선 안쪽에서 이와 똑같은 일이 있었던 것과 마찬가지다.

10. 헬리웰의 "직장은 어떻습니까?"를 참고하라.

11. 개럿 하딘, "공유지의 비극The Tragedy of the Commons"〈사이언스Science〉, 162 (1968). pp.1243-1248. 흥미롭게도, 이 논문의 중심 주제는 인구과잉의 문제와 이것이 자연환경에 미치는 영향이었다. 사육을 방치한 '공유지'를 해결하지 않으면 지구의 수용력은 소진되어 파멸이라는 필연적인 결과를 맞게 될 것이다. 공유지의 '비극'은 이것을 보여주는 장치였다.

12. 부적절하게도 이런 선택을 사회주의와 사유화의 중간쯤에 있는 선택으로 짜맞추는 해설자들의 수를 주목해보면 재미있다.

13. 철학과 1학년 학생이라면 알아챌 이런 초보적인 논리적 오류는 제쳐두더라도 궁극적인 결과가 사용자들의 이익과 너무 반대임을 생각하면 하딘이 사용하고 있는 '합리성'의 정의가 무엇인지 의문이 들지도 모른다. 사실, 똑같은 정의가 그 유명한 죄수의 딜레마(Prisoner's Dilemma)에서도 사용되고 있고, 결과도 동일하다. 즉 이기적인 행동이라는 의미인 '합리적 선택'은 불합리한 목표로 이어진다. 하지만 이 경우에 하딘은 합리성이라고 자신이 내린 정의에 문제가 있다고 결론 내리지 않는다. 대신 그 정의가 당연히 자신의 결론을 보증한다고만 생각한다.

14. 엘리너 오스트롬, 《공유의 비극을 넘어 : 공유자원관리를 위한 제도의 진화Governing the Commons: The Evolution of Institutions for Collective Action》(랜덤하우스코리아, 2010), 케임브리지대학 출판부, 1990.

15. 로널드 잘츠(Ronald Salz), "사회적 규범을 통한 해양자원 갈등의 대안적 관리, 배타적 어업권, 영역성Alternative Marine Resource Conflict Management through Social Norms, Exclusive Fishing Rights, and Territoriality,"《사회적 갈등과 천연자원 정책Social Conflicts and Natural Resource Policy》, 매사추세츠대학, 1998년 12월 7일.

16. 스티글리츠, 《인간의 얼굴을 한 세계화》, 97쪽

사람을 위한 경제, 그 이상과 실천을 만나다

협동조합은 어떻게 세상을 바꾸는가

1판1쇄 발행 2017년 8월 25일　**1판3쇄 발행** 2020년 10월 23일

지은이 존 레스타키스　**옮긴이** 번역협동조합

펴낸이 전광철　**펴낸곳** 협동조합 착한책가게

주소 서울시 은평구 통일로 684 1동 3C033

등록 제2015-000038호(2015년 1월 30일)

전화 02) 322-3238　**팩스** 02) 6499-8485

이메일 bonaliber@gmail.com

ISBN 979-11-954742-9-5　03320

* 책값은 뒤표지에 있습니다.

* 잘못된 책은 구입하신 서점에서 바꾸어 드립니다.

이 도서의 국립중앙도서관 출판예정도서목록(CIP)은 서지정보유통지원시스템 홈페이지(http://seoji.nl.go.kr)와
국가자료공동목록시스템(http://www.nl.go.kr/kolisnet)에서 이용하실 수 있습니다.
(CIP제어번호: CIP2017019316)